Bark

Segelführerschein BR

Axel Bark

segel führer schein BR

Revierfahrt

Vorbereitung zur theoretischen Prüfung

5. überarbeitete Auflage

Mit neuer Seestraßenordnung und neuer Seeschiffahrtstraßen-Ordnung

Verlag Delius Klasing + Co
Bielefeld

ISBN 3-7688-0165-9

Printed in Germany 1977
Graphische Gestaltung und Zeichnungen:
Françoise Pierzou
Einband: Siegfried Berning

Bildnachweis:
Peter Bark, S. 55 unten, 62, 63, 70, 82, 113, 118, 141 Mitte
Beken, S. 101
H. Donat, S. 169
Eric Hiscock, S. 115
Helmut Hofstetter, S. 2
Günther Holler, S. 126
F. Krügler, S. 140, 141 oben und unten
Jörg Schröder, S. 9
Kurt Schubert, S. 48, 67, 118, 119
Seewetteramt Hamburg, S. 142, 143
YACHT (Archiv), S. 38, 51, 120, 122
Yacht-Photo-Service (YPS), S. 106, 131, 147, 170

Ausschnitte aus der amtlichen nautischen Literatur werden mit freundlicher Genehmigung des Deutschen Hydrographischen Instituts wiedergegeben, die Seiten aus dem *Hafenhandbuch Nordsee* mit freundlicher Genehmigung der Kreuzerabteilung des DSV. Die Tabelle *Höhenwinkel in Minuten* wurde mit freundlicher Genehmigung dem Sammelwerk *Fulst, Nautische Tafeln* entnommen.
Druck: Kunst- und Werbedruck,
Bad Oeynhausen-Eidinghausen

Vorwort

Sicheres Segeln im Küstenbereich erfordert ein erhebliches Maß an Kenntnissen der Navigation und der Wetterkunde, der Gesetze und der Seemannschaft — Kenntnisse, wie sie der Deutsche Segler-Verband (DSV) für seinen Führerschein BR (Revierfahrt) verlangt. Das vorliegende Buch, das sich an der Führerscheinordnung des DSV orientiert, wurde aus einer Vielzahl von Theoriekursen entwickelt und den Erfordernissen der Theorieprüfung für den BR-Schein angepaßt. Doch kann man mit diesem Wissen ohne weiteres auch die etwas leichtere Prüfung für den Sportbootführerschein (vgl. S. 189) bestehen, was gerade für den Segler von besonderer Bedeutung ist.

An einigen Stellen geht das Buch bewußt über den bloßen Stoff des BR-Scheines hinaus, um die Systematik und den Zusammenhang der terrestrischen Navigation zu erhalten: Bei der Horizontalwinkelmessung, dem Aufstellen einer Deviationstabelle und der Behandlung des Sextanten. Ebenso entspricht der Umfang der Wetterkunde mehr der Praxis als den in diesem Punkt nicht gerade umfangreichen Vorschriften des DSV. Doch erlaubt es der Aufbau dieses Buches — nämlich die Gliederung des gesamten Stoffes in doppelseitige Lerneinheiten — ohne weiteres, diese Themen im Kurs gegebenenfalls auszulassen.

Es bedarf wohl kaum eines besonderen Hinweises, daß vor allem im Kapitel Seemannschaft Grundkenntnisse des Segelns vorausgesetzt werden müssen. Es würde den Rahmen dieses Kapitels sprengen, wollte man nochmals auf die grundlegenden Manöver des Wendens oder Halsens eingehen.

Inhaltsverzeichnis

1 NAVIGATION

2 GEZEITEN

3 SEEMANNSCHAFT

4 WETTER

5 GESETZE

Ansteuerung von Bonifacio/Korsika bei Mistral 7 bis 8 Bft.

1 Navigation

Der Schiffsort

Das Ziel jeder Navigation ist die genaue Bestimmung von
— Kurs und
— Schiffsort.

Wollen wir einen in der nautischen Literatur angegebenen Ort finden, oder wollen wir den eigenen Schiffsort angeben, so bedienen wir uns der Hilfe eines Koordinatensystems, das fast ausschließlich in der gesamten nautischen Literatur Verwendung findet: Des auf die Sternwarte von Greenwich bezogenen Meridiansystems. Hierbei wird die Erde von einer Schar sogenannter *Meridiane* und einer weiteren Schar paralleler *Breitenkreise* überzogen.

Die Meridiane

Einen Meridian können wir uns als einen Halbkreis des Erdumfanges vorstellen, der über beide Pole gespannt ist. Ausgangs- oder Endpunkt jedes Meridians sind hierbei Nord- und Südpol.

Wollen wir auf kürzestem Wege von einem Pol zum anderen gelangen, so müssen wir uns genau auf einem Meridian bewegen, wobei es völlig gleichgültig ist, welchen der beliebig vielen möglichen Meridiane wir auswählen: Jeder Meridian bildet die kürzeste Verbindung von Pol zu Pol auf der Erdoberfläche. Mit anderen Worten: Alle Meridiane laufen ausgehend von einem Pol in Nord-Süd-Richtung über die Erdkugel, um sich am Gegenpol wieder zu treffen. Befinden sich also zwei Orte auf dem gleichen Meridian, so liegen sie in genau nördlicher oder südlicher Richtung zueinander.

Es ist klar, daß es für jeden beliebigen Punkt auf der Erde einen zugehörigen und genau bestimmbaren Meridian gibt. Doch müssen wir die einzelnen Meridiane noch bezeichnen.

Den durch die Sternwarte von Greenwich laufenden Meridian nennt man **Nullmeridian** oder auch *Meridian von Greenwich.* Alle weiteren Meridiane werden auf diesen Nullmeridian bezogen, indem der Winkel gemessen wird, den der Nullmeridian mit jedem westlich oder östlich von ihm liegenden Meridian am Pol bildet. In Skizze A beträgt dieser Winkel 60°. Da der dargestellte Meridian westlich von Greenwich liegt, sagt man, alle auf ihm befindlichen Orte haben die westliche Länge von 60°; oder man schreibt, da die Länge mit dem kleinen Buchstaben λ (lambda) bezeichnet wird: $\lambda = 60°$ W.

Wie B zeigt, können wir diesen Winkel einer Polaufsicht unmittelbar entnehmen. Zugleich erkennen wir, daß die größtmögliche geographische Länge 180° beträgt (= Datumsgrenze), da wir von Greenwich aus sowohl in westlicher als auch in östlicher Richtung messen.

Die Breitenkreise

Zur genauen Ortsbezeichnung benötigen wir noch die Breitenkreise. Diese verlaufen parallel zur Äquatorebene in jeweils gleichen Abständen um die Erdkugel herum. Man nennt sie deshalb auch Breitenparallele. Radius und Umfang dieser Kreise werden — im Gegensatz zu denen der Meridiane — umso kleiner, je

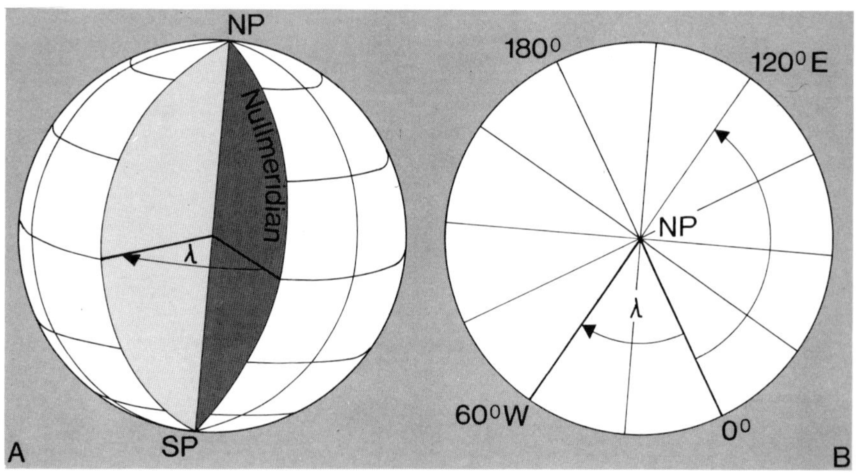

mehr sie sich den Polen nähern. Jede von einem Breitenkreis gebildete Ebene steht senkrecht auf der von Nord- und Südpol gebildeten Achse. Auch jetzt gilt, daß es für jeden beliebigen Punkt auf der Erde einen zugehörigen und genau bestimmbaren Breitenkreis gibt. Liegen zwei Orte in genau westlicher oder östlicher Richtung zueinander, so haben beide auch die gleiche geographische Breite.

Nördlich des Äquators haben wir Orte nördlicher Breite, südlich davon Orte südlicher Breite. Man bezieht also die Bezeichnung jedes Breitenparallels auf die natürliche Ebene des Äquators und mißt am Erdmittelpunkt den sich aus der Äquatorebene und der Verbindung zum jeweiligen Breitenkreis ergebenden Winkel. Die Skizze C zeigt uns beispielsweise den Breitenkreis von 50° nördlicher Breite. Für die Bezeichnung der Breite verwendet man den kleinen griechischen Buchstaben φ (phi), so daß man auch sagt: $\varphi = 50°$ N.

Die größte Breite mißt man mit 90° an den Polen. Der Breitenkreis ist hier zu einem Punkt, dem Pol, geschrumpft.

Ein Beispiel

Gibt man für einen Schiffsort sowohl die geographische Breite als auch die dazugehörige Länge an, so ist dieser Ort eindeutig bestimmt, denn wir finden auf der gesamten Erdkugel keinen anderen Ort mit den gleichen Koordinaten.

Nehmen wir — wie in Skizze D — den Ort, dessen Breite und Länge wir bisher als Beispiel verwendet haben: Er ergibt sich als Schnittpunkt des Breitenparallels mit dem Meridian und hat die Koordinaten: $\varphi = 50°$ N, $\lambda = 60°$ W.

Oft ist eine derartige Angabe für die Navigation nicht genau genug. Deshalb unterteilt man ein Grad in 60 Minuten und eine Minute in 60 Sekunden. Es gilt dann:

1° (1 Grad) = 60′ (60 Minuten)
1′ (1 Minute) = 60″ (60 Sekunden)

Meistens verwendet man jedoch die Sekunde nicht, sondern greift zur Unterteilung der Minute auf das Dezimalsystem zurück und sagt beispielsweise: 54° 23,7′ N.

Die Seemeile

Zur Angabe von Distanzen verwendet die Schiffahrt nicht ein uns sonst vertrautes System — etwa das Meter —, das sich möglicherweise von Land zu Land unterscheidet, sondern sie gibt ihre Entfernungen in der natürlichen, auf die Erdgröße bezogenen und international gebräuchlichen Einheit der Seemeile an.

Nehmen wir zwei beliebige Breitenparallele, die sich um eine Breitenminute voneinander unterscheiden, so können wir uns vorstellen, daß der Abstand beider Kreise konstant ist. Dies ist nicht bei einem Meridianpaar der Fall, dessen Abstand ja zum Äquator hin wächst, zu den Polen hin dagegen abnimmt. Zur Definition der Seemeile greift man auf den immer gleichbleibenden Abstand zwischen zwei Breitenkreisen zurück und sagt: Eine Seemeile entspricht genau dem Abstand zweier sich um eine Minute unterscheidender Breitenparallele, der Breitenminute im Bogenmaß. Hierbei gilt:

1 Seemeile (sm) = 1852 m
1/10 sm = 1 Kabellänge (Kbl)

Wir können auch den Erdumfang von etwa 40 000 km durch die Anzahl der auf ihm enthaltenen Bogenminuten (= 360 · 60′ = 21600′) dividieren und erhalten dann als 1 Seemeile: 40 000 km : 21 600 = 1,852 km.

Für die navigatorische Praxis bedeutet dies: Wir brauchen die aus der Seekarte entnommenen Distanzen nicht mit Hilfe des Kartenmaßstabes umrechnen, sondern können sie in den Zirkel nehmen und unmittelbar an den seitlichen Kartenrändern in Seemeilen ablesen. Auf keinen Fall dürfen wir — dies wäre ein grober Fehler — die Zirkeldistanz am oberen oder unteren Kartenrand ablesen, da sich der Meridianabstand mit der jeweiligen Breite ständig ändert. Der einzige Breitenkreis, an dem dieser Fehler ohne Folgen bliebe, wäre der Äquator.

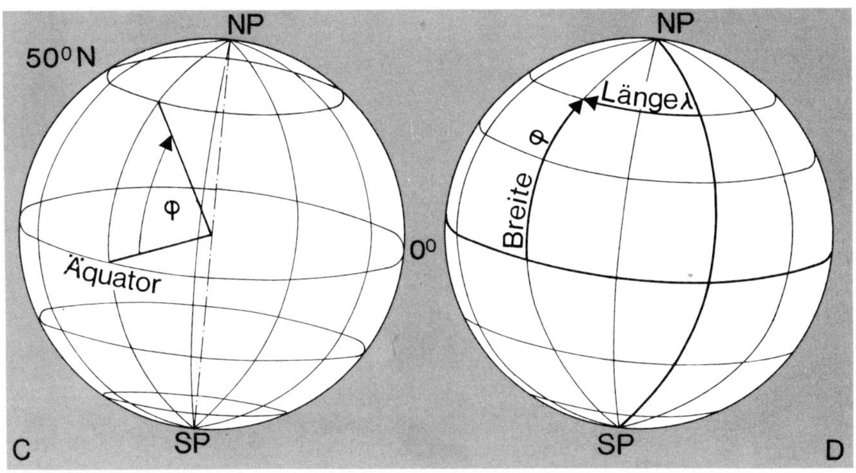

Kompaß, Kurs und Peilung

Die Entdeckungsfahrten des 15./16. Jahrhunderts sind vor allem deshalb möglich gewesen, da zu dieser Zeit die Wirkungsweise des Kompasses bekannt wurde. Stellen wir uns die Erde als einen großen Magneten vor, so können wir verstehen, daß sich eine frei schwingende Magnetnadel an jedem Punkt der Erdoberfläche in Richtung der magnetischen Kraftlinien des Erdfeldes ausrichtet. Da nun die magnetischen Pole etwa den geographischen Erdpolen entsprechen und die magnetischen Kraftlinien etwa in Nord-Süd-Richtung verlaufen (über die *Mißweisung* vergl. S. 56), können wir überall mit Hilfe einer empfindlichen und möglichst frei schwingenden Magnetnadel die Nord-Süd-Richtung feststellen. Wir erhalten so eine recht genaue und von Land- und Sternsicht unabhängige Orientierungshilfe, den Kompaß.

Betrachten wir das Prinzip des Kompasses nochmals: Die Kompaßnadel oder -scheibe wird von den magnetischen Kraftlinien beherrscht; sie bleibt immer in einer bestimmten Richtung ausgerichtet, nämlich der

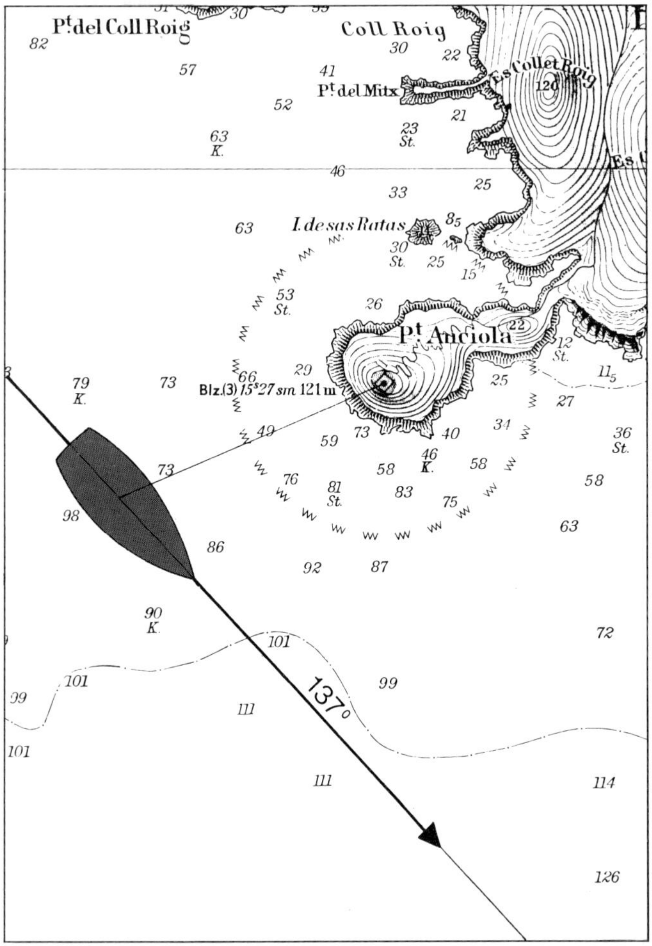

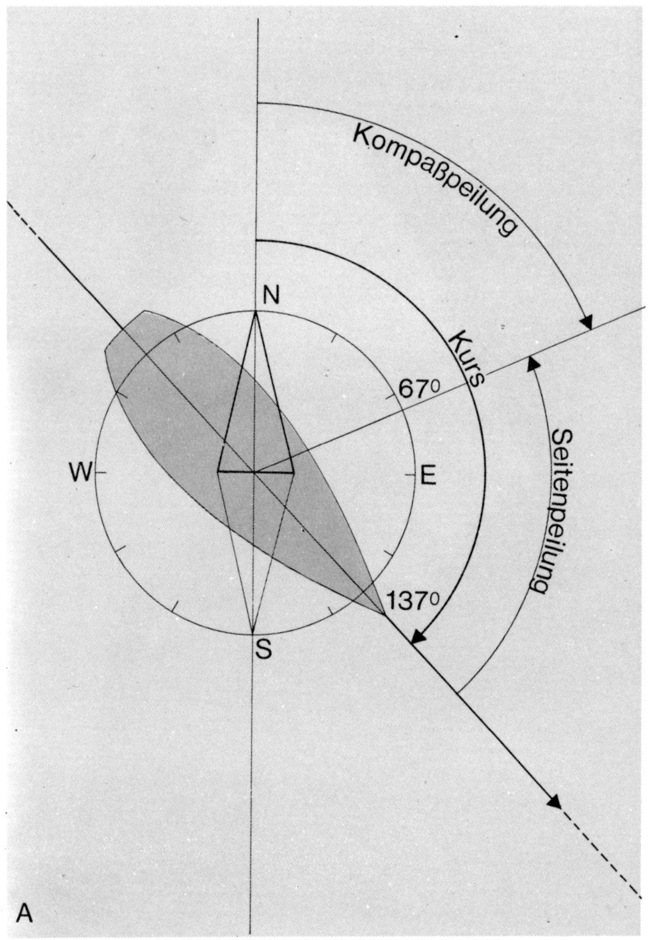

Nord-Süd-Richtung. Ändern wir auf unserem Schiff den Kurs, so ändert sich keinesfalls die Stellung der Kompaßnadel bezüglich der Himmelsrichtungen. Vielmehr variiert bei einer Kurskorrektur nur der Winkel zwischen der ausgerichteten Kompaßnadel und unserer Fahrtrichtung, der Kiellinie. Man kann also sagen, da die Nord-Süd-Richtung der Richtung der Meridiane entspricht, daß jede **Kursangabe** nichts anderes ist als der **Winkel zwischen dem Meridian des Standortes, dem Ortsmeridian, und der Kiellinie (A).**

Nun muß man noch definieren, wie dieser Kurswinkel gemessen werden soll. Man zählt alle Winkel in der Navigation rechtsdrehend, beim Kurswinkel also von Nord ausgehend über Ost, Süd und West zurück nach Nord. Ein Ostkurs entspricht also dem Kurs von 90°, ein Südkurs 180°, ein Westkurs 270° und der Nordkurs 360° oder 0°.

Der Kompaß und die Gradrose werden nicht nur für Kursbezeichnungen, sondern auch für **Peilungen** verwendet. Peilt man über den Kompaß, so ist die Bezugsrichtung wiederum die uns von der Kompaßnadel vorgegebene Nord-Süd-Richtung des Meridians. Bei dieser **Kompaßpeilung** gibt man also den Winkel zwischen dem Ortsmeridian und dem vom Schiff aus angepeilten Objekt an, in Skizze A z. B. mit 67°.

Eine ältere Bezeichnungsweise ist die Angabe nach der *Strichrose*. Hier wird der von zwei Himmelsrichtungen gebildete rechte Winkel mehrmals fortlaufend halbiert (B). Ein Strich — man schreibt auch 1 — entspricht dann dem achten Teil von 90°; ein Vollkreis von 360° umfaßt also 32 Strich. Dann ist 1 Strich = 11¼°. Diesen für die Navigation recht großen Winkel unterteilt man wiederum in ½, ¼ und ⅛ Strich. Heute finden wir gelegentlich noch Angaben in Seehandbüchern nach Strich. Meistens gibt man hiermit Peilungen an, die auf die Fahrtrichtung und nicht auf Nord bezogen sind, sogenannte **Seitenpeilungen.** So sagt man beispielsweise in Skizze A, daß man bei einem Kurs von 137° einen bestimmten Leuchtturm mit etwa 6 Strich an Bb voraus peilt. Dieser Winkel von ca. 70° wird also mit der Fahrtrichtung gebildet und nach Bb gezählt.

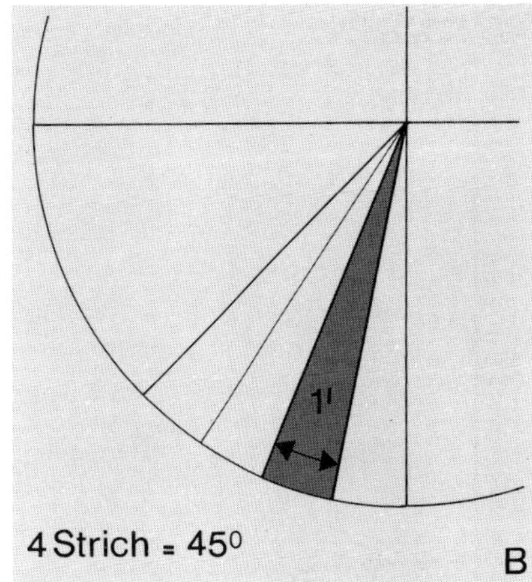

Kursdreieck und Zirkel

Für die Arbeit in der Karte benötigen wir folgendes Handwerkszeug:

- ein mit einer Gradskala versehenes *Kursdreieck,*
- ein *Anlegedreieck* zum Parallelverschieben (statt beider Dreiecke kann auch ein Kurslineal verwendet werden),
- einen *Stechzirkel,* für die Praxis am besten den etwas abgestumpften Marinezirkel, und
- *Zeichengeräte,* also einen weichen Bleistift (keinen Kugelschreiber), Radiergummi, etc.

Die Position

Durch das Koordinatensystem der geographischen Breite und Länge ist eine Position eindeutig bestimmt. Am seitlichen Rand jeder Seekarte finden wir deshalb die Breiten, am oberen und unteren Rand die Längen abgetragen. Wollen wir die Position eines bestimmten Ortes ablesen, so müssen wir die Senkrechte sowohl auf einen seitlichen als auch auf den oberen oder unteren Kartenrand bilden und erhalten sofort die Breite und Länge des Punktes. In der Nähe des Kartenrandes können wir das Lot mit Hilfe des Dreiecks sofort fällen und die gesuchte Position ablesen. Oft ist der Ort weiter vom Kartenrand entfernt, weshalb das Anlegedreieck hilfsweise zur parallelen Verlängerung verwendet werden muß (Skizze I: Länge). Beachte, daß der rechte Winkel des Dreiecks immer am Kartenrand angelegt wird!

Statt dessen kann auch mit dem Zirkel gearbeitet werden. Man mißt den Abstand zum nächstgelegenen Meridian oder Breitenkreis — zur größeren Genauigkeit kann das Dreieck am Meridian angelegt werden — und trägt ihn am Kartenrand ab (Skizze I: Breite).

Soll eine Position in die Karte eingetragen werden, so müssen wir vom Rand ausgehen, die Senkrechte in den jeweiligen Ordinaten bilden, und erhalten als Schnittpunkt beider Lote den gesuchten Ort.

Der Kurs

In der Navigation müssen wir zwei Grundaufgaben lösen: Einmal laufen wir einen bestimmten Kurs und

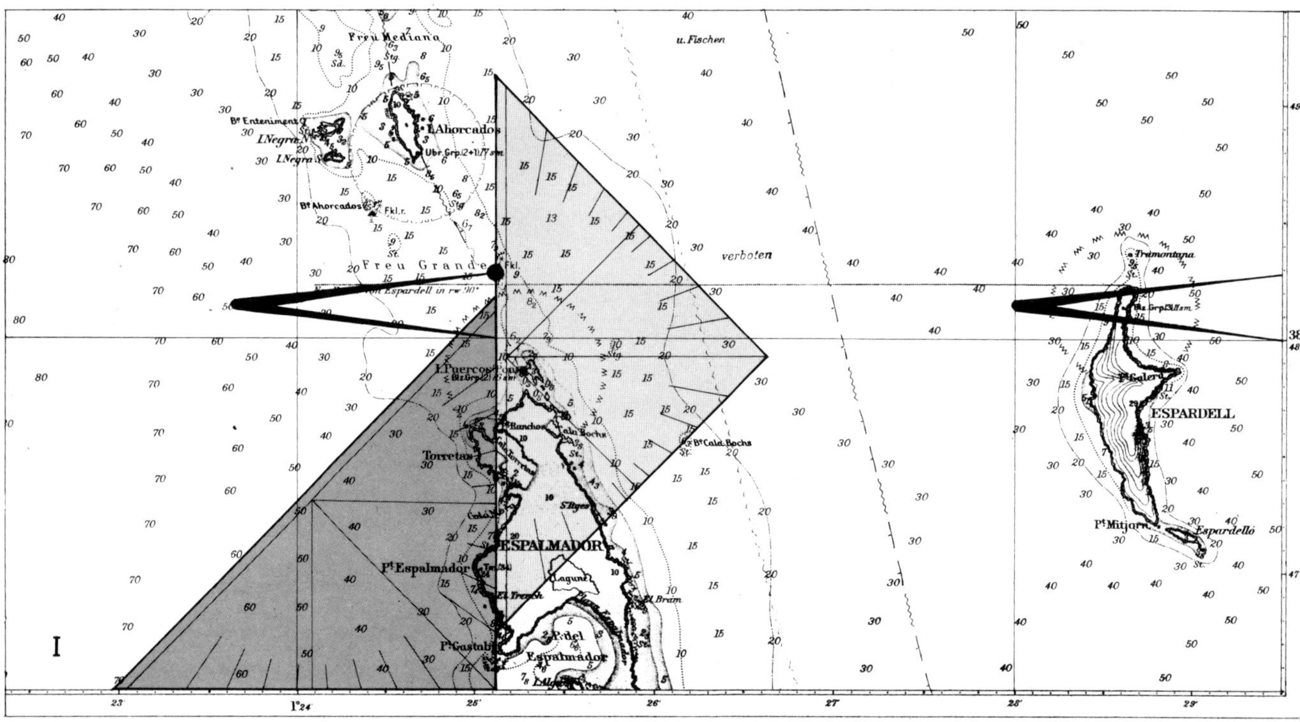

wollen wissen: Wohin führt dieser Kurs? Zum anderen wollen wir ein bestimmtes Ziel erreichen. Welcher Kurs führt zu diesem Ziel?
Die auf dem Kursdreieck aufgetragene Skala ist so auf den Anlegepunkt bezogen, daß er an einem Meridian angelegt werden muß. Man kann dann an dem nach Süden verlängerten Meridian den anliegenden Kurs ablesen, wobei man allerdings zwei um 180° unterschiedene Werte erhält, je nach dem in welcher Richtung der Kurslinie man läuft.
Nun können wir einen Kurs absetzen oder ablesen. Zunächst tragen wir den Kurs mit dem Dreieck an einem Meridian an und verschieben das Dreieck so lange parallel, bis seine lange Seite, die Hypotenuse, durch unseren Standort läuft. Dies ist die gesuchte Kurslinie.
Setzen wir umgekehrt den Kurs von einem Ausgangspunkt zu einem Zielpunkt ab — wie in Skizze II von A nach B —, so legen wir die Hypotenuse an beiden Punkten an, verschieben soweit parallel, bis der Anlegepunkt des Dreiecks an einem Meridian anliegt, und lesen dann den Kurswinkel am Meridian ab. Im Beispiel II beträgt der Kurs von A nach B 101°.

Die Distanz

Wir geben Distanzen in Seemeilen (sm) an und wissen bereits, daß eine Seemeile genau einer Breitenminute im Bogenmaß entspricht. Deshalb können wir jede in den Zirkel genommene Distanz am seitlichen, nie aber am oberen oder unteren Kartenrand abgreifen — außer am Äquator.
Auf großmaßstäblichen Karten müssen wir noch auf folgendes achten: Alle unsere Seekarten werden nach dem Prinzip des Merkatorentwurfes hergestellt (vgl. S. 17). In diesen Karten wird der auf der Erdkugel immer gleichgroße Abstand zwischen den parallel verlaufenden Breitenkreisen so verzerrt, daß er auf der Karte zu den Polen hin ständig zunimmt. In der Karte messen wir deshalb weiter südlich gelegene Breitenminuten immer kürzer als weiter nördlich gelegene. Diesen wenn auch meist recht geringen Fehler gleichen wir dadurch aus, daß wir Entfernungen möglichst auf der Mittelbreite der gemessenen Distanz abgreifen. Als Distanz zwischen den Punkten C und D entnehmen wir der Skizze II 3,6 sm. Ebenso gehen wir vor, wenn wir eine dem Kartenrand entnommene Zirkeldistanz auf eine Kurslinie abtragen.

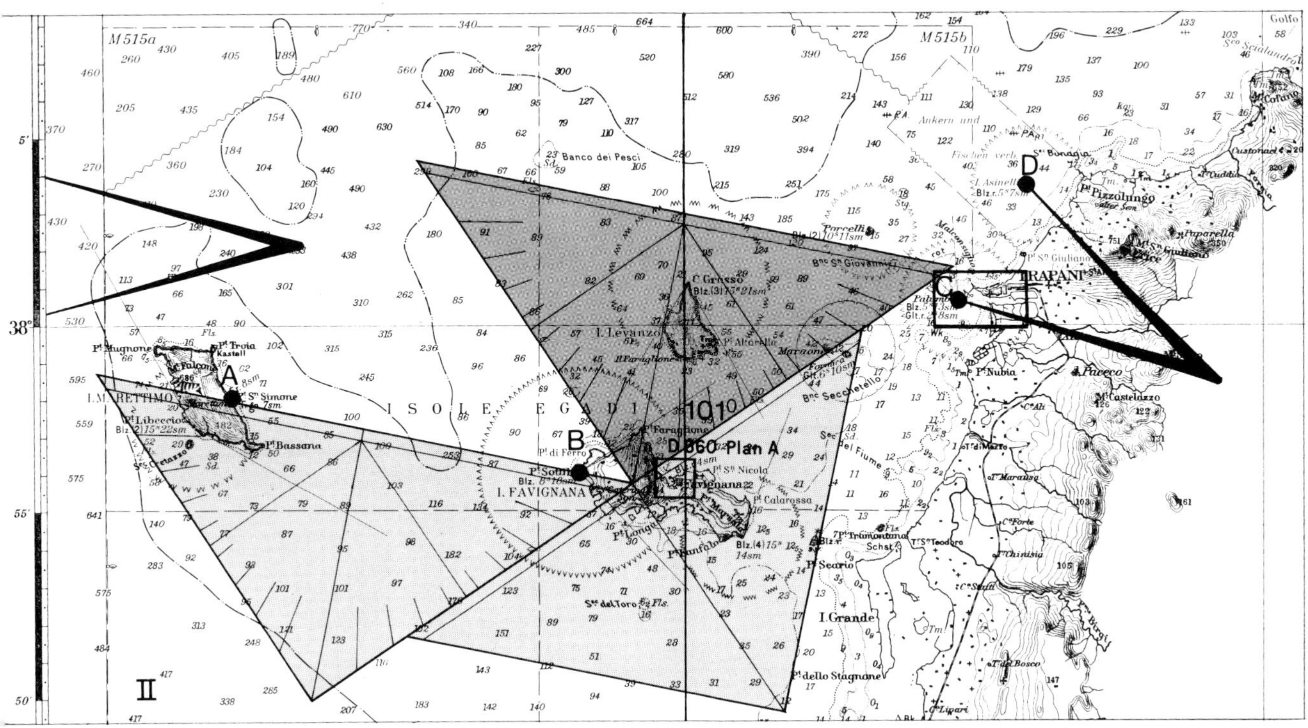

Von der Kugel zur Karte:

Die Merkatorkarte

Versucht man, die Erdoberfläche auf einer ebenen Karte abzubilden, so entstehen Schwierigkeiten. Wenn wir uns nämlich einen eng um die Erdkugel angelegten Mantel vorstellen, den wir in einer ebenen Fläche ausbreiten wollen, so müssen wir feststellen, daß dies nicht gelingt, ohne eine Menge Falten in der Ebene zu erhalten. Mit anderen Worten: Ein Kugelmantel ist nicht verzerrungsfrei in eine Ebene abrollbar. Dies ist das Problem der Kartographie, die eine Menge von Verfahren entwickelt hat, die Erdoberfläche auf eine Kartenebene zu übertragen. Doch hat jedes dieser Verfahren verschiedene Fehler: entweder entsprechen nur die Winkel, oder nur die Flächen oder die Abstände den Verhältnissen auf der Erde. Wir müssen uns deshalb überlegen, welche dieser Fehler für die Navigation von so geringer Bedeutung sind, daß wir sie in Kauf nehmen können, welche aber auf keinen Fall auftreten dürfen. Folgende drei Anforderungen muß der Navigator an seine Karte stellen:

1. Die Kurslinie muß in der Karte als Gerade, nicht als Bogen einzutragen sein, damit sie ohne große Schwierigkeiten mit dem Kursdreieck abgesetzt werden kann. Zugleich wissen wir, daß ein Kurs nichts anderes ist als der von der Kiellinie und dem Ortsmeridian gebildete Winkel. Laufen wir den gleichen Kurs, so bleibt dieser Schnittwinkel konstant. Für unsere Karte bedeutet das, daß die Meridiane parallel verlaufen müssen, damit wir bei konstantem Kurs an jedem Meridian den gleichen Kurswinkel messen können.
2. Die tatsächlich gesteuerten Kurse müssen den in der Karte angetragenen Kurswinkeln genau entsprechen. Man sagt auch, die Karte muß winkeltreu sein. Hiermit ist zugleich gesagt, daß sie nicht unbedingt flächentreu sein muß; es genügt vielmehr Flächenähnlichkeit.
3. Der Navigator muß Distanzen ohne Umrechnung mit dem Zirkel der Karte unmittelbar entnehmen können.

Die Plattkarte

Der wohl einfachste Kartenentwurf mit parallelen Meridianen **ist** die quadratische Plattkarte. Man zerteilt die Erdoberfläche schalenförmig den Meridianen entlang in einzelne sphärische Zweiecke und füllt die in höheren Breiten entstehenden Freiräume aus. Dies ist ein einfacher Zylinderentwurf. Die Meridiane laufen wie gefordert parallel, ebenso die Breitenkreise. Doch vergleicht man entsprechende Flächen auf der Erdkugel und der Karte, so erkennt man deutlich, daß sie nicht winkeltreu ist, da die Flächen in höheren Breiten stets in Ost-West-Richtung gedehnt sind (A). Sie müßten in gleichem Maße in der Nord-Süd-Richtung verzerrt werden, damit wir eine winkeltreue Abbildung erhalten.

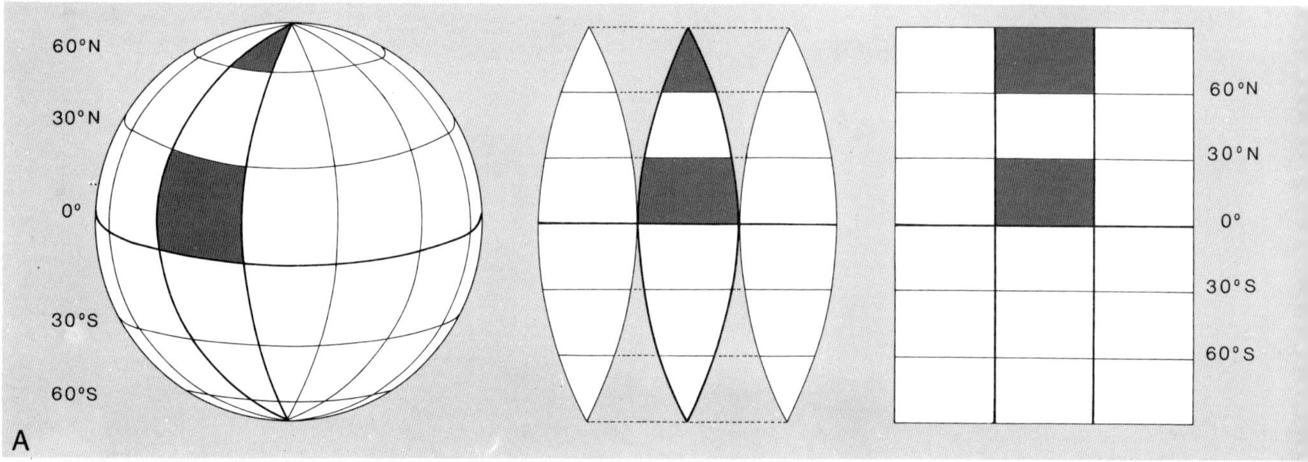

A

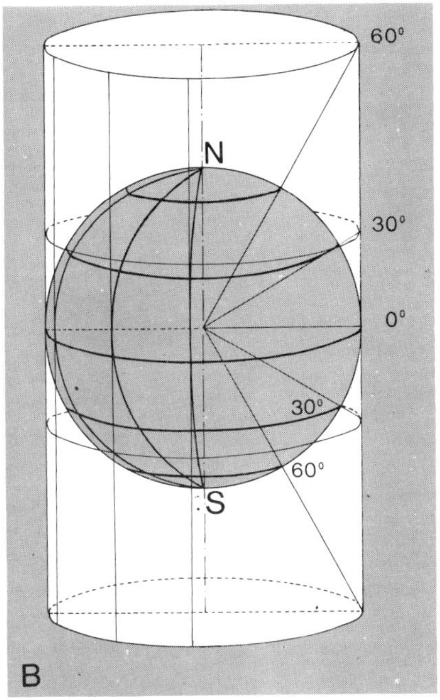

B

Der Merkatorentwurf

Bei allen Zylinderentwürfen stehen die Meridiane und Breitenparallele aufeinander senkrecht. Der Erdmantel wird vom Erdmittelpunkt aus auf einen die Erde im Äquator berührenden Zylinder projiziert (B). Doch entspricht auch bei der geradlinigen Projektion der Skizze B die Nord-Süd-Zerrung nicht genau der Ost-West-Zerrung, so daß auch diese nicht winkeltreu ist. Dies gelingt nur bei einem mathematischen Kartenentwurf, dem *Merkatorentwurf*. Obwohl es sich auch hier um einen Zylinderentwurf handelt, ist er nicht konstruktiv, sondern nur rechnerisch herstellbar. Das Zerrungsmaß für jede Breite kann den *Nautischen Tafeln (NT 5)* entnommen werden.

Da die Merkatorkarte alle anfangs gestellten Forderungen erfüllt, wird sie in der terrestrischen Navigation ausschließlich verwendet. Eine Darstellung arktischer oder antarktischer Gebiete höher als 70° kann mit dem Merkatorentwurf allerdings nicht erfolgen (Skizze C).

Die Nord-Süd-Zerrung beim Merkatorentwurf hat noch zwei Folgen: Erstens haben wir auf unserer Karte keinen einheitlichen Maßstab; der angegebene Maßstab kann sich immer nur auf *einen* Breitenparallel beziehen. Diese Bezugsbreite ist auf jeder Karte angegeben. Zum anderen müssen wir wegen des variablen Maßstabes beim Abgreifen von Distanzen am Kartenrand vorsichtig sein. Wir können eine in der Karte abgenommene Zirkeldistanz nur auf der gleichen Breite am Kartenrand, der Mittelbreite, messen. Dies hat allerdings nur bei großmaßstäblichen Karten Bedeutung.

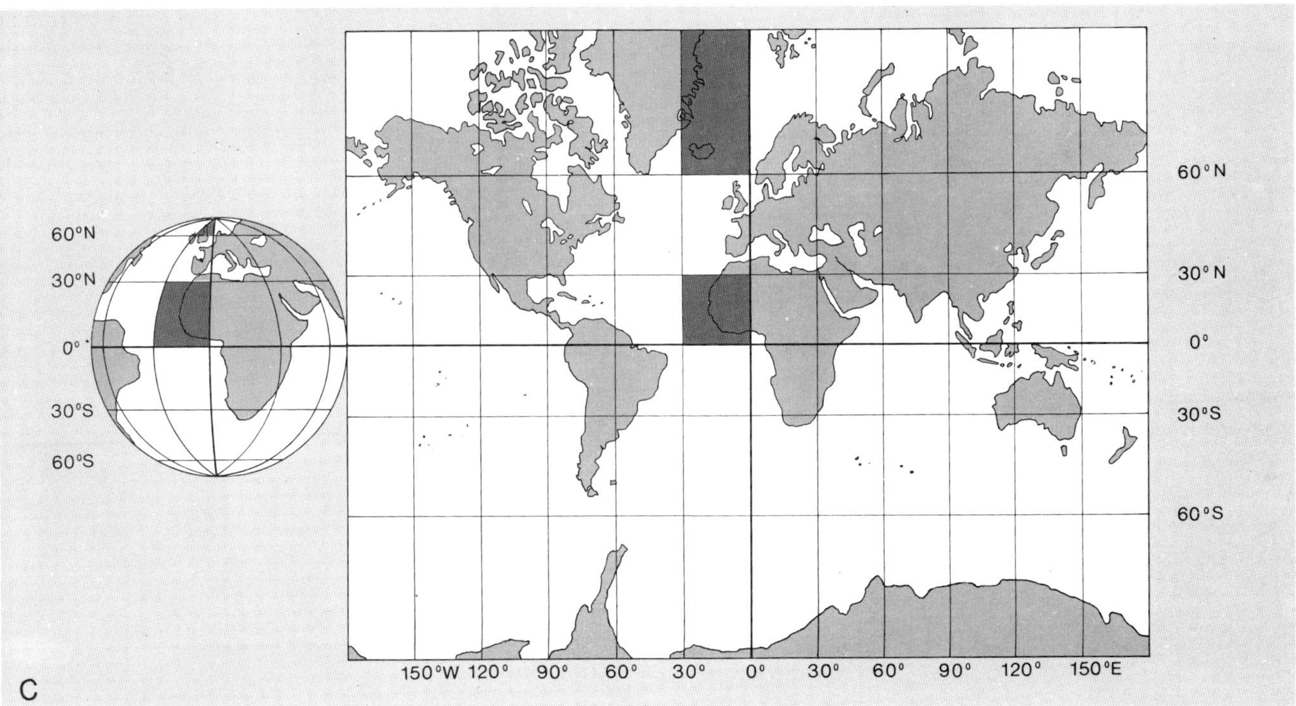

C

Von der Kugel zur Karte:

Die gnomonische Karte

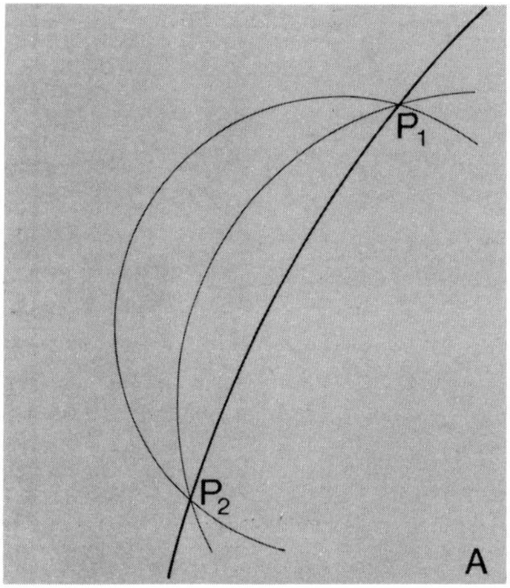

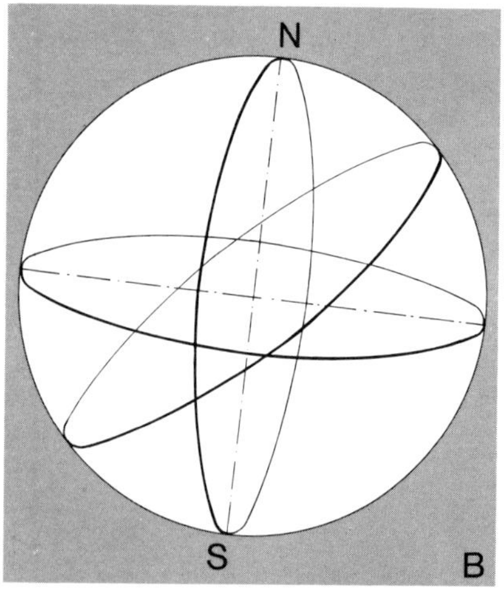

Loxodrome und Orthodrome

So verblüffend es im ersten Augenblick klingt, doch es stimmt: Die kürzeste Verbindung zweier Punkte auf der Erde ist meist nicht die Linie gleichen Kurses. Oder deutlicher: In der Regel segeln wir mit unseren am Kompaß orientierten Kursen Umwege.

Machen wir uns klar: Die kürzeste Verbindung zweier Punkte in der Ebene ist eine durch beide Punkte gelegte Gerade. Diesen Weg können wir auf der Erdkugel naturgemäß nicht wählen, denn wir müssen den von der Erdkrümmung vorgeschriebenen Bogen machen. Wenn wir uns jedoch auf einem Kreisbogen von einem Punkt zum anderen bewegen, so ist derjenige von vielen möglichen der kürzeste, dessen Radius am größten, bzw. dessen Krümmung am kleinsten ist (A).

Den größtmöglichen Radius, den ein Kreis auf der Erdoberfläche haben kann, ist der Erdradius. Man nennt jeden Kreis mit diesem Radius einen Groß- oder auch Größtkreis, ein Stück auf seinem Kreisbogen, eine *Orthodrome*. Jeder Großkreis hat den Erdmittelpunkt zum Mittelpunkt der von ihm gebildeten Fläche. Er stellt immer die kürzeste Verbindung zweier Punkte her. Zwischen zwei Punkten auf der Erdoberfläche kann andererseits immer ein Großkreis gelegt werden. Uns sind bereits einige spezielle Großkreise bekannt: der Äquator als einziger Breitenparallel, der zugleich auch Großkreis ist; und jeder Meridian ist immer auch die Hälfte eines Großkreises (B).

Steuern wir einen Kurs nach dem Kompaß, so schneiden wir ständig alle Meridiane unter dem gleichen Winkel. Da — mit Ausnahme des Äquators und der Meridiane selbst — kein Großkreis ständig den gleichen Winkel mit den von ihm gequerten Meridianen und Breitenkreisen bildet, ist unsere Kurslinie keine Orthodrome. Man nennt die Kursgleiche im Gegensatz hierzu *Loxodrome*. Wir segeln also immer Umwege — abgesehen von den beiden bekannten Ausnahmen bei denen Loxodrome und Orthodrome zusammenfallen: Bei jedem Nord- oder Südkurs, da wir uns auf der Orthodrome des Meridians bewegen; bei Ost- oder Westkursen, sofern wir auf dem Äquator segeln.

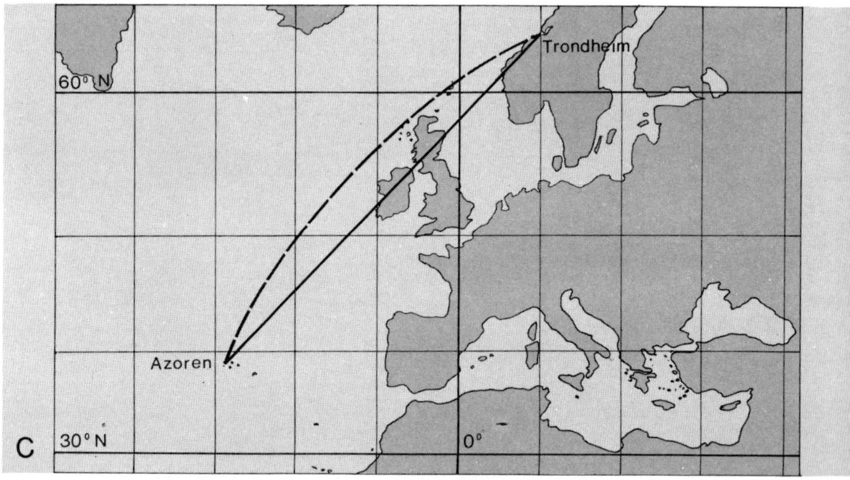

Ein Beispiel soll den Umweg der Loxodrome verdeutlichen: Stellen wir uns vor, wir laufen von einem beliebigen Punkt aus ständig Kurs Nordost, also 45°. Auf diesem Kurs werden wir mehrmals um die Erde laufen und uns spiralförmig dem Nordpol nähern — gewiß nicht auf dem kürzesten Weg.

Großkreisnavigation

Diesen durch den Kompaß entstehenden Fehler — denn allein auf Grund des Prinzips des Kompasses taucht dieser Fehler erst auf — kann man mit Hilfe der Großkreisnavigation ausgleichen. Hier wird der Kurs durch ständige Korrektur dem Großkreis angepaßt. Doch sollte der Segler den Fehler nicht überschätzen. Selbst auf einem langen Transatlantikkurs ist der Einfluß von Wind, Wetter und Strom weitaus bedeutender als der womöglich mit Hilfe des Großkreiskurses zu gewinnende Distanzunterschied. Erst in Gebieten mit vergleichsweise konstanten Wetterbedingungen und auf langen Ost-West-Distanzen (etwa im Südpazifik) wird Großkreisnavigation sinnvoll.

Funkpeilung

Von großer Bedeutung ist der Unterschied zwischen Orthodrome und Loxodrome für die Funknavigation. Da die elektromagnetische Welle die Eigenschaft hat, sich auf dem kürzestmöglichen Weg auszubreiten, bewegt sie sich von einem Peilsender zu unserem Schiffsort immer auf der durch beide Orte laufenden Orthodromen — abgesehen von eventuell durch Dämmerung oder Wegeablenkung entstandenen Fehlern. In der Funknavigation wird aus dem Einfallwinkel des Funkstrahles auf den Schiffsort geschlossen, indem man die Funkpeilung vom Sender ausgehend in die Karte einträgt. Dieser Linie, einer Orthodromen, entspricht jedoch in der Merkatorkarte keine Gerade mehr. Für die zeichnerische Auswertung von Funkpeilungen benötigen wir also einen Kartenentwurf, in dem Funkpeillinien als Gerade abgebildet werden.

Diese Bedingung erfüllt ein sogenannter *Azimutalentwurf*. Im Gegensatz zum Zylinderentwurf wird hier der Erdmantel auf eine beispielsweise im Pol anliegende Ebene vom Erdmittelpunkt aus projiziert (E). In einer speziellen Azimutalprojektion, dem gnomonischen Entwurf, werden alle Orthodrome als gerade, alle Loxodrome jedoch als gekrümmte Linien abgebildet. Alle Meridiane divergieren mit zunehmender Entfernung vom Pol und alle Breitenkreise bilden um den Pol angelegte gekrümmte Linien. Man verwendet diese Funkortungskarte nicht für die terrestrische Navigation, sondern nur für die Auswertung von Funkpeilungen. Dies ist jedoch bereits Stoff des BK-Scheines und für das Reviersegeln nicht erforderlich.

Wir sollten aber wissen, daß in der Merkatorkarte alle Loxodrome als gerade und fast alle Orthodrome als polwärts gekrümmte Linien abgebildet werden.

In der Karte C und D ist einem Merkatorentwurf ein Azimutalentwurf gegenübergestellt. Die kürzeste Verbindung von den Azoren nach Norwegen ist eine Orthodrome, die in der Merkatorkarte C als polwärts gekrümmter Bogen abgebildet wird, im Azimutalentwurf D jedoch als Gerade. Die Kurslinie aber, nach der wir steuern, wird in Karte C als Gerade, in Karte D als äquatorwärts gekrümmter Bogen dargestellt.

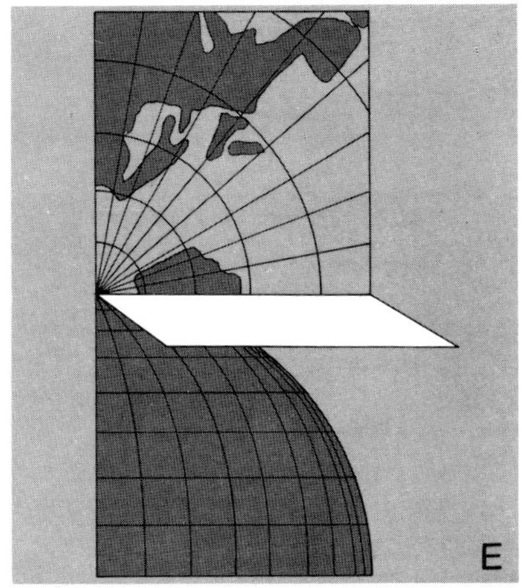
E

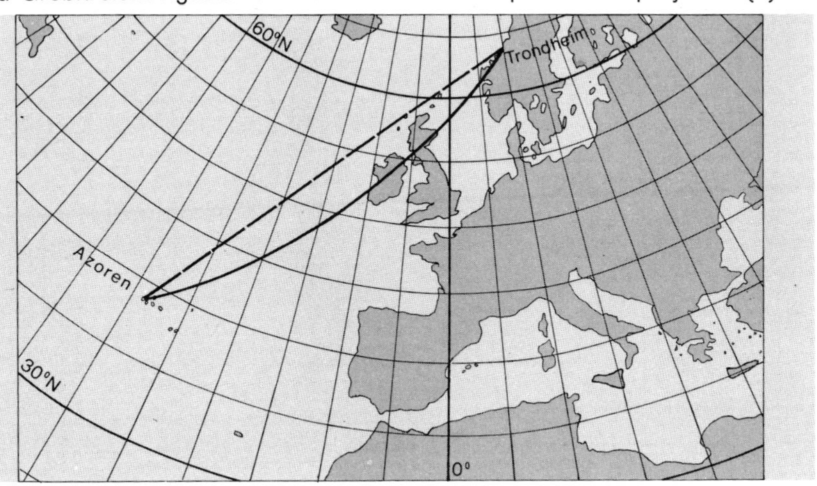

D

Die Seekarte

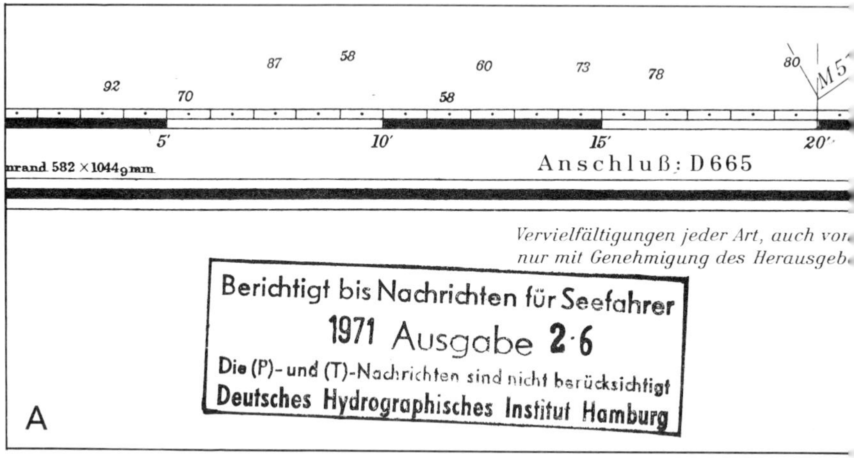

Das Deutsche Hydrographische Institut (DHI)

Als Sportsegler verwenden wir zur Navigation die gleichen nautischen Unterlagen wie die Berufsschiffahrt. Mit anderem Kartenmaterial, etwa mit Straßenkarten navigieren zu wollen, ist äußerst gefährlich, da dort die einschlägigen Informationen nicht enthalten sind. Für diese nautische Literatur — neben der großen Zahl von Seekarten für die gesamte Welt gibt es vor allem die ergänzenden Bände des Seehandbuches und des Leuchtfeuerverzeichnisses — ist eine umfangreiche und präzis arbeitende Behörde tätig, das dem Verkehrsministerium unterstellte *Deutsche Hydrographische Institut* (DHI) in Hamburg. Es ist nicht nur für die Bearbeitung, Herausgabe und Richtigstellung der offiziellen nautischen Unterlagen verantwortlich, sondern seine Tätigkeit erstreckt sich auch auf die wissenschaftliche Untersuchung relevanter geophysikalischer Phänomene, wie Strömungen und Gezeiten, Temperatur und Salzgehalt der Meere, oder den Einfluß von Erdmagnetismus und Gravitationskräften. Darüber hinaus überprüft das DHI die Funktionsfähigkeit nautischer Instrumente (Kompaß, Sextant, Ortungsfunkanlagen, Chronometer) und der vorgeschriebenen Positionslaternen. Jede seefahrende Nation hat für diese Zwecke ihr nationales hydrographisches Institut, die insgesamt in dem *Internationalen Hydrographischen Büro* (IHB) in Monaco zur Koordination ihrer Tätigkeiten zusammengefaßt sind.

Das Kartenmaterial

Sämtliche vom DHI herausgegebenen nautischen Hilfsmittel sind im **Verzeichnis der nautischen Karten und Bücher** zusammengestellt. Den größten Teil dieses Verzeichnisses bildet eine Zusammenstellung in Form von Kartenschnitten (B), aus der wir die Größe, den Maßstab und das Herausgabedatum aller Karten entnehmen können. Den unterschiedlichen Maßstäben entsprechend teilt man die Seekarten in folgender Weise ein:

Ozeankarten	**1 : 5 000 000**	**und kleiner**
Übersegler	**1 : 1 000 000**	**und kleiner**
Segelkarten	**1 : 250 000**	**und kleiner**
Küstenkarten	**1 : 40 000**	**und kleiner**
Sonderkarten	**1 : 40 000**	**und größer**

Für die Navigation im küstennahen Bereich verwenden wir keine Karten, die kleiner als 1 : 100 000 sind. Je größer die Karte, desto besser! Für die Ansteuerung von Häfen oder Ankerbuchten sind Plankarten, eine Zusammenstellung mehrerer detaillierter Hafenpläne auf einer Karte, seh nützlich.

In manchen Revieren des Mittel meeres zum Beispiel gibt das DH nur Segelkarten heraus, so daß wi auf das Angebot anderer Länder zu rückgreifen müssen, meist auf eng lische oder französische Karten. Of sind auch die landeseigenen Karter die besten, wie etwa in Jugoslawien Doch müssen wir bei ihrer Handha bung doppelt vorsichtig sein, da wi meist mit den Symbolen und Abkür zungszeichen oder der Sprache nich vertraut sind.

Neben den gewöhnlichen Seekarter werden noch spezielle Karten her ausgegeben. Zur leichteren Auswer tung der einzelnen Funkortungsver fahren: Deccakarten, Consolfunk feuerkarten oder Fischereikarten; fü Wind- und Strömungsverhältnisse der Ozeane: die Monatskarten.

Berichtigung der Karten

Unsere nautischen Unterlagen sinc natürlich nur solange wertvoll, wie die in ihnen enthaltenen Informatio nen dem neuesten Stand entspre chen. Das DHI bemüht sich mit Hilfe

ines umfassenden Informationssystems zum Zeitpunkt der Drucklegung aktuell zu sein.
Voran erkennen wir, wie alt unsere Karte ist? Am linken unteren Kartenand finden wir neben einem Hinweis uf das Datum der Erstausgabe, das nanchmal mehr als 50 Jahre zurückegt, den Zeitpunkt der zuletzt noch uf der Druckplatte vorgenommenen *Kleinen Berichtigungen.* Später eingetretene Veränderungen und neue nformationen, wie z. B. Umbetonungen oder Änderungen von Leuchtfeuerkennungen, werden ständig in den wöchentlich erscheinenden **Nachrichten für Seefahrer** (NfS) bekannt gegeben. Die größere Berufsschiffahrt ist verpflichtet, die NfS ständig zu beziehen und ihre Unterlagen entsprechend zu korrigieren. Sobald die Literatur bereits gedruckt, jedoch noch nicht verkauft ist, werden diese Korrekturen vom DHI oder einer von ihm autorisierten *Amtlich zugelassenen Vertriebs- und Berichtigungsstelle für Seekarten und nautische Bücher* (AVB-Stelle) handschriftlich vorgenommen. Nur bei diesen Stellen haben wir beim Einkauf die Gewähr, daß die Unterlagen bis zum Verkaufsdatum korrigiert sind. Aus einem Stempelaufdruck am linken unteren Kartenrand (A) geht die letzte für die Korrektur berücksichtigte Nummer der NfS hervor. Bis zu diesem Zeitpunkt ist die Karte also aktuell.
Veraltete Karten kann man bei den AVB-Stellen berichtigen lassen, doch ist es nach etwa einem Jahr meist billiger, neue Karten zu kaufen.
Es ist äußerst leichtsinnig, veraltete oder unkorrigierte Karten zu verwenden!

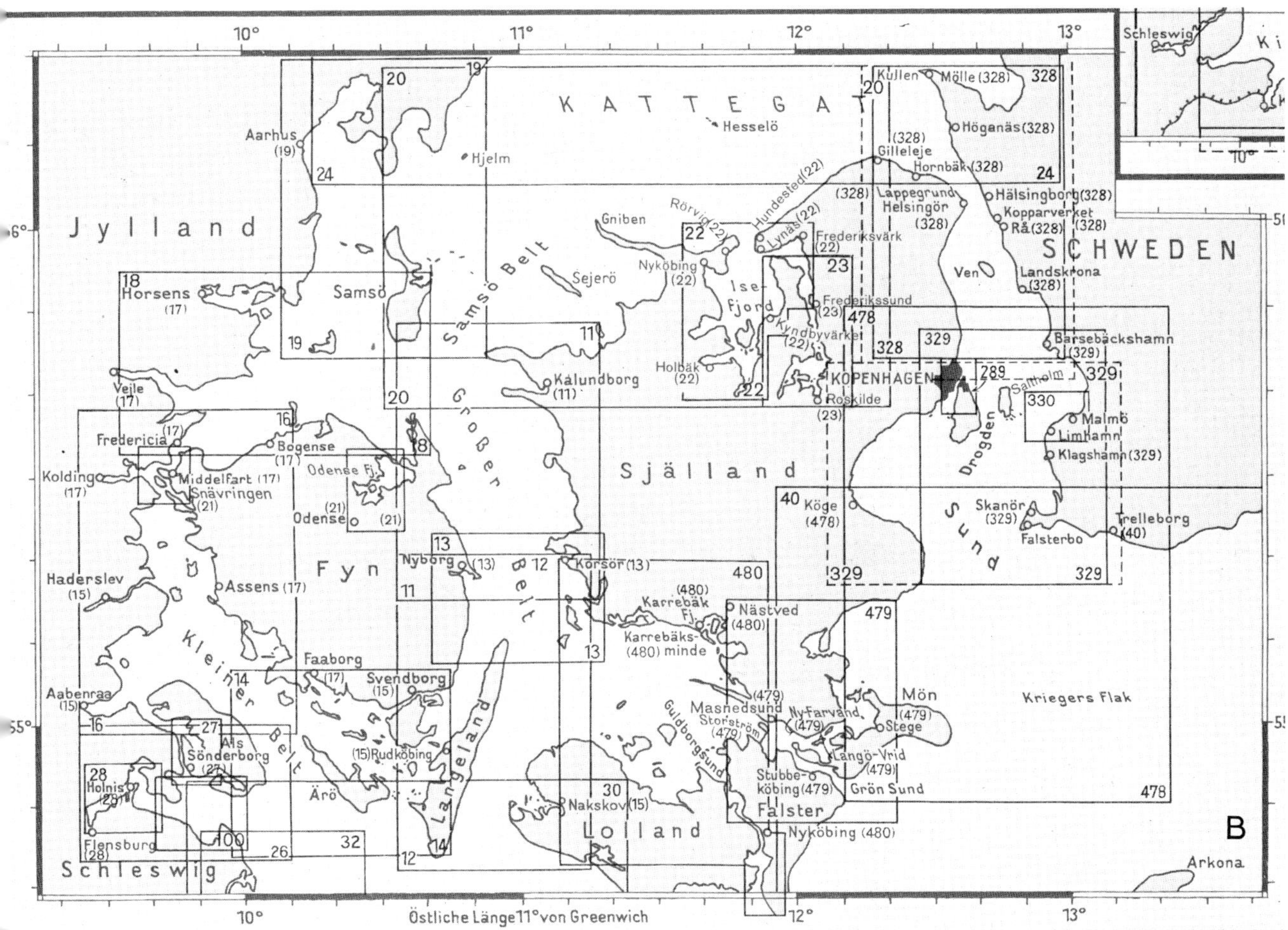

Karte und Legende

Jede Seekarte trägt einen Titel oder eine Überschrift, in deren Nähe meist einige kleingedruckte Anmerkungen zu finden sind. Wir sollten uns angewöhnen, gerade das Kleingedruckte genau zu studieren. Hier finden wir neben Angaben über den verwendeten Maßstab, die zugrunde liegende Bezugsbreite und die Projektionsart etwa den Hinweis, daß Höhen und Tiefen in Metern gemessen sind und auf welches Niveau sie bezogen sind; daß eine Karte größeren Maßstabes nur Ansteuerungsfeuer, nicht aber jedes Leuchtfeuer enthält; daß in der vorliegenden Karte besondere, von der Regel abweichende Symbole Verwendung finden; oder wir finden eine kurze Zusammenstellung fremdländischer Abkürzungen, falls die Karte ausländisches Gebiet wiedergibt. Im linken unteren Kartenrand ist die Kartengröße auf Zehntel Millimeter genau angegeben, um Verzerrungsfehler durch Witterungseinflüsse, vor allem durch Feuchtigkeit erkennen zu können. Außerdem findet man mehrmals die Kartennummer angegeben.

Die durch die Küstenlinie getrennten

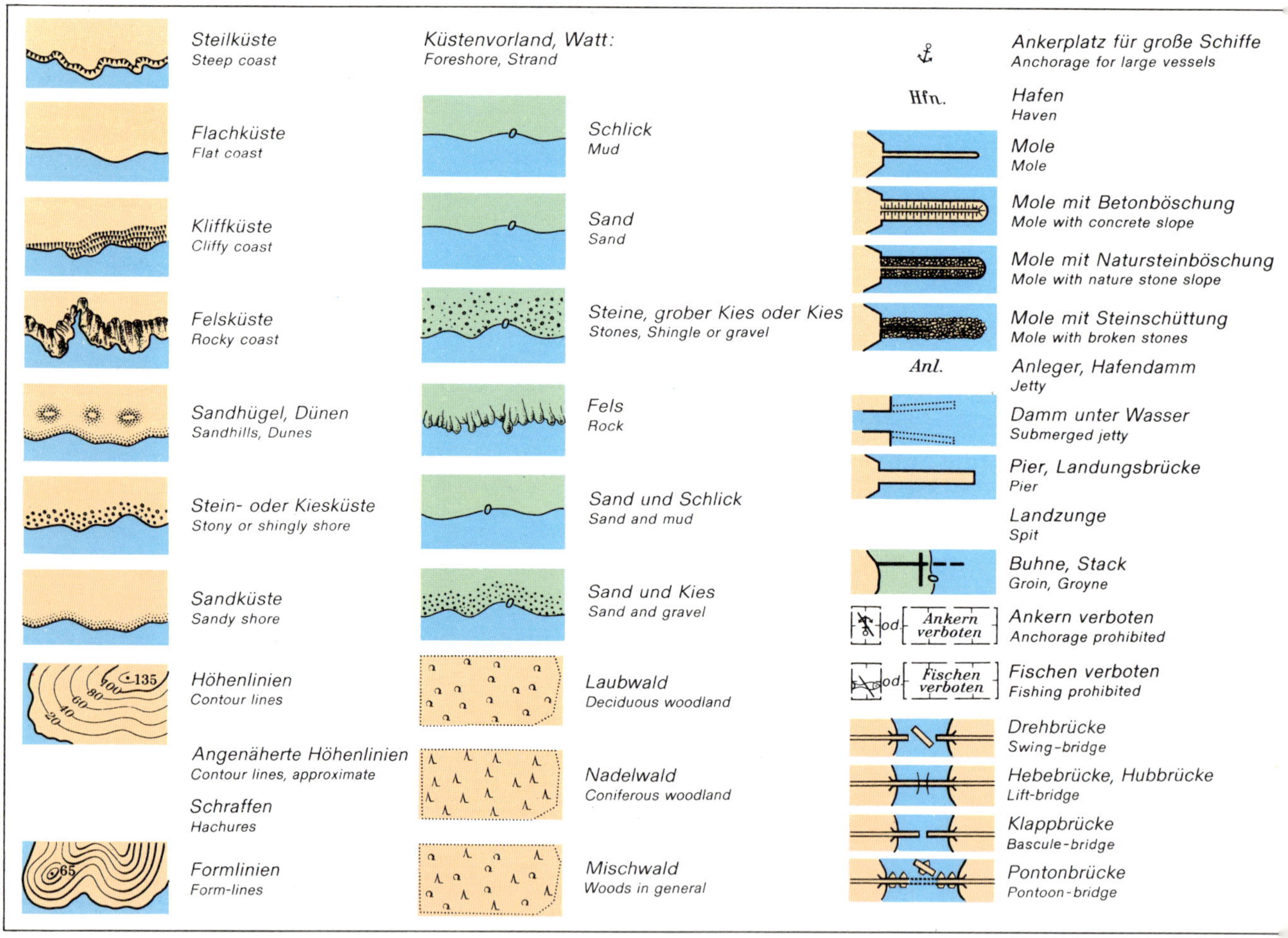

Land- und Wasserflächen der Karte sind von einer Vielzahl verschiedener Symbole und Abkürzungskombinationen übersät. Wenn wir ihre Sprache beherrschen, können wir der Karte fast alle für uns wichtigen Informationen entnehmen. Sie sind in einer vom DHI herausgegebenen Legende, der **Seekarte Nr. 1** *(Zeichen und Abkürzungen in den deutschen Seekarten)*, zusammengefaßt und wiedergegeben. Die wichtigsten Zeichen sollten wir uns genau merken! Alle markanten und von See her auffallenden Landmarken, wie Kirchtürme, Schornsteine, Leuchttürme, große Gebäude, ja sogar einzeln stehende Bäume sind eingezeichnet, ebenso die Fahrwasser- und Untiefentonnen mit ihren Toppzeichen und Feuerschiffe. Die Leuchttonnen und -feuer fallen mit ihren gelben Markierungen sofort auf. Für die Schiffsortbestimmung müssen wir ihre geographische Position genau kennen. Bei Tonnen ist sie mit einem kleinen Kreis an der Basis angegeben (A). Werden ausländische Seekarten verwendet, muß man unbedingt die dazugehörige Legende benutzen.

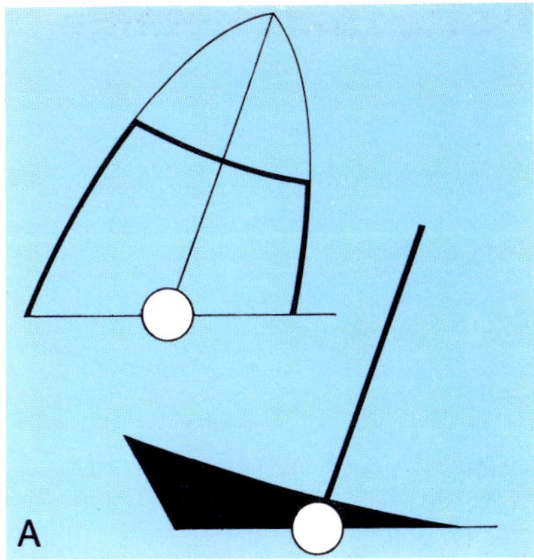

	Vorstadt	*Suburb*
od. o	*Dorf*	*Village*
	Bauwerke, allgemein	*Buildings, in general*
Schl.	*Schloß*	*Castle*
Hs.	*Haus*	*House*
	Landhaus	*Villa*
	Hof, Gehöft	*Farm*
✛	*Kirche*	*Church*
	Kathedrale	*Cathedral*
	Kirchturm, Glockenturm	*Spire, Steeple*
	Schornstein	*Chimney*
	Wasserturm	*Water tower*
Öl-T. *Öl-T.*	*Öltank*	*Oil tank*
Bhf.	*Bahnhof*	*Railway station*
	Tunnel	*Tunnel*
	Damm	*Embankment, Levee*
	Einschnitt	*Cutting*
	Straßendamm *Bahndamm*	*Causeway*

∘	*Stelle aller Art*	*Any kind of station*
S.	*Stelle, Station*	*Station*
Kst-W.	*Küstenwache*	*Coast guard station*
W. *W-Tm.*	*Wache, Wachtturm*	*Lookout station, Watch tower*
	Rettungsbootstation	*Lifeboat station*
R-S.	*Rettungsstelle*	*Lifesaving station*
	Raketenstelle	*Rocket station*
Z-S.	*Zufluchtsstelle für Schiffbrüchige*	*Refuge for shipwrecked mariners*
od. L-S.	*Lotsenstelle*	*Pilot station*
Lotsen	*Lotsenversetzstelle*	*Place where pilots board the vessels*
Sgn-S.	*Internationale Signalstelle*	*International signal station*
2Bk. *2Bk. in Linie 270,1°*	*Richtlinie (feste Linie: Fahrwasser)*	*Leading line, Range line (continuous line: fairway)*
Hs. *Huk und Hs. in Linie*	*Deckpeilung*	*Transit*
Tm. und Schst. in Linie 270°	*Objekte in Linie*	*Objects in line*
oder	*Sektorengrenzen*	*Limits of sectors*

90°-270°	*Fahrwasser, empfohlener Kurs (bezeichnet durch ein System fester Marken)*	*Channel, Course, Track recommended (based on a system of fixed marks)*
8_5	*Fahrwasser, zwischen den Pfeilen Angabe der geringsten Fahrwassertiefe*	*Channel with least depth between the arrows.*
$8_5 m$	*Fahrwasser, zwischen den Pfeilen Angabe des höchstzulässigen Tiefganges*	
	Unterwasserkabel (Starkstrom, Telegraf, Telefon)	*Submarine cable (power, telegraph, telephone)*
	Unterwasserkabelgebiet	*Submarine cable area*
	Fischereigrenze	*Limit of fishing zone*
	Grenze eines Fischfang- oder Fischreusengebietes	*Limit of fishing or fish trap area*
	Militärisches Übungsgebiet	*Military practice area*
	Hoheitsgrenze (äußere Grenze des Küstenmeeres)	*Limit of sovereignty (Territorial sea)*
	Zollgrenze	*Customs boundary*
	Staatsgrenze	*International boundary*
	Staatsgrenze neben einem Objekt	*International boundary close to an object*
	Verkehrstrennungsgebiet	*Traffic separation scheme*

Höhen und Tiefen

In deutschen Seekarten werden die Höhen und Tiefen in Metern gemessen und durch eine Anzahl von Höhen- bzw. Tiefenlinien ergänzt. Hinzu kommen einige Buchstabenkombinationen, die über die Grundbeschaffenheit informieren sollen. Für die Wahl eines Ankerplatzes und auch des geeigneten Ankers ist dies wichtig (vgl. S. 114ff.).

Auf welches Niveau ist die in der Karte vermerkte Wassertiefe bezogen? Oder: Was ist das **Kartennull** *(KN)* deutscher Seekarten? In gezeitenfreien Revieren, wie im Mittelmeer oder in der Ostsee, geht man von einem durch einen bestimmten Pegelstand festgesetzten und nur wenig schwankenden Durchschnittswert aus, dem **mittleren Wasserstand.** Dagegen variiert im Gezeitenrevier, in der Nordsee oder im Atlantik, der Wasserstand im Laufe eines Tages beträchtlich. Hier wählt man aus Sicherheitsgründen einen sehr niedrigen Wasserstand als Kartennull, das **mittlere Springniedrigwasser** (S. 104). So werden nur in seltenen Fällen die in der Karte angegebenen Tiefenwerte unterschritten; meistens findet man mehr Wasser vor als angeführt. In englischen Karten sind Wassertiefen meist in *Faden* (1 *fathom* = 1,828 m) und *Fuß* (1 *foot* = 30,48 cm) angegeben. In vielen ausländischen Karten wie den französischen, englischen oder norwegischen, ist das KN nicht auf das mittlere Springniedrigwasser, sondern auf das noch tiefer liegende *niedrigstmögliche Niedrigwasser* bezogen. Beachte deshalb immer die entsprechenden Vermerke am Kartenrand.

Alle Tiefenwerte beziehen sich genau auf die Mitte einer Tiefenzahl. Ist es nicht möglich, eine Tiefenzahl an ihren geographischen Ort zu setzen, so wird sie in unmittelbarer Nähe in runden Klammern wiedergegeben. Ebenso verfährt man mit den Höhenangaben. Doch ist hier die Bezugshöhe nicht das Kartennull, sondern das *Normalnull* (NN) der Landesvermessung. Es entspricht in der Ostsee etwa dem Kartennull, in Gezeitenrevieren liegt es jedoch höher, nämlich zwischen der Höhe bei mittlerem Hochwasser und mittlerem Niedrigwasser. In englischen Karten sind Höhen meist in Fuß, manchmal auch in Metern angegeben.

Im Gezeitenrevier sind weite Flächen nicht ständig, sondern nur bei Hochwasser (HW), überflutet. Dieses Gebiet ist in deutschen Karten mit olivgrüner Farbe wiedergegeben. Die Höhe, mit der diese Teile über Kartennull trockenfallen, ist mit einer waagerecht unterstrichenen Ziffer angegeben. In einem felsigen Inselrevier muß man also genau darauf achten, ob mit einer Zahl eine Erhöhung über Normalnull, eine Trockenfallhöhe über Kartennull oder eine Wassertiefe unter Kartennull bezeichnet wird. Deshalb präge man sich auch die unterschiedlichen Kartensymbole für über dem KN, auf Höhe des KN oder nur geringfügig unter dem KN liegende Schiffahrtshindernisse ein! In der Praxis wird die Zeit zum Suchen in der Legende fehlen.

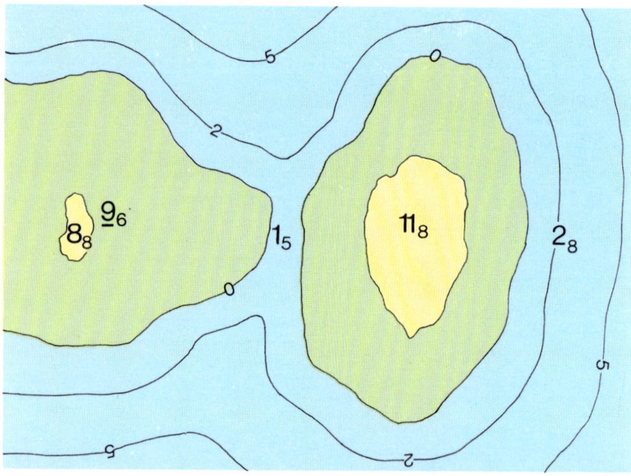

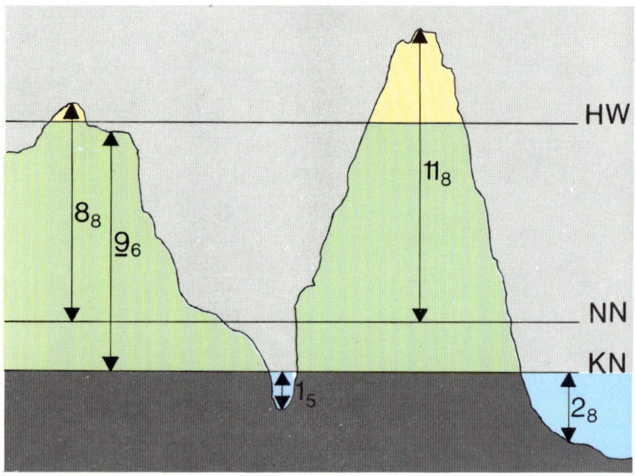

4,1 / (4,1)	*Fels ständig über Wasser, Höhe über Höhennull* *Rock which does not cover, height above height datum*
(3_7) / $*(3_7)$	*Fels trockenfallend, Höhe über Kartennull* *Rock which covers and uncovers, height above chart datum*
	Fels in Höhe des Kartennulls *Rock awash at the level of chart datum*
+	*Gefährliche Unterwasserklippe, Tiefe unbekannt* *Dangerous sunken rock, depth unknown.*

Gefährliche Unterwasserklippe, Tiefe bekannt
Dangerous sunken rock, depth known

$+(1_5)$ / $+(17_1)$	*im entsprechenden Tiefenbereich* *in the corresponding depth area*
(1_5) / (17_1)	*außerhalb des entsprechenden Tiefenbereiches* *outside of the corresponding depth area*

Ungefährliche Unterwasserklippe
Not dangerous sunken rock

+	*Tiefe unbekannt* *Depth unknown*
+ (22)	*Tiefe bekannt* *Depth known*
5_6 Sch-H. / 11_2 Sch-H.	*Schiffahrtshindernis mit Tiefe, abgesucht durch Schleppgerät (in deutschen Gewässern durch Taucher)* *Sunken danger with depth, cleared by wire drag (in German waters by diver)*
	Korallenriff, ständig unter Wasser *Coral reef which covers*
	Wrack mit sichtbaren Rumpfteilen oder Decksaufbauten über Kartennull *Wreck showing any portion of hull or superstructure above chart datum*
Mst.	*Wrack, von dem nur ein Mast od. Masten über Kartennull sichtbar sind* *Wreck of which mast or masts only are visible above chart datum*

	Wrack ständig teilweise unter Wasser *Wreck always partially submerged*
	Gefährliches Wrack, Tiefe unbekannt *Dangerous wreck, depth unknown*
5_6 Wk / 25 Wk	*Wrack, Tiefe bekannt* *Wreck, depth known*
5_6 Wk / 25 Wk	*Wrack, Tiefe bekannt, abgesucht durch Schleppgerät (in deutschen Gewässern durch Taucher)* *Wreck, depth known, cleared by wire drag (in German waters by diver)*
	Ungefährliches Wrack, Tiefe unbekannt *Not dangerous wreck, depth unknown*

Wrack in großmaßstäbigen Karten
Wreck on large scale charts

Wk	*sichtbar* *visible*
Wk	*unter Wasser* *submerged*
Unr. Gd.	*Unreiner Grund* *foul ground*
	Stromkabbelung *Overfalls, Tide-rips*
	Stromwirbel *Eddies*
	Seetang, Seegras *Kelp, Sea-weed*

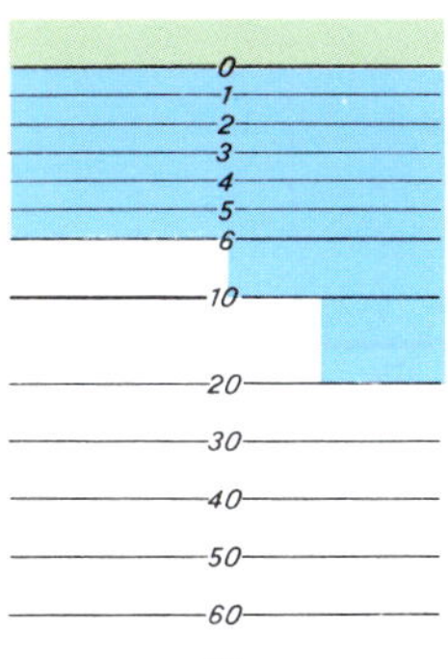

Niedrigwasserlinie
Low water line

9 S.D.	*Tiefenangabe zweifelhaft* *Sounding doubtful*
21 (gem. 1970)	*Gemeldete Tiefe* *Reported depth*
490	*Lotung, Grund nicht erreicht* *No bottom found*
(5_4)	*Tiefenzahl nicht auf geographischem Ort* *Sounding figure out of position*
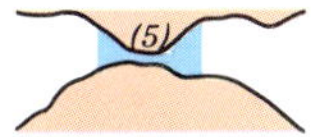 (5)	*Geringste Tiefe in engem Fahrwasser* *Least depth in narrow channel*
Geringste Tiefe 7m (1970) / oder 7m (1970)	*Baggerrinne mit Angabe der geringsten Tiefe und dem Jahr der Feststellung* *Dredged channel with controlling depth and year*
Gd.	*Grund* *Ground*
Rgd.	*Riffgrund* *Sand reef*
Sd.	*Sand* *Sand*
Sk., sk.	*Schlick, schlickig* *Mud, muddy*
Schl.	*Schlamm* *Ooze*
Mgl.	*Mergel* *Marl*
T.	*Ton* *Clay*
K.	*Kies* *Gravel*
gb. K.	*grober Kies* *Shingle*
kl. St.	*kleine Steine* *Pebbles*
St.	*Steine* *Stones*
Fls., fls.	*Felsen, felsig* *Rock, rocky*
gß. St.	*große Steine* *Boulders*
Stg.	*Seetang* *Fucus*
Grs.	*Seegras* *Mattes*
f.	*fein* *fine*
gb.	*grob* *coarse*
wch.	*weich* *soft*
ht.	*hart* *hard*

Leuchtfeuer I

Die Kennung

Die europäischen Reviere sind meist so gut befeuert, daß man nachts ebenso genau navigieren kann wie tagsüber — oft sogar besser. Deshalb legt man gern den Landfall, die Schiffsortbestimmung nach längerer Versegelung bei Annäherung an eine unbekannte Küste, in die frühen Morgenstunden, um mit Hilfe der Leuchtfeuer den Schiffsort zu ermitteln, der nach der Dämmerung evtl. schwieriger festzustellen ist. Allerdings müssen wir hierbei die einzelnen Feuer eindeutig identifizieren können.

Die Feuer sind mit unterschiedlichen *Kennungen* ausgestattet, d. h. das Verhältnis von Scheindauer zu Unterbrechungsdauer variiert ebenso wie die Farbe. So teilt man die Feuer folgendermaßen ein:
Das **Festfeuer (F.)** zeigt eine Lichterscheinung von gleichbleibender Stärke ohne Unterbrechung.
Ein **unterbrochenes Feuer (Ubr.)** zeigt einen Schein, der von Dunkelheit unterbrochen wird. Die Scheindauer ist länger als die Dauer der Dunkelheit.
Das **Gleichtaktfeuer (Glt.)** ist durch eine gleichphasige Abwechslung von Schein und Unterbrechung charakterisiert.
Beim **Blinkfeuer (Blk.)** ist die Dauer der Unterbrechung merklich länger als die Blinkerscheinung. Die Blinkdauer beträgt mindestens 2 Sekunden.
Das **Blitzfeuer (Blz.)** ähnelt dem Blinkfeuer, doch ist die Blitzdauer kürzer als 2 Sekunden, in Deutschland meist sogar kürzer als 1 Sek.
Das **Funkelfeuer (Fkl.)** fällt etwas aus der Systematik heraus: Es zeigt ständig schnell aufeinander folgende Blitze, wobei mindestens 40 Blitze pro Minute erscheinen. Folgen die Blitze nicht ständig aufeinander, sondern werden sie von einer Periode der Dunkelheit unterbrochen, spricht man von einem *unterbrochenen Funkelfeuer (Fkl. unt.).*

Das unterbrochene Feuer kann in seiner Charakteristik auch so angeordnet sein, daß mehrere kurze Unterbrechungen auf eine längere Phase des Scheines folgen; das Blink- und Blitzfeuer so, daß mehrere kurze Scheine auf eine längere Phase der Dunkelheit folgen. Man spricht dann von einem *unterbrochenen* **Feuer mit Gruppen** von 2, 3 oder 4 Unterbrechungen *(Ubr. (2))*, bzw. von einem *Blink- oder Blitzfeuer mit Gruppen* von 2, 3 oder 4 Blinken oder Blitzen *(Blk. (4), Blz. (3))*.
Neben dem charakteristischen Verlauf der Lichterscheinungen eines Feuers unterscheidet man noch nach der Farbe: Man verwendet weiße, rote und grüne Feuer, wobei weittragende Feuer meist weiß sind.
Vor allem die weißen und grünen Feuer unterliegen unter bestimmten atmosphärischen Bedingungen gewissen Farbänderungen. Bei diesigem Wetter erscheinen beide manchmal etwas rötlich, grüne Feuer können aber auch ein weißes Aussehen annehmen. Manchmal werden soge-

•	*Ort eines Leuchtfeuers* *Position of light*	Ob-F.	*Oberfeuer* *Upper light*	bl.	*blau* *blue*	*gel.*	*gelöscht* *extinguished*
	Feuerschiff *Light vessel*	U-F.	*Unterfeuer* *Lower light*	gn.	*grün* *green*	schw.	*schwach* *faint*
*	*Laterne, Leuchte* *Lantern*	Rcht-F.	*Richtfeuer* *Leading light*	or.	*orange* *orange*	Aero-	*Luftfahrtfeuer* *Air light, Aeronautical light*
Warn-F.	*Warnfeuer* *Obstruction light*	Lt-F.	*Leitfeuer* *Directional light*	r.	*rot* *red*	*Fi.*	*Fischerfeuer* *Fishing light*
Flamme	*Flamme* *Flare*	*skr.*	*senkrecht* *vertical*	w.	*weiß* *white*	Gez-F.	*Gezeitenfeuer* *Tidal light*
	Bohrturm, Plattform, Bohranlage, befeuert *Oil derrick, Drilling platform, lighted*	*wgr.*	*waagerecht* *horizontal*	or.	*bernsteinfarben* *amber*	*priv.*	*privat* *private*
	Befeuerte Wracke *Lighted wrecks*	vrst.	*verstärkt* *intensified*	g.	*gelb* *yellow*		*beleuchtet* *lighted*
10.1ˢ	*Wiederkehr in Sekunden* *Period in seconds*	*vrd.*	*verdeckt* *concealed*	vdklt.	*verdunkelt* *obscured*	N-L.	*Nebelleuchte* *Fog light*
15sm	*Tragweite in Seemeilen* *Luminous range, Nominal range in nautical miles*			*ztws.*	*zeitweise* *occasional*	N-Such-F.	*Nebelsuchfeuer* *Fog detector light*
				ztwl.	*zeitweilig* *temporary*	Mt-F.	*Mittelfeuer* *Middle light*

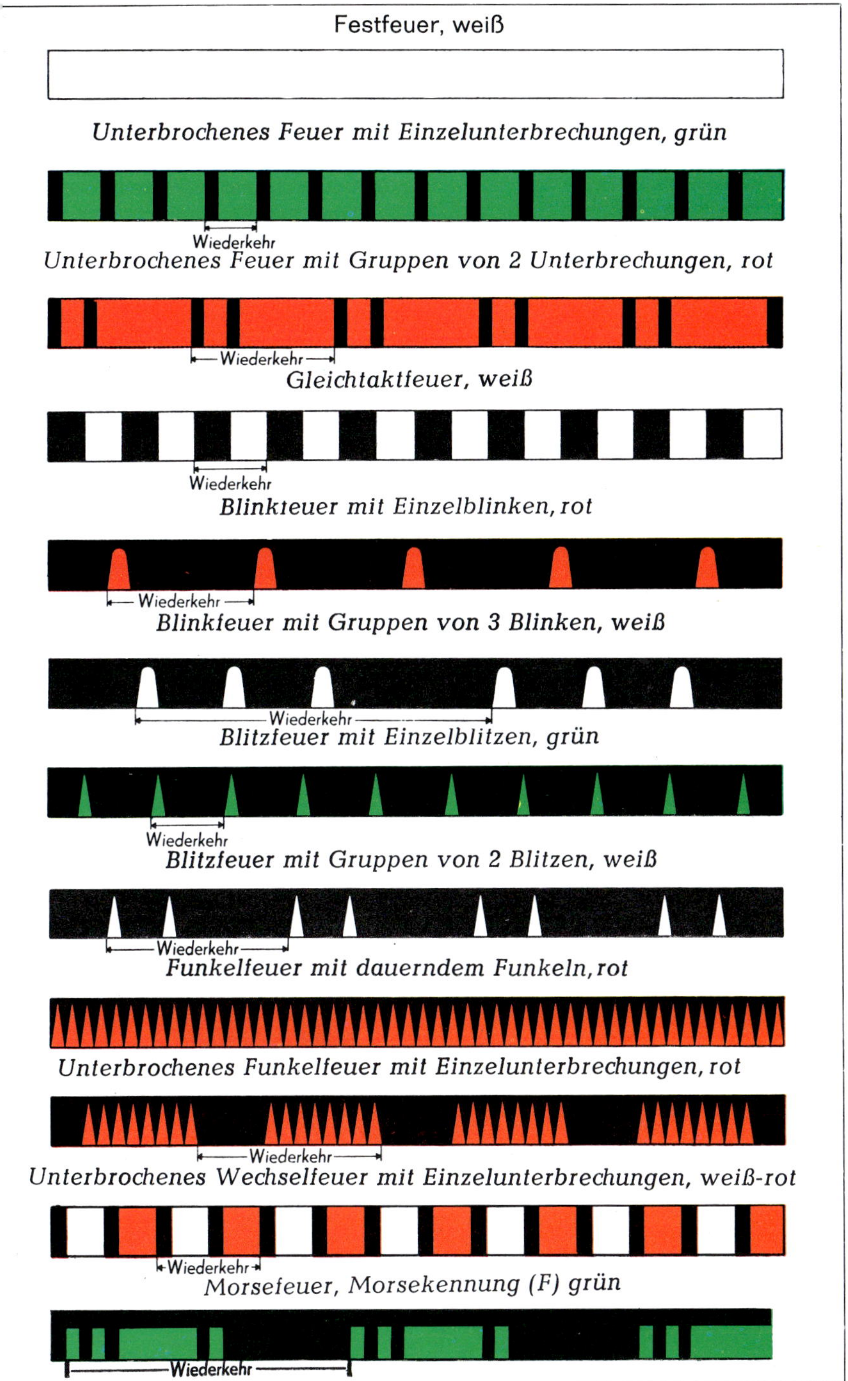

nannte Quecksilberdampflampen verwendet (im Leuchtfeuerverzeichnis mit QD bezeichnet), bei denen weiße Feuer eine grünliche Färbung annehmen können. Ebenso scheinen Neonlampen meist etwas grünlich, weshalb sie vom Anfänger gern mit Leuchtfeuern verwechselt werden.

Die Scheincharakteristik einschließlich der Farbe nennt man *Kennung* eines Feuers.

Schließlich gibt es noch einige selten gebrauchte Kennungen:

Das *Wechselfeuer (Wchs.)* zeigt weiße oder farbige Scheine, abwechselnd mit Scheinen einer anderen Farbe. Sie treten mit, aber auch ohne Verdunkelungsphase auf.

Das in Deutschland ungebräuchliche *Mischfeuer (Mi.)* ist eine Kombination der bisher aufgeführten Kennungen.

Das *Morsefeuer (Mo.)* zeigt Lichterscheinungen, die einem Buchstaben des Morsealphabets entsprechen.

Die Wiederkehr

Mißt man die Gesamtdauer einer Periode einschließlich Verdunkelung und Lichterscheinung von Beginn zu Beginn, so hat man die **Wiederkehr in Sekunden.** Beispielsweise kann sich ein Blitzfeuer mit Gruppen von 2 Blitzen ausschließlich durch die Wiederkehr von einem anderen mit der gleichen Kennung unterscheiden. Um sich nicht durch Auszählen der Wiederkehr täuschen zu lassen, sollte man zur Identifizierung eines Feuers immer eine Stoppuhr verwenden.

Kennung und Wiederkehr eines Leuchtfeuers benötigen wir zur Identifizierung des Feuers. Wir können sie der Karte oder dem Leuchtfeuerverzeichnis entnehmen.

Leuchtfeuer II

F.	*Festfeuer* *Fixed light*	Blz.	*Blitzfeuer, weniger als 2s* *Short flashing light, less than 2s*
Ubr.	*Unterbrochenes Feuer* *Occulting light*	Blk.(2)	*Blinkgruppenfeuer* *Group long flashing light*
Blk.	*Blinkfeuer, 2s und mehr* *Long flashing light, 2s and more*	Blz.(3)	*Blitzgruppenfeuer* *Group short flashing light*
Glt.	*Gleichtaktfeuer* *Isophase light*	Blk.(1+2)	*Kombiniertes Blinkgrup-penfeuer* *Composite group long flashing ligh*
Fkl.	*Funkelfeuer* *Quick flashing light*	Mi.	*Mischfeuer: Unterbrochenes Feuer und Blitzgruppen* *Occulting and group short flashing light*
Fkl. unt.	*Unterbrochenes Funkelfeuer* *Interrupted quick flashing light*	Mo.(K)	*Morsefeuer, entsprechend der Kennung* *Morse code light, according to character*

Tragweite und Sichtweite

Tragweite ist der Abstand, in dem ein Leuchtfeuer bei guter Sichtigkeit gerade noch wahrnehmbar ist. Sie hängt also von der Lichtstärke des Leuchtfeuers ab und wird für einen bestimmten Sichtigkeitsgrad der Luft in Seemeilen angegeben.
Sichtweite ist der Abstand, in dem ein Leuchtfeuer aus einer bestimmten Augenhöhe eben noch „in der Kimm" sichtbar ist, d. h. sobald es bei Annäherung erstmals über dem Horizont erscheint. Sie hängt also von der Höhe der Laterne und des Beobachterauges über dem Meeresspiegel ab und ist durch die Erdkrümmung bedingt (A).
Sehen wir ein **Feuer in der Kimm,** so sind wir genau die Sichtweite in Seemeilen gemessen vom Leuchtturm entfernt. In der Seekarte und im Leuchtfeuerverzeichnis sind die Werte für die Trag- und Sichtweiten angegeben. Der Wert für die Sichtweite bezieht sich jedoch auf eine Augenhöhe von 5 m. Beobachten wir von einer geringeren Höhe aus, so erscheint das Feuer natürlich erst später in der Kimm. Aus einer i Leuchtfeuerverzeichnis abgedruc ten Tabelle (vgl. S. 77) können w jedoch für unterschiedliche Feue höhen auch die Sichtweiten be spielsweise für 2 m, 3 m oder 4 Beobachterhöhe ablesen.
Die Tragweite eines Feuers ist mei größer als seine Sichtweite. Des halb kann man bei klarer Sicht de Wiederschein des Leuchtfeuers a dunklen Himmel oder den Wolke oft schon außerhalb des Sichtweiter bereiches wahrnehmen, also bevo es in der Kimm auftaucht.

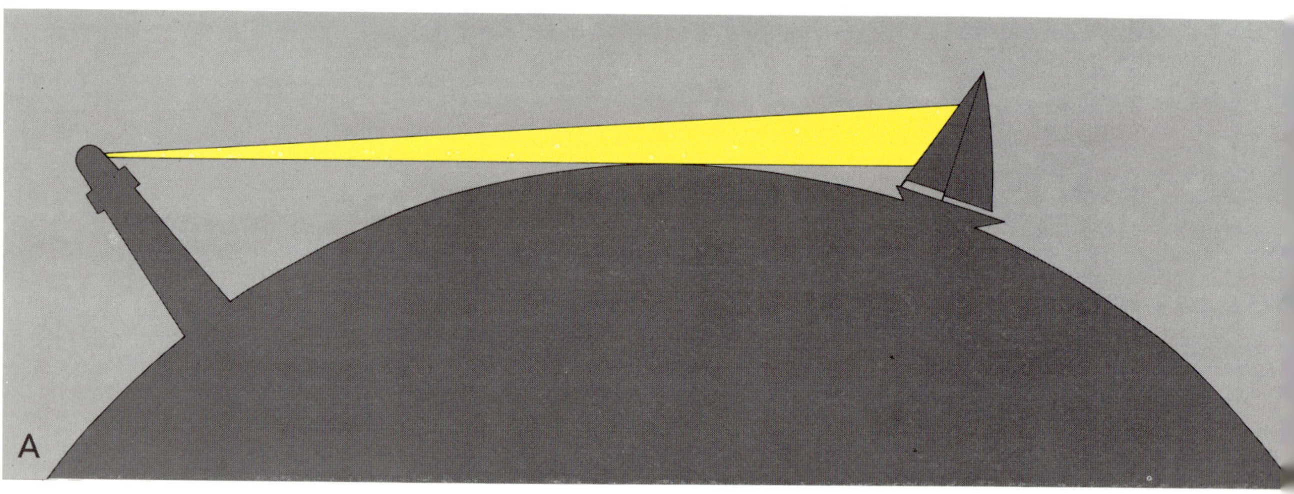

as Leitfeuer (Lt-F.)

m die Einsteuerung in enge Fahr-asser zu erleichtern, werden Leit-euer installiert. Ein weißer Leitsek-or (meist F. w.) wird an beiden Sei-en von einem schmalen Warnsek-or begrenzt. Sind diese farbig, so at das einlaufende Schiff an Bb. inen roten Sektor, an Stb. einen rünen (meist F.). Sind dagegen die Varnsektoren auch weiß, so findet as einlaufende Schiff an Bb. meist ine Blitzkennung mit geradzahligen ruppen (2, 4), an Stb. mit ungerad-ahligen Gruppen (1, 3, 5). Bemerkt twa ein einlaufendes Schiff, daß die eitfeuerfarbe plötzlich rot (grün) ird, so muß es seinen Kurs nach tb. (Bb.) korrigieren. Manchmal ägt ein einziges Leuchtfeuer meh-ere in verschiedene Richtungen lau-ende Leitsektoren.

Das Richtfeuer (Richt-F.)

Zwei in einiger Entfernung hintereinander aufgestellte Feuer, ein Ober- und Unterfeuer, ermöglichen in engen Fahrwassern eine noch genauere Einsteuerung. Sobald beide Feuer nicht mehr seitlich zueinander versetzt sind, hat man sie in Deckung. Bei einer derartigen Deckpeilung stehen die Feuer bei einem genau bestimmten und meist sogar in der Seekarte angegebenen Kurs *in Linie*. Jede Kursabweichung bemerkt man jetzt sofort am seitlichen Auswandern des Unterfeuers. Ist man zu weit nach Bb. (Stb.) abgekommen, so wandert das Unterfeuer nach rechts (links) aus. Im letzten Fall fährt man *links offen* — ein verkehrsgerechtes Verhalten in vielbefahrenen Fahrwassern, um das Rechtsfahrgebot zu erfüllen.

Quermarken- und Torfeuer

Das *Quermarkenfeuer* gibt mit einem quer zum Kurs verlaufenden Sektor an, daß von hier ab einem neuen Leitsektor gefolgt werden soll. Das *Torfeuer* besteht aus zwei an beiden Fahrwasserseiten gegenüber liegenden Feuern gleicher Kennung, Wiederkehr, Lichtstärke und Höhe. Sie sind als seitliche Begrenzung eines zu passierenden Tores, oft in Torfeuerketten, angebracht.

Beachte:

Die für Deckpeilungen oder Sektorengrenzen in der Seekarte oder im Leuchtfeuerverzeichnis angegebenen Gradzahlen sind von See bzw. vom Schiff, nicht vom Feuer aus vorgenommene Peilungen! Ist also in der Karte eine Deckpeilung mit 240° angegeben, so habe ich mit einem Kurs von 240° die Feuer in Linie.

Beispiele
Examples

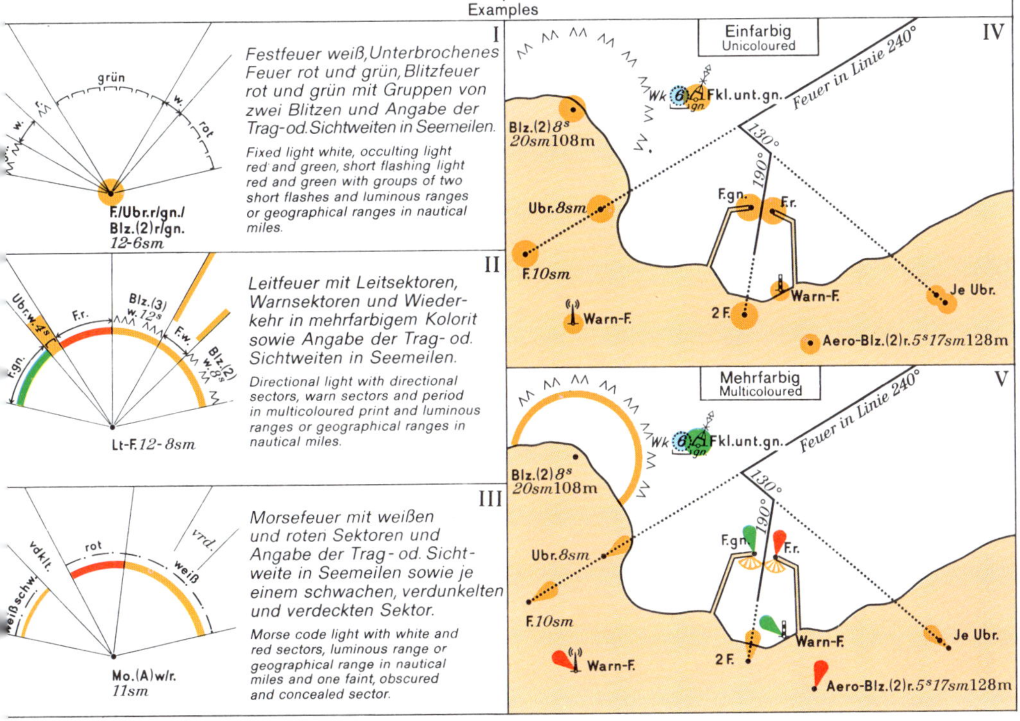

I *Festfeuer weiß, Unterbrochenes Feuer rot und grün, Blitzfeuer rot und grün mit Gruppen von zwei Blitzen und Angabe der Trag- od. Sichtweiten in Seemeilen.*

Fixed light white, occulting light red and green, short flashing light red and green with groups of two short flashes and luminous ranges or geographical ranges in nautical miles.

II *Leitfeuer mit Leitsektoren, Warnsektoren und Wiederkehr in mehrfarbigem Kolorit sowie Angabe der Trag- od. Sichtweiten in Seemeilen.*

Directional light with directional sectors, warn sectors and period in multicoloured print and luminous ranges or geographical ranges in nautical miles.

III *Morsefeuer mit weißen und roten Sektoren und Angabe der Trag- od. Sichtweite in Seemeilen sowie je einem schwachen, verdunkelten und verdeckten Sektor.*

Morse code light with white and red sectors, luminous range or geographical range in nautical miles and one faint, obscured and concealed sector.

Seezeichen

Neben den Landmarken sind die Seezeichen unsere beste Orientierungshilfe. Man unterscheidet zwischen *festen*, starr mit dem Grund oder Land verbundenen Seezeichen und *schwimmenden* Seezeichen den Feuerschiffen und Tonnen.

Alle Seezeichen können nach ihrer Form und Farbe und nach Form und Farbe der Toppzeichen unterschieden werden. Befeuerte Tonnen, meist Bakentonnen, können wir nachts nach Kennung und Wiederkehr ihrer Feuer identifizieren.

Der Form nach unterscheidet man im wesentlichen *Baken-, Spitz-, Stumpf-, Faß- und Kugeltonnen.* Ihre Farbe ist meist rot, schwarz oder rot/schwarz gestreift.

Zur Begrenzung von Fischerei- bzv militärischen Warn- und Sperrgebie ten werden blaue Tonnen verwende zur Kenntlichmachung von Wrack grüne.

Die Toppzeichen sind nicht flächi sondern meist als Rotationskörpe gebaut, so daß man sie aus jede Richtung kommend in gleicher Weis erkennen kann. Man verwendet u.a Zylinder, Kegel, Doppelkegel, Bäll und Kreuze. Form, Farbe und Art de Streifung der Tonnen und der Topp zeichen können wir der Karte entneh men.

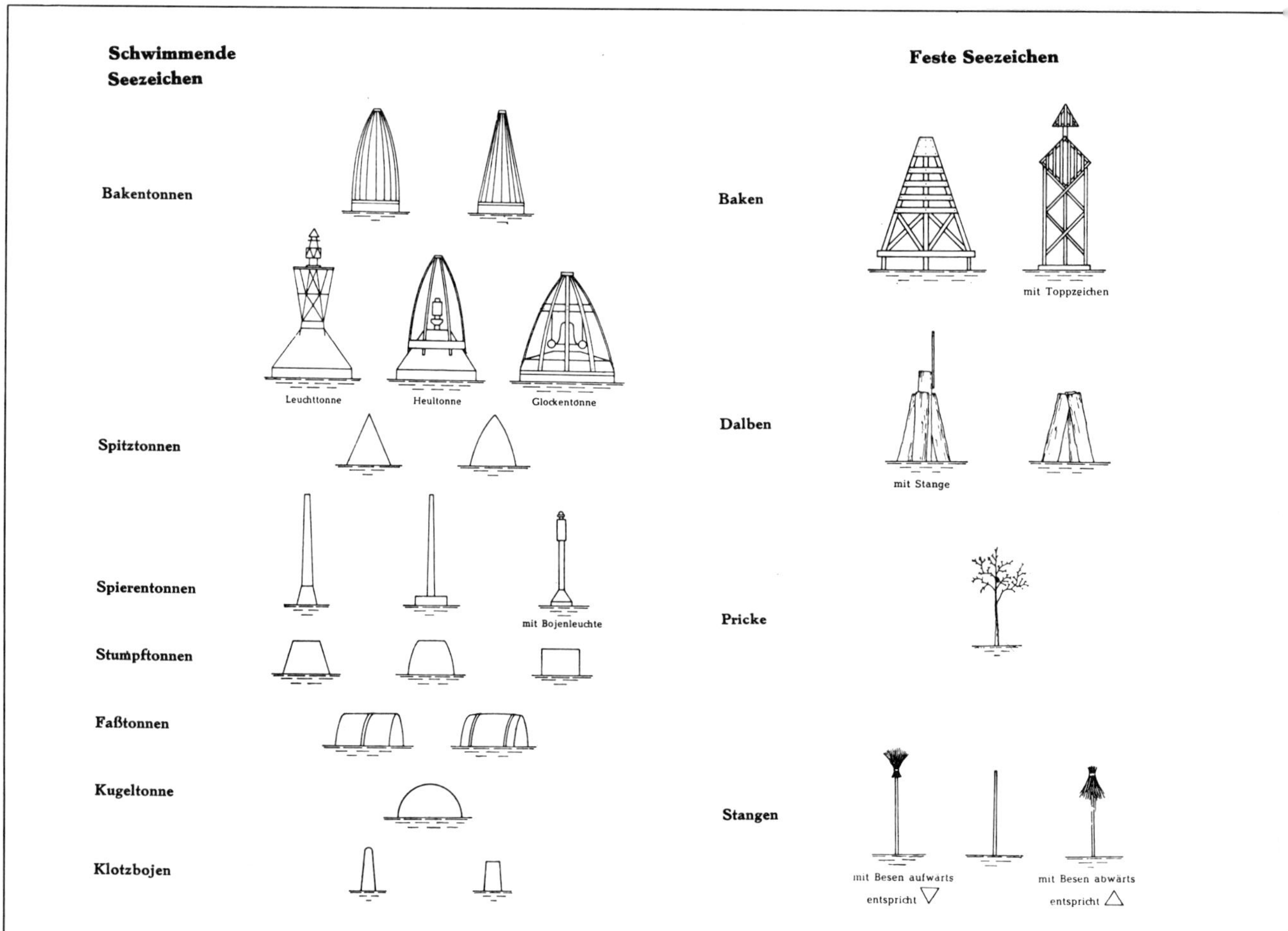

Toppzeichen

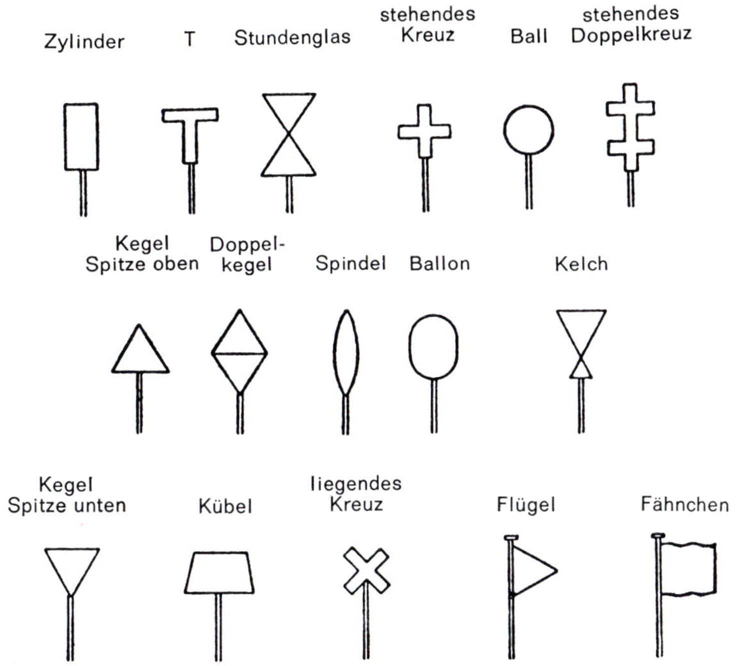

Seezeichen für besondere Zwecke

Bemerkung: Toppzeichen in Klammern bedeutet: Wenn Toppzeichen nötig
* bedeutet: Es können auch Tonnen beliebiger Form verwendet werden

	Ort einer Tonne oder Bake / *Position of buoy or beacon*
	Leuchttonne / *Light buoy*
	Tonne mit Leuchte / *Buoy with light*
Gl-Tn.	*Glockentonne* / *Bell buoy*
Gong	*Gongtonne* / *Gong buoy*
Hl-Tn.	*Heultonne* / *Whistle buoy*
	Stumpftonne / *Can buoy, Cylindrical buoy*
	Spitztonne / *Nun buoy, Conical buoy*
	Kugeltonne / *Spherical buoy*
	Spierentonne / *Spar buoy*
	Bakentonne / *Pillar or spindle buoy*
	Tonne mit Toppzeichen / *Buoy with topmark*
	Faßtonne / *Barrel buoy, Ton buoy*
	Leuchtfloß, Leuchtboot / *Light-float, Light-boat*
Kb-Tn.	*Kabeltonne* / *Telegraph-cable buoy*
	Festmachetonne / *Mooring buoy*
Qrt-Tn.	*Quarantänetonne* / *Quarantine buoy*
	Radarreflektor / *Radar reflector*
Expl-Tn.	*Reedetonne für Schiffe mit Explosivstoffen* / *Explosive anchorage buoy*
	Reedetonne für Wasserflugzeuge / *Sea-plane anchorage buoy*
	waagerecht gestreift oder geteilt oder mit waagerechtem Band / *horizontal stripes or bands*
	senkrecht gestreift / *vertical stripes*
	gewürfelt / *chequered*
	diagonal gestreift / *diagonal bands*
	Treibbake, Spiere / *Floating beacon*
Bk.	*Stangenbake* / *Fixed beacon*
Bk.	*Bake, allgemein* / *Beacon in general*
Tm-Bk.	*Turmbake* / *Tower beacon*
Rcht-Bk.	*Richtbake* / *Leading beacon*
Ml-Bk.	*Meilenbake* / *Mile beacon*

Fahrwasser-bezeichnung

Das Lateralsystem

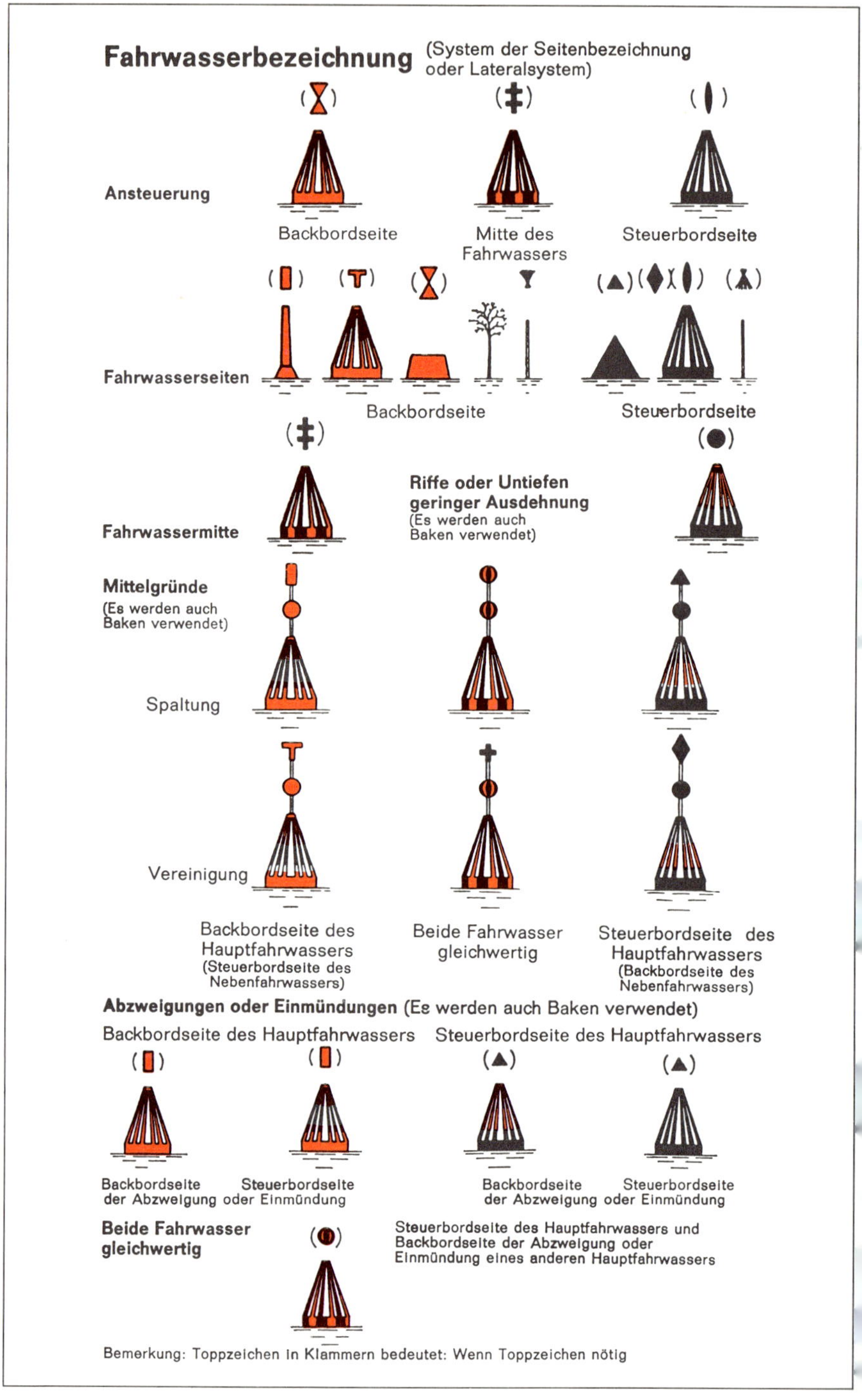

Die Fahrwasserseiten

Zur Kennzeichnung enger Fahrwasser bei Hafenansteuerungen oder Passagen verwendet man das System der Fahrwasser- oder Seitenbezeichnung, das sogenannte *Lateralsystem*.
Ein einlaufendes Schiff hat an seiner Backbordseite die Bb-Seite des Fahrwassers, an seiner Steuerbordseite die Stb-Seite des Fahrwassers. Entsprechend muß ein auslaufendes Schiff die Fahrwasserseiten genau umgekehrt beziehen: Es hat an seiner Backbordseite die Stb-Seite des Fahrwassers und umgekehrt.
Oft spricht man auch von der rechten oder linken Seite eines Fahrwassers. Diese Bezeichnung hat nichts mit der Stb- oder Bb-Seite des Fahrwassers zu tun, sondern sie bezieht sich — wie auf der Straße — auf die Fahrtrichtung.
An der **Stb-Seite des Fahrwassers** liegen schwarze Spitztonnen, ausgestattet mit einem spitzen Toppzeichen und bezeichnet mit großen Buchstaben. Handelt es sich um eine Leuchttonne, so ist sie mit einem weißen Blitz-, Blink- oder unterbrochenen Feuer mit ungerader Taktken-

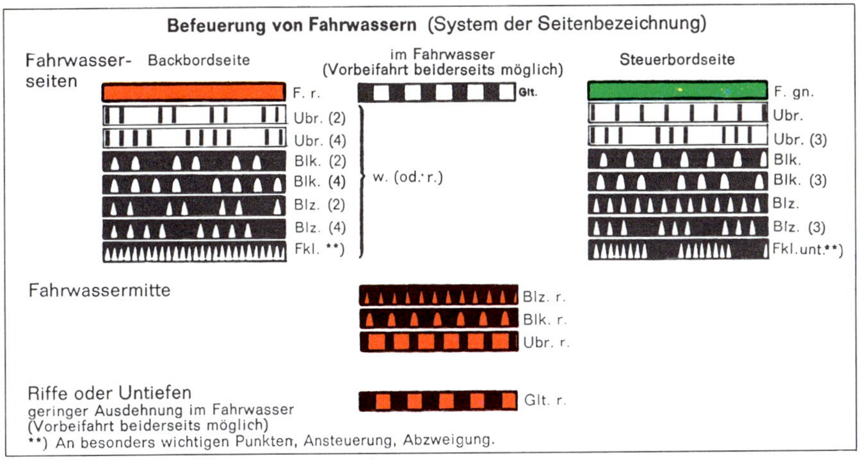

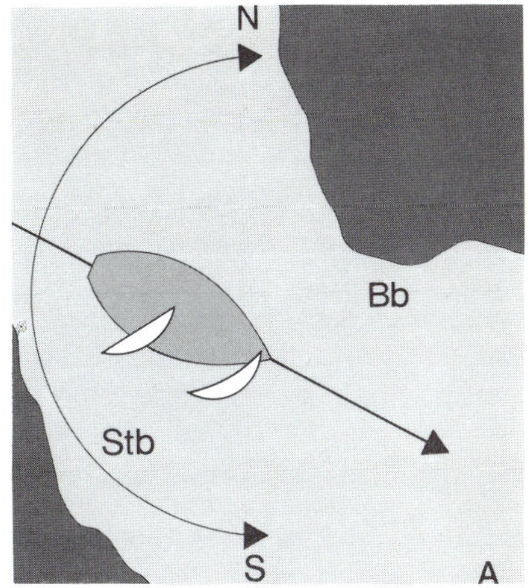

nung oder mit einem weißen unterbrochenen Funkelfeuer versehen. Festgegründete Feuer an der Hafeneinfahrt zeigen ein grünes Festfeuer.
An der **Bb-Seite des Fahrwassers** finden wir rote Spieren- oder Stumpftonnen mit flachen oder abgestumpften Toppzeichen. Sie sind mit arabischen Ziffern gekennzeichnet. Nachts erkennen wir sie an einem weißen Blitz-, Blink- oder unterbrochenen Feuer mit gerader Taktkennung oder einem weißen Funkelfeuer. Festgegründete Feuer an der Hafeneinfahrt zeigen ein rotes Festfeuer.
Bei sehr breiten Fahrwassern werden als **Mittefahrwassertonnen** schwarz-rot senkrecht gestreifte Bakentonnen mit schwarzem Doppelkreuz als Toppzeichen ausgelegt. Sie sind mit einem roten Blitz-, Blink- oder unterbrochenen Feuer mit Einzeltakt gekennzeichnet.

Befindet sich ein *Riff* oder eine **Untiefe geringer Ausdehnung** im Fahrwasser, das beidseitig passierbar ist, liegt eine rot-schwarz waagerecht gestreifte Bakentonne mit schwarzem Ball als Toppzeichen aus. Sie ist mit einem roten Gleichtaktfeuer versehen.
Liegen jedoch größere *Untiefen im Fahrwasser,* so teilt es sich in zwei Arme. Die Spaltung und Vereinigung vor und nach dem **Mittelgrund** werden durch Baken oder Bakentonnen bezeichnet, deren unteres Toppzeichen immer ein Ball ist. Sind beide Fahrwasser nicht gleichwertig — ist also eines das Haupt-, das andere das Nebenfahrwasser —, so sind die Tonnen mit einem waagerechten Farbband gestrichen, aus dessen Farbe die Lage der Tonnen zum Nebenfahrwasser hervorgeht. Die Farbe der Toppzeichen und die dominierende Farbe der Tonne zeigt dagegen die Lage zum Hauptfahrwasser an.
Auch **Abzweigungen und Einmündungen** von Fahrwassern werden durch Baken und Bakentonnen deutlich gemacht, die — ähnlich den Mittelgrundtonnen — durch ein Farbband die Lage zum abzweigenden oder einmündenden Fahrwasser erkennen lassen.
Der Beginn eines Fahrwassers wird durch **Ansteuerungstonnen** markiert, die oft den Namen des Fahrwassers tragen. Sie können als Stb-, Bb- oder Mittefahrwassertonnen ausgelegt sein.
Wir erkennen jetzt, daß die Farben und Kennungen der Leitfeuer oder Richtfeuer genau dem System der Fahrwasserbezeichnung entsprechen.

Verbindung zweier Meeresteile

Wie wir wissen, bestimmt das einlaufende Schiff die Seiten des Fahrwassers. Wie aber definiert man die Fahrwasserseiten in einer Passage zwischen Inseln, also in einer Verbindung zweier Meeresarme? Da nicht klar ist, welches das einlaufende Schiff ist, hat man festgelegt: Ein aus westlicher Richtung kommendes Schiff (d. h. aus einschließlich Nord über West bis ausschließlich Süd) legt die Seiten des Fahrwassers fest. Es hat also an seiner Stb-Seite die Stb-Seite des Fahrwassers und an seiner Bb-Seite auch dessen Bb-Seite (A).
Ist das Fahrwasser aber so stark gekrümmt, daß beide Einfahrten im gleichen Halbkreis liegen, so ist die am weitesten nördlich liegende Einfahrt für das gesamte zusammenhängende Fahrwasser maßgebend. Ein Schiff, das diese Einfahrt benutzt, legt also die Seiten des Fahrwassers fest.

Untiefenbezeichnung

Das Kardinalsystem

Neben dem Bezeichnungssystem für Fahrwasser findet ein weiteres für die Bezeichnung von Untiefen außerhalb des Fahrwassers Anwendung, das Richtungsbezeichnungssystem oder auch *Kardinalsystem.* Hier zeigen die Tonnen nicht die Begrenzung eines Fahrwassers, sondern das Gebiet einer Untiefe an. Zieht man durch das Zentrum der Untiefe jeweils die NW-SO- und die NO-SW-Achse, so ist das Gebiet um die Untiefe herum in vier, den Haupthimmelsrichtungen entsprechende Quadranten aufgeteilt. In jedem der so gewonnenen Quadranten können Baken oder Bakentonnen, Stangen oder Spierentonnen mit unterschiedlichen Farben und Toppzeichen ausgelegt werden. Oft werden nicht alle, sondern nur die für die Großschiffahrt wichtigen Quadranten betonnt.

Die Toppzeichen

Im Gegensatz zum Lateralsystem sind im Kardinalsystem die Tonnen immer mit Toppzeichen versehen. Sie bestehen im einzelnen aus Kombinationen zweier Kegel, und zwar im Norden mit beiden Spitzen nach oben, im Süden mit beiden Spitzen nach unten. Im Westen zeigen beide Spitzen, eine Art liegendes *W* bildend, zueinander, im Osten eine Art *O* bildend nach außen.

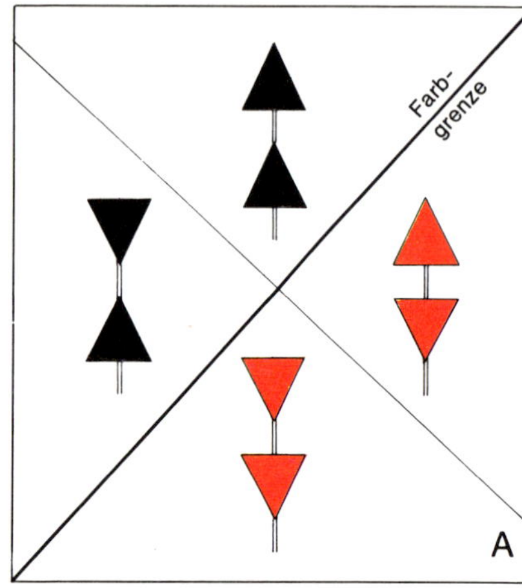

Die Farben

Von NO nach SW verläuft im Kardinalsystem eine Farbgrenze (Abb. A); die Nord- und Westtonnen tragen schwarze, die Süd- und Osttonnen dagegen rote Toppzeichen. Das gleiche gilt für die Farben der Tonnen selbst. Die genaue Farbgebung der waagerecht gestreiften Tonnen kann man sich an Hand von Landesfarben merken: wir finden nämlich im Süden die Farben Österreichs, rot-weiß-rot, im Osten die polnischen

Untiefenbezeichnung außerhalb der Fahrwasser

(System der Richtungsbezeichnung)

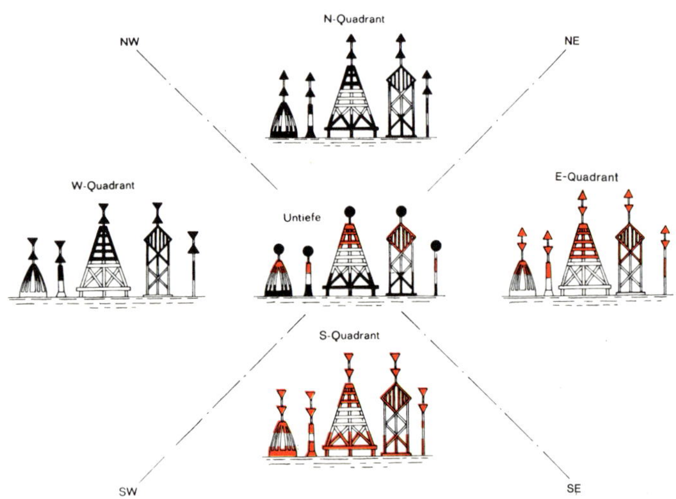

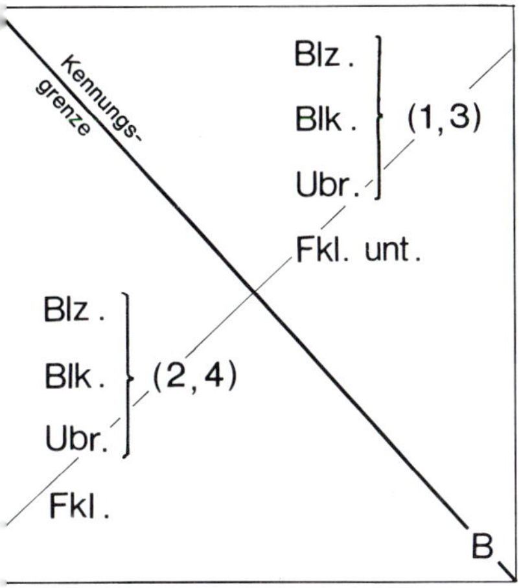

Farben rot-weiß. Im jeweils gegenüberliegenden Quadranten wird die entsprechende Kombination mit schwarz gebildet, also im Norden schwarz-weiß-schwarz und im Westen schwarz-weiß. Auf der Untiefe selbst liegt eine rot-weiß-schwarz gestreifte Tonne mit einem schwarzen Ball als Toppzeichen.

Die Befeuerung

Auch die Feuerfarben im Kardinalsystem folgen der genannten Farbgrenze. Im Nord- und Westquadranten finden wir in der Regel weiße, im Süd- und Ostquadranten rote Feuer.
Die Kennungen dagegen orientieren sich an der von NW nach SO verlaufenden Kennungsgrenze (Abb. B); sie stimmen mit der Form der Toppzeichen überein, wenn man ans Lateralsystem denkt. Tonnen mit spitzen Toppzeichen nach oben (Nord und Ost) sind mit einem Blitz-, Blink- oder unterbrochenen Feuer mit ungerader Taktkennung (1, 3, 5) oder einem unterbrochenen Funkelfeuer, Tonnen mit stumpfen Toppzeichen nach oben (Süd und West) mit einem Blitz-, Blink- oder unterbrochenen Feuer mit gerader Taktkennung (2,4) oder einem Funkelfeuer befeuert. Die auf der Untiefe liegende Tonne ist mit einer roten Gleichtaktkennung versehen.
Die einzelnen Seezeichen sind mit dem Namen der Untiefe beschriftet; sie tragen außerdem die dem Quadranten entsprechenden Abkürzungen *N, O, S, W* der Himmelsrichtungen. Wir können also allein aus der Beschriftung, der Form der Toppzeichen oder der Farbgebung der Tonnen die Lage der Seezeichen zur Untiefe feststellen. Die Überbezeichnung ist jedoch notwendig, da wir zum Beispiel gegen die Sonne die Farben kaum wahrnehmen können, oft aber auch die Toppzeichen von Wind und See verweht werden.

Befeuerung von Untiefen außerhalb der Fahrwasser
(System der Richtungsbezeichnung)

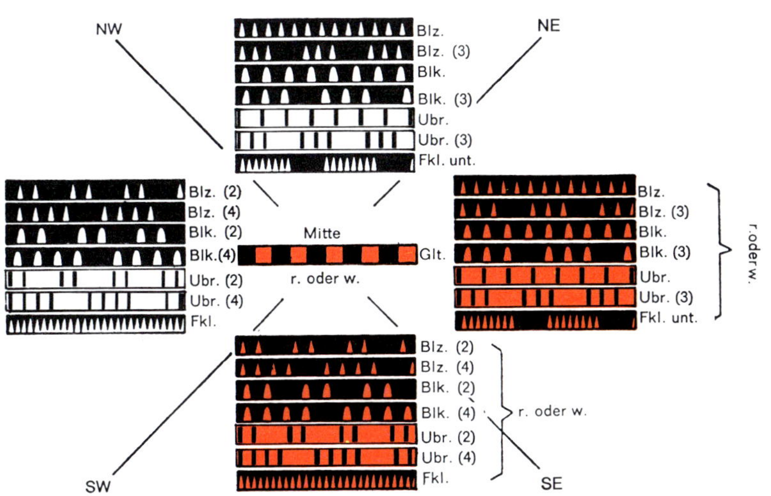

Das Einheitliche Betonnungssystem

Das deutsche Betonnungssystem der Fahrwasser- und Untiefenkennzeichnung entspricht dem Abkommen über das *Einheitliche Betonnungssystem* von 1936. Jede der angeschlossenen Nationen weicht zwar geringfügig hiervon ab, doch bleiben die Grundgedanken des Lateral- und Kardinalsystems immer erhalten. Einige Staaten, wie z. B. Großbritannien, wenden allerdings auch zur Kennzeichnung von Untiefen das Lateralsystem an, so daß auch außerhalb des Fahrwassers angegeben wird, an welcher Seite die Tonne liegen bleiben soll.
Ab April 1977 wird — zunächst im Englischen Kanal — ein neues vereinheitlichtes Betonnungssystem, das **„System A — rot an Bb“,** in NW-Europa eingeführt. Es weicht nur unerheblich vom Einheitlichen Betonnungssystem ab.

Wracktonnen

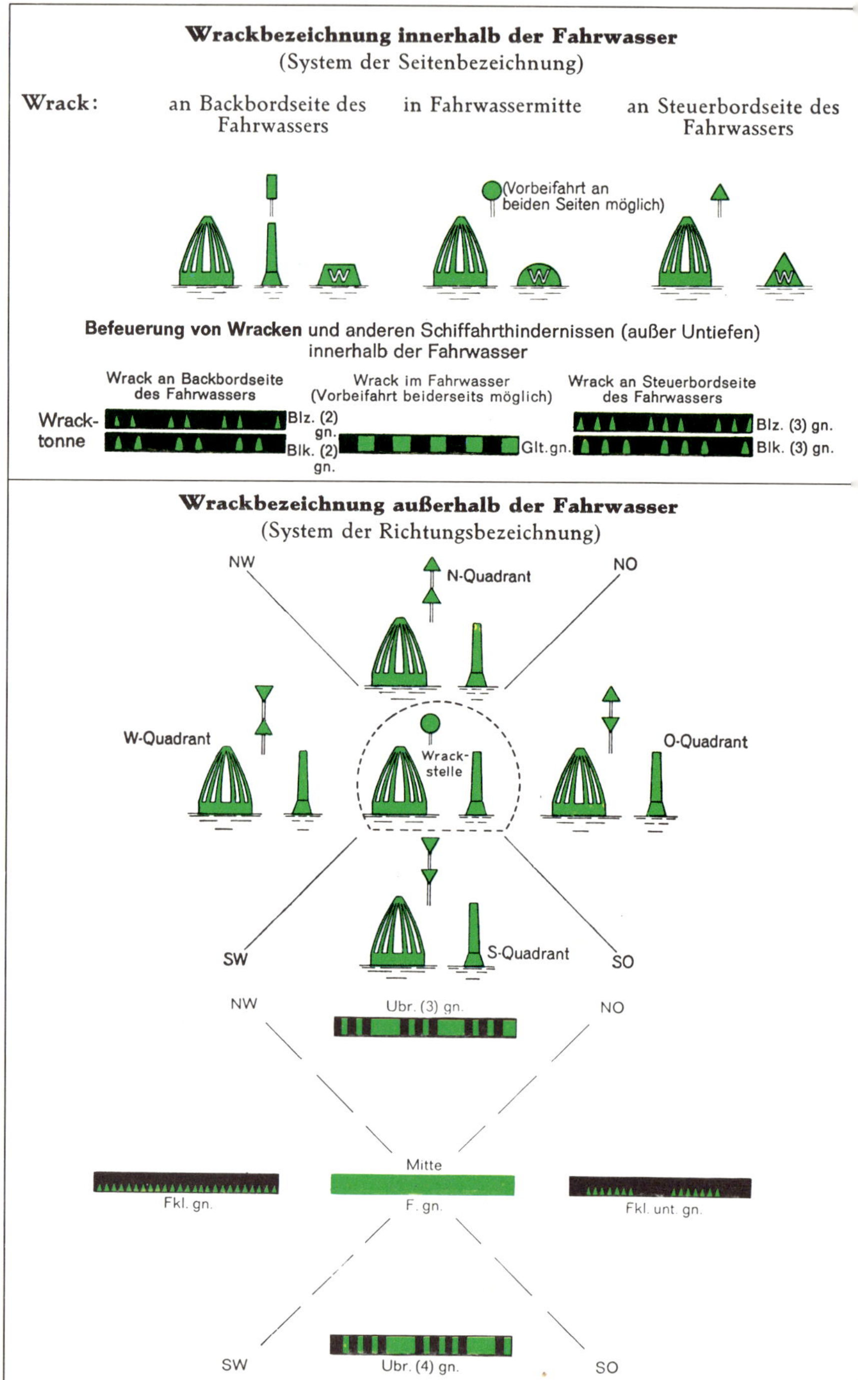

Auch die Betonnung von Wracks und anderen Schiffahrtshindernissen (außer Untiefen) folgt im Fahrwasser dem Lateralsystem, außerhalb des Fahrwassers dem Kardinalsystem. Doch hebt sie sich durch ihre besondere, nur den Wracks zugedachte Farbgebung hervor. Alle Wracktonnen haben einen grünen Anstrich mit der weißen Aufschrift *Wrack* oder *W*. Auch ihre Toppzeichen sind grün. Im Fahrwasser ist oft auch das Wrack selbst so gekennzeichnet, daß man die Passageseite erkennen kann.

Die Befeuerung entspricht ebenfalls den bekannten Grundsätzen des Lateral- und Kardinalsystems, allerdings sind alle Feuerfarben grün. Im Fahrwasser beschränkt man sich jedoch auf Blitz- und Blinkfeuer, außerhalb des Fahrwassers auf Funkelfeuer im West- und Ostquadranten. Die übrigen Quadranten sind seltener befeuert; dann zeigt der Nordquadrant ein grünes unterbrochenes Feuer mit drei Unterbrechungen, die Südtonne eines mit vier. Unmittelbar auf dem Wrack ist ein grünes Festfeuer angebracht.

Ein Beispiel

- *Ansteuerung: Mitte durch Feuerschiff, Seiten durch Bb- und Stb-Ansteuerungstonnen. Ab hier Kennzeichnung der Stb-Tonnen durch A, A1, B, C . . . und der Bb-Tonnen durch 1, 1a, 2, 3 . . .*
- *Wrack außerhalb des Fahrwassers. Tonnen im West-, Süd- und Ostquadranten ausgelegt.*
- *Mittelgrund: Spaltung und Vereinigung von Haupt- (Bb) und Nebenfahrwasser (Stb). Im Nebenfahrwasser beginnt neue Kennzeichnung der Tonnen mit n/1, n/2, n/3 an Bb und n/A, n/B, n/C an Stb.*

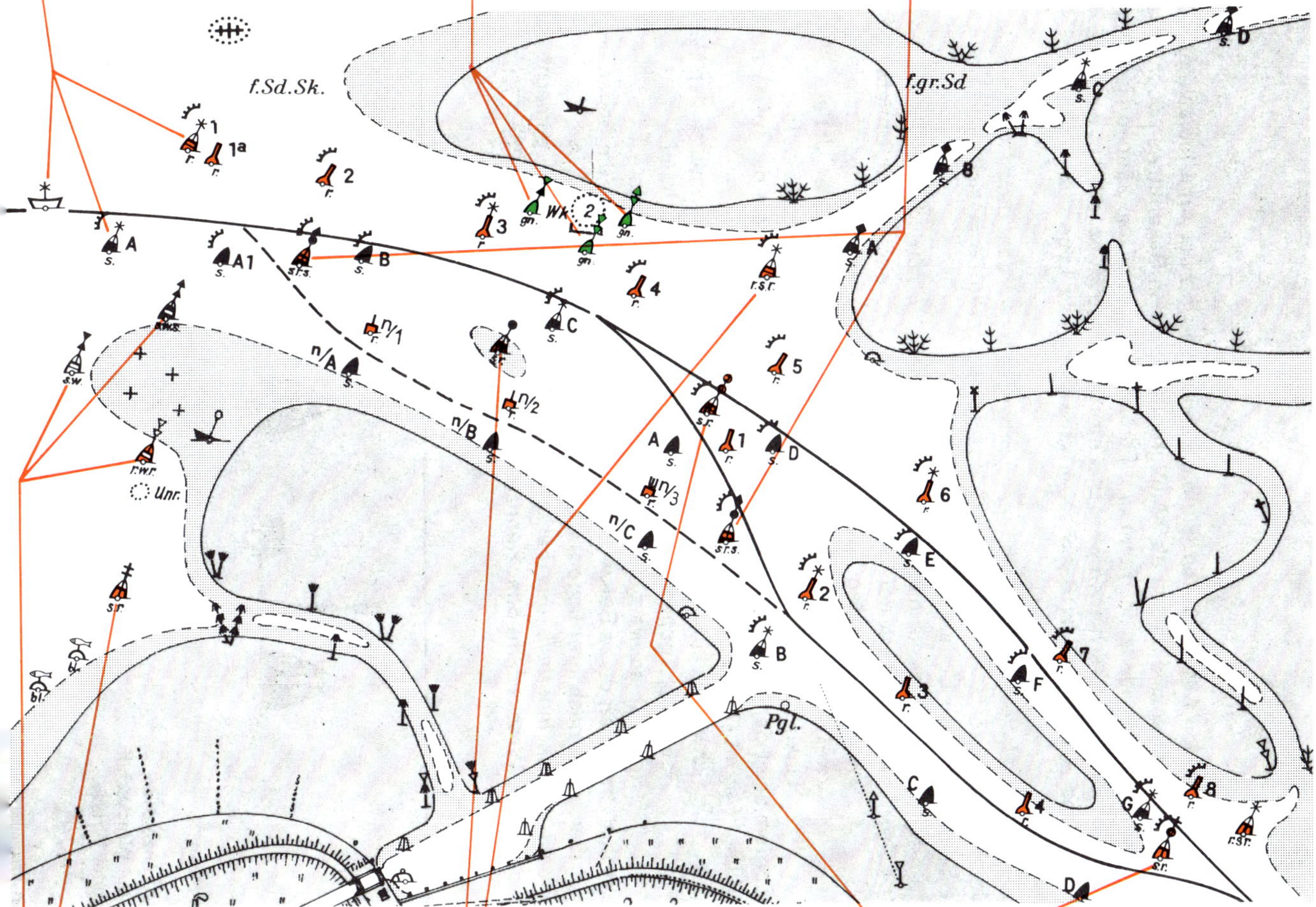

- *Untiefe außerhalb des Fahrwassers. Tonnen im Nord-, West- und Südquadranten ausgelegt.*
- *Ansteuerungstonne für Fahrwassermitte.*
- *Untiefe innerhalb des Fahrwassers, Tonne ist beidseitig passierbar.*
- *Abzweigung eines Fahrwassers: Tonne liegt an Stb-Seite des abzweigenden und an Bb-Seite des Hauptfahrwassers.*
- *Mittelgrund: Spaltung und Vereinigung zweier gleichwertiger Fahrwasser. Im Stb-Fahrwasser beginnt neue Tonnenkennzeichnung.*

Tonnen erleichtern nicht nur die Navigation, sie bilden auch gefährliche Hindernisse — vor allem wenn sie unbefeuert sind.

Nautische Literatur

Als Hilfsmittel für die Navigation verwenden wir einige vom DHI herausgegebene Handbücher, die neben dem gesamten Kartenmaterial im *Verzeichnis der nautischen Karten und Bücher* aufgeführt sind. Wir benötigen im einzelnen:

— Seekarten

— Seehandbücher (Shb)

Sie dienen als Ergänzung der Karten und werden in mehreren Bänden für fast die gesamte Welt herausgegeben. Zwar sind viele Hinweise, wie auf Ankermöglichkeiten, nur für die Großschiffahrt sinnvoll, doch enthalten sie auch für die Sportschiffahrt nützliche Informationen, wie z. B. die Wiedergabe von Küstenansichten. Außerdem geben sie Auskunft über Untiefen und Stromverhältnisse, über typische Wetterentwicklungen, abweichende Betonnungs- und Signalsysteme, sowie über Zoll- und Hafenvorschriften. Das Seehandbuch erscheint nur in größeren Zeitabständen. Ein öfter herausgegebener Nachtrag bringt es auf den neuesten Stand.

— Leuchtfeuerverzeichnisse (Lfv)

Sie beschreiben in einzelnen Bänden für die gesamte Welt den Standort, die Trag- und Sichtweite, die Wiederkehr und Kennung, sowie die Sektoren aller Leuchtfeuer und Leuchttonnen. Es erscheint jährlich neu.

— Gezeitentafeln (GT)

Den Gezeitentafeln entnimmt man Höhen und Zeiten der Hoch- und Niedrigwasser bestimmter Orte, der sogenannten Bezugsorte. Für einige Bezugsorte sind Tidenkurven abgebildet, aus denen man den genauen Verlauf der Tide zwischen Hoch- und Niedrigwasser ablesen kann. Für eine große Anzahl sogenannter Anschlußorte sind Unterschiedswerte für Zeiten und Höhen zu den Bezugsorten angegeben. Die GT erscheinen jährlich in 2 Bänden für europäische und außereuropäische Gewässer. Für kleinere Gebiete, wie etwa für die Deutsche Bucht, gibt das DHI *Gezeitenkalender* heraus. Sie enthalten allerdings nur die Hoch- und Niedrigwasser*zeiten* der einzelnen Bezugs- und Anschlußorte. Für die Nordsee gibt es den *Stromatlas*, der die Gezeitenströme für die gesamte Nordsee und für jede Stunde vor und nach dem Durchgang des Mondes durch den Meridian von Greenwich darstellt.

— Der Nautische Funkdienst (NF)

Der Nautische Funkdienst besteht aus drei Bänden. Im **Band I** sind allgemeine Angaben über die Küstenfunkstellen und ihre Sonderdienste zusammengestellt, außerdem alle einschlägigen gesetzlichen Bestimmungen für den Funkverkehr auf See. Der **Band II** gibt die Sendezeiten, Frequenzen und Kennungen der Funkortungssender in allen Ortungsverfahren (Funkfeuer, Decca, Loran, Consol, Radar) für die gesamte Welt an. Ebenfalls für die ganze Welt sind im **Band III** die Sendezeiten und Frequenzen der von den Küstenfunkstellen ausgestrahlten Seewetterberichte, sowie die Vorhersagegebiete und Verschlüsselungen dieser Sender aufgeführt. Eine praktische Zusammenstellung aus allen drei Bänden für die gesamte Ost- und Nordsee sowie die Gewässer um England nimmt der **Sprechfunk für die Küstenschiffahrt** vor. Speziell für den Yachtsport wird der **Jachtfunkdienst** herausgegeben, ebenfalls ein Auszug aus dem NF. Ein Band erfaßt die östliche Nordsee sowie die mittlere und westliche Ostsee, ein weiterer Band das gesamte Mittelmeer.

— Hafenhandbücher

Das DHI gibt keine eigenen Hafenhandbücher heraus. Doch findet man für die meisten reizvollen Segelreviere von privater Hand zusammengestellte Hafenpläne und Beschreibungen mit allem Wissenswerten für den Sportsegler. Die *Kreuzerabteilung (KA)* des *Deutschen Seglerverbandes (DSV)* gibt beispielsweise für die Ost- und Nordsee ein gründliches Hafenhandbuch heraus. Im Mittelmeer beschreiben verschiedene Autoren einzelne Reviere.

Die **Nachrichten für Seefahrer (NfS)** enthalten Korrekturen für alle vom DHI herausgegebenen Bücher. So wird zum Beispiel im Leuchtfeuerverzeichnis und im Nautischen Funkdienst vermerkt, bis zu welcher Nummer der NfS das Werk vor dem Verkauf korrigiert wurde.

Das Seehandbuch

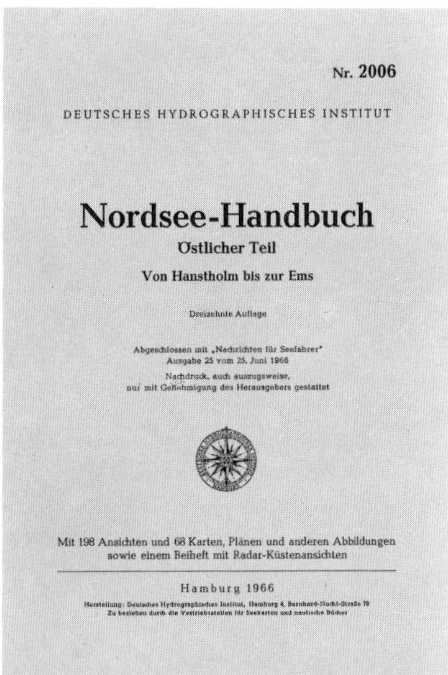

Nr. 2006

DEUTSCHES HYDROGRAPHISCHES INSTITUT

Nordsee-Handbuch

Östlicher Teil

Von Hanstholm bis zur Ems

Dreizehnte Auflage

Abgeschlossen mit „Nachrichten für Seefahrer“
Ausgabe 25 vom 25. Juni 1966

Nachdruck, auch auszugsweise,
nur mit Genehmigung des Herausgebers gestattet

Mit 198 Ansichten und 68 Karten, Plänen und anderen Abbildungen sowie einem Beiheft mit Radar-Küstenansichten

Hamburg 1966

Herstellung: Deutsches Hydrographisches Institut, Hamburg 4, Bernhard-Nocht-Straße 78
Zu beziehen durch die Vertriebsstellen für Seekarten und nautische Bücher

456 VI. Die Jade

der Mellumplate mit dem Hauptfahrwasser zu vereinigen. Die Minsener Rinne kann nur bei Tageslicht befahren werden. Für Schiffe mit großem Tiefgang ist dieses Fahrwasser nicht geeignet, da die Tiefen sehr veränderlich sind.

Die Wassertiefen im Hauptfahrwasser von See bis Wilhelmshaven betragen auf den meisten Strecken mehr als 12 m. Durch Fahrwasserabschnitte, in denen diese Tiefe nicht von Natur aus vorhanden ist, führen Baggerrinnen mit einer Breite von 300 m und einer Tiefe von 12 m mit Mindertiefen geringer Ausdehnung zwischen 11,2 und 12 m. Unter Ausnutzung der Tide können Schiffe bis zu 12 m Tiefgang die Reede von Wilhelmshaven erreichen. Die Tankerlöschbrücke erreichte sogar schon ein Schiff mit 14,17 m Tiefgang (1965). Die Arbeiten für eine Vertiefung des Fahrwassers auf 13 m sind angelaufen. Nach beendeter Vertiefung sollen Schiffe bis zu 100 000 t Tragfähigkeit die Tankerlöschbrücke erreichen können.

In der Minsener Rinne sind die Wassertiefen sehr veränderlich und können stellenweise auf weniger als 6 m abnehmen.

Landmarken für die An- und Einsteuerung sind die Leuchttürme Alte Weser, Roter Sand, Wangerooge, Mellumplate und die Leuchtbaken auf Minsener Oog, der Westturm und die Strandbake auf Wangerooge und die Mellum-Bake (Ansicht **121, 122,** S. 415 und Ansicht **141** bis **148**).

141. Wangerooge-Westturm
(Von Westen gesehen)

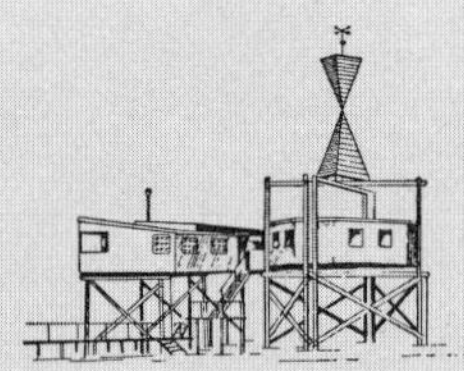

142. Wangerooge-Strandbake
(Vom Fahrwasser aus gesehen unterer Teil durch Dünen verdeckt)

Die Betonnung des Wangerooger Fahrwassers beginnt knapp 2 sm SW-lich vom Weser-Feuerschiff mit der roten Leucht-Heultonne „Jade“, die ein Stundenglastoppzeichen trägt und die Backbordseite des Fahrwassers bezeichnet. Als Ortstonne dient eine Spierentonne mit gleichem Anstrich und gleichem Toppzeichen. Etwa 2 sm OSO-lich der Ansteuerungstonne beginnt die beiderseitige Betonnung mit der schwarzen Leuchttonne „A“ und der roten Leuchttonne „1“, die ein Zylindertoppzeichen trägt, s. Lfv.

Krt. D. 49, 2

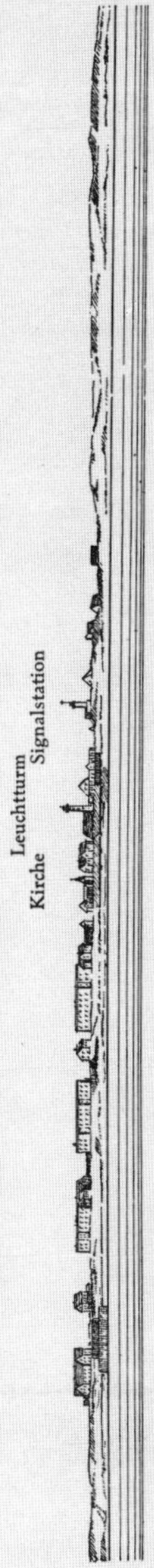

143. Wangerooge, mittlerer Teil (Leuchtturm 163°, 4 sm)

Als Ansteuerungstonne für die Minsener Rinne dient die schwarz-rote Leucht-Glockentonne „C/Minsener Rinne" mit Kegeltoppzeichen, die an der Steuerbordseite des Fahrwassers der Neuen Weser liegt und an Backbord zu lassen ist, wenn man in die Minsener Rinne einläuft. Die anschließende Betonnung der Minsener Rinne ist durch ein „M" vor der laufenden Benennung der Tonnen gekennzeichnet. An der Einmündung in das Hauptfahrwasser der Jade liegt die rot-schwarz-rote Leuchttonne „8/Minsener Rinne" mit Zylindertoppzeichen, s. Lfv.

Gezeiten an verschiedenen Orten der Jade s. Gzt.

Gezeitenströme s. S. 450.

Anweisungen für die Fahrt auf der Jade mit Kursen und Distanzen s. S. 544.

Wangerooge (53° 48′ N, 7° 54′ O), die östlichste der Ostfriesischen Inseln, ist ebenso wie Helgoland für das Ansteuern der Jade und Weser von großer Bedeutung (Ansicht **143**). Die Dünen der Insel erreichen nicht mehr als 15 m Höhe; der leicht bewegliche Dünensand, aus dem die Insel besteht, begünstigt die ständigen Änderungen ihrer Form und Größe durch Wind und Seegang. Zum Schutz gegen die Abtragung sind am Westende der Insel und auch an ihrer Nordseite starke Uferbefestigungen errichtet und zahlreiche Buhnen vorgebaut; die Buhne H am Westende der Insel hat eine Länge von $^3/_4$ sm. Die Insel wird im Sommer als Seebad besucht; eine Inselbahn führt zu der Anlegestelle am Westende, die dem Verkehr mit dem Festland dient.

Landmarken auf Wangerooge sind außer dem hohen Leuchtturm die Signalstelle, die Strandbake, der schwarze eiserne Mast mit Rautentoppzeichen des Nebelschallsenders, der 1 sm WNW-lich vom Leuchtturm steht und 22 m hoch ist (über mittlerem Hochwasser), sowie vor allem der große viereckige Westturm auf dem SW-Ende der Insel, dessen Kugel auf der Turmspitze 52 m Höhe über dem Erdboden hat (Ansicht **141** bis **143**). Auf Wangerooge und den Sänden zwischen der Insel und dem Festland stehen mehrere Vermessungsbaken mit Toppzeichen.

Wangerooge-Leuchtfeuer brennt in der Mitte der Insel auf einem roten runden Turm mit schwarzer Kuppel und einem breiten weißen Band unter der Kuppel, s. Lfv. Der untere Teil des 39 m hohen Turmes ist von See aus durch Häuser und Dünen verdeckt.

Nebelschallzeichen werden etwa 1 sm WNW-lich vom Leuchtturm auf Wangerooge gegeben, s. Lfv.

Krt. D. 49, 2, 89

Das Leuchtfeuerverzeichnis

Nummer / Int. Nr.	Name / Feuerträger (Höhe über Erdboden)	Breite: N	Länge: O	Kennung-Wdk., Zeitmaße • Sektoren • Bemerkungen	Tw. (Sw.) sm	Höhe
	Deutsche Bucht, F-Sch. s. Nr. 12050					
13200 B 1112	**Wangerooge, W-Ende** roter, runder Turm mit zwei weißen Bändern (64 m), ein auskragendes Geschoß in 26 m Höhe	53° 47′	7° 52′	**Blz. r.-5^{s}** 0,1+(4,9)^{s} N-S. s. Nr. 13210	**23 (21) sm**	**60 m**
13201 B 1112	**— Leitfeuer** im auskragenden Geschoß des Turms Nr. 13200			**F. w/r/gn.** gn. 137°—142,5, w. —150 (Leitsektor) r. —153,5°	**22/17/18 (15) sm**	**25 m**
13202 B 1112	**— Nebenfeuer** im auskragenden Geschoß des Turms Nr. 13200			**F. w/r/gn.** r. 4°—13, w. —19,5, gn. —38, w. —61, r. —83°	**15/11/10 sm**	**25 m**
13210 B 1115	**— Nebelschallsender** schwarzer Mast (12 m) mit ◇, am N-Strand	53° 48′	7° 52′	**N-S. Mo. (WG)-30^{s}** 21+(9)^{s} Membransender Tonhöhe 525 Bis auf weiteres a. B.		**22 m**
13215	Wrack-Leuchttonne* grün mit X, beim Wrack „Santos"	53° 51′	7° 48′	**Fkl. gn.** 60 Blitze in 1^{m}	**2 sm**	**3 m**
13230 B 1122	**Mellumplate** roter, viereckiger Turm mit weißem Band (30 m), auf rundem Sockel, Galerie und Hubschrauberplattform	53° 46′	8° 06′	**F.** **Blz.-4^{s}** **Blz. (4)-15^{s}** **Mo. (A)-7,5^{s}** **Mo. (N)-7,5^{s}** **Ubr. w/r/gn.-6^{s}** Blz.: 1+(3)^{s} Blz. (4): 1+(2)+1+(2)+1+(2)+1+(5)^{s} Mo. (A) und Mo. (N): 4,5+(5)^{s} Ubr. r. 0°—6, w. —37,6, gn. —113,7, Blz. —114,9, Mo. (A) —115,5, F. —116,4 (Leitsektor), Mo. (N) —116,9, Blz. (4) —118,1, Ubr. r. —163,5, w. —185,5, r. —203, w. —280, r. —292, w. —360° Die Sektoren 114,9°—116,9° bezeichnen das Fahrw. der Sektor 115,5°—116,4° die Baggerrinne im äußeren Bereich des Wangerooger Fahrw.		**28 m** **29 m** (Ubr.)

* Siehe Heft Winterbetonnung

Nr. 2102

Deutsches Hydrographisches Institut
Hamburg

Verzeichnis
der
Leuchtfeuer und Signalstellen

Teil IIIA

Nordsee, S-licher Teil
einschließlich Orkney- und Shetland-Inseln

1973

Abgeschlossen mit Ausgabe 42 der N. f. S. vom 21. Oktober 1972

Herstellung:
Deutsches Hydrographisches Institut, Hamburg 4
Bernhard-Nocht-Straße 78
Zu beziehen durch die Vertriebsstellen für Seekarten und Seebücher

Deutsche Bucht — Jademündung bis Wilhelmshaven 119

Nummer Int. Nr.	Name Feuerträger (Höhe über Erdboden) Breite: N Länge: O	Kennung-Wdk., Zeitmaße • Sektoren • Bemerkungen	Tw. (Sw.) sm	Höhe
13233	Leuchttonne 1 rot 53° 51′ 7° 50′	Blz. (2) r.-9s 1+(2)+1+(5)s	4 sm	3 m
13235	Jade* Leuchttonne, schwarz mit ◊ 53° 51′ 7° 47′	Fkl. unt.-13s (4)+9 Blitze in 9s	4 sm	3 m
13238	Leuchttonne A* schwarz 53° 51′ 7° 50′	Blk.-8s 2+(6)s	4 sm	3 m
13240	Harle* Leuchttonne, schwarz-rot senkrecht gestreift mit schwarzem ‡ 53° 49′ 7° 49′	Glt.-8s	4 sm	3 m
	Harlesiel s. Nr. 13480			
13242	Jadeplate West* Leuchttonne, schwarz-weiß mit ⧖ 53° 50′ 8° 00′	Ubr. (4)-15s (1)+2+(1)+2+(1)+2+(1)+5s		
13245	Leuchttonne 2* rot 53° 50′ 7° 54′	Ubr. (2) r.-9s (1)+2+(1)+5s	4 sm	3 m
13250	Leuchttonne B* schwarz 53° 50′ 7° 54′	Blz. (3)-12s 1+(2)+1+(2)+1+(5)s	4 sm	3 m
13255	D/Blaue Balje* Leuchttonne, schwarz mit △ 53° 48′ 7° 59′	Ubr.-4s (1)+3s	4 sm	3 m

* Siehe Heft Winterbetonnung

Beachte:

Die beim Namen des Feuerträgers angegebene *Höhe über dem Erdboden* ist bei Leuchttürmen die Höhe des Dachfirstes, bei Leuchtbaken die Höhe des Toppzeichens über dem Erdboden.

Die in der letzten Spalte angegebene *Höhe des Leuchtfeuers* ist die Höhe der Lichtquelle in Gezeitengewässern über mittlerem Hochwasser, in der Ostsee über mittlerem Wasserstand.

Richtungsangaben der einzelnen Sektoren eines Feuers sind stets rechtsherum zählend und von See bzw. vom Schiff aus angegeben.

Das Hafenhandbuch

Hafenhandbuch Nordsee

Die Nordsee von Skagen bis Kap Gris Nez

Herausgegeben von der Kreuzer-Abteilung des
Deutschen Segler-Verbandes, Hamburg

Bearbeitet im Auftrage der Kreuzer-Abteilung
von Dr. Karl-Heinz Prien

Abgeschlossen Mai 1973

Kartenübersichten, Pläne, Abbildungen und Segelanweisungen

4. Landmarken

für die An- und Einsteuerung sind die Leuchttürme Alte Weser, Roter Sand, Wangerooge (neuer und alter), Mellumplate und die Leuchtbaken auf Minsener Oog, der Westturm und die Strandbake auf Wangerooge und die Mellum-Bake.

Minsener-Oog-Insel-Leuchtturm ist ein roter, viereckiger Klinkerbau etwa 300 m W-lich vom Kopf der Buhne C. Neben dem Leuchtturm steht auf Pfählen die Wohnbake, in der auch Schiffbrüchige Zuflucht finden können. Die Leuchtbake auf Buhne A ist ein viereckiger Klinkerturm, siehe Lfv.

Mellumplate-Leuchtfeuer brennt auf einem roten, viereckigen Turm mit weißem Band, der auf einem runden Sockel im Wasser auf dem W-Rand der Mellumplate steht, siehe Lfv. Der große Turm, der mit einer Hubschrauberlandeplattform versehen ist, bildet eine weithin sichtbare Landmarke bei der Einsteuerung in die Jade und Weser.

Mellum-Bake steht auf dem Watt an der SW-Seite der Alten Mellum, sie ist 21,5 m hoch und hat die Form einer vierseitigen Pyramide. Der obere Teil ist mit Latten verkleidet. Bei klarem Wetter ist die Bake auf 9 bis 10 sm Entfernung auszumachen. S-lich der Bake steht auf dem Watt eine Reihe von Pfählen als Reste eines ehemaligen Anlegers, sie werden erst zwei Stunden vor N.W. sichtbar.

Minsener Oog
Buhne A

Minsener Oog
Insel-Leuchtturm

229

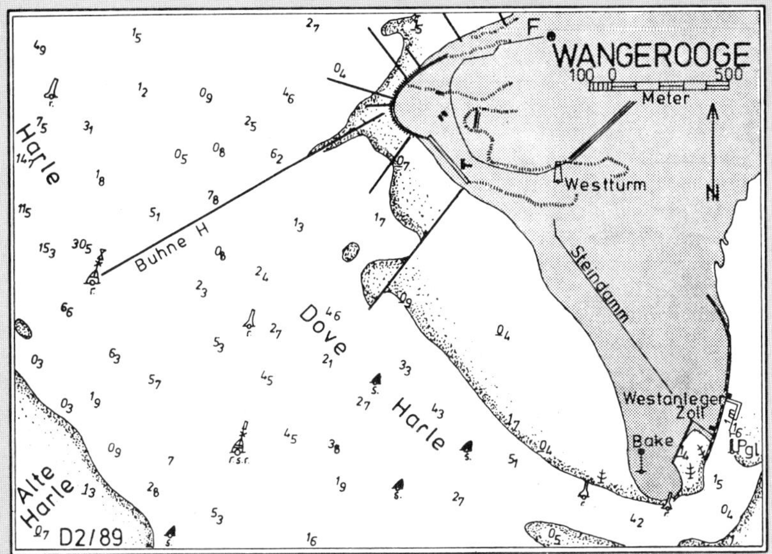

4. Wangerooge — Plan
die O-lichste der Ostfriesischen Inseln, ist ebenso wie Helgoland für das Ansteuern der Jade und Weser von großer Bedeutung. Die Dünen der Insel erreichen nicht mehr als 15 m Höhe; der leicht bewegliche Dünensand, aus dem die Insel besteht, begünstigt die ständigen Änderungen ihrer Form und Größe durch Wind und Seegang. Zum Schutz gegen die Abtragung sind am W-Ende der Insel und auch an ihrer N-Seite starke Uferbefestigungen errichtet und zahlreiche Buhnen vorgebaut; die Buhne H am W-Ende der Insel hat eine Länge von ¾ sm. Eine Inselbahn führt zu der Anlegestelle am W-Ende, die dem Verkehr mit dem Festland dient. Der zum Inseldorf führende Bahndamm ist nicht freigegeben für Fußgänger.

Bei der Ansteuerung, von See kommend, halte man sich unter allen Umständen an das betonnte Fahrwasser. Die Buhne H wird bei Flut überspült. Vor dem Buhnenkopf steht reißender Strom, oft mehr als 4 kn, sowohl bei Ebbe als auch bei Flut. Der Hafen — Westanleger — fällt zum Teil trocken. Am Steindamm ist ein hölzerner Steg für Boote. Am Anlegerkai der Fährschiffe steht bei H.W. etwa 3 bis 3,5 m Wasser. Bei starken S-lichen Winden bietet der Hafen keinerlei Schutz. Yachten sind gut beraten, wenn sie dann im O-lichen Priel ankern oder sich im Wattengebiet vor dem Inseldorf trockenfallen lassen. Mittlerer Tidenhub 2,8 m.

Trinkwaser aus dem Tankwagen der Bundesbahn, kein Proviant, kein Kraftstoff. Keine Reparaturmöglichkeit.

Stützpunkt der Kreuzer-Abteilung. Vertreter: Helmut Arnold (Wangerooger YC), Ruf (0 44 69) 4 71.

Die Fahrt

Fahrt in Knoten

Da wir Distanzen in Seemeilen messen, beziehen wir auch die Geschwindigkeit oder die *Fahrt (F)*, wie man in der Navigation sagt, auf die Seemeile. Legen wir in einer Stunde genau eine Seemeile zurück, so haben wir eine Fahrt von einem *Knoten (kn)*. Oder 1 kn = 1 sm/h. Also:

$$\text{Fahrt F (kn)} = \frac{\text{Distanz D (sm)}}{\text{Zeitspanne t (h)}}$$

Unsere Fahrt können wir immer dann ermitteln, wenn wir die versegelte Distanz und die benötigte Zeitspanne kennen.
Umgekehrt können wir fragen: Wann werden wir unser Ziel erreichen? Kennen wir die Distanz vom Schiffsort zum Ziel aus der Seekarte und die Schiffsgeschwindigkeit, so können wir auch die für die Versegelung notwendige Zeitspanne errechnen:

$$\text{Zeitspanne t (h)} = \frac{\text{Distanz D (sm)}}{\text{Fahrt F (kn)}}$$

Bei der Berechnung der Zeitspanne müssen wir beachten, daß eine Stunde nicht 100, sondern 60 Minuten hat. Wir können auch unser Ergebnis in Minuten erhalten, wenn wir dies in der Rechnung mit dem Faktor 60 berücksichtigen:

$$\text{t (min)} = \frac{\text{D (sm)} \cdot 60}{\text{F (kn)}}$$

Wollen wir wissen, welche Distanz bereits zurückgelegt ist, so gilt:

$$\text{D (sm)} = \text{F (Kn)} \cdot \text{t (h)}$$

Immer wenn uns zwei Stücke der Gleichung bekannt sind, können wir also das fehlende dritte berechnen. Eine Fahrttabelle erspart uns das Rechnen. Wir können aus ihr sofort den gesuchten dritten Wert für alle drei Gleichungen ablesen.

Fahrt durch Wasser
Fahrt über Grund

Zur Ermittlung der durchlaufenen Distanz und oft auch der Geschwindigkeit hat man einige Meßinstrumente, das Log oder die Logge, entwickelt. Alle diese Instrumente messen immer die Bewegung des Schiffes gegenüber dem Wasser, das heißt die *Fahrt durch Wasser (FdW)*. In der Seekarte abgesetzte Kurse beziehen sich aber immer auf den Grund. Solange der Kurs und die Fahrt einer Yacht nicht von einem Strom beeinflußt wird, solange entspricht die FdW auch ihrer tatsächlichen Geschwindigkeit über Grund, mit der in der Karte gearbeitet werden muß. Wird unser Schiff jedoch durch einen Strom versetzt, und deshalb meist beschleunigt oder abgebremst, so gibt uns das Log die FdW an, die aber nicht unserer tatsächlichen *Fahrt über Grund (FüG)* entspricht. Laufen wir beispielsweise gegen den Strom an, so mißt das Log eine größere Geschwindigkeit und auch eine längere Distanz als wir über Grund zurücklegen. Umgekehrt sind die Verhältnisse, wenn wir mit dem Strom laufen.
Ein Beispiel soll den Unterschied von Fahrt durch Wasser und Fahrt über Grund verdeutlichen: Ankert man in einem Fluß, so hat man keinerlei FüG, da man ja an derselben Stelle bleibt. Doch hat man eine der Stromgeschwindigkeit entsprechende FdW, die man mit einem Log auch deutlich messen könnte.
Merke: Mit einem Log messen wir immer die Fahrt durch Wasser, nie die Fahrt über Grund!

Minuten	FAHRT IN KNOTEN																			
	0,5	**1**	**1,5**	**2**	**2,5**	**3**	**3,5**	**4**	**4,5**	**5**	**5,5**	**6**	**6,5**	**7**	**7,5**	**8**	**8,5**	**9**	**9,5**	**10**
1	0,0	0,0	0,0	0,0	0,0	0,1	0,1	0,1	0,1	0,1	0,1	0,1	0,1	0,1	0,1	0,1	0,1	0,2	0,2	0,2
2	0,0	0,0	0,1	0,1	0,1	0,1	0,1	0,1	0,1	0,2	0,2	0,2	0,2	0,2	0,3	0,3	0,3	0,3	0,3	0,3
3	0,0	0,1	0,1	0,1	0,1	0,2	0,2	0,2	0,2	0,3	0,3	0,3	0,3	0,4	0,4	0,4	0,4	0,5	0,5	0,5
4	0,0	0,1	0,1	0,1	0,2	0,2	0,2	0,3	0,3	0,3	0,4	0,4	0,4	0,5	0,5	0,5	0,6	0,6	0,6	0,7
5	0,0	0,1	0,1	0,2	0,2	0,3	0,3	0,3	0,4	0,4	0,5	0,5	0,5	0,6	0,6	0,7	0,7	0,8	0,8	0,8
6	0,1	0,1	0,2	0,2	0,3	0,3	0,4	0,4	0,5	0,5	0,6	0,6	0,7	0,7	0,8	0,8	0,9	0,9	1,0	1,0
7	0,1	0,1	0,2	0,2	0,3	0,4	0,4	0,5	0,5	0,6	0,6	0,7	0,8	0,8	0,9	0,9	1,0	1,1	1,1	1,2
8	0,1	0,1	0,2	0,3	0,3	0,4	0,5	0,5	0,6	0,7	0,7	0,8	0,9	0,9	1,0	1,1	1,1	1,2	1,3	1,3
9	0,1	0,2	0,2	0,3	0,4	0,5	0,5	0,6	0,7	0,8	0,8	0,9	1,0	1,1	1,1	1,2	1,3	1,4	1,4	1,5
10	0,1	0,2	0,3	0,3	0,4	0,5	0,6	0,7	0,8	0,8	0,9	1,0	1,1	1,2	1,3	1,3	1,4	1,5	1,6	1,7
11	0,1	0,2	0,3	0,4	0,5	0,6	0,6	0,7	0,8	0,9	1,0	1,1	1,2	1,3	1,4	1,5	1,6	1,7	1,7	1,8
12	0,1	0,2	0,3	0,4	0,5	0,6	0,7	0,8	0,9	1,0	1,1	1,2	1,3	1,4	1,5	1,6	1,7	1,8	1,9	2,0
13	0,1	0,2	0,3	0,4	0,5	0,7	0,8	0,9	1,0	1,1	1,2	1,3	1,4	1,5	1,6	1,7	1,8	2,0	2,1	2,2
14	0,1	0,2	0,4	0,5	0,6	0,7	0,8	0,9	1,1	1,2	1,3	1,4	1,5	1,6	1,8	1,9	2,0	2,1	2,2	2,3
15	0,1	0,2	0,4	0,5	0,6	0,8	0,9	1,0	1,1	1,3	1,4	1,5	1,6	1,8	1,9	2,0	2,1	2,3	2,4	2,5
16	0,1	0,3	0,4	0,5	0,7	0,8	0,9	1,1	1,2	1,3	1,5	1,6	1,7	1,9	2,0	2,1	2,3	2,4	2,5	2,7
17	0,1	0,3	0,4	0,6	0,7	0,9	1,0	1,1	1,3	1,4	1,6	1,7	1,9	2,0	2,1	2,3	2,4	2,6	2,7	2,8
18	0,2	0,3	0,5	0,6	0,8	0,9	1,1	1,2	1,4	1,5	1,7	1,8	2,0	2,1	2,3	2,4	2,6	2,7	2,8	3,0
19	0,2	0,3	0,5	0,6	0,8	1,0	1,1	1,3	1,4	1,6	1,8	1,9	2,1	2,2	2,4	2,5	2,7	2,9	3,0	3,2
20	0,2	0,3	0,5	0,7	0,8	1,0	1,2	1,3	1,5	1,7	1,8	2,0	2,2	2,3	2,5	2,7	2,8	3,0	3,2	3,3
21	0,2	0,3	0,5	0,7	0,9	1,1	1,2	1,4	1,6	1,8	1,9	2,1	2,3	2,5	2,6	2,8	3,0	3,2	3,3	3,5
22	0,2	0,4	0,6	0,7	0,9	1,1	1,3	1,5	1,7	1,9	2,0	2,2	2,4	2,6	2,8	2,9	3,1	3,3	3,5	3,7
23	0,2	0,4	0,6	0,8	1,0	1,2	1,4	1,5	1,7	1,9	2,1	2,3	2,5	2,7	2,9	3,1	3,3	3,5	3,6	3,8
24	0,2	0,4	0,6	0,8	1,0	1,2	1,4	1,6	1,8	2,0	2,2	2,4	2,6	2,8	3,0	3,2	3,4	3,6	3,8	4,0
25	0,2	0,4	0,6	0,8	1,1	1,3	1,5	1,7	1,9	2,1	2,3	2,5	2,7	2,9	3,1	3,3	3,5	3,8	3,9	4,2
26	0,2	0,4	0,7	0,9	1,1	1,3	1,5	1,7	2,0	2,2	2,4	2,6	2,8	3,1	3,3	3,5	3,7	3,9	4,1	4,3
27	0,2	0,4	0,7	0,9	1,1	1,4	1,6	1,8	2,0	2,3	2,5	2,7	2,9	3,2	3,4	3,6	3,8	4,1	4,3	4,5
28	0,2	0,5	0,7	0,9	1,2	1,4	1,6	1,9	2,1	2,4	2,6	2,8	3,1	3,3	3,5	3,7	4,0	4,2	4,4	4,7
29	0,2	0,5	0,7	1,0	1,2	1,5	1,7	1,9	2,2	2,4	2,7	2,9	3,2	3,4	3,6	3,9	4,1	4,4	4,6	4,8
30	0,3	0,5	0,8	1,0	1,3	1,5	1,8	2,0	2,3	2,5	2,8	3,0	3,3	3,5	3,8	4,0	4,3	4,5	4,8	5,0
31	0,3	0,5	0,8	1,0	1,3	1,6	1,8	2,1	2,3	2,6	2,9	3,1	3,4	3,6	3,9	4,1	4,4	4,7	4,9	5,2
32	0,3	0,5	0,8	1,1	1,3	1,6	1,9	2,2	2,4	2,7	3,0	3,2	3,5	3,8	4,0	4,3	4,5	4,8	5,1	5,3
33	0,3	0,5	0,8	1,1	1,4	1,7	1,9	2,2	2,5	2,8	3,1	3,3	3,6	3,9	4,1	4,4	4,7	5,0	5,2	5,5
34	0,3	0,6	0,9	1,1	1,4	1,7	2,0	2,3	2,6	2,9	3,1	3,4	3,7	4,0	4,3	4,5	4,8	5,1	5,4	5,7
35	0,3	0,6	0,9	1,2	1,5	1,8	2,1	2,4	2,6	2,9	3,2	3,5	3,8	4,1	4,4	4,7	5,0	5,3	5,5	5,8
36	0,3	0,6	0,9	1,2	1,5	1,8	2,1	2,4	2,7	3,0	3,3	3,6	3,9	4,2	4,5	4,8	5,1	5,4	5,7	6,0
37	0,3	0,6	0,9	1,2	1,6	1,9	2,2	2,5	2,8	3,1	3,4	3,7	4,0	4,3	4,6	4,9	5,2	5,6	5,9	6,2
38	0,3	0,6	1,0	1,3	1,6	1,9	2,2	2,6	2,9	3,2	3,5	3,8	4,1	4,5	4,8	5,1	5,4	5,7	6,0	6,3
39	0,3	0,6	1,0	1,3	1,6	2,0	2,3	2,6	3,0	3,3	3,6	3,9	4,3	4,6	4,9	5,2	5,5	5,9	6,2	6,5
40	0,3	0,7	1,0	1,3	1,7	2,0	2,4	2,7	3,0	3,4	3,7	4,0	4,4	4,7	5,0	5,3	5,7	6,0	6,3	6,7
41	0,3	0,7	1,0	1,4	1,7	2,1	2,4	2,8	3,1	3,5	3,8	4,1	4,5	4,8	5,1	5,5	5,8	6,2	6,5	6,8
42	0,4	0,7	1,1	1,4	1,8	2,1	2,5	2,8	3,2	3,5	3,9	4,2	4,6	4,9	5,3	5,6	6,0	6,3	6,6	7,0
43	0,4	0,7	1,1	1,4	1,8	2,2	2,5	2,9	3,3	3,6	4,0	4,3	4,7	5,0	5,4	5,7	6,1	6,5	6,8	7,2
44	0,4	0,7	1,1	1,5	1,9	2,2	2,6	3,0	3,3	3,7	4,1	4,4	4,8	5,2	5,5	5,9	6,2	6,6	6,9	7,3
45	0,4	0,7	1,1	1,5	1,9	2,3	2,7	3,0	3,4	3,8	4,2	4,5	4,9	5,3	5,6	6,0	6,4	6,8	7,1	7,5
46	0,4	0,8	1,2	1,6	1,9	2,3	2,7	3,1	3,5	3,9	4,3	4,6	5,0	5,4	5,8	6,1	6,5	6,9	7,3	7,7
47	0,4	0,8	1,2	1,6	2,0	2,4	2,8	3,2	3,6	4,0	4,3	4,7	5,1	5,5	5,9	6,3	6,7	7,1	7,4	7,8
48	0,4	0,8	1,2	1,6	2,0	2,4	2,8	3,2	3,6	4,0	4,4	4,8	5,2	5,6	6,0	6,4	6,8	7,2	7,6	8,0
49	0,4	0,8	1,2	1,6	2,1	2,5	2,9	3,3	3,7	4,1	4,5	4,9	5,3	5,7	6,1	6,5	6,9	7,4	7,7	8,2
50	0,4	0,8	1,3	1,7	2,1	2,5	2,9	3,4	3,8	4,2	4,6	5,0	5,5	5,9	6,3	6,7	7,1	7,5	7,9	8,3
51	0,4	0,8	1,3	1,7	2,1	2,6	3,0	3,4	3,9	4,3	4,7	5,1	5,6	6,0	6,4	6,8	7,2	7,7	8,1	8,5
52	0,4	0,9	1,3	1,8	2,2	2,6	3,1	3,5	3,9	4,4	4,8	5,2	5,7	6,1	6,5	6,9	7,4	7,8	8,2	8,7
53	0,4	0,9	1,3	1,8	2,2	2,7	3,1	3,6	4,0	4,5	4,9	5,3	5,8	6,2	6,7	7,1	7,5	8,0	8,4	8,8
54	0,5	0,9	1,4	1,8	2,3	2,7	3,2	3,6	4,1	4,5	4,9	5,4	5,9	6,3	6,8	7,2	7,7	8,1	8,5	9,0
55	0,5	0,9	1,4	1,9	2,3	2,8	3,2	3,7	4,2	4,6	5,0	5,5	6,0	6,5	6,9	7,3	7,8	8,3	8,7	9,2
56	0,5	0,9	1,4	1,9	2,4	2,8	3,3	3,8	4,2	4,7	5,1	5,6	6,1	6,6	7,0	7,4	7,9	8,4	8,8	9,3
57	0,5	0,9	1,4	1,9	2,4	2,9	3,4	3,8	4,3	4,8	5,2	5,7	6,2	6,7	7,2	7,6	8,1	8,6	9,0	9,5
58	0,5	1,0	1,5	2,0	2,4	2,9	3,4	3,9	4,4	4,9	5,3	5,8	6,3	6,8	7,3	7,7	8,2	8,7	9,2	9,7
59	0,5	1,0	1,5	2,0	2,5	3,0	3,5	4,0	4,5	5,0	5,4	5,9	6,4	6,9	7,4	7,9	8,4	8,9	9,3	9,8
60	0,5	1,0	1,5	2,0	2,5	3,0	3,5	4,0	4,5	5,0	5,5	6,0	6,5	7,0	7,5	8,0	8,5	9,0	9,5	10,0

Das Log

Das Patentlog

Der Fahrtensegler greift gerne auf das zuverlässige und technisch unkomplizierte Patentlog zurück. Man bringt am Heck eine speziell geflochtene und etwa 30 m lange Logleine aus, an der eine Schraube, der Logpropeller, angebracht ist. Der im Wasser nachgeschleppte Propeller überträgt über die gedrillte Leine die Umdrehungszahl auf eine am Heck installierte Zähluhr. Hier kann man die Anzahl der zurückgelegten Seemeilen ablesen. Eine am Zählwerk angebrachte Schwungscheibe sorgt für eine kontinuierliche Übertragung der Umdrehungen (A). In der Nähe des Propellers wird oft noch ein Senkgewicht befestigt, um zu verhindern, daß der Propeller bei größeren Geschwindigkeiten auf der Wasseroberfläche läuft und deshalb verfälschte Ergebnisse überträgt.

Es ist immer wieder überraschend, wie genau das Patentlog arbeitet. Fehlmessungen erhält man jedoch bei langsamer Fahrt und, wie *E. Hiscock* meint, auf langen Kursen vor dem Wind, wenn die See stark von achtern schiebt. In beiden Fällen mißt das Log zu kurze Distanzen. Einen weiteren Fehler erhält man, falls die Zähluhr am Heck nicht flach genug über dem Wasserspiegel angebracht ist, da die Logleine möglichst horizontal laufen sollte.

Vor Hafeneinfahrten muß die Leine rechtzeitig eingeholt werden und unter Motor muß beachtet werden, daß sich die Logleine nicht in der Schraube vertörnt. Manchmal soll der Propeller auch von größeren Fischen weggeschnappt werden. Führe deshalb immer eine zweite Leine und einen Ersatzpropeller mit!

Die Logleine darf sich **beim Einholen** nicht übermäßig vertörnen. Deshalb geben wir das ausgehängte Ende zunächst wieder ins Wasser (Fotoreihe oben) und holen zugleich den Propeller möglichst rasch ein; denn er dreht ja weiter, solange er noch im Wasser ist. Erst dann schießen wir die Leine von der Propellerseite her auf.

Das Patentlog gibt die zurückgelegten Distanzen, nicht aber die momentane Fahrt an. Nur an einem Zusatzgerät kann die Geschwindigkeit unmittelbar abgelesen werden. Doch kann man auch die Zeit stoppen, in der das Schwungrad eine gewisse Anzahl von Umdrehungen macht, und einer mitgelieferten Tabelle sofort die jeweilige Fahrt entnehmen.

Die Yachtlogs

Da sich die nachgeschleppte Lein des Patentlogs oft als hinderlich e weist, hat man Loggen konstruier die unmittelbar am Schiffsrumpf ar gebracht sind.

Das **Sum-Log** beruht auf dem gle chen mechanischen Prinzip wie da Patentlog. Ein an der Unterseite de Schiffes fest montierter Propelle überträgt die Umdrehungen ohn das Zwischenglied der Logleine au das Zählwerk (B). Als Schutz vo Algen oder Beschädigungen ist vo dem Propeller meist ein Abweisbü gel montiert.

Auch das **Elektro-Log** arbeitet m einem fest angebrachten Propelle oder einem kleinen Schaufelrädcher Doch mißt es die elektrische Span nung, die ein vom Propeller angetrie bener Magnet in einer Spule indu ziert.

Das **Speedometer** schließlich miß den sich durch die Wasserströmun ergebenden Staudruck und schließ hieraus auf die Fahrt der Yacht. De Druck wird entweder an einem dreh bar gelagerten Meßfühler (C) ode beim Ein- oder Ausströmen an eine kleinen Düse *(Venturirohr)* registrier

Im weiteren Sinn versteht man unter einem Speedometer alle Yachtlogs, die nicht nur die Versegelung in Meilen, sondern auch die Fahrt in Knoten angeben. So kann man auf der Anzeigeskala sofort jede falsche Schotführung erkennen. Allerdings dauert es meistens einige Sekunden, bis die Nadel wegen ihrer Trägheit reagiert. Zum genaueren Ablesen — vor allem bei Trimmfahrten und Regatten — verwendet man eine *Delta-* oder *Spreizskala:* Ein bestimmter Geschwindigkeitsbereich wird hier über die gesamte Skala gespreizt wiedergegeben.
Ein gut eingebautes und genau geeichtes Yachtlog kann bis zu 2 % genau arbeiten. Der Propellerträger oder Sensor sollte im vorderen Drittel des Rumpfes möglichst nah an der Schiffsachse angebracht werden. Strömung und Druck entsprechen hier natürlich nicht den normalen Verhältnissen, weshalb das Yachtlog geeicht werden muß. Das heißt, man mißt mit der Logge eine bekannte Distanz und ermittelt aus dem Verhältnis

$$\frac{\text{wahre Distanz}}{\text{geloggte Distanz}}$$

einen **Eichfaktor.** Zeigt das Log beispielsweise auf einer Strecke von 1 Seemeile *(Ablaufmeile)* 0,8 an, so ergibt sich ein Faktor von 1,25, mit dem man alle gemessenen Werte multiplizieren muß. Man kann in diesem Fall auch jeweils 25 % addieren, um die wahre Distanz zu erhalten. Schwieriger wird die Eichung in einem Stromrevier. Hier läuft man die Ablaufstrecke in beiden Richtungen und geht von einer Durchschnittsgeschwindigkeit aus, die sich aus dem Mittel der Einzelgeschwindigkeiten ergibt.

Das Relingslog

Hat man weder ein Patentlog noch eines der Yachtlogs an Bord, so sollte ein Relingslog markiert werden, d. h. man bringt am besten an der Reling beider Schiffsseiten am Vorschiff und weiter achtern jeweils eine Markierung an. Wirft man nun an der Leeseite des Schiffes etwas voraus ein Holzstück ins Wasser und mißt mit der Stoppuhr die von ihm benötigte Durchlaufzeit von der ersten zur zweiten Relingsmarkierung, so können wir hieraus die momentane Schiffsgeschwindigkeit errechnen. In Wirklichkeit läuft natürlich nicht das Holzstück an uns, sondern wir an ihm vorbei. Zur Erhöhung der Meßgenauigkeit sollte man das Verfahren wiederholen und einen Mittelwert bilden.
Wir wollen uns noch überlegen, welchen Abstand zwischen den beiden Markierungen wir am besten abmessen, um ohne großen Rechenaufwand schnell zum Ergebnis zu kommen. Da man die Geschwindigkeit in Knoten erhalten will, geht man von der Länge einer *Meridiantertie* aus. Eine Meridiantertie ist die Strecke in Metern, die man bei einer Fahrt von einem Knoten in genau einer Sekunde zurücklegt. Da in einer Stunde 3600 Sekunden verstreichen, errechnet sich die Meridiantertie aus
1852 m : 3600 = 0,514 m.
Sie ist also etwas länger als ein halber Meter.
Läuft unser Schiff doppelt so schnell, so benötigt es für die markierte Strecke die halbe Zeit, läuft es dagegen nur halb so schnell, so benötigt es die doppelte Zeit. Allgemein kann man sagen:

$$F\,(\text{kn}) = \frac{\text{Anzahl der Meridiantertien}}{\text{Durchlaufzeit (sec)}}$$

oder einfacher:

$$F\,(\text{kn}) \approx 2 \cdot \frac{\text{Meßstrecke (m)}}{\text{Durchlaufzeit (sec)}}$$

Wenn wir also den Markierungsabstand so wählen, daß er ein Vielfaches der Meridiantertie bildet, so brauchen wir nur diese uns bekannte Anzahl durch die gestoppte Durchlaufzeit zu dividieren, um die Fahrt in Knoten zu erhalten. Um im Geschwindigkeitsbereich von Küstenyachten vernünftige Ergebnisse zu erhalten, sollte die Meßstrecke nicht kürzer als zehn Meridiantertien sein.

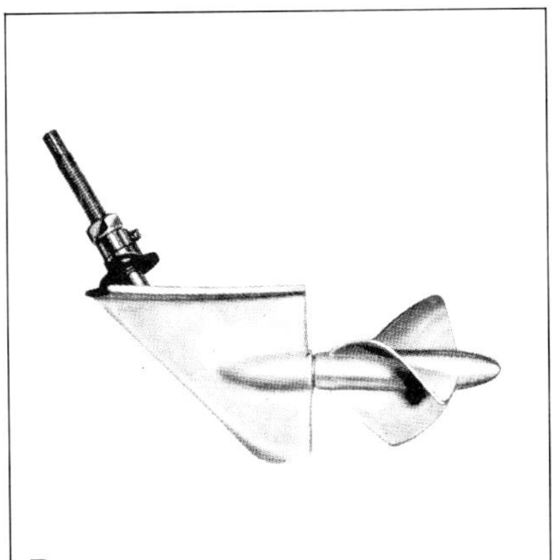
B

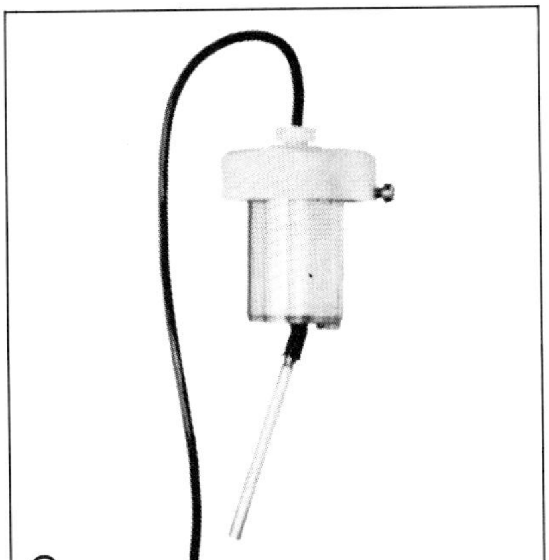
C

Das Lot

Handlot . . .

Das billigste Lot ist ein einfaches Handlot. Es besteht aus einer etwa 25—35 m langen Lotleine und einem an ihr befestigten, meist kegelförmigen Senkblei. Für unsere Zwecke genügt ein 3—5 kg schweres Senkgewicht, da wir kaum größere Tiefen bestimmen wollen. Die Lotleine sollte nicht zu dick sein, um einen übermäßigen Wasserwiderstand zu vermeiden.
Im deutschen Bereich verwendet man ein einheitliches Markierungssystem für die Längenkennzeichnung der Lotleine, so daß man sofort die Wassertiefe ablesen kann. Man bringt in einem Abstand von jeweils zwei Metern einen farbigen Markierungsstreifen an, und zwar:

bei 2, 12, 22 m	schwarz
bei 4, 14, 24 m	weiß
bei 6, 16, 26 m	rot
bei 8, 18, 28 m	gelb
bei 10, 20, 30 m	Lederstreifen

Der Lederstreifen ist bei 10 m mit einem Loch, bei 20 m mit zwei Löchern versehen, usw. Im unteren Bereich bis etwa 5 m ist es sinnvoll, Zwischenmarkierungen durch Knoten für jeden ganzen Meter anzubringen. Natürlich ist jedes andere Markierungssystem ebenso denkbar.
In erster Linie soll jedes Lot Wassertiefen messen, doch will man manchmal durch die Lotung auch Aufschluß über die Grundbeschaffenheit erhalten — um beispielsweise den richtigen Anker zu wählen. Hierfür ist an der Spitze des Senkbleies oft eine kleine Vertiefung eingelassen, in die weicher Talg als Lotspeise eingegeben wird. Bei Grundberührung durch das Senkblei bleiben einige Sand-

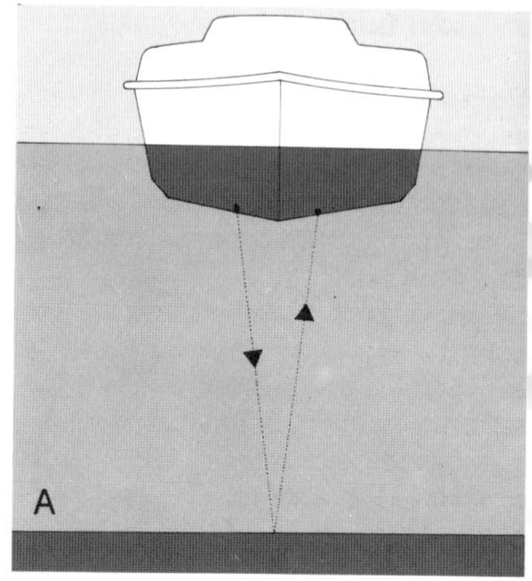

körnchen oder kleine Steine an der Lotspeise hängen, woraus man auf die Art des Bodens schließt.
Ein Handlot können wir natürlich jederzeit selber bauen. Doch müssen wir die Lotleine, bevor wir die Markierungen anbringen, recken und vor allem befeuchten. Eine neue Naturfaserleine kann sich durch das Seewasser u. U. zusammenziehen. Wir erhalten dann — was gefährlich werden kann — eine größere Tiefenangabe als tatsächlich Wasser unter dem Kiel ist.
Gelotet wird auf der Luvseite der Yacht. Mit einer Hand schwingen wir das Lotblei an der etwa 1,50 m langen freien Leine, der Rest der lose aufgeschossenen Lotleine wird mit der anderen Hand geführt. Das einige Male hin und her geschwungene Blei lassen wir nach vorne ausschwingen und geben entsprechend viel Leine nach, bis wir die Grundberührung spüren. In diesem Augenblick soll die Yacht genau über die Lotstelle laufen. Wir wiederholen das Verfahren einige Male, um einen genaueren Mittelwert zu erhalten. In tieferen Gewässern nimmt man eine Lotung nicht in Fahrt vor, sondern man dreht die Yacht bei.

. . . und Echolot

Viele Skipper rüsten ihre Yacht mit dem sehr viel teureren, aber umso genaueren Echolot aus. Es besteht aus dem Anzeigegerät und dem Schwinger oder Geber, der durch den Schiffskörper verschraubt und außenbords am Unterwasserschiff montiert ist. Der Schwinger sendet in Richtung Meeresboden ein Ultraschallsignal (mit einer Ausbreitungsgeschwindigkeit von etwa 1484 m/sec), und mißt die Dauer bis zum Empfang des vom Grund zurückgeworfenen Echos. Aus dieser Zeitspanne ergibt sich die Wassertiefe: Je länger auf das Echo gewartet werden muß, desto tiefer ist es (A).

Die genaue Zeitspanne wird auf einer Anzeigeskala umgesetzt, die mit dem Geber durch ein Kabel verbunden ist. Das Anzeigegerät wird am Navigationstisch meist so montiert, daß auch der Steuermann die Anzeige verfolgen kann.

Beim Schwingereinbau muß darauf geachtet werden, daß sich bei schneller Fahrt keine Turbulenzen oder Luftblasen bilden können, die zu Fehlmessungen führen. Da man außerdem auch bei Krängung loten möchte, ohne daß der Schallkegel von etwa 45° durch den Kiel abgelenkt wird, empfiehlt es sich, bei manchen modernen Yachten den Geber vor dem Kiel, etwa im ersten Drittel des Unterwasserschiffes, einzubauen — doch wegen Turbulenzgefahr nicht hinter dem Propeller des Sumlogs.

Abgesehen von neueren Entwicklungen, bei denen die Tiefe der Lotung mit einer Kathodenstrahlröhre oder über eine Digital-, d. h. Zifferanzeige angegeben wird, gibt es zwei unterschiedliche Systeme der Tiefenanzeige: das Zeigerinstrument und die Neonanzeige. Das Zeigerinstrument arbeitet mit einer Anzeigenadel auf einer Skala, doch reagiert die Nadel oft auf Störgeräusche unter Wasser, wie etwa Brandung, Brecher oder Schraubengräusche. Um diese Störungen auszuschalten, müssen komplizierte Schaltungen verwendet werden. Andererseits benötigen diese Instrumente vergleichsweise wenig Strom, weshalb sie vor allem für kleine Yachten in Frage kommen.

Bei der Leuchtanzeige wird ein vor einer Rundskala laufender Zeiger von einem Motor mit konstanter Drehzahl angetrieben. Auf dem Zeiger ist ein Leuchtröhrchen montiert, das immer genau beim Senden und Empfangen des Schallimpulses aufleuchtet. Man hat also ständig an der Nullmarke eine (als Justierung geeignete) Anzeige und eine weitere, die dem Echo entsprechende Tiefenangabe. Diese kann dann auf der Rundskala abgelesen werden, die oft als Mehrbereichskala eingerichtet ist (B). Bei direkter Sonneneinstrahlung auf die Skala ist die Anzeige oft nicht mehr erkennbar. Statt der Neonanzeige kann der Impuls auch den jeweiligen Tiefenwert in einen langsam ablaufenden Papierstreifen einbrennen. Dieser Tiefenschreiber zeichnet uns ein Echogramm.

Mit etwas Erfahrung schließt man aus der Art der Leuchtanzeige auf die Grundbeschaffenheit. So weist ein schmales, aber intensiv aufleuchtendes Zeichen auf einen festen und harten Untergrund hin, ein breiteres Echo auf einen weichen Boden. Neben der deutlichen Hauptanzeige werden einige ständig umspringende Nebenanzeigen registriert. Es handelt sich hierbei um Fehlmessungen, wie etwa ein Doppelecho. So kann es vorkommen, daß wegen unterschiedlich warmer Wasserschichtungen die wahre Wassertiefe nicht angezeigt wird. Auch die Angaben des Echolotes müssen also kritisch verwertet werden! Jedes Lot kann nur Navigationshilfsmittel sein und erst im Zusammenhang mit der Karte sinnvoll ausgewertet werden.

Beachte: Der vom Echolot angegebene Tiefenwert ist oft vom Geber, nicht von der Wasserlinie aus gerechnet. Um die Wassertiefe zu erhalten muß man dann zur angezeigten Tiefe noch die Schwingertiefe addieren!

B

Grundaufgaben (I)

Die auf den Seiten 52/53, 72/73, 90/91 und 98/99 zusammengestellten navigatorischen Grundaufgaben sind in der Seekarte D 2 zu lösen, in der „Kleine Berichtigungen" bis zum 16. XII. 72 ausgeführt wurden. Diese Karte wird im Handel als Übungskarte verkauft.

Aufgabe 1: Eine Yacht steht auf folgender Position: $\varphi = 53° 56{,}5'$ N; $\lambda = 7° 54{,}4'$ E. Trage den Schiffsort in die Karte ein!

Aufgabe 2: Von hier aus soll Kurs zum *Feuerschiff Weser* abgesetzt werden. Gib die Position des Feuerschiffs nach φ und λ an!

Aufgabe 3: Trage die Kurslinie von der *Schlüsseltonne* zum *Feuerschiff Weser* in die Karte ein!

Aufgabe 4: Welchen Kurs muß man zum *Feuerschiff Weser* laufen?

Aufgabe 5: Wieviel Seemeilen müssen hierbei versegelt werden?

Aufgabe 6: Um 14.35 h befand man sich bei einem Loggestand von 12,4 an der *Schlüsseltonne.* Während man den abgesetzten Kurs läuft, ändert man um 15.04 bei einem Loggestand von 15,3 den Kurs. Wieviel Seemeilen hat man bis zur Kursänderung zurückgelegt?

Aufgabe 7: Gib den Ort der Kursänderung nach φ und λ an!

Aufgabe 8: Wie lange hat man bis hier benötigt?

Aufgabe 9: Wie groß war die Fahrt der Yacht?

Aufgabe 10: Vom Ort der Kursänderung setzt man den neuen Kurs mit 114° ab. Trage den neuen Kurs in die Karte ein!

Aufgabe 11: Man nimmt an, daß die Fahrt nach der Kursänderung 6 kn beträgt. Wann wird man die an der Kurslinie liegende Heultonne 1 (Ubr.(2) r., 9s) des Fahrwassers *Neue Weser* erreichen?

Aufgabe 12: Welche Informationen über die *Schlüsseltonne* kann man der Seekarte entnehmen?

Lösungen

1. Unmittelbar an der *Schlüsseltonne.*

2. $\varphi = 53° 51{,}8'$ N; $\lambda = 7° 50'$ E.

3. Vgl. Kartenausschnitt nebenan.

4. Als Kurs ergibt sich 209°. Falsch ist ein Kurs von 29°, da man in entgegengesetzter Richtung läuft, nämlich zur Schlüsseltonne hin.

5. Mit dem Zirkel entnimmt man der Karte 5,3 sm.

6. Bilde die Differenz:

Loggestand neu	15,3
— Loggestand alt	12,4
Distanz in sm	2,9

7. Trage 2,9 sm von der *Schlüsseltonne* aus auf der angetragenen Kurslinie ab! Als Schiffsort um 15.04 h ergibt sich: $\varphi = 53° 53{,}9'$ N; $\lambda = 7° 52'$ E.

8. Bilde die Zeitdifferenz:

Kursänderung um	15.04 h
— Schlüsseltonne um	14.35 h
Zeitdauer	00.29 h

9. Es gilt:

$$F\,(kn) = \frac{D(sm) \cdot 60}{t(min)}$$

Also: $F = \dfrac{2{,}9 \cdot 60}{29} = 6{,}0$ kn

10. Vgl. Kartenausschnitt nebenan!

11. Es gilt: $t(min) = \dfrac{D(sm) \cdot 60}{F(kn)}$

F = 6 kn, D aus Karte = 4,5 sm

Also: $t = \dfrac{4{,}5 \cdot 60}{6} = 45$ min

Als Zeitpunkt ergibt sich dann:

Kursänderung um	15.04 h
Fahrtdauer	00.45 h
Heultonne 1 um	15.49 h

12. *Schlüsseltonne:* Ansteuerungstonne des Fahrwassers *Alte Weser;* schwarz-rot senkrecht gestreift; Gleichtaktfeuer weiß, Wiederkehr 3 sec; Radarreflektor.

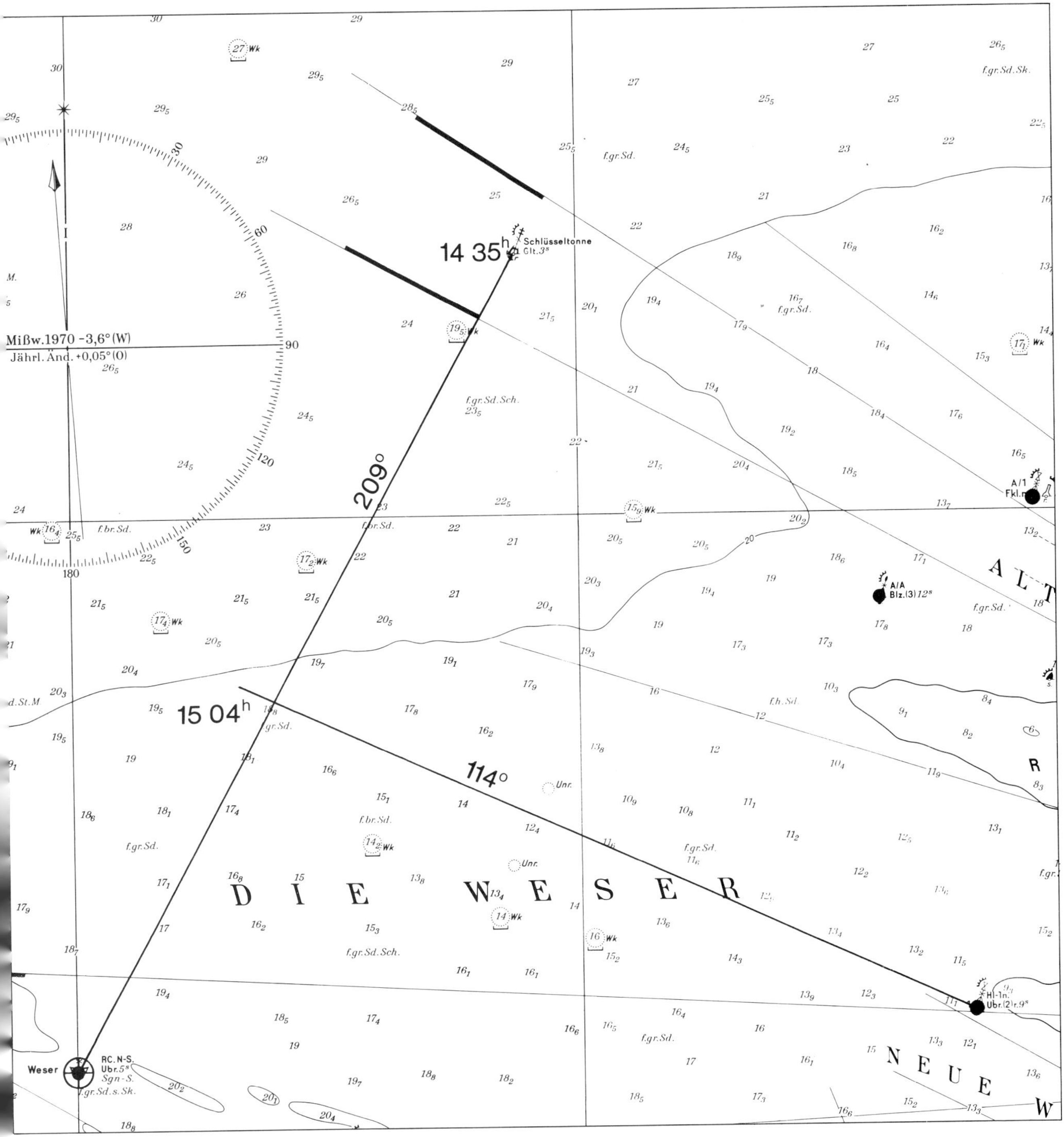

14 35h
Schlüsseltonne
Glt.3s
209°
15 04h
114°
Mißw.1970 -3,6°(W)
Jährl. Änd. +0,05°(O)
A/A
Blz.(3) 12s
A/1
Hl-1n.
Ubr.(2) r.9s
Weser
RC. N-S.
Ubr.5s
Sgn-S.
DIE WESER
ALT
NEUE W

Der Steuerkompaß

Wie ist er aufgebaut?

Auf keiner Yacht darf ein fest eingebauter Steuerkompaß fehlen. Er ist unser wichtigstes Navigationsinstrument, auf ihn müssen wir uns absolut verlassen können.
Auf Sportyachten wird nicht der aufwendige Kreiselkompaß, sondern ausschließlich der **Magnetkompaß** (Abb. A) verwendet. Er besteht aus einer Kompaßscheibe, die auf einer festen, spitzen Nadel, der Pinne, gelagert ist.
Die Spitze der Pinne ist meist aus gehärtetem Stahl, Platin oder Iridium gefertigt. Das Gegenstück, das Hütchen, enthält in der Mitte meist einen kleinen Halbedelstein, um die Abnutzung durch Reibung möglichst gering zu halten. An der Unterseite der Kompaßscheibe sind entweder zwei Stabmagneten oder Ringmagneten angebracht, die die Einstellung der Scheibe in Nord-Süd-Richtung bewirken.
Die Rose im Kompaßkessel wird nicht nur vom Magnetfeld der Erde beeinflußt, sondern der Seegang wirkt um ein vielfaches stärker. Damit der Steuermann den Kompaß ablesen kann und nicht ständig durch die mit großen Winkelausschlägen am Steuerstrich hin und her tanzende Kompaßrose irritiert wird, muß man den Schiffskompaß mit einer Flüssigkeit dämpfen. Das heißt, man lagert die im Kompaßkessel schwingende Scheibe in einer Dämpfungsflüssigkeit, dem *Kompaßöl,* einem hochraffinierten Petroleum, das nicht einfrieren kann. Ältere Ausführungen verwenden ein Wasser-Alkohol-Gemisch. Die Scheibe vollzieht nun die Schiffsbewegungen nur verzögert und etwas abgeschwächt. Ein hohler Schwimmkörper zwischen Kompaßrose und Magneten gleicht durch seinen Auftrieb das Magnetgewicht aus. Einen so konstruierten Kompaß nennt man **Schwimm- oder Fluidkompaß.**

Bei starker Krängung kann sich auch eine flüssigkeitsgedämpfte Kompaßscheibe im Kompaßkessel verklemmen, wenn man den Kompaß nicht kardanisch aufhängt. Man unterscheidet zwischen außenkardanisch aufgehängten Kompassen — wie der früher gern benutzte *Gridkompaß* (Abb. B) — und innenkardanischen. Hier befindet sich die Aufhängung innerhalb des Kessels.

Statt der kardanisch aufgehängten Kompasse findet auf Sportyachten mehr und mehr der *Kugelkompaß* (Abb. C) Verwendung. Hier ist die Glasscheibe nach oben so stark gewölbt, daß die Rose mit dem Schwimmer auch bei sehr starker Krängung frei ausschwingen kann (bis etwa 75°). Der gesamte von der Glaskugel abgedeckte Bereich ist dann mit Dämpfungsflüssigkeit gefüllt. Kugelkompasse werden entweder am Boden des Cockpits oder an der Kajütrückwand neben dem Niedergang eingelassen, oder auf einer Steuersäule montiert (D).

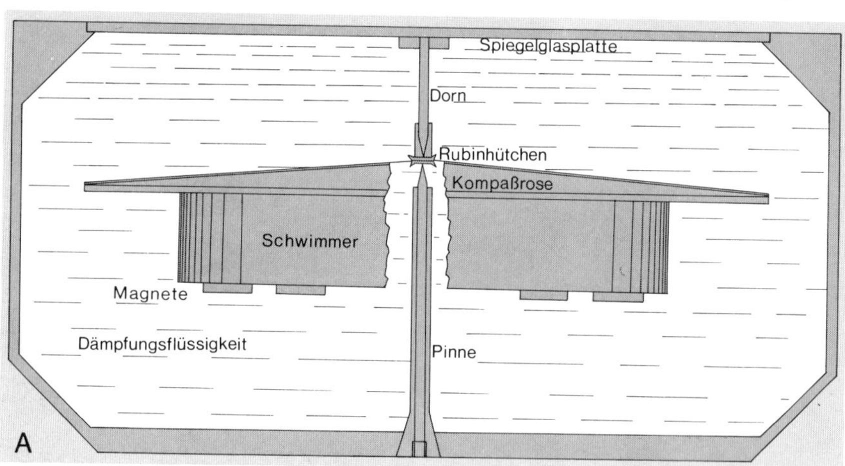

A

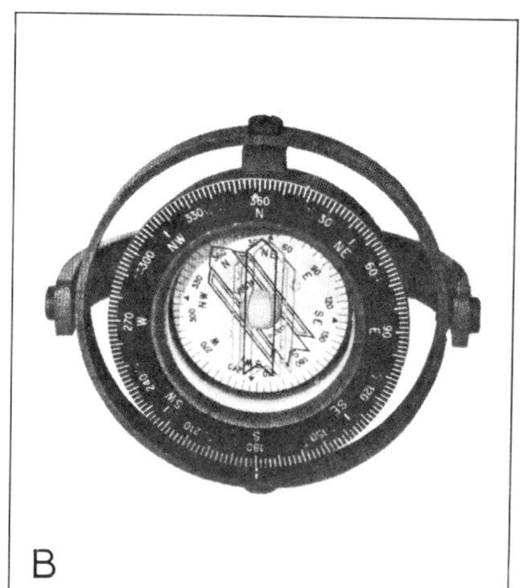
B

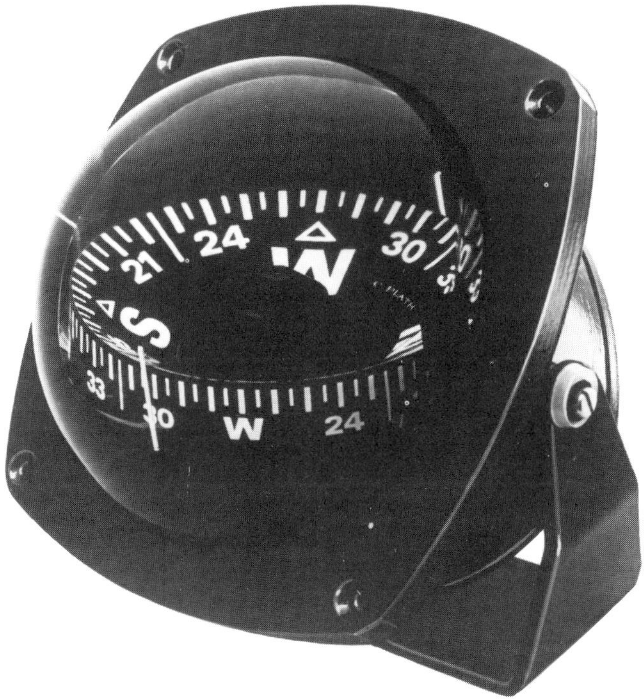

C

Wie wird er aufgestellt?

Bei der Kompaßaufstellung sind zwei Dinge zu beachten: Zum einen soll der Kompaß nicht ständig von den Beinen der Crew oder irgendwelchen Schoten traktiert werden, zum anderen sollte der Steuermann ohne Mühe den anliegenden Kurs ablesen können.

Aus dem ersten Grund ist gerade auf kleinen Yachten ein außenkardanisch aufgehängter Kompaß sehr hinderlich. Er ist ständig bei Manövern im Weg, weshalb sich auf diesen Schiffen immer mehr der Kugelkompaß durchsetzt. Der Kugelkompaß hat den weiteren Vorteil, daß er fest montiert ist, so daß man gar nicht erst auf die gefährliche Idee kommt, ihn etwa im Hafen abzumontieren und beiseite zu legen. Der Steuerkompaß unserer Yacht sollte auf jeden Fall so angebracht sein, daß er nicht für irgendwelche Zwecke abmontiert werden muß. Denn hierbei besteht die Gefahr, daß die für ihn aufgestellte Deviationstabelle fehlerhaft wird (vgl. S. 60), so daß wir uns nicht mehr auf die von ihm angezeigten Richtungen verlassen können.

Beim Ablesen ergeben sich für den Steuermann einige Schwierigkeiten, vor allem muß er einen etwaigen Parallaxenfehler ausgleichen. Hat man nur einen Kompaß, so baut man ihn am besten längs der Mittschiffsebene ein, wobei man beachten muß, daß der Steuerstrich parallel zur Kiellinie läuft. Bei einem derart symmetrisch eingebauten Kompaß kann der Parallaxenfehler leichter berücksichtigt werden als bei einem asymmetrisch angebrachten Kompaß, wie z. B. bei dem an einer Kajütrückwand montierten Kugelkompaß. Hier findet man auf Stb- und Bb-Bug verschiedene Parallaxenfehler. Deshalb baut man meist zwei Kugelkompasse ein — einen auf jeder Seite neben dem Niedergang —, was auch wieder Nachteile hat, da sich die Kompasse gegenseitig beeinflussen und ablenken können.

Nachts sollte der Kompaß von innen beleuchtet werden können. Es empfiehlt sich ein regelbares und gedämpftes Licht, am besten eine dunkelrote Beleuchtung, um die Anpassung des Auges an die Dunkelheit nicht zu erschweren.

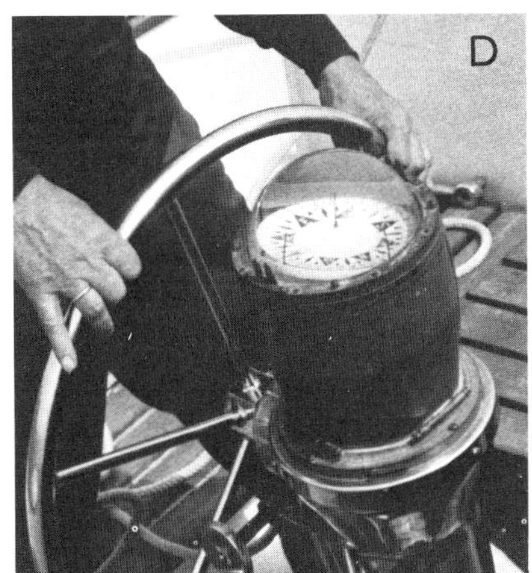

D

Die Mißweisung (Mw)

Geographischer und magnetischer Pol

Auf S. 12 sind wir davon ausgegangen, daß die von der Kompaßnadel angezeigte Richtung mit der durch jeden Meridian vorgegebenen Nord-Süd-Richtung übereinstimmt. Doch fallen die magnetischen Pole, auf die sich die Kompaßnadel bezieht, nicht genau mit den geographischen Polen zusammen. So liegt der magnetische Pol der Nordhalbkugel etwa auf 70° N und 98° W, der magnetische Pol der Südhalbkugel auf 72° S und 155° E. Unsere Seekarte bezieht sich jedoch auf das Meridiansystem und somit auf die geographischen Pole.

Wir haben also zwei verschiedene Nordrichtungen: Das von den Meridianen vorgegebene *rechtweisende Nord (rwN)* und das vom Magnetfeld der Erde bestimmte *mißweisende Nord (mwN)*. Das rwN finden wir in der Seekarte, das mwN gibt uns der Kompaß an. Den Winkelunterschied zwischen beiden nennt man *Mißweisung (Mw)*. Es besteht somit folgende Beziehung:

$$\text{rwN} + \text{Mw} = \text{mwN}$$

Lesen wir also auf dem Schiffskompaß einen Kurs- oder Peilungswert ab, so kann dieser nicht sofort in die Karte übertragen werden, sondern muß zuvor um die Mißweisung berichtigt werden. Ebenso müssen wir umgekehrt vorgehen: Einen der Karte entnommenen Kurs müssen wir erst mit der Mißweisung beschicken, bevor wir den entsprechenden Kurs am Kompaß steuern können.

Die Beschickung

Wir navigieren also mit zwei um den Mißweisungswinkel unterschiedenen Kursen, dem *rechtweisenden Kurs (rwK)* und dem *mißweisenden Kurs (mwK)*. **Der rwK ist der Winkel zwischen der Kiellinie und rwN, der mwK zwischen Kiellinie und mwN.** Wie wir unmittelbar den Skizzen A und B entnehmen können, gelten zwischen beiden Kursen die folgenden Beziehungen:

mwK	rwK
+ Mw	— Mw
rwK	mwK

Hierbei hat man festgesetzt, daß die Mißweisung mit **Ost oder "+"** bezeichnet wird, wenn die Kompaßnadel in östlicher Richtung abgelenkt wird, dagegen mit **West oder "—"**, wenn sie in westlicher Richtung abgelenkt wird.

In der Skizze A wird die Kompaßnadel nach Osten gelenkt, die Mißweisung hat also einen positiven Wert, nämlich + 7°. In der Skizze B erfolgt dagegen die Ablenkung nach Westen, so daß sie mit einem negativen Vorzeichen versehen werden muß, also — 12° beträgt. Ist uns in beiden Fällen vom Kompaß jeweils der mwK bekannt, so erhalten wir als dazugehörigen rwK:

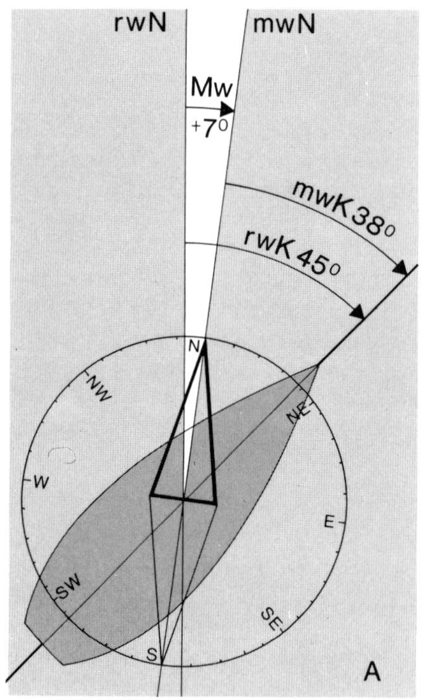

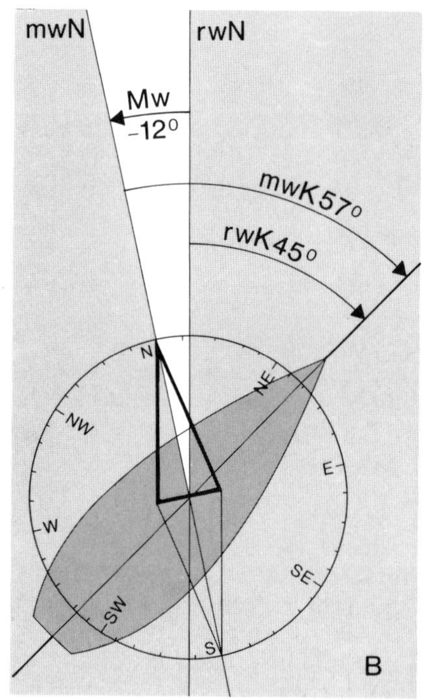

mwK	38°		mwK	57°
Mw	+ 7°		Mw	— 12°
rwK	45°		rwK	45°

Gehen wir jedoch in den Beispielen vom rwK aus, so müssen wir besonders auf die anzubringenden Vorzeichen achten: Wir arbeiten hier mit dem entgegengesetzten oder umgekehrten Vorzeichen, da man ja vom rwK die Mw abziehen muß. Also:

rwK	45°		rwK	45°
entg. Mw	— 7°		entg. Mw	+ 12°
mwK	38°		mwK	57°

Anhand der beiden Skizzen wird dieser Zusammenhang sofort klar.

Beachte:

1. In der Karte arbeiten wir nie mit dem mwK, sondern immer mit dem rwK — es sei denn, es herrscht Windabdrift oder Strom (vgl. S. 93).
2. Der rechtweisende Kurs stimmt immer mit der Kiellinie unserer Yacht überein!

Die Mißweisungsrose

Wie groß ist nun die Mißweisung, die wir bei der Kursbeschickung berücksichtigen müssen? Die Mw hat an verschiedenen Orten der Erde auch unterschiedliche Werte. Denn sobald wir unsere Position erheblich ändern, so ändert sich auch die Stellung des Magnetpols zum Nordpol. Außerdem beeinflussen bestimmte geologische Formationen die Mw. Welche Mw in unserem Revier herrscht, entnehmen wir einer Mißweisungsrose in der Karte. Wir beziehen uns immer auf die dem Schiffsort am nächsten liegende Rose.

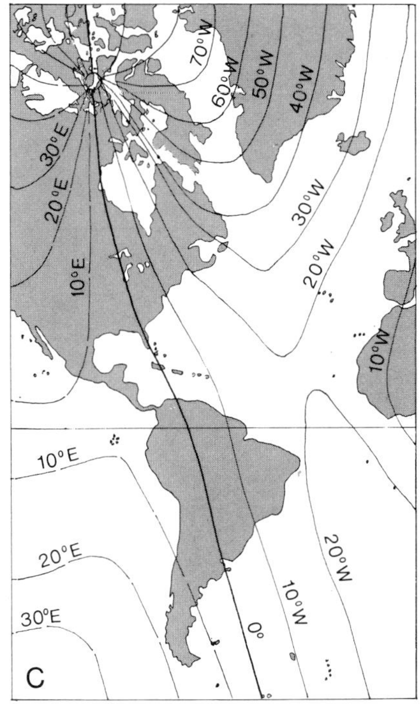

Die Mw ändert sich jedoch nicht nur von Ort zu Ort, sondern auch von Jahr zu Jahr, da der Magnetpol wandert. Sie ist deshalb nur für das angegebene *Bezugsjahr* gültig, für andere Jahre müssen wir sie mit der **jährlichen Änderung** errechnen. Wir erhalten beispielsweise für das Jahr 1972 aus der wiedergegebenen Rose: + 11° — 2 · 0,15° = + 10,7°. *Gebiete unsicherer Mißweisung* sind in der Karte besonders vermerkt. *(Uns. Mißw.).* Hier muß man außergewöhnlich genau navigieren und den Schiffsort möglichst ohne Mithilfe des Kompasses bestimmen.

Verbindet man die Orte, an denen die gleiche Mißweisung herrscht, so erhält man sogenannte *Isogonen*. Sie sind in manchen Überseglern eingezeichnet. Aus *Isogonenkarten* geht die Lage des magnetischen Poles deutlich hervor (C). Kleinere Ausschnitte findet man in Seehandbüchern.

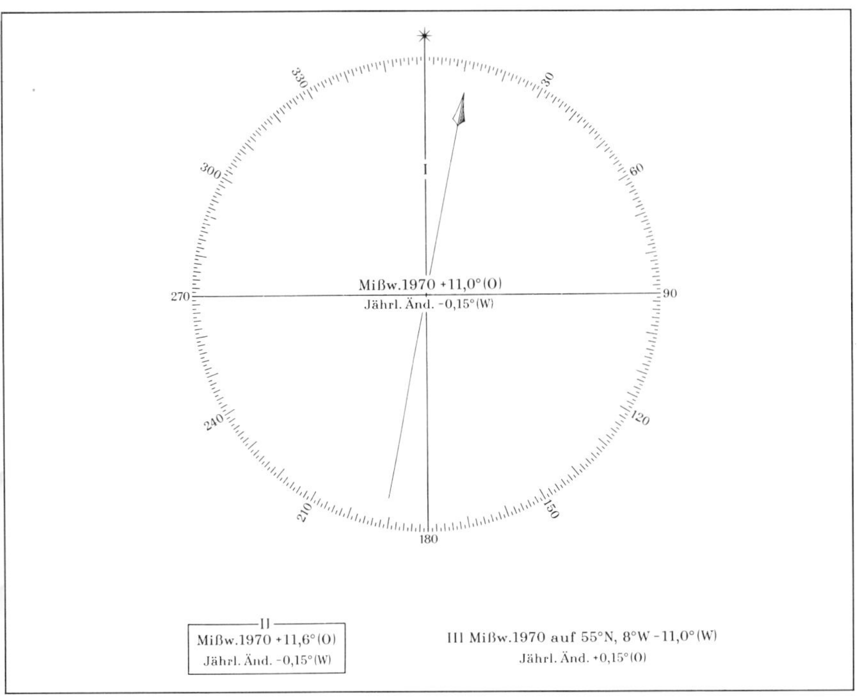

Die Deviation

Die Metallablenkung

Neben der Mißweisung müssen wir einen weiteren Kompaßfehler berücksichtigen, die *Kompaßablenkung* oder *Deviation*. Man bezeichnet sie mit dem kleinen griechischen Buchstaben Delta (δ). Eisenmetalle beeinflussen jede Magnetnadel in ihrer Stellung. Deshalb wird der Schiffskompaß vor allem auf Stahlyachten beeinflußt, doch auch auf Holzschiffen befindet sich eine Vielzahl von Metallmassen: Der Motor, der Wassertank, ein Peilempfänger, das Ruderblatt usw. Auch elektrische Spulen, wie wir sie im Lautsprecher, im Kopfhörer, im Echolot oder der Lichtmaschine des Motors finden, üben Einfluß auf die Kompaßnadel aus. Aus diesem Grund sollte der Steuerkompaß möglichst weit entfernt von allen Eisengegenständen aufgestellt werden. Auch Stromkabel in Kompaßnähe sind gefährlich, da sie ablenkende Magnetfelder aufbauen, die jedoch weitgehend ausgeglichen werden können, indem man die Kabel gegenläufig verdrillt.

Sobald wir einen Deviationsfehler auf unserem Schiff beobachten, richtet sich die Kompaßnadel nicht nach mißweisend Nord, sondern nach *Kompaßnord (KpN)* aus. Dementsprechend gibt es einen **Kompaßkurs (KpK),** den am Kompaß angegebenen Kurs. Er **schließt den Winkel zwischen der Kiellinie und KpN ein.** Die Deviation ist somit der Winkelunterschied zwischen dem mwK und dem KpK.

Bei der Kursbeschickung mit der Deviation geht man in ähnlicher Weise vor, wie bei der Mißweisung. Auch die Vorzeichen sind in gleicher Weise festgelegt, so daß ein Ablenkungseinfluß in östlicher Richtung mit "+", ein Einfluß in westlicher Richtung mit "—" bezeichnet wird.

Zwischen den Kursen besteht dann folgender Zusammenhang:

KpK	rwK
$+\delta$	— Mw
mwK	mwK
+ Mw	$-\delta$
rwK	KpK

Es gibt eine einfache Faustregel, wie man mit den Vorzeichen umgeht: **Vom richtigen (= rechtweisenden) Kurs zum falschen Kurs (= Kompaßkurs) rechne mit falschem (= umgekehrten) Vorzeichen; vom falschen Kurs zum richtigen mit richtigem Vorzeichen!**

Unter **Fehlweisung (Fw)** versteht man die algebraische Summe aus Mw und δ, also: **Fw = Mw + δ.**

Wenn wir in den beiden Skizzen A und B vom KpK ausgehen, so ergibt sich für den rwK:

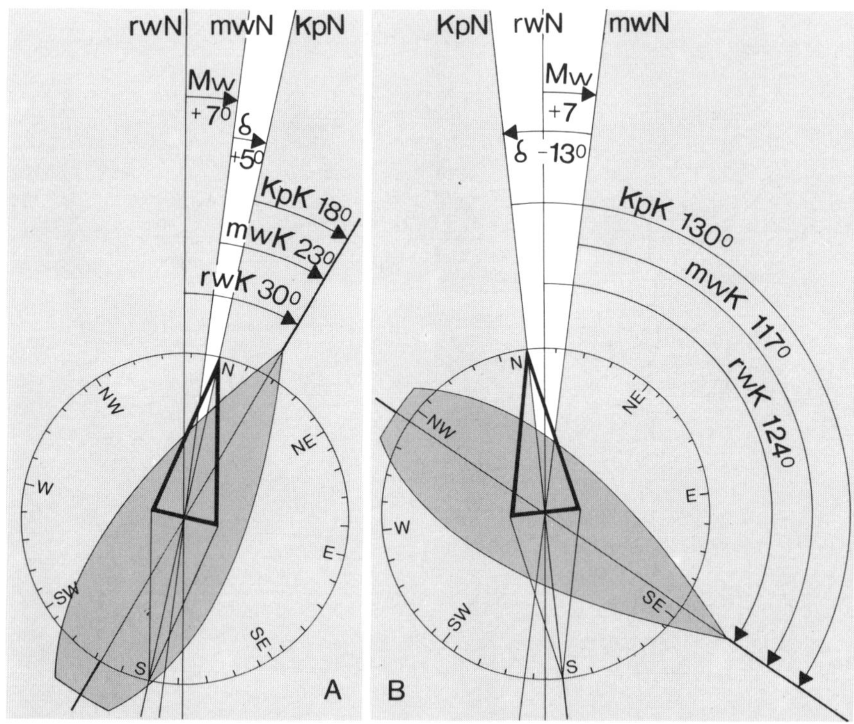

KpK		18°	KpK		130°
δ	+	5°	δ	—	13°
mwK		23°	mwK		117°
Mw	+	7°	Mw	+	7°
rwK		30°	rwK		124°

Wir haben also vom *falschen* zum *richtigen* Kurs gerechnet und das *richtige* Vorzeichen verwendet. Gehen wir jedoch vom rwK aus, müssen wir das *falsche*, d. h. das umgekehrte Vorzeichen setzen. So rechnen wir in den Beispielen A und B, wenn wir einen in der Karte abgesetzten Kurs am Kompaß steuern wollen:

rwK		30°	rwK		124°
entg. Mw	—	7°	entg. Mw	—	7°
mwK		23°	mwK		117°
entg. δ	—	5°	entg. δ	+	13°
KpK		18°	KpK		130°

Merke:
Gehe nie mit dem mwK oder KpK in die Karte! Steuere nie nach dem mwK oder rwK am Kompaß!

Deviation und Kurs

Die Deviation unterscheidet sich von der Mißweisung in einem wesentlichen Punkt. Während wir die Mißweisung mit einem Blick der Karte entnehmen, ist die Deviation vom jeweils anliegenden Kurs abhängig. Denn man kann sich die rechnerische Summe aller Ablenkungskräfte auf der Yacht als den Einfluß eines gedachten Magneten vorstellen. Dann gibt es auf dem Schiff auch zwei Punkte, die dem Nord- und Südpol dieses Schiffsmagneten entsprechen. Da der Nordpol eines Magneten (in unserem Fall die Nordspitze der Kompaßnadel) vom Südpol eines anderen Magneten (also des Schiffsmagneten) angezogen wird, ist für die Deviation die Lage des Schiffssüdpoles zum Kompaßstandort von Bedeutung.

Wenn wir annehmen, daß der Schiffssüdpol *vor* dem Kompaß liegt (Skizze C), so können wir uns die unterschiedliche Wirkung des Schiffsmagnetismus verdeutlichen: Auf dem Ostkurs wird die Nadel nach Osten abgelenkt, auf dem Westkurs dagegen nach Westen. Auf dem Nord- und Südkurs erfolgt keine Ablenkung, nur eine Änderung der Richtkraft; so wird die Richtkraft der Nadel auf Südkurs geringer sein als bei Nordkurs. Liegt der Schiffssüdpol jedoch *hinter* dem Kompaß, sind die Verhältnisse genau umgekehrt.

Es genügt also nicht, wie bei der Mißweisung, einen einzigen Deviationswert zu kennen, sondern es muß für jeden anliegenden Kurs die dazugehörige Deviation bekannt sein, um Kurse richtig beschicken zu können.

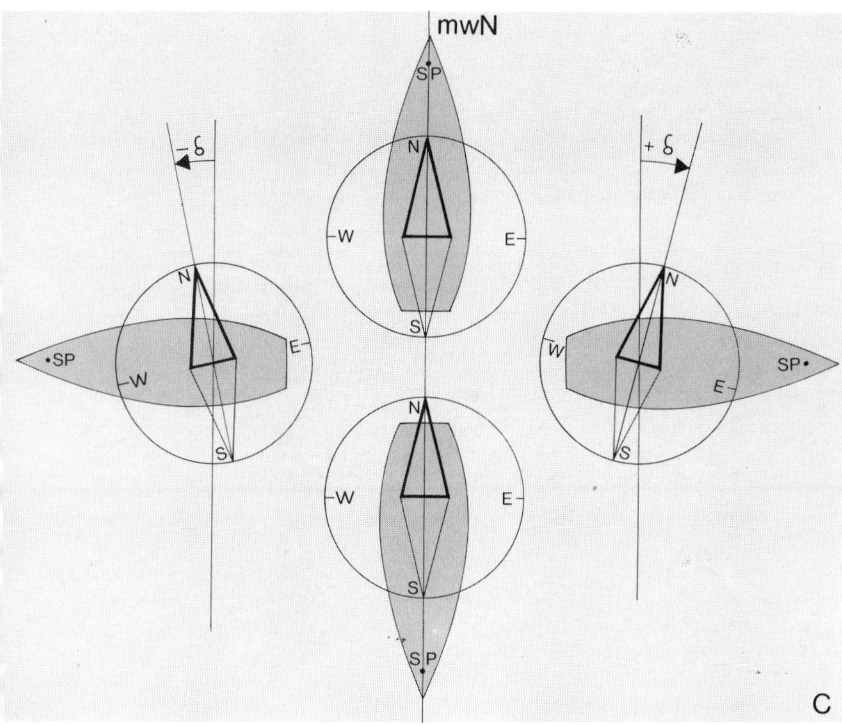

C

Mißweisung — Deviation

1. Die Mißweisung ist für alle Kurse gleich groß, die Deviation dagegen ändert ihre Größe von Kurs zu Kurs.
2. Die Mißweisung ist von Ort zu Ort unterschiedlich, die Deviation von Schiff zu Schiff.

Laufen zwei Schiffe mit gleichem Kurs nebeneinander her, so unterliegen beide Kompasse der gleichen Mißweisung, doch höchstwahrscheinlich unterschiedlichen Deviationseinflüssen. Beide Schiffe laufen also den gleichen rechtweisenden und auch den gleichen mißweisenden Kurs, doch am Kompaß werden zwei unterschiedliche Kompaßkurse gesteuert.

Die Deviationstabelle

Steuertafel und Ablenkungstafel

Alle bei der Kursbeschickung anzubringenden Deviationswerte sind kursabhängig. Deshalb muß auf jeder Yacht eine Deviationstabelle vorhanden sein, aus der die jeweilige Ablenkung hervorgeht. In der Regel sind in dieser Tabelle die Kurse mit den dazugehörigen Ablenkungen von 10° zu 10° angegeben. Setzt man die Deviationstabelle graphisch um, so ergibt sich meistens eine sinusförmige Kurve.
Erreicht die Deviation Beträge von 5° und mehr, so sollte man zwei parallele Tabellen aufstellen, die *Ablenkungstafel* und die *Steuertafel*. Aus der ersten geht die Deviation für den zugehörigen KpK hervor, aus der zweiten für den jeweiligen mwK. Je nachdem, welchen Rechengang man ausführt, wird die eine oder andere Tafel verwendet: Rechnen wir vom rwK zum KpK, so nehmen wir die Steuertafel; rechnen wir vom KpK zum rwK, so nehmen wir die Ablenkungstafel.

Das Kompensieren

Weist die Deviationstabelle zu große Maximalwerte auf, so muß der Kompaß vor dem Gebrauch kompensiert werden. Hierbei werden einzelne kleine Stabmagneten unter dem Kompaßhaus angebracht, um den Verlauf der Deviationskurve zu dämpfen. Der Einfluß richtig angebrachter Kompensiermagnete verhindert also eine übermäßige Abweichung der Nadel von mwN.
Ein Kompaß, dessen Deviationswerte wesentlich mehr als 10° betragen, sollte möglichst vor der Törnsaison kompensiert werden, so daß mit der Deviationsbeschickung nur noch kleinere Restfehler berücksichtigt werden. Natürlich muß die Yacht hierbei seeklar ausgerüstet sein — Anker, Rigg, Trossen, Motor und elektrische Geräte sollten an ihrem Platz sein —, da ja gerade diese Geräte im wesentlichen die Kompaßablenkung verursachen.
In der Regel fehlen uns für das Kompensieren die notwendigen Kenntnisse und Erfahrungen. Es sollte deshalb nur von einem amtlich (DHI) autorisierten Fachmann durchgeführt werden.

Zwei Rechenbeispiele

Es gelte die nebenstehende Deviationstabelle.
1. Beispiel: Eine Yacht steuert am Kompaß einen Kurs von 160°, danach von 335°. Die Mißweisung in ihrem Revier beträgt —2°. Mit welchem Kurs muß in der Karte gearbeitet werden:

KpK	160°	KpK	335°
δ	+ 4°	δ	— 7°
mwK	164°	mwK	328°
Mw	— 2°	Mw	— 2°
rwK	162°	rwK	326°

2. Beispiel: Auf einer Yacht setzt der Skipper in der Karte zunächst reinen SW-Kurs ab, etwas später einen Kurs von 209°. Die Mißweisung in diesem Revier beträgt +4°. Welchen Kurs muß der Steuermann halten?

rwK	225°	209°
entg. Mw	— 4°	— 4°
mwK	221°	205°
entg. δ	+ 2°	0°
KpK	223°	205°

In diesem Beispiel muß auf das Vorzeichen geachtet werden: Wir rechnen vom *richtigen* zum *falschen* Kurs, müssen also mit dem *falschen* Vorzeichen arbeiten!

Deviationstabelle

Ablenkungstafel		Steuertafel	
KpK	Dev.	mwK	Dev.
0	— 2	0	— 2
10	+ 1	10	+ 1
20	+ 3	20	+ 3
30	+ 5	30	+ 5
40	+ 7	40	+ 6
50	+ 8	50	+ 7
60	+ 9	60	+ 8
70	+ 10	70	+ 9
80	+ 10	80	+ 10
90	+ 10	90	+ 10
100	+ 9	100	+ 10
110	+ 8	110	+ 9
120	+ 7	120	+ 8
130	+ 6	130	+ 7
140	+ 6	140	+ 6
150	+ 5	150	+ 5
160	+ 4	160	+ 5
170	+ 3	170	+ 3
180	+ 2	180	+ 2
190	+ 2	190	+ 2
200	+ 1	200	+ 1
210	— 1	210	— 1
220	— 2	220	— 2
230	— 3	230	— 3
240	— 4	240	— 4
250	— 5	250	— 6
260	— 6	260	— 7
270	— 8	270	— 9
280	— 9	280	— 10
290	— 9	290	— 10
300	— 10	300	— 10
310	— 10	310	— 9
320	— 9	320	— 8
330	— 8	330	— 7
340	— 6	340	— 5
350	— 4	350	— 3
360	— 2	360	— 2

Beachte: Auf manchen Holz- und GFK-Yachten ist eine Deviationstabelle nicht nötig, wenn der Kompaß von störenden Einflüssen weit genug entfernt ist.

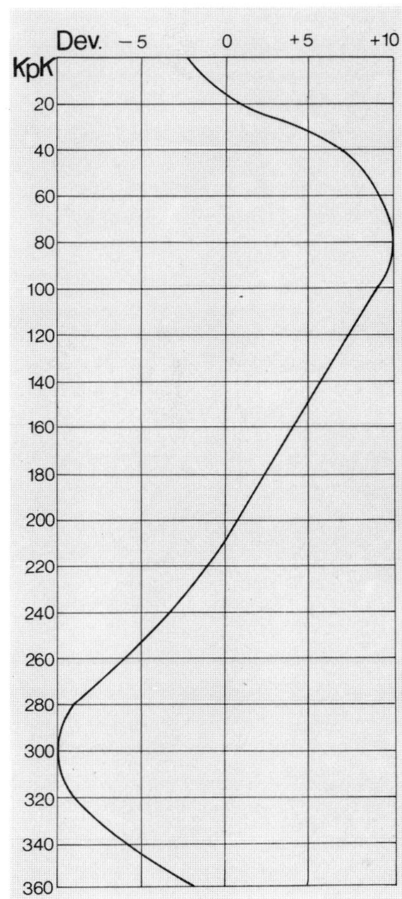

Der Peilkompaß

Mit dem Handpeilkompaß . . .

Mit dem Handpeilkompaß können wir jedes Objekt über eine am Kompaßgehäuse fest montierte Kimme anpeilen. Durch ein unterhalb der Kimme schwenkbar angebrachtes Prisma, durch das die Gradzahlen der Kompaßrose eingespiegelt werden, lesen wir den Peilungswert unmittelbar ab. Wir messen also den am Beobachtungsort gebildeten Winkel zwischen der Kompaßnadel und dem Peilobjekt. Als Verlängerung der Kimme ist im Prisma und auf dem Abdeckglas ein Ablesestrich markiert. In Abb. A lesen wir 097° ab. Beim Peilen müssen wir immer darauf achten, daß der Ablesestrich die Verlängerung der Kimme bildet; sonst ergibt sich ein Parallaxenfehler und wir erhalten einen falschen Peilwert (Abb. B).

Für die Peilung geeignet sind alle markanten Objekte, die wir in der Seekarte finden, wie Leuchttürme, Schornsteine oder Berggipfel.

Natürlich unterliegt auch der Handpeilkompaß den Einflüssen von Mißweisung und Deviation. Doch können wir die Deviation vernachlässigen, wenn wir uns beim Peilen von allen wesentlichen Eisenteilen möglichst weit entfernen. Besser ist es, eine genaue Deviationstabelle für einen festen Platz aufzustellen, von dem aus alle Peilungen vorgenommen werden. Auf größeren Yachten bringt man auf dem Schiffskompaß einen Peilaufsatz *(Diopter)* an, so daß unmittelbar über den Schiffskompaß gepeilt wird.

Hinweis: In diesem Buch verwenden wir zur Vereinfachung die gleiche Tabelle wie für den Steuerkompaß!

A

B

. . . zur Kompaßpeilung

Mit dem Peilkompaß messen wir am Schiffsort den **Winkel zwischen KpN und dem Peilobjekt.** Diesen Winkel nennt man *Kompaßpeilung (Kp↗).* Sobald wir sie mit Mw und δ beschicken, erhalten wir eine *rechtweisende Peilung (rw↗),* die in der Karte vom identifizierten Peilobjekt aus angetragen wird. Wir erhalten so eine terrestrische Standlinie, auf der wir uns mit Sicherheit irgendwo befinden, sofern die Peilung fehlerfrei durchgeführt und beschickt wurde.

Die Beschickung mit der Mw bereitet keinerlei Schwierigkeiten; nicht ganz so einfach ist es mit der Deviation. Stellen wir uns vor, wir peilen bei einem konstanten KpK von 120° verschiedene Objekte, eines mit 150° (Skizze C), das andere mit 245°. Wir haben also zwei Kompaßpeilungen, die mit der Mw in *mißweisende Peilungen (mw↗)* verwandelt werden. Welche Deviation muß an beiden Peilungen angebracht werden? In beiden Fällen müssen wir mit der gleichen Deviation arbeiten, denn:

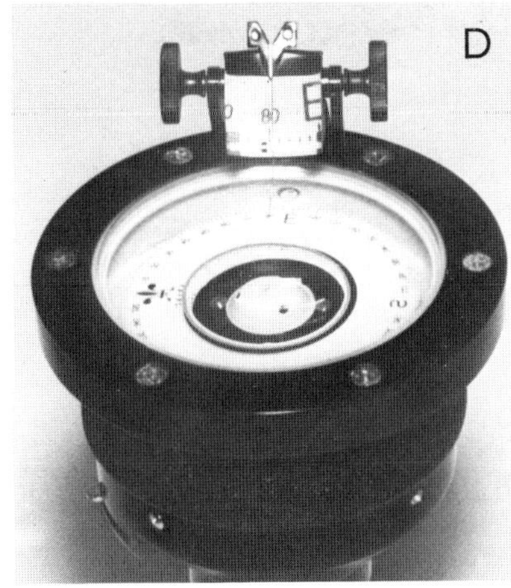

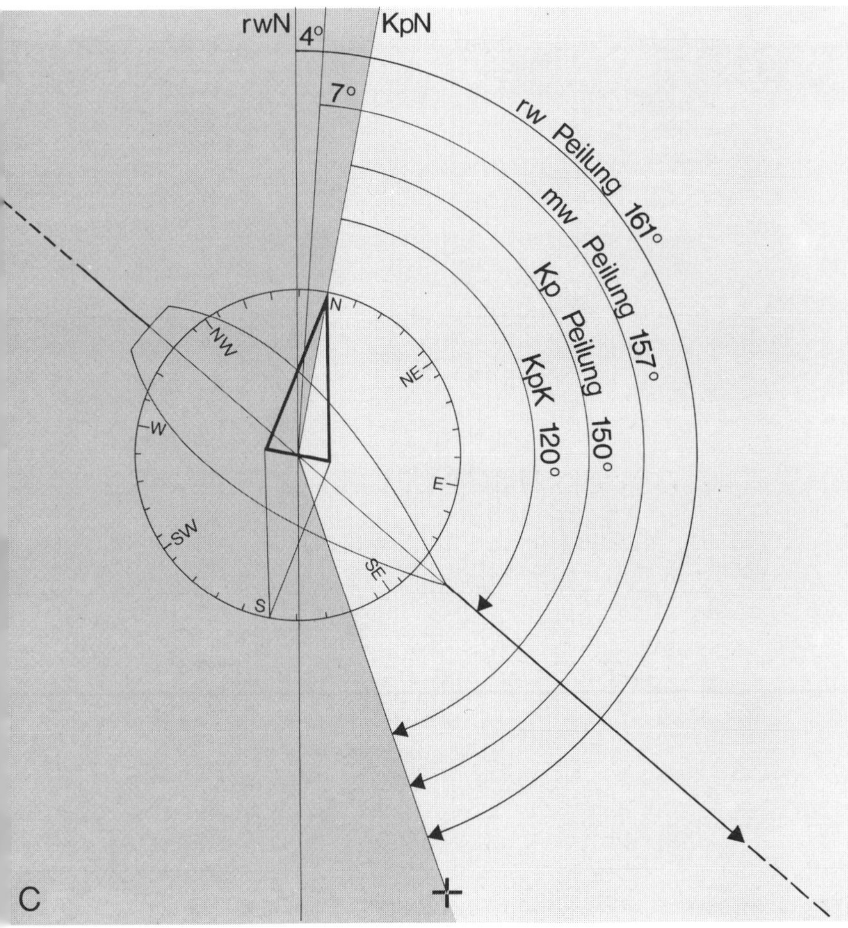

Die Größe der Deviation hängt nicht davon ab, in welcher Richtung wir über den Kompaß peilen, sondern vom anliegenden Kurs während des Peilvorganges!

Deshalb müssen wir für die richtige Auswertung einer Kp↗ unbedingt den gesteuerten KpK kennen und können dann den dazu gehörigen Deviationswert in der Tabelle ablesen.

Rechnen wir nun die genannten Beispiele mit einer Mw von + 4° durch:

Kp↗	150°		Kp↗	245°
δ	+ 7°		δ	+ 7°
mw↗	157°		mw↗	252°
Mw	+ 4°		Mw	+ 4°
rw↗	161°		rw↗	256°

Beachte nochmals: Die angebrachte Deviation bezieht sich auf den anliegenden KpK, nicht auf die Peilungen!

Beide rw↗ können nun in die Karte eingezeichnet werden. Doch haben wir beim Peilen zum Objekt hingeblickt, so daß sie in genau entgegengesetzter Richtung vom Objekt weg angetragen werden müssen.

Die Peilscheibe

Die Seitenpeilung

Ein weiteres wichtiges Navigationsinstrument ist die Peilscheibe. Mit ihr wird der **Winkel zwischen der Kiellinie der Yacht und dem Peilobjekt** gemessen. Dieser Winkel heißt *Seitenpeilung (S↑)*.

Die Nullrichtung der Peilscheibe muß also genau in Schiffsrichtung justiert sein. Hierfür ist an Deck meist ein Metallfuß befestigt, in den man die Scheibe an einem Steckschuh einführt. Von diesem festen Platz aus — meistens ist es das Kajütdach — werden alle Seitenpeilungen durchgeführt.

Es gibt verschiedene Ausführungen von Peilscheiben. Die eine mißt den Winkel von der Kiellinie aus immer rechts herum, auch wenn das Objekt auf der Bb-Seite der Yacht liegt (A). Man erhält dann Seitenpeilungen bis zu 360°. Die andere Ausführung nimmt die Peilung entweder an Stb oder an Bb vor, so daß man nie einen Winkel über 180° erhält (B). Die Bb-Peilung von 110° entspricht dann der Rundumpeilung von 250°. Man zieht also die Bb-Peilung von 360° ab und erhält:

360° — 110° = 250°.

In den folgenden Überlegungen gehen wir immer von der Vollkreisscheibe aus. Für die Halbkreisscheibe gilt zwar das gleiche, doch muß bei Bb-Peilungen immer erst die Umrechnung vorgenommen werden.

Die Auswertung

Auch die Seitenpeilung wollen wir in eine rechtweisende Peilung verwandeln, um sie in der Karte als Standlinie eintragen zu können. Genauso wie bei der Kompaßpeilung muß auch bei der Seitenpeilung der zum Peilzeitpunkt gesteuerte Kurs bekannt sein, um die richtige Deviation berücksichtigen zu können. Der Steuermann muß also zum Peilzeitpunkt stetigen Kurs halten, was auch für die Kompaßpeilung gilt.

Die Auswertung kann auf zwei Arten erfolgen: Entweder wir beschikken den zum Peilzeitpunkt anliegenden KpK zum rwK und erhalten dann sofort die rechtweisende Peilung aus:

Vollkreisscheibe

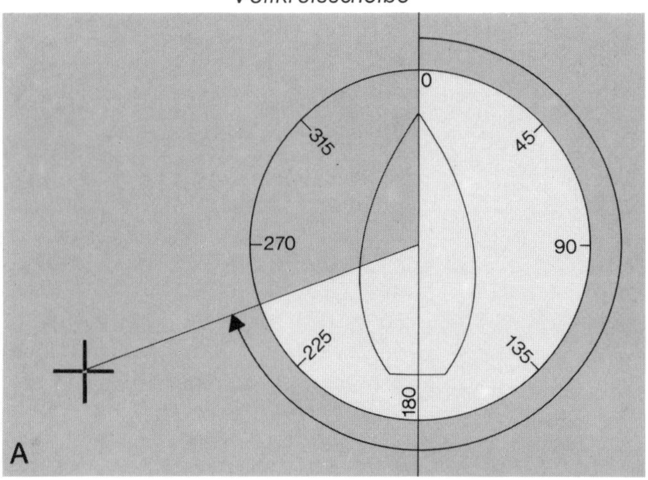

Halbkreisscheibe

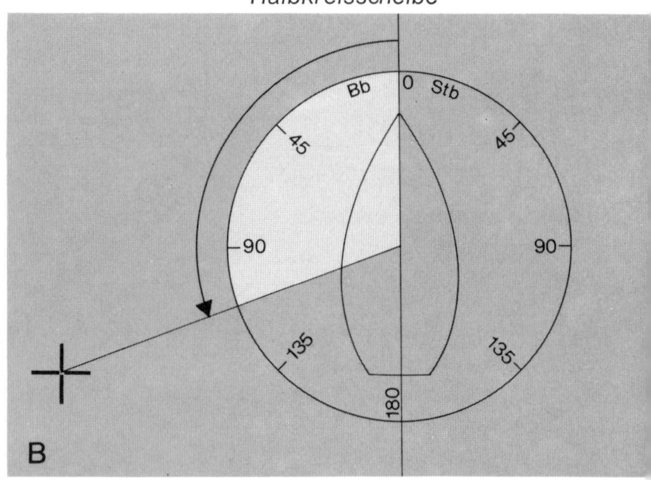

S↗ + rwK = rw↗

Für das Beispiel der Skizze C ergibt sich dann:

S↗	30°
rwK	131°
rw↗	161°

Diese Methode spart uns viel Rechenarbeit, wenn wir bei ein und demselben Kurs mehrere Seitenpeilungen durchführen, denn wir brauchen nur einmal die Kursumwandlung durchführen. Außerdem besteht nicht die Gefahr, einen falschen Deviationswert zu verwenden, da ja der Kurs für sich beschickt wird. Beim zweiten Verfahren kann dieser Fehler leichter gemacht werden, da man hier schrittweise vorgeht:

S↗	30°
KpK	120°
Kp↗	150°
δ	7°
mw↗	157°
Mw	4°
rw↗	161°

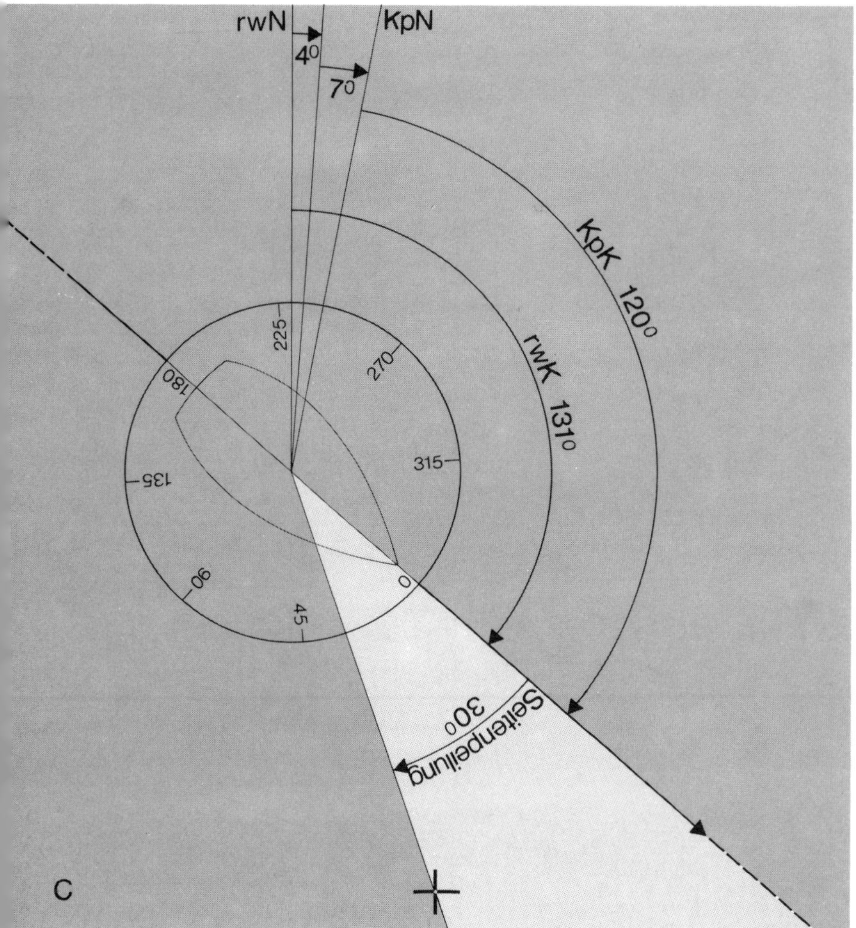

Zwei Beispiele

1. Beispiel: Eine Yacht steuert am Kompaß 190°. Hierbei wird ein Leuchtturm mit dem Kompaß unter 312° gepeilt; mit der Peilscheibe peilt man einen Kirchturm unter 179°. Verwandle die Peilungen in rechtweisende Peilungen! (Mw = —3°).

		S↗	179°
		KpK	+190°
Kp↗	312°	Kp↗	009°
δ	+ 2°	δ	+ 2°
mw↗	314°	mw↗	11°
Mw	— 3°	Mw	— 3°
rw↗	311°	rw↗	8°

2. Beispiel: Der Karte entnimmt man, daß der momentan anliegende Ostkurs einer Yacht geändert werden muß, sobald ein bestimmter Leuchtturm rechtweisend unter 220° gepeilt werden kann. Was muß man zum Zeitpunkt der Kursänderung am Kompaß peilen, was mit der Peilscheibe?

rw↗	220°
entg. Mw	+ 3°
mw↗	223°
entg. δ	— 10°
Kp↗	213°

Kp↗	213°
Kpk	90°
S↗	123°

Beachte, daß hier zum *falschen* Kurs hin gerechnet wurde.

Das Koppeln

Das gegißte Besteck

Kennen wir den vom Ausgangspunkt gesteuerten Kurs und die hierbei versegelte Distanz, so können wir sehr einfach unseren Schiffsort bestimmen. Wir tragen am Ausgangspunkt den Kurs an und setzen auf der Kurslinie die bekannte Versegelung ab. So erhalten wir den *Koppelort* oder *gegißten Ort* oder auch das *gegißte Besteck*. Man kennzeichnet es in der Karte mit einem kurzen Querstrich auf der Kurslinie und fügt die entsprechende Uhrzeit hinzu. Ist uns die Versegelung nicht unmittelbar von der Logge her bekannt, können wir sie natürlich auch aus der durchschnittlichen Fahrt der Yacht und der vom Ausgangspunkt benötigten Zeit errechnen.

Durch das Koppeln kann man zwar einen recht genauen Schiffsort erhalten, doch gehen gern einige Fehler ein, wenn Steuermann und Logge nicht genau arbeiten. Kommen noch eine nicht berücksichtigte Windabdrift oder ein unbekannter Strom hinzu, ist auf das gegißte Besteck kaum Verlaß, da die Logge den Stromeinfluß ja nicht berücksichtigt. Denn die Logge mißt immer durch Wasser, wir koppeln aber über Grund. Führen wir noch Kursänderungen durch, vergrößern sich die Ungenauigkeiten. Sinnvolles Koppeln verlangt deshalb eine präzise und genaue Logbuchführung, um möglichst bald derartige Einflüsse zu erkennen und beim weiteren Koppeln zu berücksichtigen. Deshalb sollte jede Gelegenheit zur Überprüfung des Koppelkurses durch terrestrische Standlinien wahrgenommen werden.

Also: Kurs und Versegelung ergeben den Koppelort.

Gegißter Ort und wahrer Ort

Bestimmt man den Schiffsort aus mehreren terrestrischen Standlinien, etwa Peilungen, so spricht man nicht vom *gegißten Ort (Og)*, sondern vom *wahren Ort (Ow)*. Er wird in der Karte durch die sich kreuzenden Peillinien gekennzeichnet — umgeben von einem kleinen Kreis. Auch hier gibt man den dazugehörigen Zeitpunkt an. In unserem Beispiel ist für 08.30 h ein durch Peilungen erzielter Ow, für 10.30 h ein Og eingetragen. Wegen vieler unüberprüfbarer Fehler kann man im allgemeinen davon ausgehen, daß ein Og ungenauer ist als ein Ow. Doch trifft dies nicht immer zu, denn die überlegte Auswertung einer präzisen Logge kann zu einem besseren Ergebnis führen, als im Seegang unsicher durchgeführte Peilungen. Der tatsächliche Standort der Yacht fällt wohl meistens weder mit dem Ow noch mit dem Og zusammen.

An Stelle des beschriebenen zeichnerischen Koppelns kann man den Schiffsort auch aus Kurs und Versegelung mit Hilfe des rechnerischen Koppelns ermitteln, doch führt das bereits über den BR-Schein hinaus.

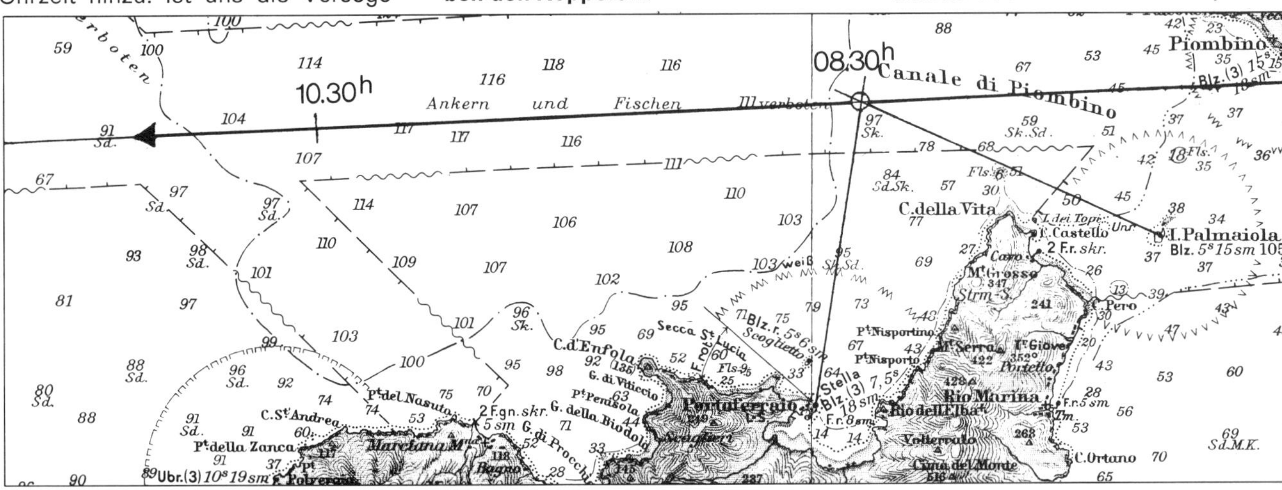

Besteckversetzung (Bv)

Wird man durch unvorhergesehene Einflüsse — meist Windabdrift oder Strom— von der abgesetzten Kurslinie abgebracht, erhält man irgendwann einen Ow, der mit dem entsprechenden Og nicht zusammenfällt. Die rechtweisende Richtung, in die man versetzt wurde, und die Distanz, um die man versetzt wurde, nennt man *Besteckversetzung (Bv)*. *Beachte:* Zur Angabe der Bv müssen Ow und Og auf den gleichen Zeitpunkt bezogen sein!

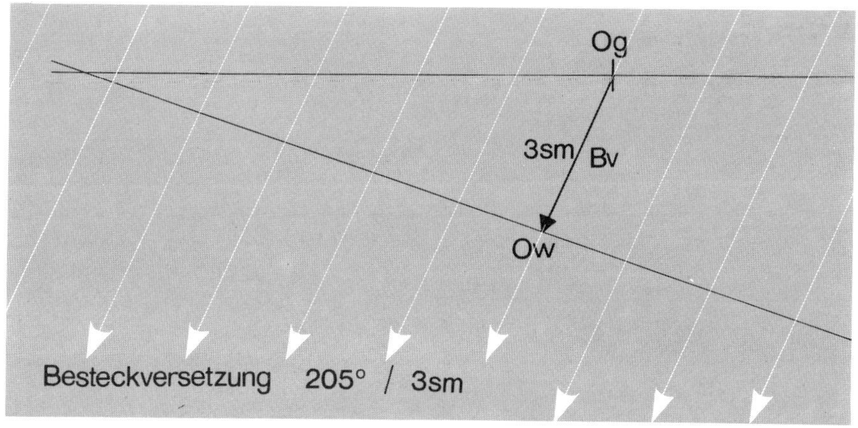

Wie man die Deviationstabelle kontrolliert

Deviationskontrolle durch bekannten Kurs . . .

Die Deviation muß bekanntlich am mwK angebracht werden, um den KpK zu erhalten — und umgekehrt, denn:

$$\text{KpK} + \delta = \text{mwK}$$

Ist uns ein vom Kompaß unabhängiger mwK zuverlässig bekannt, können wir den gerade am Kompaß gesteuerten Kurs ablesen und aus der Differenz

$$\text{mwK} - \text{KpK} = \delta$$

die Deviation ermitteln.
Ein Blick in die Tabelle gibt uns nun an, ob der eben berechnete Wert auch dem Tabellenwert entspricht. Der erhaltene Deviationswert gehört sowohl zum mwK in der Steuertafel als auch zum KpK in der Ablenkungstafel.
Woher haben wir aber den vorausgesetzten bekannten mwK? Am besten eignet sich hierfür eine Deckpeilung, auf die wir genau zuhalten. Der Kurs wird der Karte als rwK entnommen und mit der Mw zum mwK beschickt.

Beispiel A: Man entnimmt der Karte für eine Deckpeilung, auf die man genau zuhält, rechtweisend 62°. Am Kompaß liest man 52° ab, die Mw = + 2°. Stimmt die Tabelle?

	rwK	62°	aus Karte
entg.	Mw	— 2°	
	mwK	60°	
entg.	δ	?	
	KpK	52°	am Kompaß abgelesen

Als Deviation ergibt sich dann:
$\delta = \text{mwK} - \text{KpK}$
$= 60° - 52° = +8°$.
Als Deviation für den mwK von 60° und den KpK von 52° erhält man also + 8°, was auch genau den Tabellenwerten entspricht.

. . . und durch bekannte Peilung

Ähnlich verfährt man, wenn nicht ein mwK, sondern eine mißweisende Peilung bekannt ist. Auch hier kann man eine Deckpeilung verwenden. Sobald man die Peillinie kreuzt, gilt dann entsprechend:

$$\delta = \text{mw}\nearrow - \text{Kp}\nearrow$$

Doch ist zu beachten, daß nun der Deviationswert nicht auf die mw↗ oder Kp↗ bezogen wird, sondern auf den zum Peilzeitpunkt anliegenden Kurs.

Beispiel B: Bei einem KpK von 310° peilt man eine der Karte entnommene rechtweisende Deckpeilung von 77° mit dem Peilkompaß unter 86°. Mw = —3°. Stimmt die Tabelle?

	rw↗	77°	aus Karte
entg.	Mw	+ 3°	
	mw↗	80°	
entg.	δ	?	
	Kp↗	86°	mit Kompaß gepeilt

Als Deviation ergibt sich dann:
$\delta = \text{mw}\nearrow - \text{Kp}\nearrow$
$= 80° - 86° = -6°$
Der Tabelle entnimmt man jedoch für einen KpK von 310° eine Deviation von —10°, die Tabelle ist also falsch.

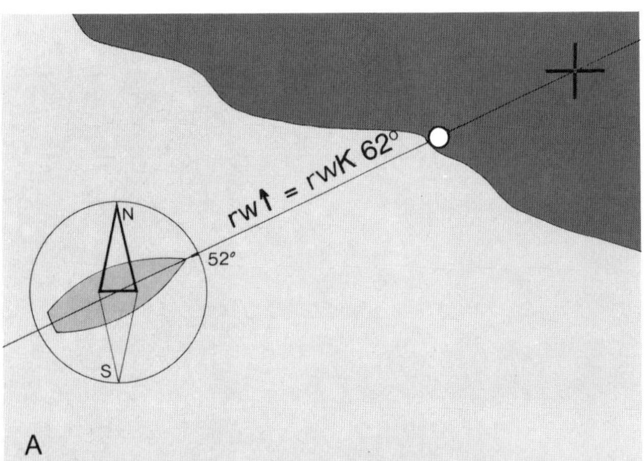

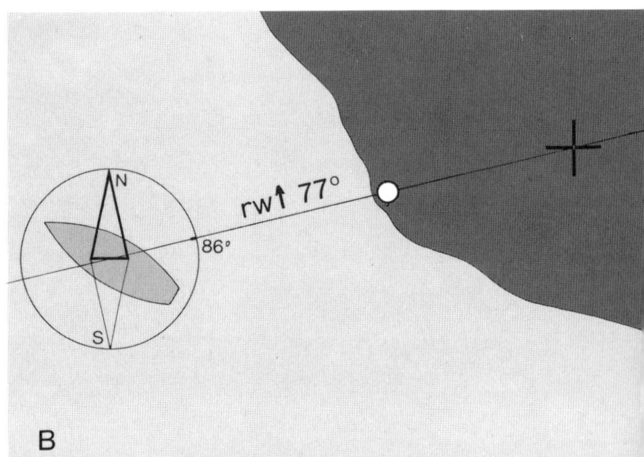

Wie man die Deviationstabelle aufstellt

Beim Aufstellen einer Deviationstabelle verfährt man ähnlich wie bei ihrer Überprüfung. Man geht ebenfalls von einer bekannten mißweisenden Peilung aus, die man jedoch nicht nur auf einem, sondern auf verschiedenen Kursen von 10° zu 10° kreuzt. Sobald man die Peillinie kreuzt, peilt man mit dem Kompaß den Winkel, unter dem das Objekt erscheint. Für jeden Kurs führt man dann die gleiche Rechnung aus wie bei der Deviationskontrolle durch eine mw↗. Das heißt, es wird jeweils die Differenz aus mw↗ und Kp↗ gebildet, also:

$$\delta\,(KpK) = mw\nearrow - Kp\nearrow$$

Der so erhaltene Deviationswert gehört dann zum jeweils gesteuerten KpK. Alle Werte zusammen ergeben unsere Tabelle.

Anstatt die Peillinie unter unterschiedlichen Kursen zu kreuzen, was meistens sehr zeitraubend ist, kann man auch einen größeren Kreis drehen und hierbei die jeweiligen Peilwerte ablesen. (Skizze C). Unter Segeln sollte man jedoch das erste Verfahren vorziehen, also die Peillinie unter verschiedenen Kursen kreuzen. Denn beim Drehen eines Vollkreises tauchen verschiedene Fehler auf. Einmal variiert die Deviation mit unterschiedlich starker Krängung, zum anderen wird die Drehung unter Vollzeug so rasch gehen, daß der Kompaß einen erheblichen Schleppfehler aufweisen wird. Der Schleppfehler kann weitgehend ausgeglichen werden, indem man zwei Kreise dreht, einmal nach Bb und einmal nach Stb, und die jeweiligen Mittelwerte bildet. Außerdem muß man beim Verfahren durch Drehung weit genug vom Peilobjekt entfernt sein, damit durch die Größe des Drehkreisdurchmessers kein Fehler entsteht. Auf jeden Fall sollte man mindestens das Hundertfache des Kreisdurchmessers entfernt sein, um keine größeren Fehler als 0,5° zu erhalten.

Auch beim Aufstellen der Tabelle ist natürlich eine Deckpeilung sehr günstig, doch genügt jede bekannte mißweisende Peilung, die man dadurch erhält, daß man zunächst den Schiffsort sehr genau bestimmt und diesen Ort durch eine Boje kennzeichnet. In manchen Häfen findet man sogar spezielle Deviationsdalben, die uns die jeweilige rechtweisende Peilung bereits vorgeben.

Ähnlich wie beim Kompensieren des Kompasses muß natürlich auch hier die Yacht seeklar sein. Das heißt, alle wichtigen Metallgegenstände müssen an dem Platz liegen, den sie auch während des Törns einnehmen.

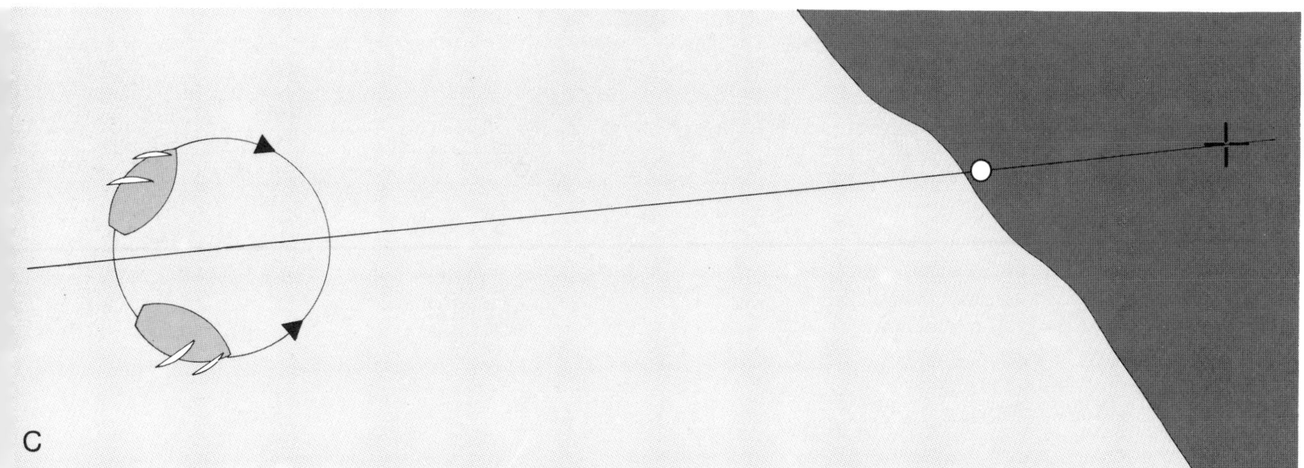

C

Der Sextant

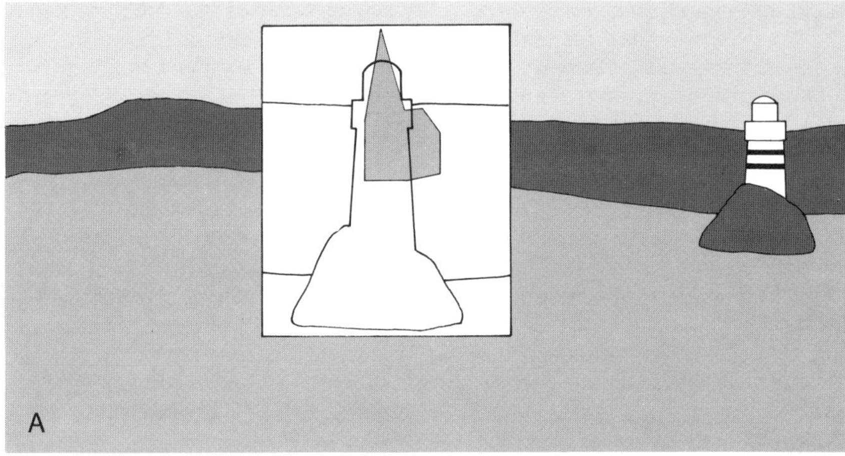

Der Sextant ist ein Winkelmeßinstrument, das sich an Genauigkeit, aber auch an Empfindlichkeit, von den uns bisher bekannten Instrumenten unterscheidet. Wenn der Sextant auch im wesentlichen als Hilfsmittel für die astronomische Navigation dient und im Bereich der Revierfahrt nicht unbedingt erforderlich ist, so erhalten wir mit seiner Hilfe oft einen genaueren Schiffsort als mit der Peilscheibe oder dem Kompaß. Für unsere Zwecke kommt der Sextant vor allem bei zwei Verfahren zur Anwendung: Bei der Abstandbestimmung durch Elevationswinkelmessung (S. 78) und bei der Horizontalwinkelmessung (S. 81).

Der Strahlengang

Das Prinzip des Sextanten beruht darauf, daß man durch ein meist mit einem Fernrohr versehenes Okular gradlinig ein Objekt, etwa die Kimm, anvisiert und zugleich mit Hilfe zweier Spiegel ein zweites Objekt, etwa die Sonne, auf das gleiche Niveau einspiegeln kann (Abb. B).
Der Sextant besteht deshalb aus einem kreissektorartigen Instrumentenkörper, der zugleich als Halterung dient, und einer am Kreismittelpunkt beweglich angebrachten *Alhidade*, die über den Gradbogen des Instrumentenkörpers, den *Limbus*, läuft. Der Strahlengang des eingespiegelten Bildes läuft über den großen Spiegel *(Indexspiegel)*, der am Mittelpunkt des Instrumentenkörpers auf der drehbar gelagerten Alhidade liegt, zum kleinen Spiegel *(Horizontspiegel)*, der fest mit dem Instrumentenkörper verbunden ist, ins Okular. Der kleine Spiegel ist nur halb belegt, so daß man einerseits durch ihn hindurch unmittelbar die Kimm oder ein

Objekt erkennen kann, andererseits aber das zweite Objekt, das über den großen Spiegel eingespiegelt wird. Im Okular kommen dann beide Bilder, das durch den Indexspiegel eingeblendete und das durch den Horizontspiegel sichtbare Bild, zur Deckung. Zwischen beiden Spiegeln und hinter dem Horizontspiegel sind noch mehrere Sonnenblendgläser angebracht. In der Skizze A erkennt man, wie bei einer Horizontalwinkelmessung ein Leuchtturm mit einem Kirchturm im kleinen Spiegel zusammenfällt.
Um die beiden Bilder zur Deckung zu bringen, wird die Alhidade langsam über den Limbus bewegt, so daß auch der große, mit der Alhidade fest verbundene Spiegel solange gedreht wird, bis das gewünschte Objekt eingespiegelt ist. Nun kann am Limbus der Winkel, unter dem die beiden zur Deckung gebrachten Objekte erscheinen, abgelesen werden. Um die Ablesegenauigkeit zu erhöhen, ist am unteren Ende der Alhidade ein Nonius oder eine Meßtrommel angebracht.
Bringt man also ein Bild mit sich selbst zur Deckung, muß der abgelesene Winkel 0° betragen.

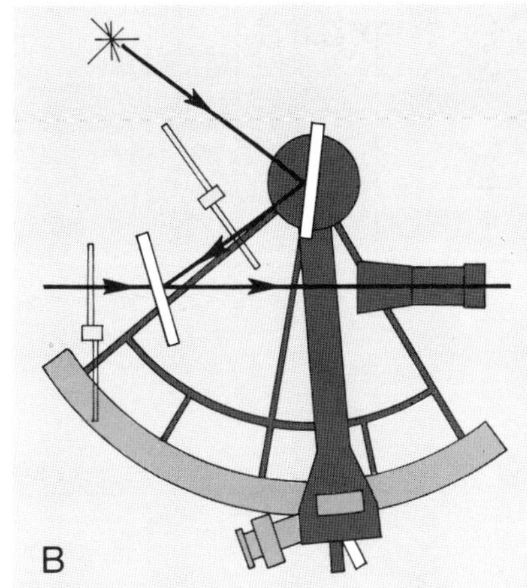

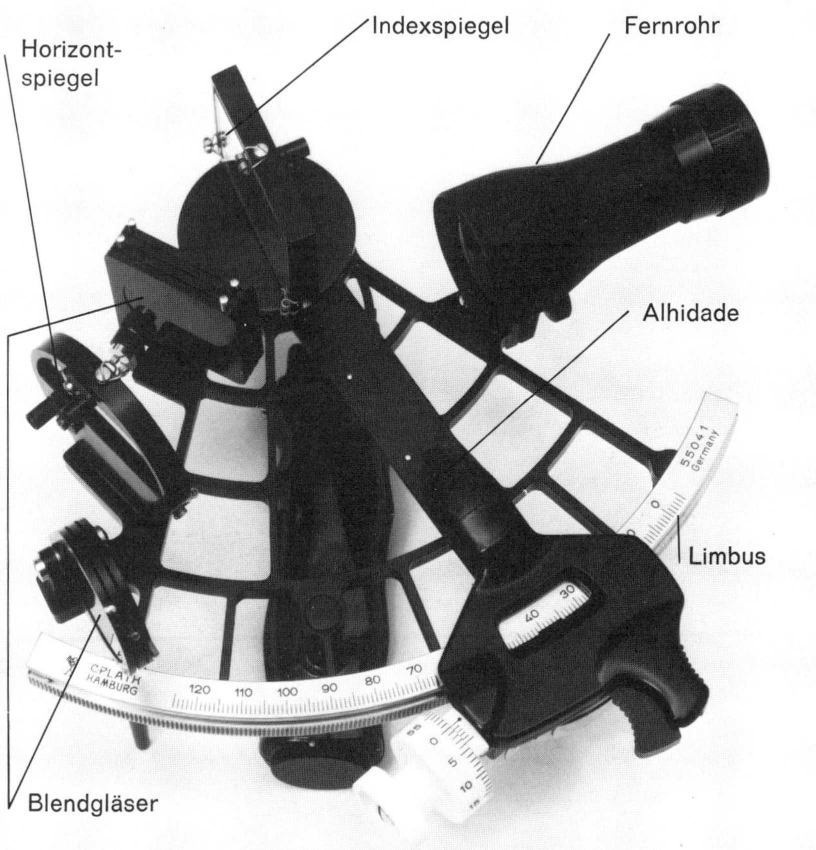

Die Fehler

Der Sextant kann eine Reihe von Fehlern haben, die wir oft nur sehr mühsam feststellen können. So muß der Drehpunkt der Alhidade genau mit dem Mittelpunkt des Gradbogens zusammenfallen, soll die Ablesung noch genaue Werte ergeben. Die Berufsschiffahrt darf deshalb nur vom DHI geprüfte Sextanten verwenden, und wir sollten beim Kauf darauf achten, daß ein Prüfattest des DHI beigegeben ist. Kleinere Fehler, wie die Stellung der Spiegelebenen, können wir in gewissen Grenzen selbst korrigieren.
Vor jeder Messung müssen wir schließlich den sogenannten *Indexfehler* ermitteln, d. h. man stellt die Abweichung zwischen der Nullmarke des Limbus und dem Ablesestrich der Alhidade fest, indem man ein Bild, am besten die Kimm, mit seinem Spiegelbild zur Deckung bringt. Der Indexfehler ergibt sich vor allem aus der Dehnung des Limbus durch Temperaturschwankungen, selbst wenn sie relativ gering sind. Der auf diese Weise ermittelte Fehler muß als *Indexberichtigung (Ib)* an jede Messung angebracht werden.

Grundaufgaben (II)

Aufgabe 1: Der Schiffsführer einer Yacht, die am Kompaß 180° steuert, ermittelt nachts den Koppelort und stellt fest, daß man in rechtweisend 23° genau 3,4 sm vom LF *Alte Weser* entfernt steht. Mit welchem rwK muß in der Karte gearbeitet werden (Mw = —2°)?

Aufgabe 2: Gib den gegißten Ort nach φ und λ an!

Aufgabe 3: Welche Wassertiefe gibt hier die Karte an?

Aufgabe 4: Von hier aus wird Kurs abgesetzt zur Fahrwassertonne A/E des Fahrwassers *Alte Weser*. Welcher Kurs muß am Kompaß gesteuert werden?

Aufgabe 5: Bald darauf bemerkt man, daß ein an Bb voraus beobachtetes weißes Festfeuer seine Farbe in ein F. r. ändert. Um welches Feuer handelt es sich?

Aufgabe 6: Zum Zeitpunkt der Kennungsänderung peilt man das Feuer mit dem Kompaß unter 201°. Wie lautet die rechtweisende Peilung?

Aufgabe 7: Stimmt der entsprechende Deviationswert der Tabelle?

Aufgabe 8: Zum Zeitpunkt der Kompaßpeilung zeigte die Logge 17,4. Als um 23.30 h die Logge 19,3 angibt, ermittelt man ein neues gegißtes Besteck. Gib den Koppelort an!

Aufgabe 9: An welcher Kennung wird man von hier aus die Feuer *Alte Weser, Roter Sand, Wangerooge* und *Mellumplate* erkennen können?

Aufgabe 10: Der gegißte Ort soll durch Peilung des Leuchtfeuers *Alte Weser* kontrolliert werden. Es wird mit einer Seitenpeilung unter 288° gepeilt. Wie lautet die rechtweisende Peilung?

Aufgabe 11: Stimmt die Peilung mit dem Koppelort überein?

Lösungen:

1.

KpK	180°
δ	+ 2°
mwK	182°
Mw	— 2°
rwK	180°

2. φ = 53° 55′ N; λ = 8° 10′ E

3. 6 Meter. Dieser Wert gilt allerdings nur für mittleres Springniedrigwasser (vgl. S. 24 und 105).

4.

rwK	224°
entg. Mw	+ 2°
mwK	226°
entg. δ	+ 3°
KpK	229°

5. Leuchtfeuer *Alte Weser*

6.

Kp↗	201°
δ	— 3°
mw↗	198°
Mw	— 2°
rw↗	196°

Beachte, daß der Deviationswert des anliegenden Kurses verwendet werden muß. Ein Wert von + 1° ist deshalb falsch.

7. Als Sektorenbegrenzung zwischen weißem und rotem Festfeuer entnimmt man der Karte rechtweisend 196°. Dieser Wert stimmt mit der beschickten Kompaßpeilung genau überein, so daß auch die Tabelle für einen KpK von 229° stimmt.

8.

Loggestand neu:	19,3 sm
— Loggestand alt:	17,4 sm
Versegelung	1,9 sm

Koppelort:
φ = 53° 53′ N; λ = 8° 6,7′ E

9. LF *Alte Weser:* F. gn.
LF *Roter Sand:* F. r.
LF *Wangerooge:* Blz. r. 5s

Am LF *Mellumplate* wird man gerade den Kennungswechsel zwischen Ubr. r. 6s und Ubr. w. 6s beobachten, da der gegißte Ort auf der Sektorengrenze liegt.

10.

S↗	288°
rwK	224°
rw↗	512° = 152°

11. Trägt man die Peilung ein, so fällt sie genau mit dem Koppelort zusammen.

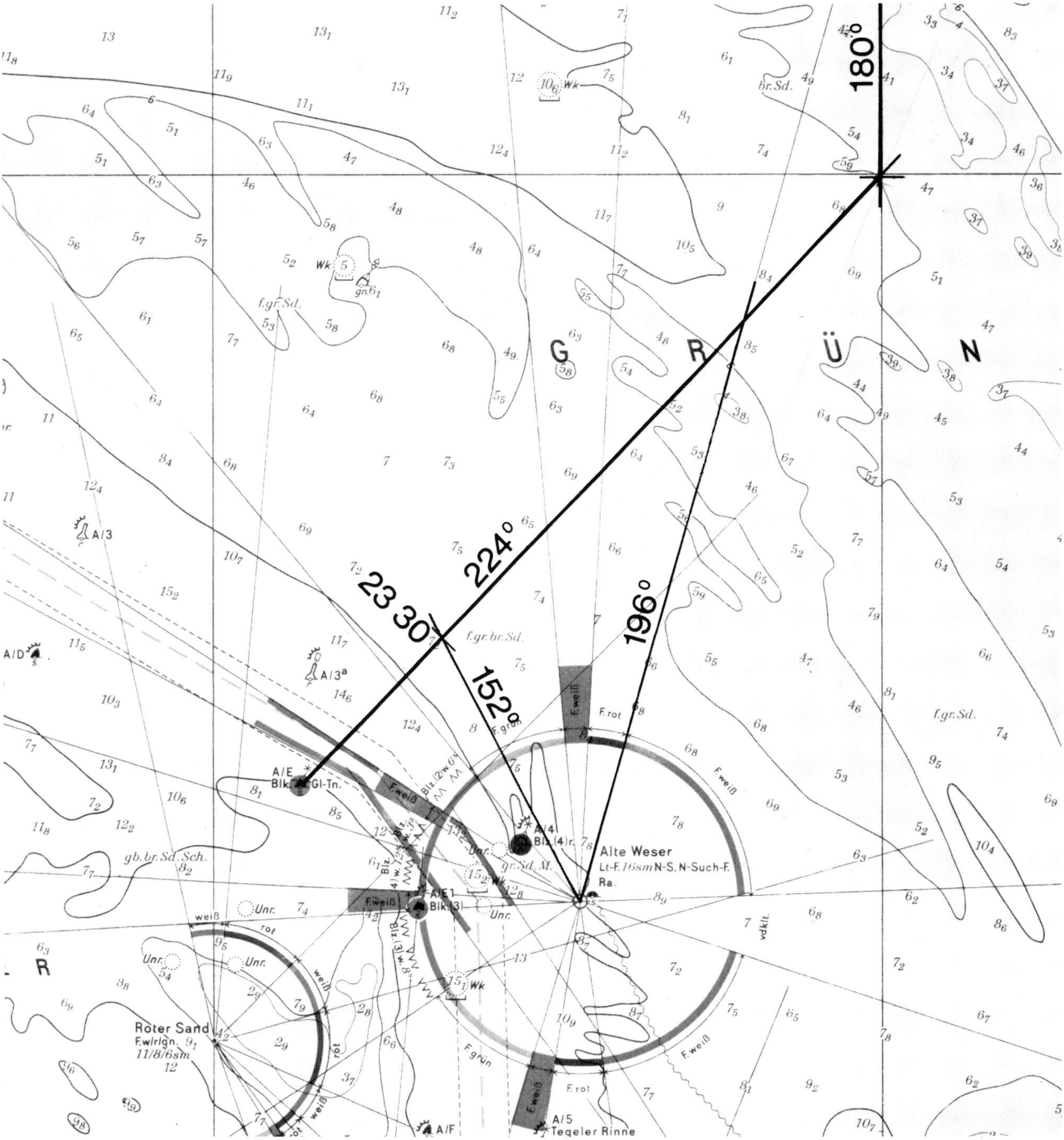
180°
224°
23 30
196°
152°
G R Ü N
Alte Weser
Lt-F. 16sm N-S. N-Such-F.
Ra.
Roter Sand
F.w/r/gn.
11/8/6sm
A/E
Blk. Gl-Tn.
A/E1
Blk.(3)
A/4
Blz.(4)r.
A/5
Tegeler Rinne
A/3
A/3a
A/D
A/F
F.weiß
F.rot
F.grün
f.gr.br.Sd.
f.gr.Sd.
gb.br.Sd.Sch.
gr.Sd.M.
br.Sd.
Wk
Unr.
vdklt.

Terrestrische Standlinien

Jede Linie, auf der wir uns mit unserer Yacht befinden, nennt man **Standlinie.** Die einfachste Standlinie ist der Koppelkurs. Weitere Standlinien erhält man aus Landmarken, aus dem Einfallswinkel elektromagnetischer Wellen oder aus astronomischen Beobachtungen und spricht dann von *terrestrischen Standlinien* (BR-Schein), *Funkstandlinien* (BK-Schein) *und astronomischen Standlinien* (C-Schein).

Terrestrische Standlinien erhält man aus verschiedenen navigatorischen Beobachtungen, und zwar aus:

— **Peilungen,** die Geraden als Standlinien ergeben,
— **Abstandsbestimmungen,** durch die man einen Kreisbogen erhält,
— **Lotungen,** die zu unregelmäßig gekrümmten Linien führen, und
— **Horizontalwinkelmessungen,** die auch einen Kreisbogen ergeben.

Eine Standlinie allein ergibt noch keinen Schiffsort, mindestens zwei Standlinien sind hierfür erforderlich. Der Schiffsort ist dann genau der Punkt, der sowohl der einen als auch der anderen Standlinie angehört, also der Schnittpunkt beider.

Beilage zu: Axel Bark „Segelführerschein BR“, 5. Auflage 1977

Das neue Betonnungssystem "A"

In NW-Europa wird zur Zeit das neue internationale Betonnungssystem „A“ (rot an Backbord) eingeführt — und zwar von den Ländern Belgien, Dänemark, Frankreich, Bundesrepublik Deutschland, DDR, Irland, Niederlande, Norwegen, Polen, Schweden und Großbritannien. Die Umstellung folgt folgendem Zeitplan:

1977: Straße von Dover und südliche Nordsee (nördl. Grenze: 52° 10′ N, südl. Grenze: 50° 20′ N, westl. Grenze: 00°).
1978: Von der schottischen Ostküste bis zur Westküste von Jütland (von 52° 10′ N bis 57° N in der Nordsee).
1979: Von der Westgrenze des ersten Schrittes (1977) nach
a) einer Linie, die von Old Head of Kinsale zum Punkt 47° 50′ N, 5° 30′ W und weiter ostwärts zur französischen Küste verläuft
b) einer Linie, die von Malin Head nach Rinns of Islay Lighthouse verläuft.
1980: Die Restteile der französischen Küste (außer Mittelmeer), Irlands, Großbritanniens, Dänemarks (einschl. der Farör-Inseln) und der Bundesrepublik Deutschland. Die West- und Südküste Schwedens bis 55° 40′ N in der Ostsee. Die vollständigen Küstengebiete der DDR, Polens und Norwegens.
1981: Das restliche schwedische Küstengebiet.

Das bedeutet, daß die Nordsee bereits im Sommer 1978 umbetonnt wird, die deutschen Ostseegewässer dagegen erst im Jahre 1980. Solange müssen wir also mit zwei verschiedenen Betonnungssystemen leben. Der gesamte Mittelmeerraum wird übrigens von der Umstellung nicht betroffen.

Gegenüber dem bisherigen Einheitlichen Betonnungssystem ergeben sich folgende Vereinfachungen:
— Es gibt keine eigenen Wracktonnen mehr — weder innerhalb noch außerhalb des Fahrwassers.
— Laterale Stb-Zeichen sind grün (selten schwarz) gestrichen und nachts grün befeuert.
— Es gibt keine eigenen Fahrwasserspaltungs- und -vereinigungstonnen und auch keine Abzweigungs- und Einmündungstonnen mehr.

Laterale und Kardinale Zeichen

Das Betonnungssystem „A" kombiniert — wie schon das bisherige Einheitliche Betonnungssystem — laterale und kardinale Zeichen. Im einzelnen gibt es:

— Laterale Zeichen
— Kardinale Zeichen
— Einzelgefahr-Zeichen
— Mitte-Fahrwasser-Zeichen
— Sonderzeichen.

Laterale Zeichen

Laterale Zeichen kennzeichnen die Stb- und Bb-Seite eines Schiffahrtsweges.

Die **Bezeichnungsrichtung** wird durch die Hauptrichtung einer Hafenzufahrt festgelegt: Ein von See kommendes (= einlaufendes) Fahrzeug hat an seiner Stb-Seite die Stb-Seite des Schiffahrtsweges und an seiner Bb-Seite die Bb-Seite des Schiffahrtsweges. Sind die Seiten eines Schiffahrtsweges auf diese Weise nicht eindeutig festzulegen, so verläuft die Bezeichnungsrichtung im Prinzip im Uhrzeigersinn um die Landmassen herum. Sie wird dann von den zuständigen Seezeichenbehörden festgelegt.

An der Bb-Seite verwendet man:

— rote Stumpf-, Baken- oder Spierentonnen
— mit rotem Zylinder als Toppzeichen und
— rotem Licht beliebiger Kennung.

An der Stb-Seite verwendet man:

— grüne (evtl. schwarze) konische Tonnen, Baken- oder Spierentonnen
— mit grünem (evtl. schwarzem) Kegel — Spitze oben — als Toppzeichen und
— grünem Licht beliebiger Kennung.

Eine evtl. Beschriftung oder Bezifferung der Tonnen folgt der Bezeichnungsrichtung.

Kardinale Zeichen

Kardinale Zeichen zeigen an, in welcher Richtung die günstigste Passierseite einer Gefahrenstelle oder eines Hindernisses liegt. Sie werden auch verwendet, um die Aufmerksamkeit auf einen Punkt inner-

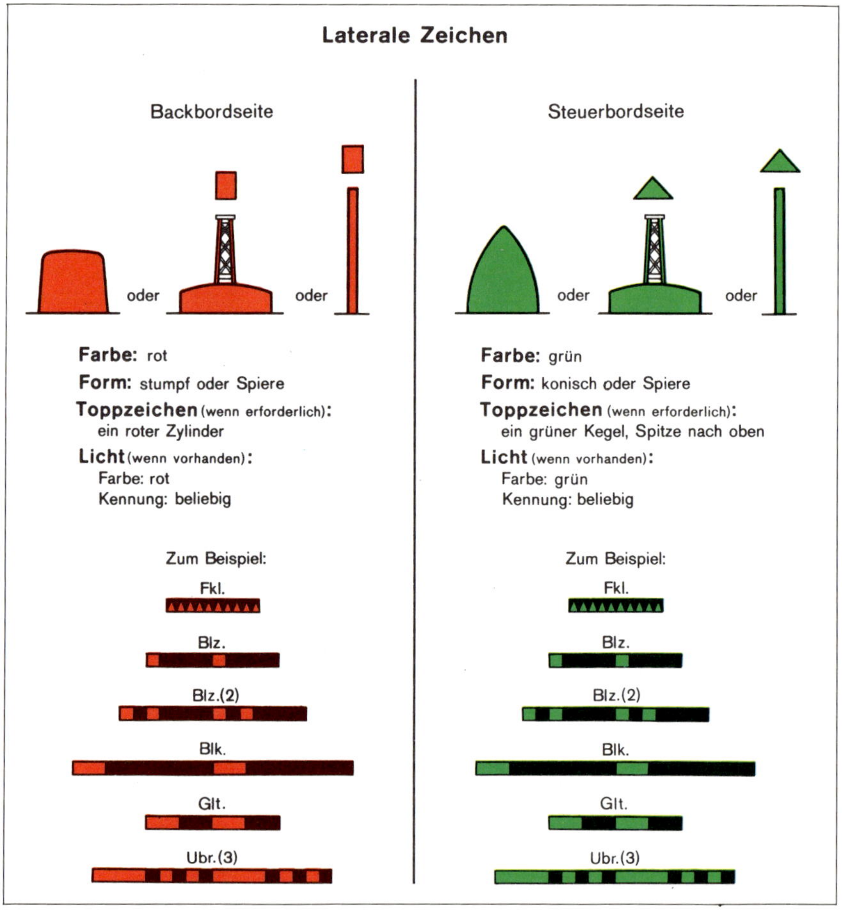

halb eines Schiffahrtsweges zu lenken, wie z. B. auf eine Krümmung, eine Abzweigung, eine Vereinigung oder das Ende einer Untiefe.
Das Gebiet um die Gefahrenstelle wird in vier Quadranten aufgeteilt, in den Nord-, Ost-, Süd- und Westquadranten, in denen die kardinalen Zeichen liegen. Oft werden nicht alle Quadranten, sondern nur die für die Großschiffahrt wichtigen gekennzeichnet.
Die kardinalen Zeichen sind immer mit einer Kombination von weißen Blitzen befeuert, und zwar grundsätzlich durch Funkelfeuer (Fkl.) mit 50 bzw. 60 Blitzen pro Minute oder durch schnelles Funkelfeuer (SFkl.) mit 100 bzw. 120 Blitzen pro Minute.
Die Quadranten sind folgendermaßen gekennzeichnet:

Nordquadrant:
— Schwarz über gelb gestreifte Baken- oder Spierentonne
— mit zwei schwarzen Kegeln — Spitzen oben — als Toppzeichen und
— weißem SFkl. oder Fkl.

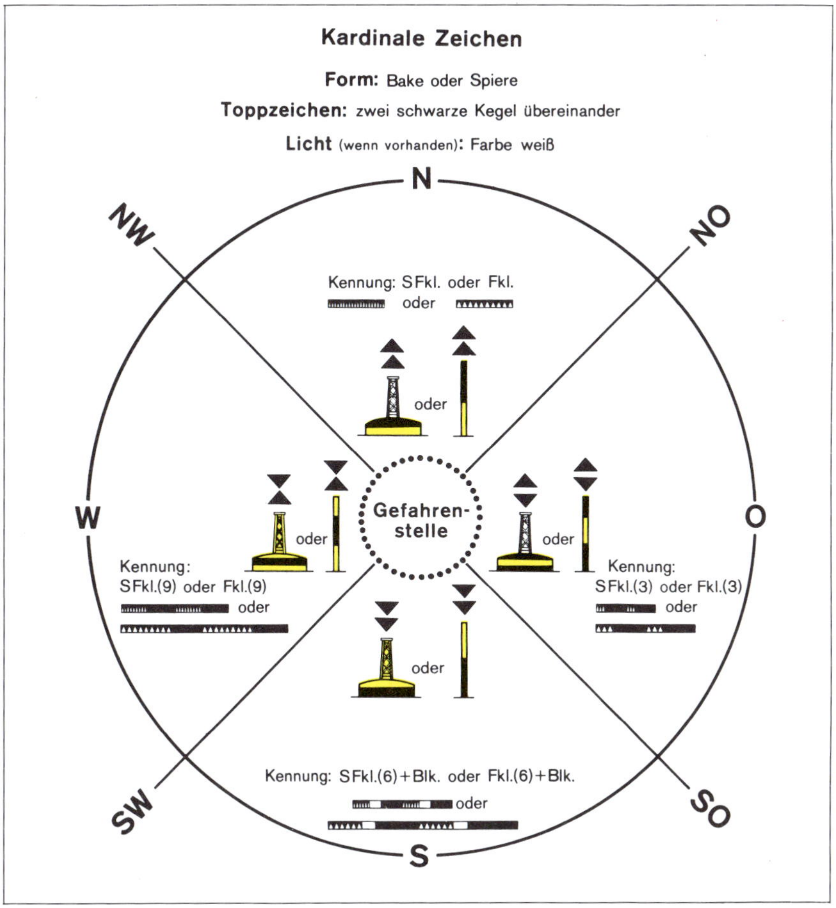

Ostquadrant:
— Schwarze Baken- oder Spierentonne mit breitem waagerechten gelben Band
— mit zwei schwarzen Kegeln — Spitzen voneinander — als Toppzeichen und
— weißem SFkl. (3) 5 s oder
Fkl. (3) 10 s.

Südquadrant:
— Gelb über schwarz gestreifte Baken- oder Spierentonne
— mit zwei schwarzen Kegeln — Spitzen unten — als Toppzeichen und
— weißem SFkl. (6) + Blk. 10 s
oder
Fkl. (6) + Blk. 15 s.

Westquadrant:
— Gelbe Baken- oder Spierentonne mit breitem waagerechten schwarzen Band
— mit zwei schwarzen Kegeln — Spitzen zueinander — als Toppzeichen und
— weißem SFkl. (9) 10 s oder
Fkl. (9) 15 s.

Merkregeln:
(1) Die Spitzen der Toppzeichen geben an, wo sich der schwarze Tonnenanstrich befindet, bei N-Tonne zum Beispiel oben und bei der W-Tonne in der Mitte.
(2) Das Konzept der Befeuerung von 3, 6 oder 9 Funkelblitzen folgt dem Ziffernblatt einer Uhr: Im Ostquadranten = 3, im Südquadranten = 6 und im Westquadranten = 9 Funkelblitze.
Der zusätzliche Blink von mindestens 2 Sekunden Dauer im Südquadranten soll die Unterscheidung erleichtern und anzeigen, daß man es nicht mit einer Funkelgruppe von 3 oder 9 zu tun hat.

Einzelgefahr-, Fahrwassermitte- und Sonderzeichen

Sonderzeichen

Sonderzeichen dienen nicht der Navigation, sondern kennzeichnen besondere Gebiete oder Punkte wie z. B. Baggerschüttstellen, militärische Übungsgebiete, ozeanographische Datensammelstellen oder Kabel- und Rohrleitungen. Man verwendet

— gelbe Tonnen beliebiger Form
— mit einem gelben X als Toppzeichen und
— beliebiger gelber Kennung, die jedoch nicht mit anderen festgelegten Kennungen verwechselt werden darf.

Neue Gefahren

„Neue Gefahren" (Wracks, Untiefen etc.) sind noch nicht in den nautischen Veröffentlichungen aufgeführt. Sie haben eine kardinale Kennung oder eine laterale SFkl.- oder Fkl.-Kennung. Bei besonders schwerwiegenden Gefahren werden die Zeichen gedoppelt, d. h. zwei gleiche Zeichen ausgelegt. Eines der beiden Zeichen ist mit einem *Racon* (Radar-Antwortbake) mit der Kennung W ausgestattet.

Einzelgefahrzeichen

Einzelgefahrzeichen kennzeichnen Gefahren geringer Ausdehnung (kleine Riffe, Untiefen, Wracks), um die herum tiefes Wasser vorhanden ist. Man verwendet

— schwarz-rot waagerecht gestreifte Baken- oder Spierentonnen
— mit zwei schwarzen Bällen als Toppzeichen
— und weißem Blz (2).

Merke: Waagerecht gestreifte Zeichen kennzeichnen immer Gefahrenstellen.

Mitte-Fahrwasser-Zeichen

Mitte-Fahrwasser-Zeichen zeigen tiefes Fahrwasser an. Man verwendet

— rot-weiß senkrecht gestreifte Kugel-, Baken- oder Spierentonnen
— mit einem roten Ball als Toppzeichen
— und weißem Glt. oder Ubr. oder Blk. 10 s.

Sie können ebenso wie laterale und kardinale Zeichen als Ansteuerungszeichen dienen.

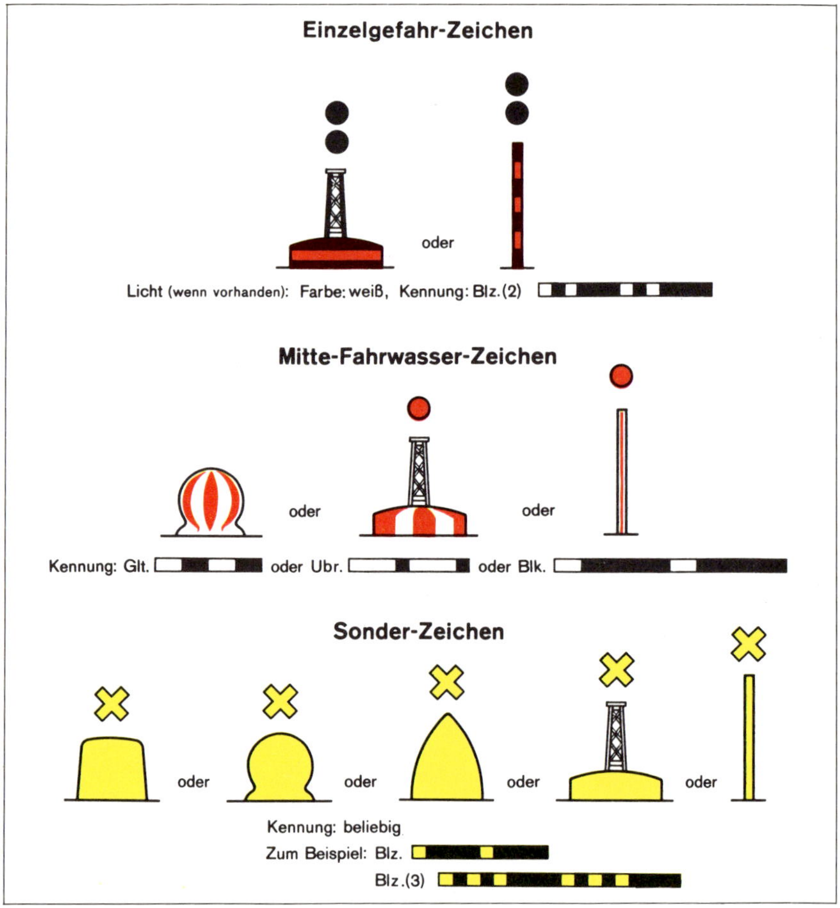

Die Deckpeilung

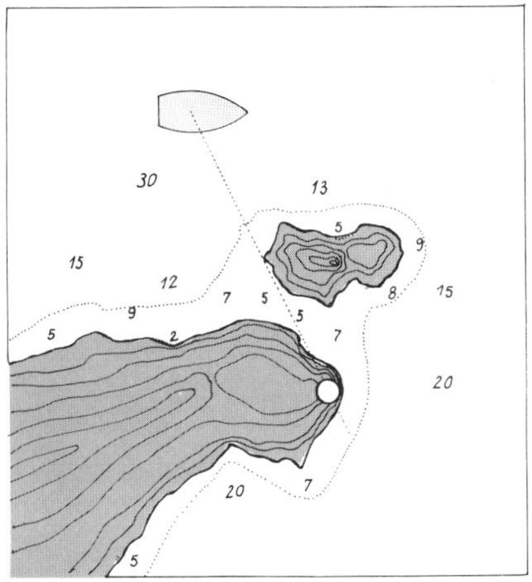

Alle Peilungen ergeben gerade Standlinien, unabhängig davon, ob es sich um eine Kompaß- oder Seitenpeilung handelt. Genauer als diese Peilungen sind sogenannte *Deckpeilungen.* Hierbei bringt man zwei markante und in der Seekarte eindeutig identifizierte Objekte, wie einen Kirchturm, Leuchtturm oder Schornstein, zur Deckung. Auch ein genau in Linie liegendes Kap ist hierfür geeignet (Skizzen oben). Die verlängerte Verbindungslinie beider Objekte gibt uns bereits die Standlinie, denn wir sehen beide Objekte nur dann genau in Deckung, wenn wir uns auf der von ihnen gebildeten Geraden befinden.

Das Verfahren ist also recht einfach, denn wir benötigen weder Peilkompaß noch Peilscheibe, und zudem äußerst genau, da Ungenauigkeiten beim Peilvorgang und Mißweisung oder Deviation nicht zu berücksichtigen sind.

In engen Fahrwassern werden öfter Leuchtfeuer oder Baken so in Linie aufgestellt, daß Untiefen oder andere Hindernisse gefahrlos umgangen werden können (vgl. S. 29). Wie bringt man dann Ober- und Unterfeuer zur Deckung, wenn sie nach einer Seite hin „offen" sind? Befindet sich das Unterfeuer bzw. die vordere Bake bei der Ansteuerung links vom Oberfeuer bzw. der hinteren Bake, so muß nach Bb gehalten werden — und umgekehrt. Der Kurs muß also immer in Richtung des vorderen Peilobjektes korrigiert werden (Skizzen links unten).

Eine ähnlich genaue Standlinie erhält man nachts, wenn man von einem Leuchtfeuersektor in einen anderen läuft. Dann befinden wir uns nämlich eindeutig auf der Verlängerung der in der Karte meist eingetragenen Sektorengrenze — ebenfalls eine Standlinie ohne all die möglichen Kompaßfehler.

Da sich die Deckpeilung aus der kürzesten Verbindung zweier Punkte ergibt, erhalten wir durch sie keine Loxodrome wie bei den übrigen Peilungen, sondern unmittelbar einen Großkreis. Doch hat dieser Fehler bei der Auswertung keine Konsequenzen, da Loxodrome und Orthodrome bis etwa 20 sm Länge zusammenfallen.

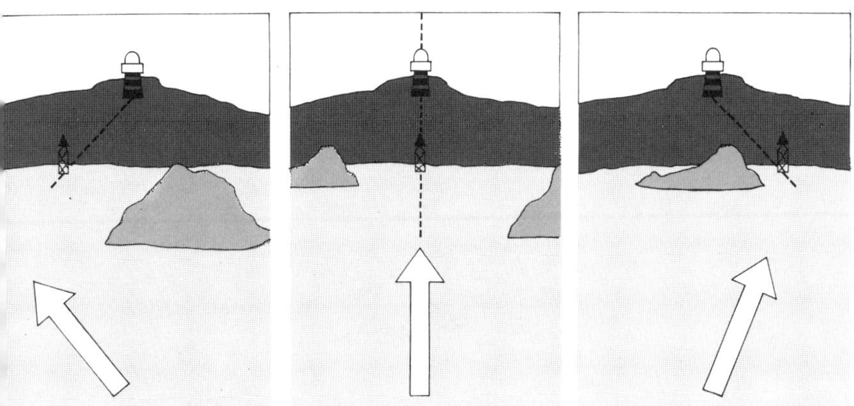

Kurskorrektur... ...zur vorderen Bake

Abstands-bestimmungen

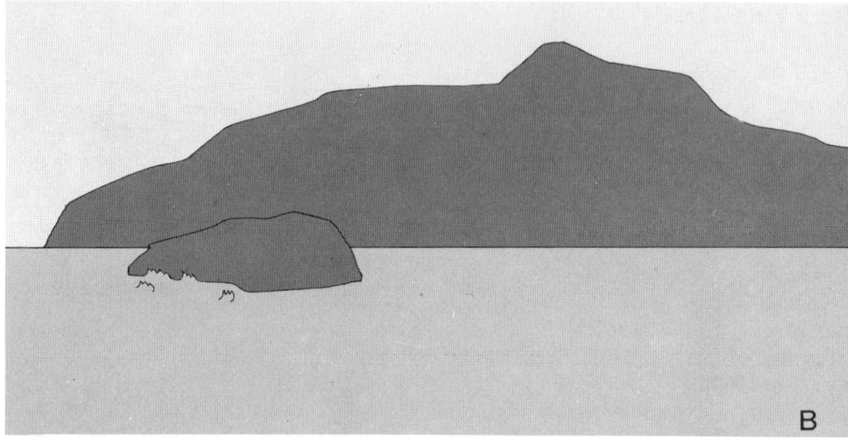

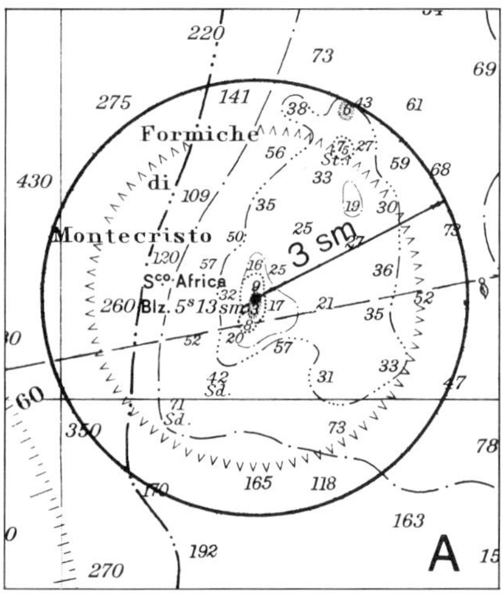

Durch eine Abstandsbestimmung erhalten wir keine gerade Standlinie wie bei den Peilungen, sondern eine kreisförmige Linie. Denn wenn wir feststellen, daß wir uns z. B. von einem Leuchtturm genau 3 sm entfernt befinden, so heißt das nichts anderes, als daß wir irgendwo auf einem Kreisbogen um den Leuchtturm mit einem Radius von 3 sm stehen (A).

Geschätzter Abstand

Abstände richtig zu schätzen ist für den Anfänger recht schwierig. Er muß mit dem jeweiligen Revier vertraut sein, um die Wirkung diesigen Wetters, plötzlichen Aufklarens, der Lufttemperatur oder des Mondscheins beurteilen zu können. Eine Schätzung allein sollte deshalb nie die Grundlage einer Schiffsortbestimmung sein; weitere Standlinien sind unbedingt erforderlich.

Eine Hilfe beim Landfall kann der Wetterbericht geben, der vielfach die Sichtigkeit in sm, manchmal auch in km, angibt, aber auch die folgenden Bezeichnungen verwendet:

25 sm	außergewöhnlich gute Sicht
10 sm	sehr gute Sicht
5 sm	gute Sicht
2 sm	mäßige Sicht
1 sm	schwach diesig
0,5 sm	diesig
500 m	dünner Nebel
50 m	starker Nebel

Einen weiteren Anhaltspunkt gibt die Entfernung der Kimm. Sieht man etwa mit dem Fernglas, daß die Kimm höher als die Brandungslinie einer Insel liegt, so befindet sie sich vor der Kimm (B). Dann erkennt man an der Küstenlinie meistens deutlich das vom Seegang oder der Dünung weiße Aufschäumen der Brecher. Aus unserer Augenhöhe über der Wasseroberfläche (Ah) ergibt sich die **Kimmentfernung** (A) allgemein:

$$A\,(sm) = 2{,}1 \cdot \sqrt{Ah\,(m)}.$$

Für geringe Augenhöhen erhält man:

Ah	Kimmentfernung
1 m	2,0 sm
2 m	2,9 sm
3 m	3,5 sm
4 m	4,0 sm
5 m	4,5 sm

Auch der Schall gibt Hinweise auf die Entfernung. Außer dem Schallzeichen brauchen wir dann einen Anhalt dafür, wann das Zeichen gegeben wurde. Sehen wir beispielsweise bei einem vorbeifahrenden Schiff den aufsteigenden Dampf einer Dampfpfeife und messen den Zeitraum bis zum Eintreffen des Schalles, so müssen wir diese Zeitspanne durch etwa 5,5 dividieren, um die Entfernung in sm zu erhalten.

Also:

$$A\,(sm) = \frac{\text{Zeitspanne (sec)}}{5{,}5}$$

Denn der Schall legt etwa 333 m/sec zurück, benötigt also pro Seemeile ca. 5,5 Sekunden.

Feuer in der Kimm

Im Zusammenhang mit den Leuchtfeuern auf S. 28 haben wir den Unterschied zwischen Tragweite und Sichtweite eines Feuers kennengelernt und festgestellt, daß der Abstand zum Leuchtturm bei einer Augenhöhe von 5 m genau der in den Handbüchern angegebenen Sichtweite entspricht. Wir können deshalb nachts unseren Abstand von einem Leuchtfeuer daraus bestimmen, wann es in der Kimm erscheint.

Unsere Entfernung vom Leuchtturm ergibt sich, wie bei der Sichtweite, aus zwei Größen: Einmal müssen wir die Höhe (H) der Laterne über dem Wasserspiegel kennen. Zum anderen müssen wir von unserer Augenhöhe (Ah) ausgehen, die auf Segelyachten meist geringer als 5 m ist. Deshalb wird ein Leuchtfeuer erst später in der Kimm auftauchen, als es die Sichtweite im Leuchtfeuerverzeichnis angibt. Dann ergibt sich als Abstand (A):

$$\mathbf{A\ (sm) = 2{,}1 \cdot (\sqrt{H(m)} + \sqrt{Ah(m)})}$$

Einfacher ist es jedoch, die auf den ersten Seiten jedes Lfv wiedergegebene Tabelle zu verwenden. So taucht beispielsweise ein Feuer von 46 m Höhe bei einer Augenhöhe von 2 m in einer Entfernung von 17 sm auf. Voraussetzung ist natürlich, daß überhaupt eine so gute Sicht herrscht.

Auch eine Abstandsbestimmung aus der Sichtweite ist oft recht ungenau. Man braucht nur an etwas Seegang oder an Dünung denken. Aber auch manche besondere Wetterverhältnisse, wie die Überlagerung unterschiedlich warmer Luftschichten, können zu Strahlenbrechungen und somit zu Fehlern führen.

XXVI

Abstand eines Feuers in der Kimm (Sichtweite) in Seemeilen

Feuerhöhe in Meter	Augenhöhe in Meter											
	0	1	2	3	4	5	6	7	8	9	10	11
2	2,9	5,0	5,9	6,5	7,1	7,6	8,0	8,4	8,8	9,1	9,5	9,8
4	4,1	6,2	7,1	7,7	8,3	8,8	9,2	9,6	10,0	10,4	10,7	11,0
6	5,1	7,1	8,0	8,7	9,2	9,7	10,1	10,5	10,9	11,3	11,6	11,9
8	5,9	7,9	8,8	9,4	10,0	10,5	10,9	11,3	11,7	12,1	12,4	12,7
10	6,5	8,6	9,5	10,1	10,7	11,2	11,6	12,0	12,4	12,8	13,1	13,4
12	7,2	9,2	10,1	10,8	11,3	11,8	12,2	12,6	13,0	13,4	13,7	14,0
14	7,7	9,8	10,7	11,3	11,9	12,4	12,8	13,2	13,6	14,0	14,3	14,6
16	8,3	10,4	11,2	11,9	12,4	12,9	13,3	13,8	14,1	14,5	14,8	15,1
18	8,8	10,9	11,7	12,4	12,9	13,4	13,9	14,3	14,6	15,0	15,3	15,6
20	9,3	11,3	12,2	12,8	13,4	13,9	14,3	14,7	15,1	15,5	15,8	16,1
22	9,7	11,8	12,6	13,3	13,8	14,3	14,8	15,2	15,6	15,9	16,3	16,6
24	10,1	12,2	13,1	13,7	14,3	14,8	15,2	15,6	16,0	16,4	16,7	17,0
26	10,6	12,6	13,5	14,1	14,7	15,2	15,6	16,0	16,4	16,8	17,1	17,4
28	11,0	13,0	13,9	14,5	15,1	15,6	16,0	16,4	16,8	17,2	17,5	17,8
30	11,3	13,4	14,3	14,9	15,5	16,0	16,4	16,8	17,2	17,5	17,9	18,2
32	11,7	13,8	14,6	15,3	15,8	16,3	16,8	17,2	17,6	17,9	18,3	18,6
34	12,1	14,1	15,0	15,7	16,2	16,7	17,1	17,5	17,9	18,3	18,6	18,9
36	12,4	14,5	15,3	16,0	16,6	17,0	17,5	17,9	18,3	18,6	19,0	19,3
38	12,8	14,8	15,7	16,3	16,9	17,4	17,8	18,2	18,6	19,0	19,3	19,6
40	13,1	15,2	16,0	16,7	17,2	17,7	18,2	18,6	18,9	19,3	19,6	20,0
42	13,4	15,5	16,3	17,0	17,6	18,0	18,5	18,9	19,3	19,6	20,0	20,3
44	13,7	15,8	16,7	17,3	17,9	18,4	18,8	19,2	19,6	19,9	20,3	20,6
46	14,0	16,1	17,0	17,6	18,2	18,7	19,1	19,5	19,9	20,2	20,6	20,9
48	14,3	16,4	17,3	17,9	18,5	19,0	19,4	19,8	20,2	20,6	20,9	21,2
50	14,6	16,7	17,6	18,2	18,8	19,3	19,7	20,1	20,5	20,8	21,2	21,5
55	15,4	17,4	18,3	18,9	19,5	20,0	20,4	20,8	21,2	21,6	21,9	22,2
60	16,0	18,1	19,0	19,6	20,2	20,7	21,1	21,5	21,9	22,2	22,6	22,9
65	16,7	18,8	19,6	20,3	20,8	21,3	21,8	22,2	22,5	22,9	23,2	23,6
70	17,3	19,4	20,2	20,9	21,5	21,9	22,4	22,8	23,2	23,5	23,9	24,2
75	17,9	20,0	20,9	21,5	22,1	22,6	23,0	23,4	23,8	24,1	24,5	24,8
80	18,5	20,6	21,4	22,1	22,7	23,1	23,6	24,0	24,4	24,7	25,1	25,4
85	19,1	21,2	22,0	22,7	23,2	23,7	24,2	24,6	24,9	25,3	25,6	26,0
90	19,6	21,7	22,6	23,2	23,8	24,3	24,7	25,1	25,5	25,8	26,2	26,5
95	20,2	22,2	23,1	23,8	24,3	24,8	25,2	25,7	26,0	26,4	26,7	27,0
100	20,7	22,8	23,6	24,3	24,8	25,3	25,8	26,2	26,6	26,9	27,2	27,6
110	21,7	23,8	24,6	25,3	25,9	26,3	26,8	27,2	27,6	27,9	28,3	28,6
120	22,7	24,7	25,6	26,3	26,8	27,3	27,7	28,2	28,5	28,9	29,2	29,5
130	23,6	25,7	26,5	27,2	27,7	28,2	28,7	29,1	29,5	29,8	30,1	30,5
140	24,5	26,6	27,4	28,1	28,6	29,1	29,6	30,0	30,3	30,7	31,0	31,4
150	25,4	27,4	28,3	28,9	29,5	30,0	30,4	30,8	31,2	31,6	31,9	32,2
160	26,2	28,3	29,1	29,8	30,3	30,8	31,3	31,7	32,0	32,4	32,7	33,0
170	27,0	29,1	29,9	30,6	31,1	31,6	32,1	32,5	32,8	33,2	33,5	33,9
180	27,8	29,8	30,7	31,4	31,9	32,4	32,8	33,2	33,6	34,0	34,3	34,6
190	28,5	30,6	31,5	32,1	32,7	33,2	33,6	34,0	34,4	34,7	35,1	35,4
200	29,3	31,3	32,2	32,9	33,4	33,9	34,3	34,8	35,1	35,5	35,8	36,1

Abstand durch Höhenwinkel

Mit dem Sextanten kann man die genaueste Abstandsbestimmung vornehmen, indem man den Winkel mißt, unter dem die Höhe eines bekannten Peilobjektes über dem Wasserspiegel erscheint. Dieser Winkel heißt **Höhen- oder Elevationswinkel.** Je näher wir uns am Peilobjekt befinden, desto größer wird dieser Winkel, je weiter wir uns entfernen, desto geringer wird er uns erscheinen. Der Höhenwinkel wird meist sehr kleine Werte annehmen, oft unter einem Grad, so daß eine verwertbare Messung nur mit dem Sextanten durchgeführt werden kann.

Ist uns die Höhe des Objektes über der Wasserlinie (H) aus der Karte oder dem Leuchtfeuerverzeichnis bekannt und haben wir den Elevationswinkel (n) in Minuten gemessen, ergibt sich als Abstand A in Seemeilen:

$$A\,(sm) = \frac{13}{7} \cdot \frac{H\,(m)}{n\,(min)}$$

Zur Höhenwinkelmessung sind alle etwas größeren Objekte geeignet, deren genaue Höhe über dem Wasserspiegel wir kennen, also markante Berggipfel ebenso wie alle möglichen Türme. Für Höhen bis zu 90 m können wir den Abstand wieder unmittelbar einer Tabelle *(Fulst, Nautische Tafeln 10)* entnehmen. So erhalten wir für einen 48 m hohen Turm, der unter einem Elevationswinkel von 30 Minuten erscheint, eine Entfernung von 3 sm.

Diese Formel gilt jedoch nur, solange der Fußpunkt der Landmarke sichtbar ist, also vor der Kimm liegt. Liegt er hinter der Kimm, so können wir den gemessenen Höhenwinkel n mit der sogenannten **Kimmtiefe k** näherungsweise berichtigen, indem wir sie von n abziehen. Denn wir sehen ja dann nur den über die Kimm hinausragenden Teil des Objektes. Die von der Augenhöhe Ah abhängige Kimmtiefe k entnehmen wir der Tabelle 26 in *Fulst, Nautische Tafeln* (vgl. den Ausschnitt nebenan).

In Gezeitenrevieren muß außerdem die jeweilige Wasserhöhe berücksichtigt werden. Die Objekthöhe muß dementsprechend korrigiert werden, um die Messung nicht unbrauchbar zu machen.

Es ist auch denkbar, eine Turmhöhe nicht über dem Wasserspiegel, sondern über dem Erdboden zu messen, doch führt das meistens zu Ungenauigkeiten. Nicht nur, daß der zu messende Winkel dann sehr klein wird, sondern es wird auch schwierig, den Fußpunkt des Turmes genau auszumachen.

Eine andere Methode besteht darin, zwei aufeinanderfolgende Elevationswinkelmessungen durchzuführen, während man inzwischen auf das Objekt zu versegelt. Doch muß man dann mit etwas komplizierteren Winkelfunktionen rechnen.

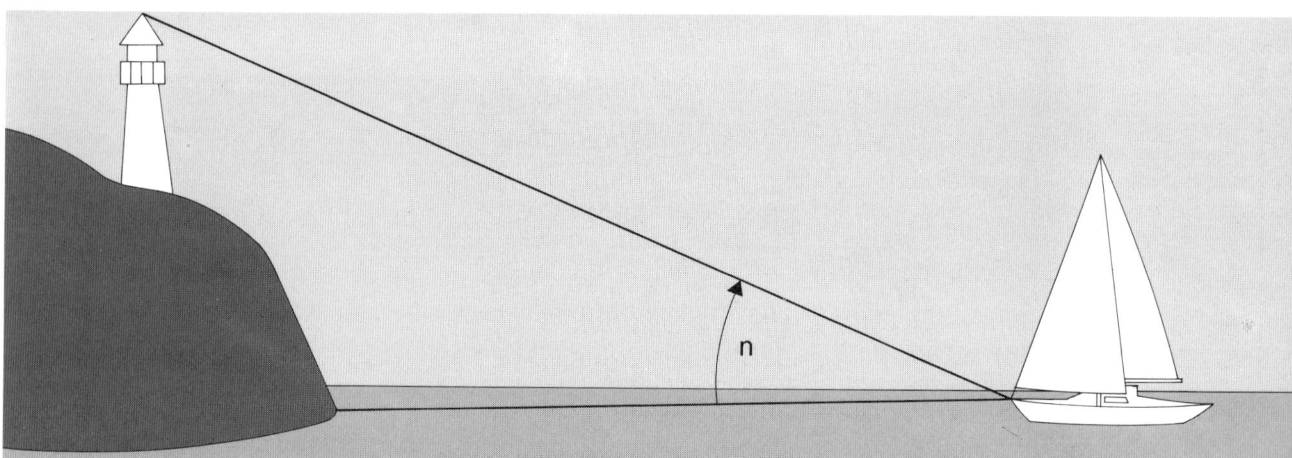

Tafel 10. Höhenwinkel in Minuten

Abstand sm	Höhe in Metern														
	2	4	6	8	10	12	14	16	18	20	22	24	26	28	30
0,5	7,4	14,8	22,3	29,7	37,1	44,5	52,0	59,4	66,8	74	81	89	97	104	111
1,0	3,7	7,4	11,1	14,8	18,6	22,3	26,0	29,7	33,4	37	41	45	48	52	56
1,5	2,5	4,9	7,4	9,9	12,4	14,8	17,3	19,8	22,3	25	27	30	32	35	37
2,0	1,9	3,7	5,6	7,4	9,3	11,1	13,0	14,8	16,7	19	20	22	24	26	28
2,5	1,5	3,0	4,5	5,9	7,4	8,9	10,4	11,9	13,4	14,8	16,3	17,8	19,3	20,8	22,3
3,0	1,2	2,5	3,7	4,9	6,2	7,4	8,7	9,9	11,1	12,4	13,6	14,8	16,1	17,3	18,6
3,5	1,1	2,1	3,2	4,2	5,3	6,4	7,4	8,5	9,5	10,6	11,7	12,7	13,8	14,8	15,9
4,0	0,9	1,9	2,8	3,7	4,6	5,6	6,5	7,4	8,4	9,3	10,2	11,1	12,1	13,0	13,9
4,5	0,8	1,7	2,5	3,3	4,1	5,0	5,8	6,6	7,4	8,3	9,1	9,9	10,7	11,6	12,4
5,0	0,7	1,5	2,2	3,0	3,7	4,4	5,2	5,9	6,7	7,4	8,2	8,9	9,7	10,4	11,1
5,5	0,7	1,4	2,0	2,7	3,4	4,1	4,7	5,4	6,1	6,8	7,4	8,1	8,8	9,5	10,1
6,0	0,6	1,2	1,9	2,5	3,1	3,7	4,3	4,9	5,6	6,2	6,8	7,4	8,0	8,7	9,3
6,5	0,6	1,1	1,7	2,3	2,9	3,4	4,0	4,6	5,1	5,7	6,3	6,9	7,4	8,0	8,6
7,0	0,5	1,1	1,6	2,1	2,7	3,2	3,7	4,2	4,8	5,3	5,8	6,4	6,9	7,4	8,0
7,5	0,5	1,0	1,5	2,0	2,5	3,0	3,5	4,0	4,5	5,0	5,4	5,9	6,4	6,9	7,4
8,0	0,5	0,9	1,4	1,9	2,3	2,8	3,2	3,7	4,2	4,6	5,1	5,6	6,0	6,5	7,0
9,0	0,4	0,8	1,2	1,7	2,1	2,5	2,9	3,3	3,7	4,1	4,5	5,0	5,4	5,8	6,2
10,0	0,4	0,7	1,1	1,5	1,9	2,2	2,6	3,0	3,3	3,7	4,1	4,5	4,8	5,2	5,6
	Höhe in Metern														
	32	34	36	38	40	42	44	46	48	50	52	54	56	58	60
0,5	119	126	134	141	148	156	163	171	178	186	193	200	208	215	223
1,0	59	63	67	71	74	78	82	85	89	93	97	100	104	108	111
1,5	40	42	45	47	49	52	54	57	59	62	64	67	69	72	74
2,0	30	32	33	35	37	39	41	43	45	46	48	50	52	54	56
2,5	24	25	27	28	30	31	33	34	36	37	39	40	42	43	45
3,0	20	21	22	23	25	26	27	28	30	31	32	33	35	36	37
3,5	17,0	18,0	19,1	20,2	21,2	22,3	23,3	24,4	25,5	26,5	27,6	28,6	29,7	30,8	31,8
4,0	14,8	15,8	16,7	17,6	18,6	19,5	20,4	21,3	22,3	23,2	24,1	25,1	26,0	26,9	27,8
4,5	13,2	14,0	14,9	15,7	16,5	17,3	18,2	19,0	19,8	20,6	21,5	22,3	23,1	23,9	24,8
5,0	11,9	12,6	13,4	14,1	14,9	15,6	16,3	17,1	17,8	18,6	19,3	20,0	20,8	21,5	22,3
5,5	10,8	11,5	12,2	12,8	13,5	14,2	14,9	15,5	16,2	16,9	17,6	18,2	18,9	19,6	20,3
6,0	9,9	10,5	11,1	11,8	12,4	13,0	13,6	14,3	14,8	15,5	16,1	16,7	17,3	17,9	18,6
6,5	9,1	9,7	10,3	10,9	11,4	12,0	12,6	13,1	13,7	14,3	14,9	15,4	16,0	16,6	17,1
7,0	8,5	9,0	9,5	10,1	10,6	11,1	11,7	12,2	12,7	13,3	13,8	14,3	14,9	15,4	15,9
7,5	7,9	8,4	8,9	9,4	9,9	10,4	10,9	11,4	11,9	12,4	12,9	13,4	13,9	14,4	14,9
8,0	7,4	7,9	8,4	8,8	9,3	9,7	10,2	10,7	11,1	11,6	12,1	12,5	13,0	13,5	13,9
9,0	6,6	7,0	7,4	7,8	8,3	8,7	9,1	9,5	9,9	10,3	10,7	11,1	11,6	12,0	12,4
10,0	5,9	6,3	6,7	7,1	7,4	7,8	8,2	8,5	8,9	9,3	9,7	10,0	10,4	10,8	11,1
	Höhe in Metern														
	62	64	66	68	70	72	74	76	78	80	82	84	86	88	90
0,5	230	238	245	252	260	267	275	282	290	297	304	312	319	327	334
1,0	115	119	123	126	130	134	137	141	145	148	152	156	160	163	167
1,5	77	79	82	84	87	89	92	94	97	99	101	104	106	109	111
2,0	58	59	61	63	65	67	69	71	72	74	76	78	80	82	84
2,5	46	48	49	50	52	53	55	56	58	59	61	62	64	65	67
3,0	38	40	41	42	43	44	46	47	48	49	51	52	53	54	56
3,5	33	34	35	36	37	38	39	40	41	42	43	44	46	47	48
4,0	29	30	31	32	33	33	34	35	36	37	38	39	40	41	42
4,5	26	26	27	28	29	30	30	31	32	33	34	35	36	36	37
5,0	23,0	23,8	24,5	25,2	26,0	26,7	27,5	28,2	29,0	29,7	30,4	31,2	31,9	32,7	33,4
5,5	20,9	21,6	22,3	23,0	23,6	24,3	25,0	25,7	26,3	27,0	27,7	28,4	29,0	29,7	30,4
6,0	19,2	19,8	20,4	21,0	21,7	22,3	22,9	23,5	24,1	24,7	25,4	26,0	26,6	27,2	27,8
6,5	17,7	18,3	18,8	19,4	20,0	20,6	21,1	21,7	22,3	22,8	23,4	24,0	24,6	25,1	25,7
7,0	16,4	17,0	17,5	18,0	18,6	19,1	19,6	20,2	20,7	21,2	21,7	22,3	22,8	23,3	23,9
7,5	15,3	15,8	16,3	16,8	17,3	17,8	18,3	18,8	19,3	19,8	20,3	20,8	21,3	21,8	22,3
8,0	14,4	14,8	15,3	15,8	16,2	16,7	17,2	17,6	18,1	18,6	19,0	19,5	20,0	20,4	20,9
9,0	12,8	13,2	13,6	14,0	14,4	14,9	15,3	15,7	16,1	16,5	16,9	17,3	17,7	18,2	18,6
10,0	11,5	11,9	12,3	12,6	13,0	13,4	13,7	14,1	14,5	14,8	15,2	15,6	16,0	16,3	16,7

Tafel 26

Mittlere Kimmtiefe.

Augeshöhe	Kimmtiefe
m	
0,5	1,3
1,0	1,8
1,5	2,2
2,0	2,5
2,5	2,8
3,0	3,1
3,5	3,3
4,0	3,6
4,5	3,8
5,0	4,0
6	4,4
7	4,7
8	5,0
9	5,3
10	5,6

Ausschnitte aus
Fulst, Nautische Tafeln

Lotungen

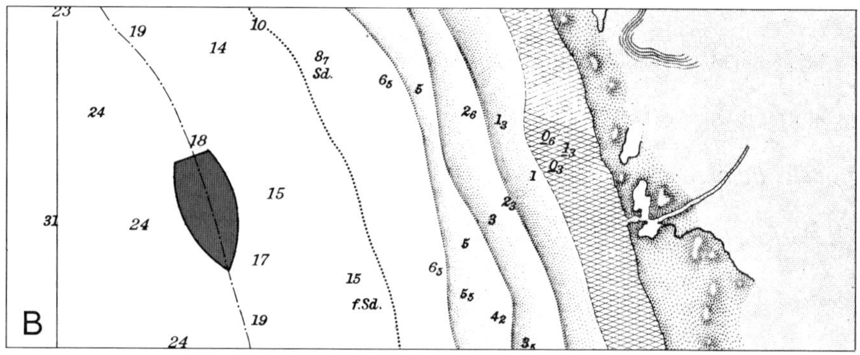

Standlinie aus Einzellotung . . .

Eine verläßliche Standlinie aus einer oder mehreren Lotungen erhalten wir nur, wenn der Meeresboden ein charakteristisches Bodenprofil aufweist. Eine Lotung auf einem nahezu ebenen Boden kann deshalb zur Schiffsortbestimmung nicht ausgewertet werden.
Sobald wir jedoch vor einer Küste einen langsam und beständig ansteigenden Boden vorfinden, gibt uns jede Einzellotung bereits eine Standlinie, nämlich die zum gemessenen Tiefenwert gehörende Tiefenlinie (A und B). Diese Standlinie hat meist einen unregelmäßigen Verlauf, doch wird sie dadurch nicht wertloser. In Verbindung mit einer etwa durch Peilung gewonnenen zweiten Standlinie können wir den Schiffsort bestimmen.
Versucht man bei unsichtigem Wetter — wo man vielfach auf das Echolot als Navigationshilfe angewiesen ist —, eine unbekannte Küste anzulaufen, kann man durch ständige Kontrollotungen auf einer sicheren Tiefenlinie entlanglaufen.

. . . und Lotstreifen

Eine genauere Standlinie kann man durch eine Reihenlotung erhalten. Auf einem gerade gesteuerten Kurs werden in bestimmten kleinen Zeitabständen, etwa alle 5 Minuten, Einzellotungen vorgenommen, wobei neben dem Tiefenwert der jeweilige Zeitpunkt und Loggenstand notiert werden. Aus diesen Angaben skizziert man einen sogenannten Lotstreifen: In maßstabsgetreuen Abständen werden die Einzellotungen auf einem Papierstreifen markiert und die dazugehörigen Tiefenwerte vermerkt. Mit diesem Streifen versucht man — ausgehend von einem noch sicheren Schiffsort —, die gemessenen Tiefenwerte mit den Tiefenlinien der Karte zur Deckung zu bringen. Es ergibt sich eine gerade Standlinie, die die Yacht als Kurs über Grund gelaufen ist.
Auch vor flachen Durchfahrten sucht man mit einer Art Reihenlotung eine geeignete Tiefenline, auf der die Engstelle passiert werden kann.
Beachte: Alle Lotungen im Gezeitenrevier müssen vor der Auswertung in der Karte auf Kartennull beschickt werden!

Der Horizontalwinkel

Das Prinzip

Sind zwei geeignete Landmarken zugleich auszumachen, können wir eine bogenförmige Standlinie durch eine Horizontalwinkelmessung erhalten. Das heißt, man mißt mit dem Sextanten den Winkel, unter dem vom Schiffsort aus die beiden Landmarken erscheinen. Statt des Sextanten kann man auch den Kompaß oder die Peilscheibe verwenden, indem man zwei Messungen durchführt und die Differenz bildet.

Bei der Horizontalwinkelmessung brauchen wir **keine Verfälschung durch unbekannte Kompaßfehler** befürchten. Dies gilt auch dann, wenn wir den Horizontalwinkel durch 2 Messungen mit dem Kompaß oder der Peilscheibe ermitteln, solange sie auf gleichem Kurs durchgeführt werden. Denn ein Kompaßfehler hebt sich bei der Differenzbildung der Meßwerte wieder auf.

Es gibt nun genau einen Kreisbogen, auf dem sowohl die beiden Landmarken als auch die beobachtende Yacht liegt. Hierbei gilt: Von jedem Punkt dieses Kreisbogens aus erscheint dem Beobachter die von beiden Objekten gebildete Strecke unter dem gleichen Winkel, dem *Peripheriewinkel* (A). Wenn wir diesen Kreisbogen konstruieren können, haben wir also eine terrestrische Standlinie gewonnen.

Nehmen wir zuvor an, der Kreisbogen sei bereits konstruiert, die beiden Landmarken miteinander verbunden, und von jedem Peilobjekt aus eine Verbindungslinie zum Kreismittelpunkt gezogen (Skizze B). Wir erhalten so ein Dreieck, in dem gilt:
1. Der am Mittelpunkt MP liegende Winkel ist genau doppelt so groß wie der gemessene Peripheriewinkel.
2. Die beiden an der Verbindungslinie der Peilobjekte liegenden Winkel β sind gleich groß. Ihre Größe ergibt sich als Unterschied des gemessenen Peripheriewinkels α zu 90°.
Also entweder: $\beta = 90° - \alpha$,
oder: $\beta = \alpha - 90°$.

Die Konstruktion

Unser Ziel ist es, den Kreismittelpunkt zu finden. Ist er uns bekannt, können wir den Kreisbogen und somit die Standlinie zeichnen. Wir gehen folgendermaßen vor:
1. Wir messen den Horizontalwinkel zwischen beiden Objekten.
2. Wir bilden den Unterschied dieses Winkels zu 90° und erhalten den Winkel β.
3. Wir verbinden in der Karte beide Peilobjekte miteinander.
4. Wir tragen den Winkel β in den Objekten an der Verbindungslinie an.
5. Der Schnittpunkt der beiden angetragenen Schenkel ergibt den gesuchten Kreismittelpunkt.
6. Wir ziehen um den Mittelpunkt einen Kreis mit dem Radius Mittelpunkt-Peilobjekt und erhalten die Standlinie.

Beachte: Ist der gemessene Horizontalwinkel größer als 90°, so muß β vom Standort weg angetragen werden. Wir befinden uns dann nicht auf dem größeren Teilbogen, wie in Skizze B, sondern auf dem entgegengesetzten kleineren Teilbogen, der in der Skizze über Land läuft.

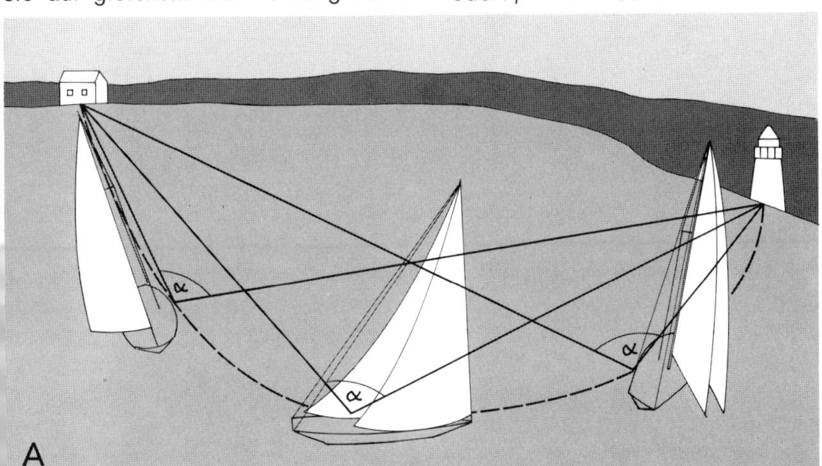

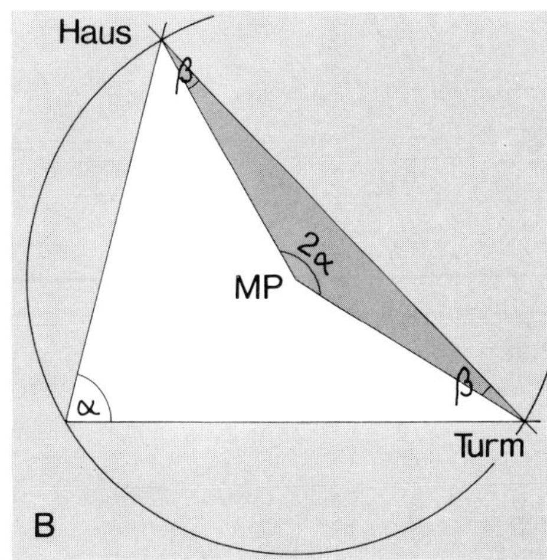

Bestimmung des Schiffsortes

Theorie . . .

Wir kennen nun alle geläufigen Verfahren, terrestrische Standlinien zu ermitteln, und wollen die verschiedenen Möglichkeiten der Ortsbestimmung zusammenstellen.

A. Ist **keine Landmarke** sichtbar, erhalten wir den Schiffsort nur mit Hilfe des Koppelns.

B. Falls **nur eine einzige Landmarke** sichtbar ist:

1. Abstandbestimmung und Peilung der Landmarke
2. Doppelpeilungen (vgl. S. 86)

C. Sind **zwei Landmarken** sichtbar:

1. Peilung beider Objekte (Kreuzpeilung)
2. Horizontalwinkelmessung und Peilung eines der beiden Objekte
3. Horizontalwinkelmessung und Abstandsbestimmung
4. Bestimmung des Abstandes von beiden Objekten

D. Kann man **drei Landmarken** ausmachen:

1. Peilung aller drei Objekte (Kreuzpeilung)
2. Zweifache Horizontalwinkelmessung

In den Fällen C3, C4 und D2 gehen keine Kompaßfehler ein.

. . . und Praxis

Für die Praxis des Navigierens sollte immer gelten:
Jede Bestimmung des Schiffsortes ist mit einer Portion gesunder Skepsis zu beurteilen. Es gibt genügend Fehlerquellen, wie falscher Umgang mit Peilkompaß, Sextant oder Peilscheibe; wie ungünstige Arbeitsbedingungen bei grobem Seegang oder schlechter Sicht, die zu ungenauen Ergebnissen führen; oder wie eine fehlerhafte Beschickung der gemessenen Winkel. In die Navigation sollte deshalb der Fehlerbereich der Instrumente und des Steuermanns mit einfließen. Es ist auch nicht unbedingt sicher, daß der ausgemachte Leuchtturm der seit langem gesuchte ist. Dies gilt ebenso nachts. Das Auszählen einer Kennung ohne Stoppuhr führt erfahrungsgemäß zu fast jedem gewünschten Ergebnis und ist deshalb wertlos. Die Annahme: *Die haben eben die Kennung geändert,* ist, solange man die neueste Literatur verwendet, meistens falsch.
Versäume deshalb keine Gelegenheit, Deine Ergebnisse zu überprüfen und - wo nötig - zu korrigieren!

Die Kreuzpeilung

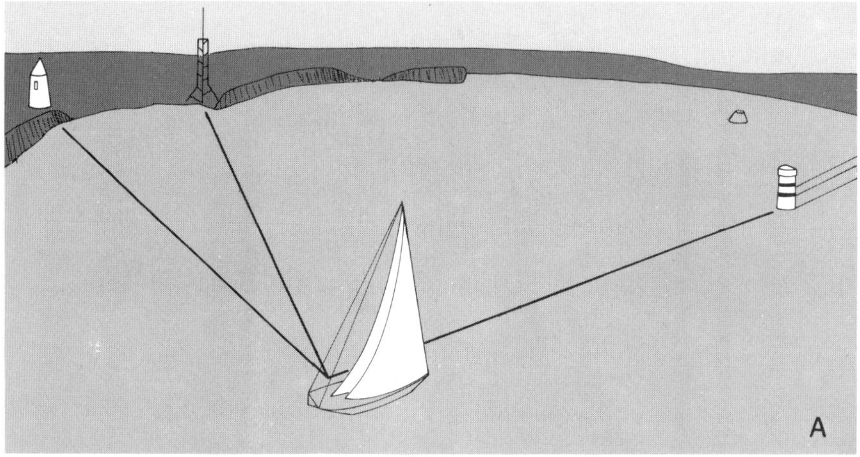

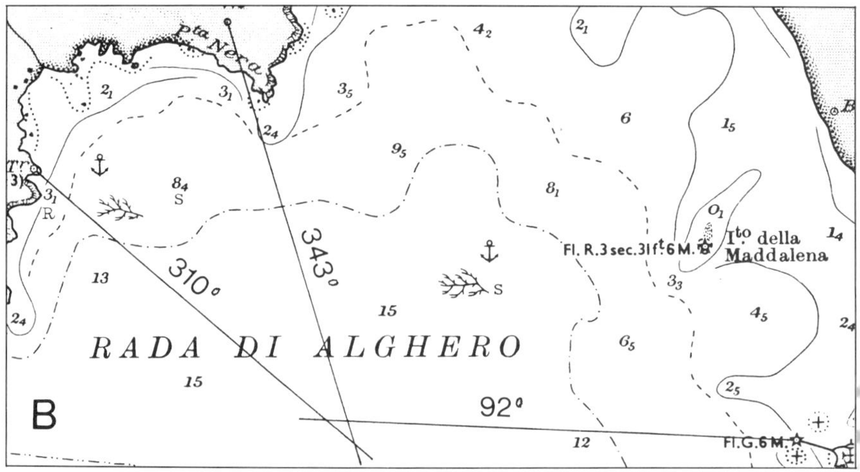

Das Verfahren

Unter einer Kreuzpeilung versteht man eine Schiffsortbestimmung aus mindestens zwei, besser aber drei nahezu **gleichzeitig durchgeführten Peilungen** — gleichgültig, ob mit dem Kompaß oder der Peilscheibe. Die Peilungen werden mit Mißweisung und Deviation zu rechtweisenden Peilungen beschickt und in die Karte eingetragen. Als Standort erhält man den Schnittpunkt der in der Seekarte eingezeichneten Peillinien.

Im Beispiel der Skizzen A und B wurde der Turm rechtweisend unter 310°, die Flugfunkfeuerantenne unter 343° und der Feuerträger auf der Hafenmole unter 92° gepeilt. Doch schneiden sich die drei Peillinien nicht genau in einem Punkt, sondern bilden ein kleines Dreieck, das sogenannte Fehlerdreieck.

Das Fehlerdreieck

Solange wir nur zwei geeignete Landmarken in Sicht haben, werden wir uns mit dem Schnittpunkt der Peilungen als Standort zufrieden geben müssen. Doch kann eine dritte Peilung Ungenauigkeiten der beiden ersten aufdecken. In aller Regel wird diese letzte Standlinie nicht genau durch den von den beiden anderen gebildeten Schnittpunkt laufen.

Wo können wir dann unseren wahrscheinlichen Standort annehmen? Doch zunächst müssen wir uns die Auswirkung möglicher Fehlerquellen klar machen. Denn es ist nicht einmal zwingend, daß unser Schiffsort innerhalb des Dreiecks liegt.

Keine schleifenden Schnitte

Peillinien, die sich unter einem kleineren Winkel als 30° und unter einem größeren als 150° schneiden, führen in der Karte zu zeichnerischen Ungenauigkeiten. Man erhält sogenannte schleifende Schnitte, deren wahrer Schnittpunkt nicht genau bestimmt werden kann (C). Ein Schnittwinkel von 90° bei zwei Peilungen oder von 60° bei drei Peilungen ist für die zeichnerische Auswertung am günstigsten. Können wir eine Reihe

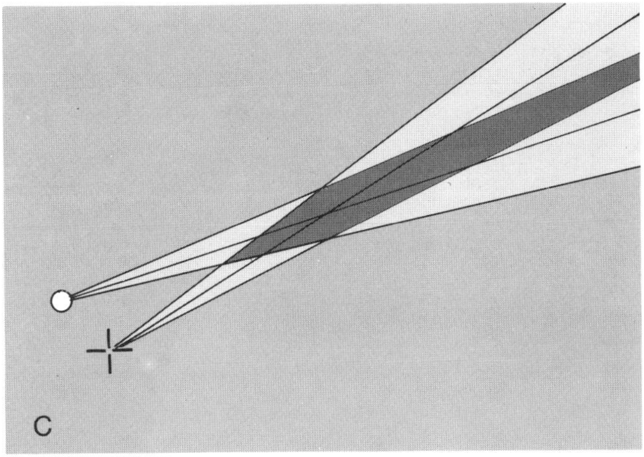

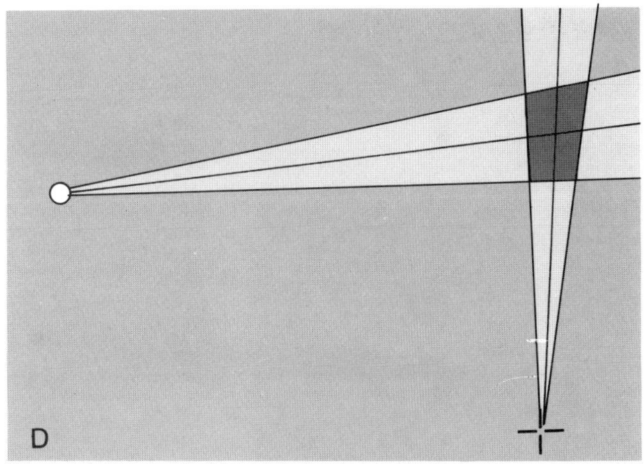

verschiedener Landmarken ausmachen, sollten wir sie auch unter dem Gesichtspunkt der zeichnerischen Auswertung auswählen.
Ergibt sich ein nicht allzu großes und verhältnismäßig gleichseitiges Fehlerdreieck, können wir zunächst davon ausgehen, daß der Schiffsort etwa in der Mitte des Dreiecks liegt. Ob das Dreieck zu groß ist, hängt letztlich davon ab, wie weit entfernt wir von der Küste oder von Untiefen stehen. Weiter außerhalb werden wir eher auf jene nahezu penible Genauigkeit verzichten können, die unter der Küste unentbehrlich ist.

Je näher — desto genauer

Ist das Fehlerdreieck zu groß oder fällt eine der Standlinien weit aus der Umgebung des Koppelortes heraus, müssen wir die vermutlich ungenaueste Peilung ausscheiden. Wir überlegen uns, bei welcher Peilung wir Schwierigkeiten wegen des Seegangs oder aus anderen Gründen hatten. So wird eine Deckpeilung, die wir auch bei der Kreuzpeilung verwenden können, die genaueste Standlinie sein. Sind alle Werte recht ungenau, müssen wir die Peilungen wiederholen.

Hierbei sollten wir uns klar machen, daß die Entfernung der angepeilten Landmarke erheblichen Einfluß auf die Genauigkeit hat. Wenn wir davon ausgehen, daß wir etwa auf ± 5° genau peilen, dann haben wir vom Peilobjekt aus gesehen einen Streusektor von insgesamt 10°, der sich mit zunehmender Entfernung von der Landmarke gleichmäßig vergrößert (Skizze D).
Also: Je näher die Peilmarke, desto genauer auch die Peilung.

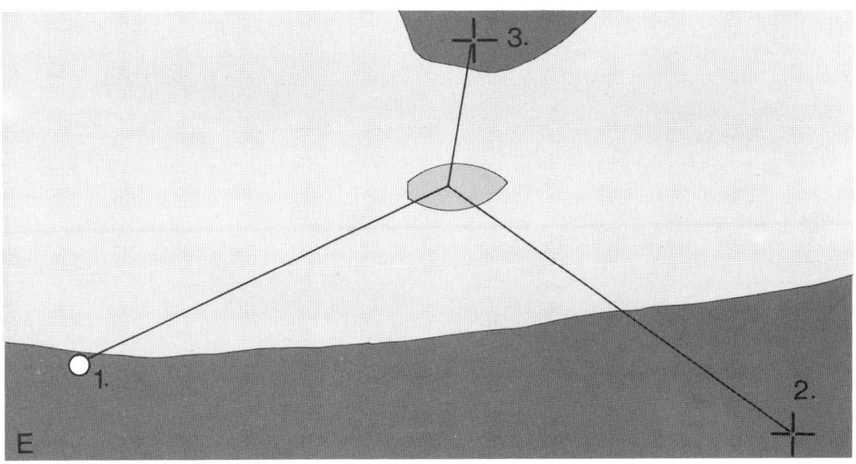

Auch die Reihenfolge ist wichtig

Weitere Ungenauigkeiten ergeben sich, wenn zwischen den einzelnen Peilungen unnötig viel Zeit verstreicht. Denn inzwischen verändern sich die Peilwinkel. Deshalb werden schnell auswandernde, also querabliegende Landmarken unmittelbar hintereinander gepeilt. Und wenn man zunächst die langsam auswandernden Marken, und dann erst die sich schnell verändernden peilt — in Skizze E in der Reihenfolge 1-2-3 —, erhält man auch den aktuellsten, d. h. den jüngsten Schiffsort.

Doppelpeilungen

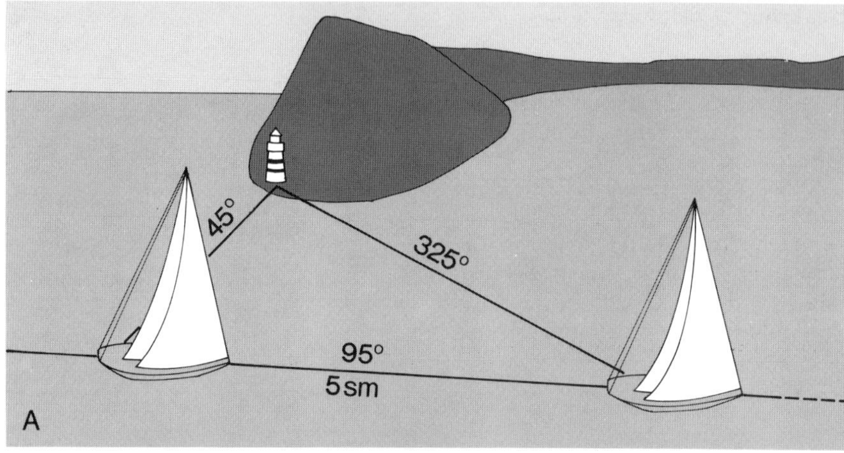

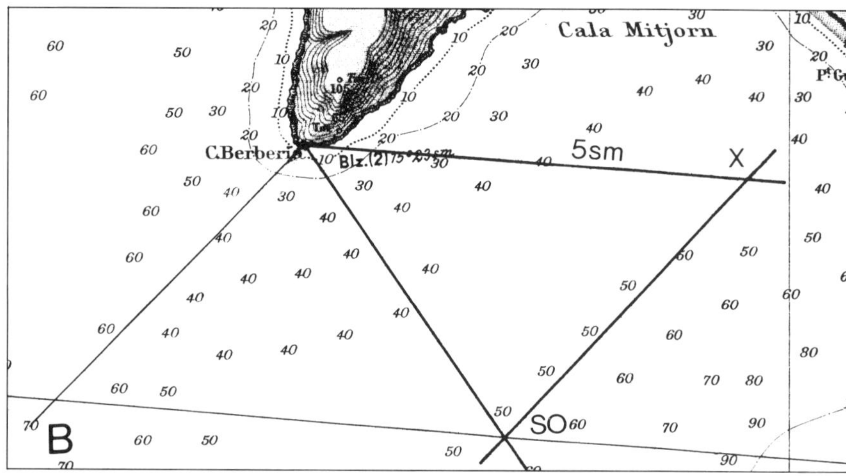

Selbst wenn wir nur eine Landmarke in Sicht haben, können wir den Schiffsort allein aus Peilungen bestimmen. Bei diesem Verfahren peilt man nicht, wie bei der Kreuzpeilung, mehrere Objekte gleichzeitig, sondern ein und dieselbe Landmarke zu verschiedenen Zeitpunkten. Zwischen beiden Peilungen wird dann bei möglichst gleichbleibendem Kurs eine gewisse Distanz versegelt, die wir der Logge entnehmen. Man nennt deshalb die Doppelpeilungen auch **Versegelungspeilungen.**

Wie wir wissen, sind zur Schiffsortbestimmung mindestens zwei Standlinien erforderlich. Bei der Doppelpeilung erhalten wir eine Standlinie durch die zweite Peilung. Die andere Peilung können wir jedoch nicht unmittelbar verwenden, denn seitdem sie vorgenommen wurde, ist die Yacht weiter gesegelt. Wir müssen deshalb die erste Peilung gleichsam um die Versegelung *mitnehmen.* Das geschieht dadurch, daß wir sie in Richtung unseres Kurses um die inzwischen versegelte Distanz parallel verschieben und mit der zweiten Peillinie schneiden. Der Standort ergibt sich dann aus dem Schnittpunkt. Um auch hier keine schleifenden Schnitte zu erhalten, muß zwischen beiden Peilungen soviel versegelt worden sein, daß sich ein größerer Winkelunterschied ergibt.

Im Beispiel der Skizzen A und B wurde der Leuchtturm erst unter 45°, dann unter 325° gepeilt. Bei einem rwK von 95° versegelte man zwischen beiden Peilungen 5 sm.

In der Karte tragen wir beide Peilungen am Leuchtturm an. Wir befinden uns irgendwo auf der zweiten Peillinie und müssen die erste parallel verschieben. Hierfür tragen wir am Leuchtturm (oder auch auf unserem Koppelkurs, ausgehend von der ersten Peillinie) unsere Kurslinie an und setzen auf dieser genau 5 sm ab. Im Hilfspunkt X zeichnen wir eine Parallele zur ersten Peilung ein, die die zweite Peillinie im gesuchten Schiffsort (SO) schneidet.

Beachte: Da alle Doppelpeilungen auf Versegelungen beruhen, können unbekannte Stromverhältnisse gravierende Fehler verursachen (vgl. S. 100).

Abgestumpfte Doppelpeilung

Es ist natürlich völlig gleichgültig, ob für die zweite Peilung die gleiche Landmarke verwendet wird oder eine andere. So kann bald nach der ersten Peilung das Objekt (LT *El Toro)* verschwinden, dafür aber später ein neues Objekt (LT *C. de Cala Figuera)* auftauchen. Auch jetzt kann man die erste Peilung in Kursrichtung um die Versegelung mitnehmen und mit der am nun sichtbaren Leuchtturm vorgenommenen Peilung schneiden.

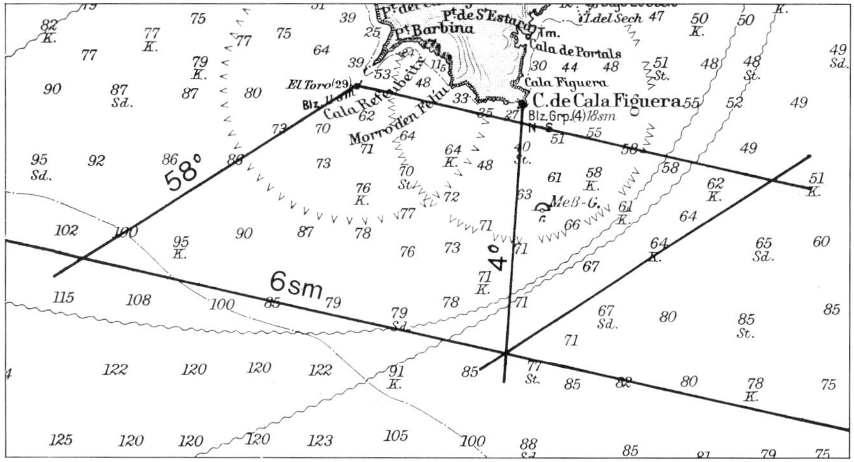

Verdoppelung der Seitenpeilung

Nimmt man die zweite Peilung genau dann vor, wenn ihr mit der Kiellinie gebildeter Winkel doppelt so groß ist wie bei der ersten Peilung, ergibt sich in der Konstruktion ein gleichschenkliges Dreieck. Die zwischen den Peilungen versegelte Distanz AB entspricht dann dem Abstand von der Landmarke C zum letzten Peilpunkt B, also: AB = BC.
Dieses Verfahren stellt oft die einzige Möglichkeit dar, die einem Leuchtturm vorgelagerten Klippen nachts zu passieren.

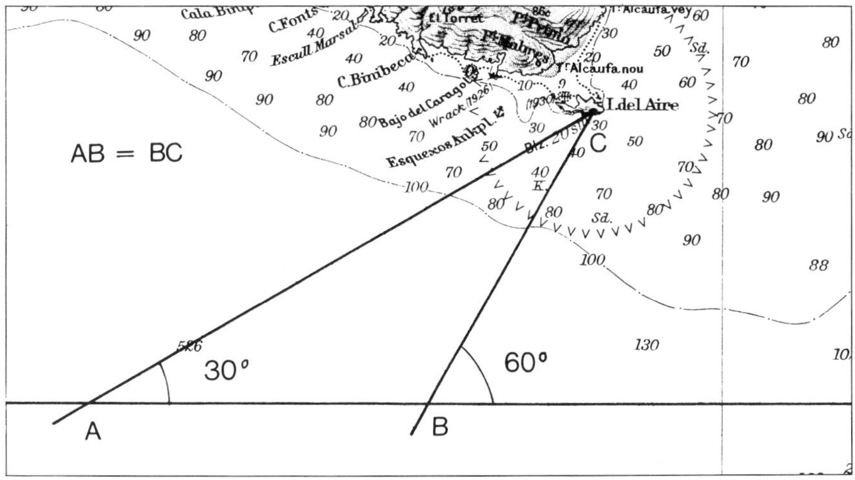

Vierstrichpeilung

Bei der Vierstrichpeilung wird die Landmarke beim ersten Mal unter 45° (= 4 Strich), beim zweiten Mal unter 90° gepeilt. Der Abstand zum Objekt entspricht der Versegelung zwischen beiden Peilungen. Man hat jetzt zwar für die zeichnerische Auswertung günstige Schnittwinkel, doch ist die Vierstrichpeilung für das sichere Passieren einer Huk ungeeignet, da der Abstand erst dann bekannt wird, wenn es zu spät sein kann.

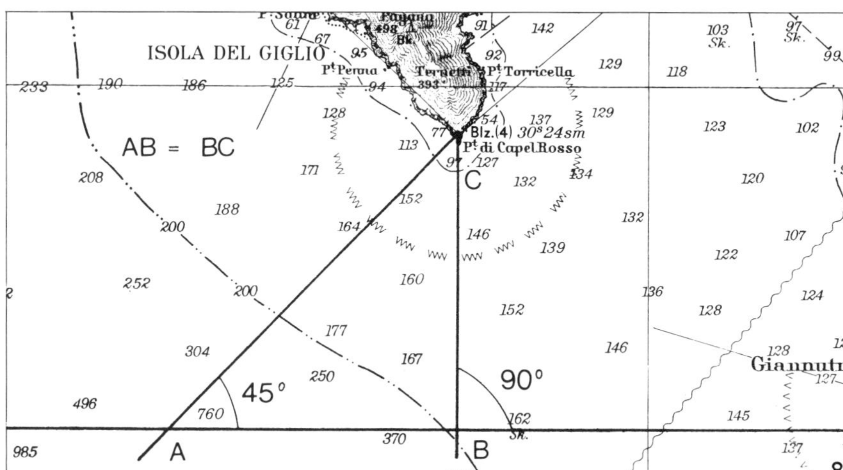

Schiffsort aus Horizontalwinkelmessung

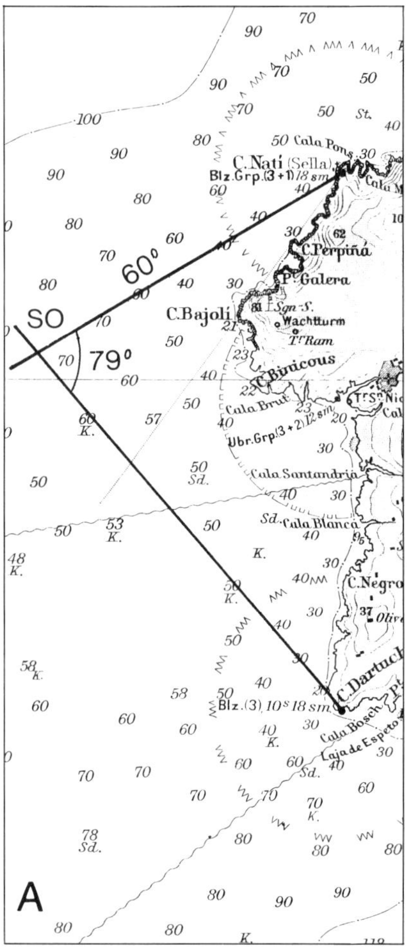

Horizontalwinkel und Peilung

Aus einer Horizontalwinkelmessung allein erhalten wir natürlich noch keinen Schiffsort, sondern nur die Standlinie des Peripheriebogens (vgl. S. 81). Die zweite notwendige Standlinie ergibt sich jedoch sofort, wenn wir eine der beiden Landmarken peilen. So können wir uns sogar die etwas komplizierte Konstruktion des Umfangwinkels sparen. Denn man trägt die Peilung in die Karte ein, bringt an einem beliebigen Punkt dieser Standlinie den ermittelten Horizontalwinkel an und verschiebt den so gewonnenen Schenkel so lange parallel, bis er durch das zweite Objekt läuft. Im Beispiel A wurde der Leuchtturm *C. Nati* unter rechtweisend 60° gepeilt und der Horizontalwinkel zum Leuchtturm *C. Dartuch* mit 79° gemessen.

Bei dieser Art von Schiffsortbestimmung fällt natürlich gerade der Vorteil der Horizontalwinkelmessung, nämlich ohne Einfluß der Kompaßfehler arbeiten zu können, weg.

Zwei Horizontalwinkel

Es ist deshalb günstiger, eine Horizontalwinkelmessung mit einer zweiten zu verbinden, falls ein weiteres Objekt sichtbar ist. Man mißt also zunächst den Peripheriewinkel zwischen A und B, dann den zwischen B und C. Im Beispiel B beträgt der Peripheriewinkel zwischen A und B 64°, zwischen B und C 29°.

Führt man jetzt zweimal die Konstruktion des Peripheriebogens durch, so erhält man zwei bogenförmige Standlinien, die sich im Schiffsort SO schneiden. Dieses Verfahren ist zweifellos am genauesten, da einerseits die Horizontalwinkel mit dem Sextanten auf Minuten genau gemessen werden können und andererseits bei der Ermittlung beider Standlinien kein Kompaß benötigt wird, der möglicherweise Fehler mitbringt.

Die Schiffsortbestimmung aus zwei Horizontalwinkelmessungen klappt nur dann nicht, wenn alle drei Landmarken und auch der Schiffsort auf ein und demselben Kreisbogen liegen, da dann beide Standlinien zusammenfallen und sich deshalb kein Schnittpunkt ergibt.

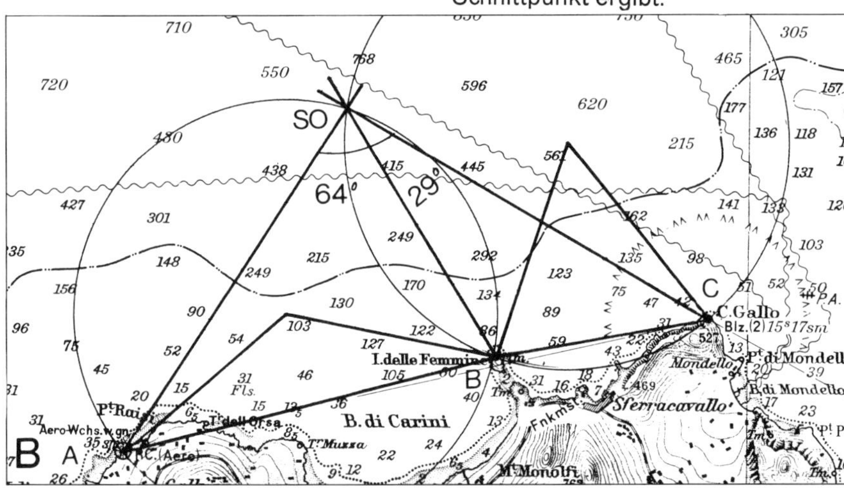

Der Gefahrenwinkel

Betrachten wir nochmals die Horizontalwinkelmessung: Befinden wir uns außerhalb des Kreisbogens, so wird der Horizontalwinkel kleiner werden als vom Bogen aus gesehen, rücken wir aber in den Kreisbogen hinein, wird der Winkel zunehmen. Diese Tatsache macht man sich zunutze, um sich von gefährlichen Untiefen in Küstennähe eindeutig freizuhalten. Die äußeren Punkte der Untiefe werden in der Karte mit zwei in der Nähe befindlichen Landmarken verbunden und der Winkel zwischen beiden Verbindungslinien gemessen. Man nennt diesen Winkel den *Gefahrenwinkel (C).* Denn ist der tatsächlich gemessene Winkel, unter dem die beiden Objekte vom Schiff aus erscheinen, größer als der Gefahrenwinkel, befindet man sich bereits innerhalb des Kreisbogens und muß sich frei halten. Ist der gemessene Winkel jedoch kleiner als der Gefahrenwinkel, kann man davon ausgehen, daß die Untiefe sicher passiert werden kann. Hält man geraden Kurs, so muß der Winkel ständig kontrolliert werden, um den Gefahrenbereich nicht doch noch zu tangieren.

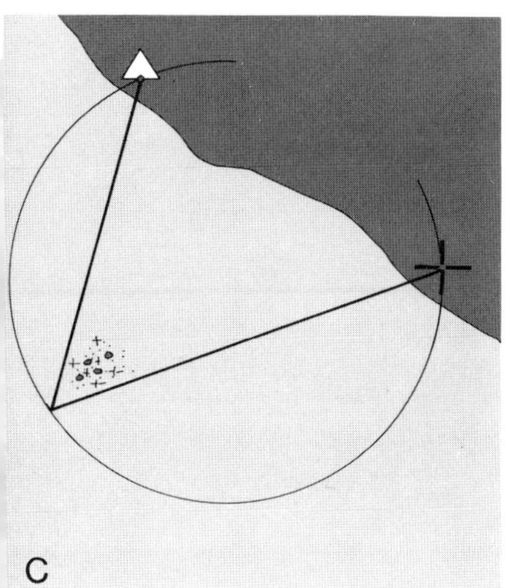

C

Schiffsort aus Peilung und Abstand

Haben wir nur eine Landmarke in Sicht, deren Höhe wir kennen, können wir allein aus einem Objekt den Schiffsort erhalten. Das Objekt wird zunächst gepeilt und dann mit dem Sextanten der Höhenwinkel, unter dem der Turm vom Schiff aus erscheint, bestimmt. Bei der zeichnerischen Auswertung schneidet man die Peillinie mit der durch die Höhenwinkelmessung erhaltenen kreisförmigen Standlinie. Der Schnittpunkt ist unser Schiffsort.

Beispiel: Der 18 m hohe Leuchtturm *Secche die Vada* im Beispiel D wird von einer Yacht unter einem Höhenwinkel von 6,7 Minuten gemessen. Zugleich wird er mit dem Kompaß unter rechtweisend 80° gepeilt. Wo steht die Yacht?

Zunächst tragen wir die Peillinie in die Karte ein. Aus den *Nautischen Tafeln 10* (vergl. S. 78) entnehmen wir einen Abstand vom Leuchtturm von genau 5 sm. Wir schlagen also mit dem Zirkel einen Kreis um den Turm mit einem Radius von 5 sm, der die Peillinie im Schiffsort schneidet.

Haben wir nur ein zum Peilen geeignetes Objekt ausgemacht, könnten wir zwar auch eine Doppelpeilung durchführen. Doch wird das Ergebnis meistens nicht so genau sein, da wir mit dem Sextanten eine sehr präzise Messung vornehmen können. Außerdem geht bei der Doppelpeilung die Versegelung in die Schiffsortbestimmung mit ein, die durch unbekannte Stromverhältnisse fehlerhaft sein kann.

Ebenso wie der Horizontalwinkel kann der Höhenwinkel als *Gefahrenwinkel* verwendet werden.

Merke: Manchmal wird ein Schiffsort nicht nach seiner geographischen Länge und Breite angegeben, sondern nach Peilung und Abstand. Dann gibt man die Peilung rechtweisend von See her gesehen an.

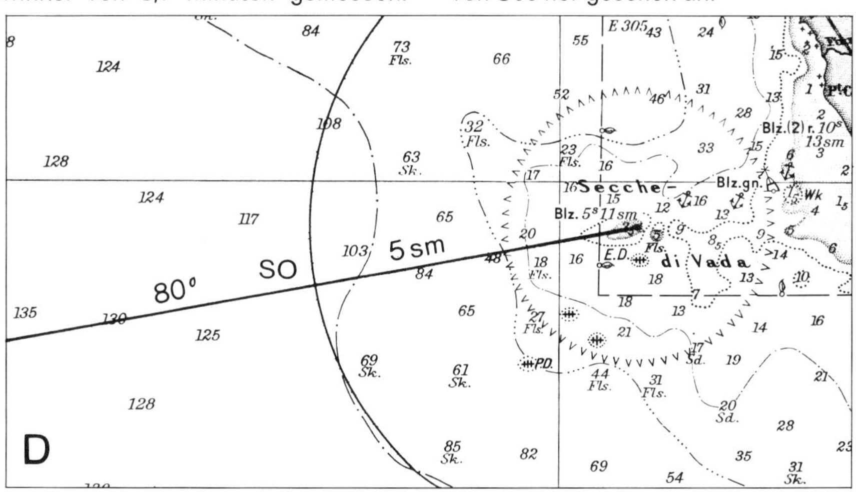

D

Grundaufgaben (III)

Im Bereich der *Oldoog-Rinne* führt eine Yacht übungshalber mehrere Standortbestimmungen durch. Man geht von einer Mw = —2° aus.

Aufgabe 1: Während man 340° steuert, peilt man mit dem Kompaß den *LT Mellumplate* unter 98° und den Feuerträger der *Buhne A* des *Minsener Oog* unter 312°. Mit der Peilscheibe wird der Feuerträger der *Buhne C* des *Minsener Oog* unter 259° gepeilt.

a) Wie lauten die rechtweisenden Peilungen, wie der rwK?

b) Wo steht die Yacht?

Aufgabe 2: Am Kompaß werden 103° gesteuert. Bei einem Loggestand von 12,2 peilt man mit dem Kompaß den *LT Mellumplate* unter 148°. Etwas später bei einem Loggestand von 14,55 wird der LT unter 193° gepeilt.

a) Wie lauten die rechtweisenden Peilungen, wie der rwK?

b) Um welche Art von Standortbestimmung handelt es sich?

c) Wie weit war man bei der zweiten Peilung vom LT entfernt?

d) Wo steht die Yacht bei der zweiten Peilung?

Aufgabe 3: Bei mittlerem Hochwasser mißt man mit dem Sextanten, die Höhe, unter der der LT *Mellumplate* erscheint, mit 18,6'. Zugleich peilt man den LT am Kompaß unter 146°, während ein KpK von 320° gesteuert wird. Die Höhe des LT kann dem Lfv (S. 42) entnommen werden.

a) Wie weit ist man vom LT entfernt?

b) Wie lautet die rechtweisende Peilung?

c) Wo steht die Yacht?

Lösungen:

1a)

	Mellumplate	Buhne A
Kp↗	98°	312°
δ	— 6°	— 6°
mw↗	92°	306°
Mw	— 2°	— 2°
rw↗	90°	304°

Buhne C	
S↗	259°
KpK	340°
Kp↗	599°
	= 239°
δ	— 6°
mw↗	233°
Mw	— 2°
rw↗	231°

Kurs	
KpK	340°
δ	— 6°
mwK	334°
Mw	— 2°
rwK	332°

1b) Die Yacht steht in unmittelbarer Nähe der Fahrwassertonne 7 der *Oldoog-Rinne.*

2a)

	1. Peilung	2. Peilung
Kp↗	148°	193°
δ	+ 9°	+ 9°
mw↗	157°	202°
Mw	— 2°	— 2°
rw↗	155°	200°

KpK	103°
δ	+ 9°
mwK	112°
Mw	— 2°
rwK	110°

2b) Vierstrichpeilung!

2c)

Loggestand neu	14,55
— Loggestand alt	12,20
Versegelung	2,35

Abstand = Versegelung = 2,35 sm.

2d) φ = 53° 48,5' N; λ = 8° 7' E

3a) Die Höhe des LT beträgt 30 m. Aus den Nautischen Tafeln 10 (vgl. S. 79) ergibt sich ein Abstand von 3 sm.

3b) LT *Mellumplate:*

Kp↗	146°
δ	— 9°
mw↗	137°
Mw	— 2°
rw↗	135°

3c) φ = 53° 48,5' N; λ = 8° 2' E

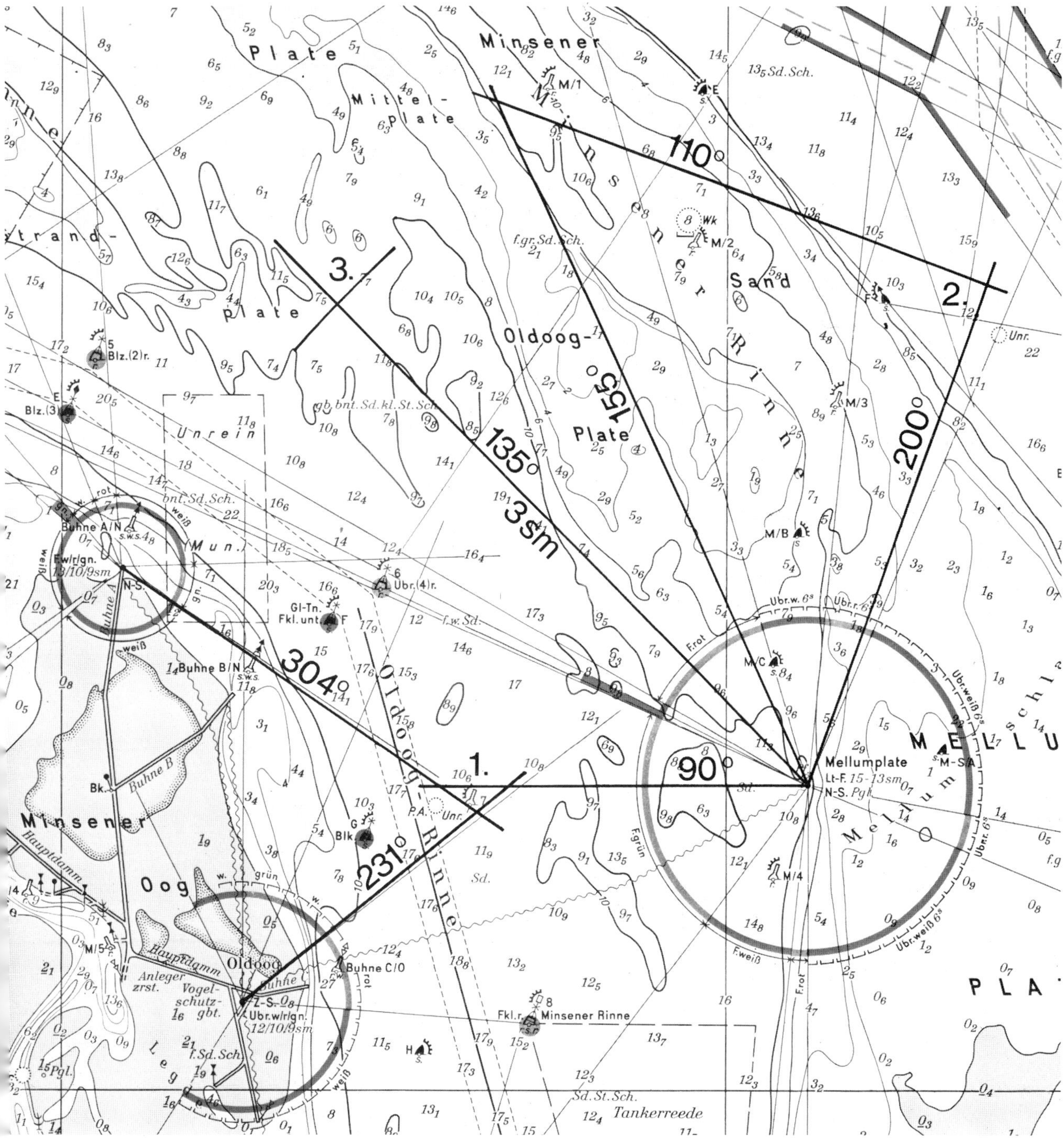

Minsener Plate
Mittel-plate
Minsener Sand
Oldoog-Plate
Rinne
Oldoog-Rinne
Unrein
110°
2.
3.
1.
135°
3sm
155°
200°
304°
90°
231°
Mellumplate
Lt-F. 15-13sm
N-S. Pgl.
Mellum
MELLU
PLA
Minsener Oog
Oldoog
Hauptdamm
Buhne A/N
Buhne B/N
Buhne C/O
Buhne A
Buhne B
Vogelschutzgbt.
Anleger zrst.
Fw/r/gn. 13/10/9sm
Ubr.w/r/gn. 12/10/9sm
Fkl.r. Minsener Rinne
Gl-Tn. Fkl.unt.
Blz.(2)r.
Blz.(3)
Ubr.(4)r.
Sd.St.Sch.
Tankerreede

Die Windabdrift

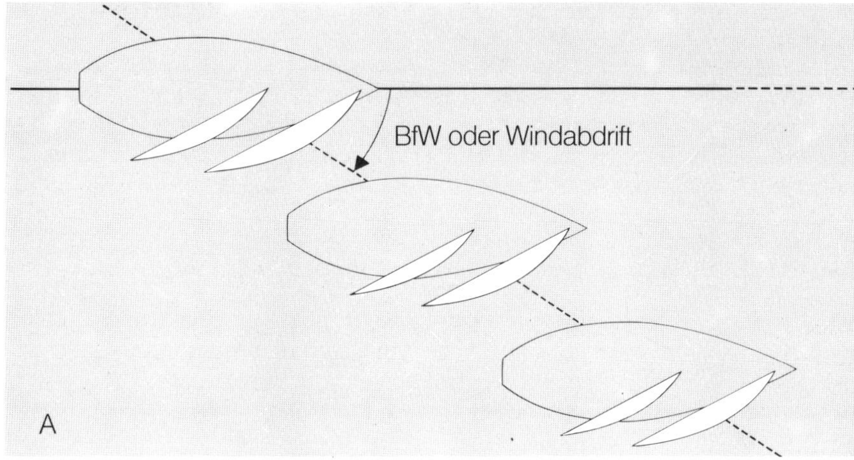

Versetzung durch Wind

Jede hoch am Wind laufende Yacht unterliegt dem mehr oder weniger starken Einfluß der Windabdrift und erfährt dabei eine Versetzung nach Lee. Der durch das Wasser tatsächlich gelaufene Kurs entspricht dann nicht mehr genau der Kielrichtung, sondern unterscheidet sich von ihr um den Winkel der Abdrift (A). **Die Abdrift ist also der Winkelunterschied zwischen dem rechtweisenden Kurs und dem Kurs durch Wasser.** Wir können die Abdrift durch einen Blick nach achtern erkennen: Die Blasenbahn des Kielwassers liegt nicht genau in der Verlängerung der Kiellinie, sondern tendiert etwas nach Luv.

Die Größe der Abdrift ist nicht konstant, sie ergibt sich vielmehr als Erfahrungswert, der meist nur geschätzt werden kann. Neben der Einfallsrichtung und Stärke des Windes hängt sie auch vom Seegang oder der Bauart des Schiffes ab. So verursacht ein langgezogener und tiefer Lateralplan nur geringe Abdrift, halber oder raumer Wind überhaupt keine.

Vom KdW zum KpK

Sobald wir Abdrift durch Wind beobachten, müssen wir am KpK nicht nur Mißweisung und Deviation, sondern auch als Vorhaltewinkel die *Beschickung für Wind (BfW)* anbringen. Wir erhalten so den *Kurs durch Wasser (KdW)*, der dem tatsächlichen Kurs entspricht. Umgekehrt gehen wir vor, wenn ein in der Karte abgesetzter KdW zum KpK beschickt werden soll. Also:

KpK	KdW
+ δ	+ entg. BfW
mwK	rwK
+ Mw	+ entg. Mw
rwK	mwK
+ BfW	+ entg. δ
KdW	KpK

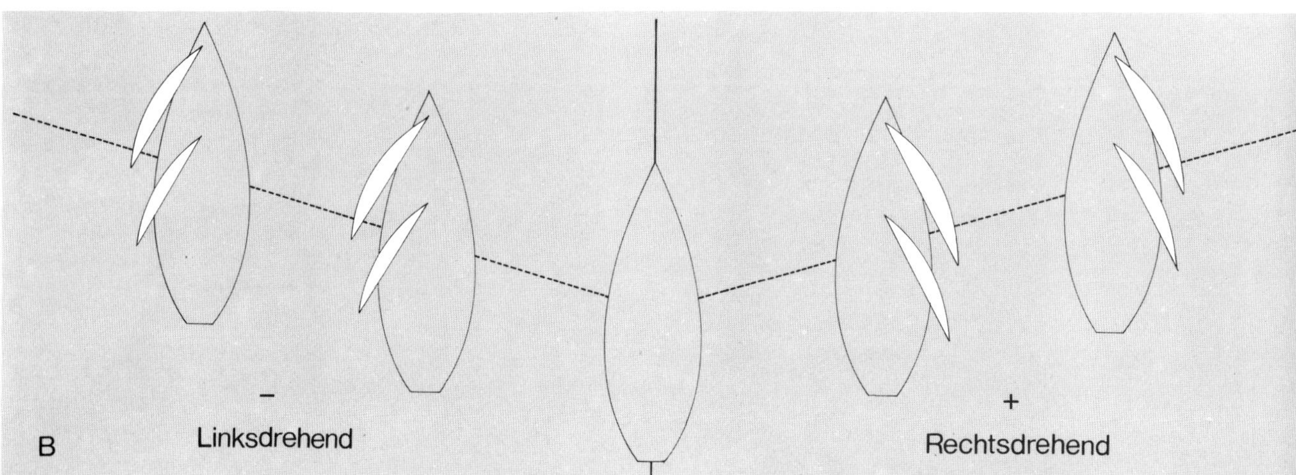

Wird eine Yacht vom Wind nach Stb versetzt, spricht man von einem *rechtsdrehenden* Einfluß. Hier muß die BfW mit positivem Vorzeichen (+) versehen werden, da die BfW den rwK zum KdW vergrößert. Umgekehrt ist es bei *linksdrehendem* Einfluß, wo die BfW negativ (—) wird, da sie den rwK zum KdW verkleinert (Skizze B).

Also:
Rechtsdrehender Einfluß: +
Linksdrehender Einfluß: —

Wahrer Kurs und Kartenkurs

Bisher haben wir ohne BfW gearbeitet, weshalb der Kartenkurs immer der rwK war. Ab jetzt müssen wir uns überlegen, mit welchem Kurs wir in die Karte gehen müssen. Man nennt denjenigen Kurs, der für die Kartenarbeit verwendet werden muß, den *wahren Kurs* oder *Kartenkurs*. Der Kartenkurs kann der rwK sein, wenn kein Windeinfluß zu berücksichtigen ist, oder der KdW, sobald Windabdrift beschickt werden muß.

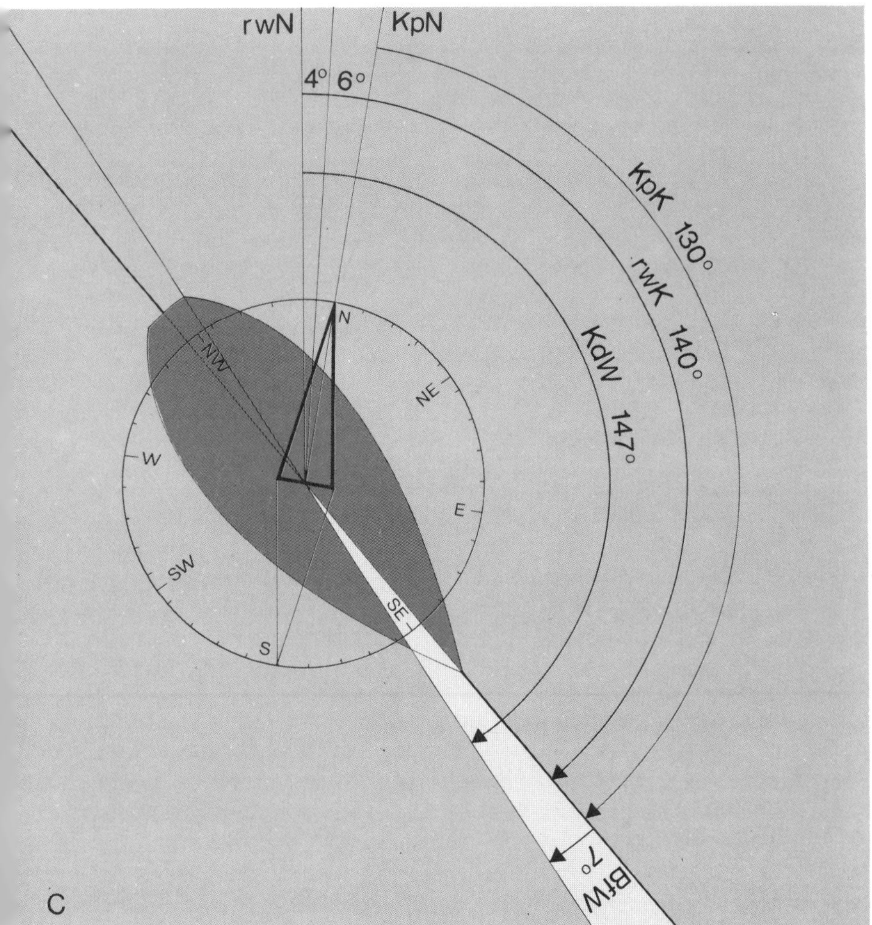

C

Zwei Beispiele

1. Aufgabe: Bei nordöstlichem Wind steuert man nach dem Kompaß 340°. Die Abdrift durch Wind wird mit 5° geschätzt. Mit welchem Kurs muß bei einer Mißweisung von —2° in der Karte gearbeitet werden?

KpK		340°	
δ	—	6°	
mwK		334°	
Mw	—	2°	
rwK		332°	
BfW	—	5°	(linksdrehend)
KdW		327°	

In der Karte hat man mit einem KdW von 327° zu arbeiten.

2. Aufgabe: In der Karte wurde ein Kurs von 147° abgesetzt. Es herrschen östliche Winde vor, weshalb man 7° vorhalten will. Was muß bei einer Mißweisung von +4° am Kompaß gesteuert werden, um das Ziel zu erreichen?

KdW		147°	
entg. BfW	—	7°	(rechtsdrehend)
rwK		140°	
entg. Mw	—	4°	
mwK		136°	
entg. δ	—	6°	
KpK		130°	

Als Kompaßkurs ergeben sich 130° (vgl. Skizze C). Beachte, daß die BfW zwar positiv ist, da man rechtsdrehenden Windeinfluß hat; dennoch muß sie mit negativem Vorzeichen versehen werden, da man zum „falschen" Kurs hin gerechnet hat!

Merke: Ist die Beschickung für Wind gleich Null, so fällt der rwK mit dem KdW zusammen. Dieser ist dann der wahre Kurs oder Kartenkurs.

Stromeinfluß

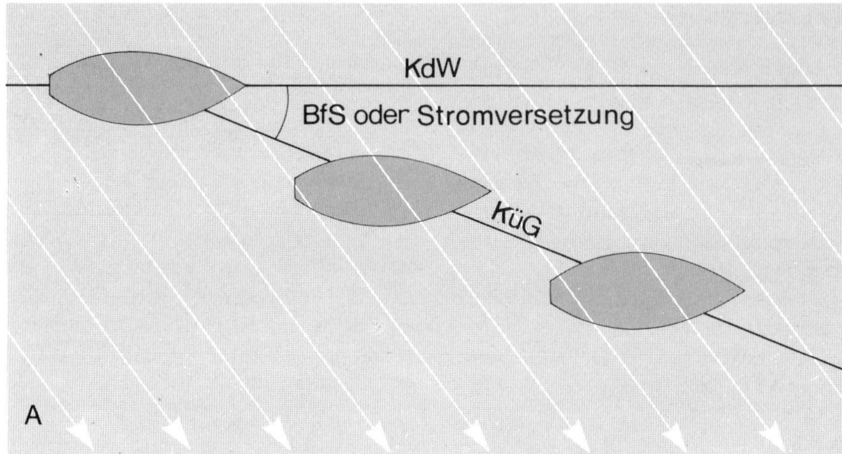

Der Strom: Richtung und Stärke

Neben der Windabdrift kann auch Stromeinfluß eine Yacht von ihrer abgesetzten Kursrichtung abbringen. Der Strom ist jedoch keine schiffsspezifische Größe, sondern wirkt unabhängig vom jeweiligen Schiff. Er wird durch zwei Größen genau bestimmt: Durch *Richtung* und *Stärke*. Anders als beim Wind gibt man beim Strom die Richtung an, in die er setzt. NW-Wind heißt, daß der Wind aus Nordwesten weht — NW-Strom jedoch, daß er nach Nordwesten setzt. Die Stärke bezeichnet man durch die Strömungsgeschwindigkeit in sm/h. Wenn also beispielsweise von S-Strom, 2 sm/h gesprochen wird, so wissen wir, daß das Oberflächenwasser mit einer Geschwindigkeit von 2 sm/h nach Süden setzt. Im Gegensatz zur Besteckversetzung (S. 67) gibt der Strom also nicht eine Distanz, sondern eine Geschwindigkeit an. Doch sprechen beide von der gleichen Richtung.

Genaue Angaben darüber, wo und welcher Strom zu beachten ist, können wir den Seehandbüchern oder dem **Gezeitenstromatlas** entnehmen. In Gezeitenrevieren unterliegen die Stromverhältnisse dem Rhythmus der Tide, in anderen Revieren den momentanen Windverhältnissen. Gerade in engen Passagen zwischen Inseln werden häufig Strömungen beobachtet, doch setzen sie nicht immer genau mit dem Wind. Sie passen sich vielmehr den Küstenformationen an und laufen oft noch längere Zeit, nachdem der Wind bereits umgesprungen ist, in der ursprünglichen Richtung weiter.

Kurs über Grund (KüG)
Fahrt über Grund (FüG)

Der Strom beeinflußt ebenso wie die Windabdrift den Kurs einer Yacht. Wir erhalten deshalb eine neue Kurslinie, die sich vom uns bereits bekannten *Kurs durch Wasser (KdW)* unterscheidet. Diesen Kurs, der sich unter dem Einfluß von Strom ergibt, nennt man *Kurs über Grund (KüG)*. Sobald Strom herrscht, ist der Kurs über Grund der wahre Kurs oder Kartenkurs, mit dem wir in der Karte arbeiten. Denn der KüG ergibt diejenige Kurslinie, auf der wir uns tatsächlich bewegen.

Entsprechend müssen wir auch zwischen *Fahrt durch Wasser (FdW)* und *Fahrt über Grund (FüG)* unterscheiden. Denn je nach dem, in welche Richtung der Strom setzt, beeinflußt er die Fahrt — sei es, daß er das Schiff bremst, sei es, daß er es beschleunigt.

Beachte: Bei der Kartenarbeit müssen wir den KüG als wahren Kurs verwenden, sofern Strom zu berücksichtigen ist. Ebenso muß beim Koppeln von der FüG ausgegangen werden, wenn auch die Logge die FdW angibt.

Stromversetzung in Grad

Zwischen dem KdW und dem KüG ergibt sich als Winkelunterschied die sogenannte *Stromversetzung* oder die *Beschickung für Strom (BfS)*. Die Stromversetzung ist streng vom Strom zu unterscheiden. Während der Strom in Richtung und Stärke angegeben wird, mißt man die Stromversetzung in Grad (A). Der Strom ist in seiner Größe unabhängig von Kurs und Geschwindigkeit einer Yacht, der Stromversetzungswinkel dagegen variiert mit unterschiedlichen Kursen und Geschwindigkeiten. Wir können sagen, die Stromversetzung ist das auf unserer Yacht beobachtbare Ergebnis aus dem Zusammenwirken von Kurs, Fahrt und Strom.

Kennen wir die Beschickung für Strom (BfS), so können wir folgendermaßen rechnen:

KdW	KüG
+ BfS	+ entg. BfS
KüG	KdW

Auch hier ist zu beachten, daß die BfS positiv ist, falls sie das Schiff nach Steuerbord versetzt, dagegen negativ, falls sie unsere Yacht nach Backbord versetzt.

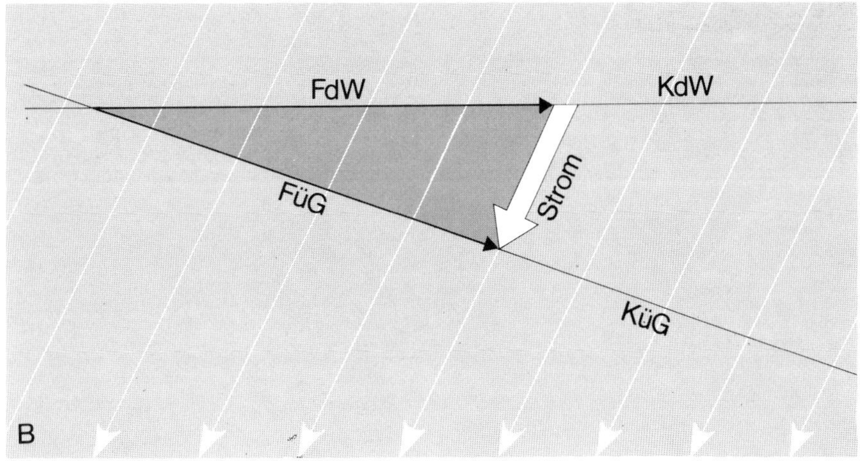

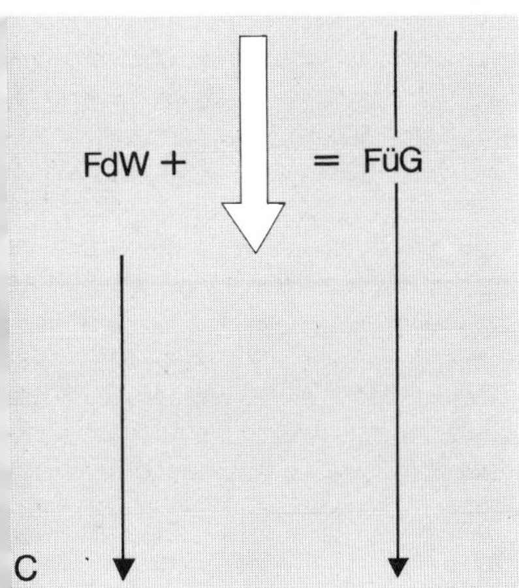

Das Stromdreieck

Ist uns nur der Strom in seiner Stärke und Richtung bekannt und unser Kurs durch Wasser, können wir nicht ohne weiteres auf den Winkel für Stromversetzung schließen. Wir müssen deshalb den für die Kartenarbeit benötigten KüG auf andere Weise finden. Hierbei behilft man sich mit einer zeichnerischen Lösung, der vektoriellen Darstellung.

Man verwendet hierfür Pfeile, deren Länge der Geschwindigkeit und deren Richtung auch der Richtung von Kurs und Strom entsprechen. Setzt man den Stromvektor an die Spitze des die FdW darstellenden Vektors an, erhält man eine Art offenes Dreieck (B). Schließt man nun das Dreieck mit der dritten Seite, erhält man unmittelbar zwei Informationen: Die Richtung dieser Seite entspricht dem gesuchten Kurs über Grund, die Länge der Seite der Fahrt über Grund.

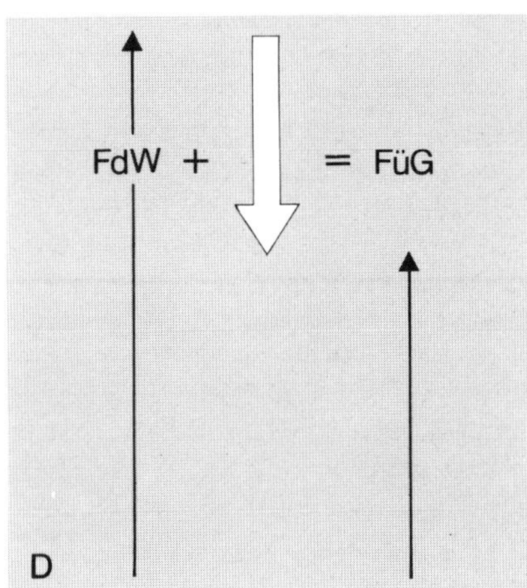

Mit Hilfe dieses Stromdreiecks können wir immer aus zwei bekannten Seiten auf die dritte schließen: Ist uns der KdW und der Strom bekannt, erhalten wir den KüG. Wir können aber auch umgekehrt aus dem KdW und dem KüG zeichnerisch Richtung und Stärke des Stromes ermitteln.

Ein Sonderfall liegt vor, wenn Strom und KdW parallel laufen . Die BfS wird dann gleich Null, KdW und KüG fallen zusammen. Der Strom bewirkt nur eine Änderung der Geschwindigkeit, nicht aber des Kurses. Setzt der Strom mit der Yacht, vergrößert sich ihre Fahrt über Grund (Skizze C), setzt er aber entgegen, so verringert sie sich (Skizze D).

Stromaufgaben

In der Praxis der Stromnavigation tauchen im wesentlichen folgende Probleme auf, die wir mit Hilfe des Stromdreiecks lösen müssen:

1. Aufgabe: Wohin kommen wir?

Wir haben unseren Kurs abgesetzt und der herrschende Strom ist bekannt. Wohin kommen wir? Wir wollen also den Zielpunkt wissen. Bekannt sind uns der KdW, der sich aus dem mit der Gesamtberichtigung beschickten KpK ergibt, die FdW von der Logge und der herrschende Strom nach Richtung und Stärke etwa aus dem Seehandbuch. Die Aufgabe haben wir bereits im Zusammenhang mit dem Stromdreieck gelöst. Am bekannten Ausgangspunkt trägt man die FdW als Vektor in Richtung des KdW an, und fügt an der Spitze den Strom in Richtung und Stärke hinzu. Die dritte Dreiecksseite ergibt sowohl den KüG als auch die FüG. Da wir uns auf der KüG-Linie bewegen, liegt unser Ziel auf dieser Linie (Skizze A).

Beachte:
Bei diesem konstruierten Dreieck handelt es sich um ein spezielles Stromdreieck, das sogenannte *Stundendreieck*, in dem jede Seite jeweils der Bewegung pro Stunde entspricht — also genau der FdW, der FüG und der Stromstärke.

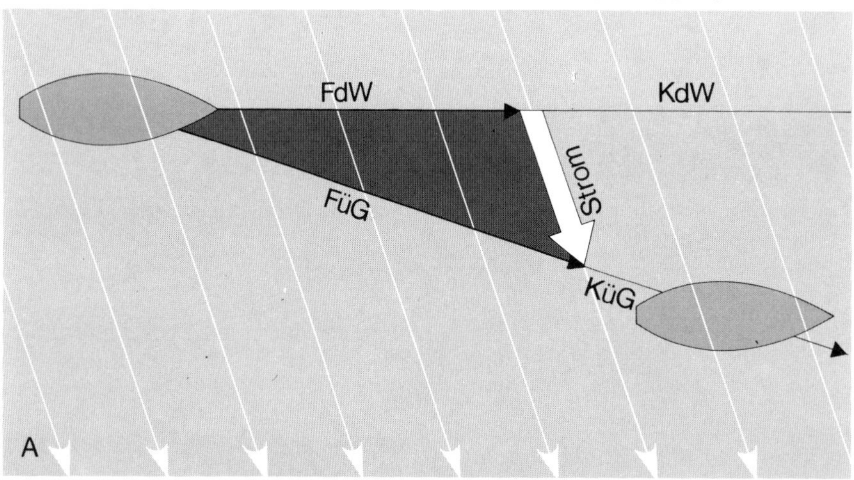

2. Aufgabe: Welcher Strom herrscht?

Nachdem unser Kurs abgesetzt ist, stellen wir fest, daß der tatsächlich gelaufene Kurs nicht dem abgesetzten Kurs entspricht. Welche Stromverhältnisse liegen vor?
Wir wollen also den Strom in Richtung und Stärke wissen, um ihn möglicherweise bei der weiteren Navigation zu berücksichtigen. Bekannt sind uns der in der Karte abgesetzte KdW, die FdW von der Logge und der wahre Schiffsort, der nicht auf der KdW-Linie liegt. Als Zwischenschritt ermitteln wir zunächst die Besteckversetzung (vgl. S. 67) in Richtung und Distanz. Wir verbinden den Ausgangspunkt mit dem wahren Schiffsort und erhalten so den KüG. Außerdem tragen wir vom Ausgangspunkt den KdW in die Karte ein. Der Logge entnehmen wir den durch Wasser zurückgelegten Weg (WdW) und tragen ihn auf der KdW-Linie ab. Wir erhalten so den gegißten Ort, den wir zum gleichen Zeitpunkt, zu dem wir am wahren Ort stehen, ohne Stromeinfluß erreicht hätten. Verbinden wir beide Orte miteinander, so können wir die Besteckversetzung in Richtung und Distanz unmittelbar aus der Karte ablesen.
Beachte: Wahrer und gegißter Ort müssen immer auf den gleichen Zeitpunkt bezogen sein!
Die Richtung der Besteckversetzung fällt mit der Stromrichtung zusammen. Wir suchen nun noch die Stromstärke. Hierfür muß das bereits gezeichnete Stromdreieck durch Parallelverschiebung in ein Stundendreieck verwandelt werden: Vom Ausgangspunkt wird auf dem KdW die FdW abgetragen und im Endpunkt eine Parallele zur Linie der Besteckversetzung gezogen. Diese Parallele entspricht in der Länge der Stromstärke (Skizze B).

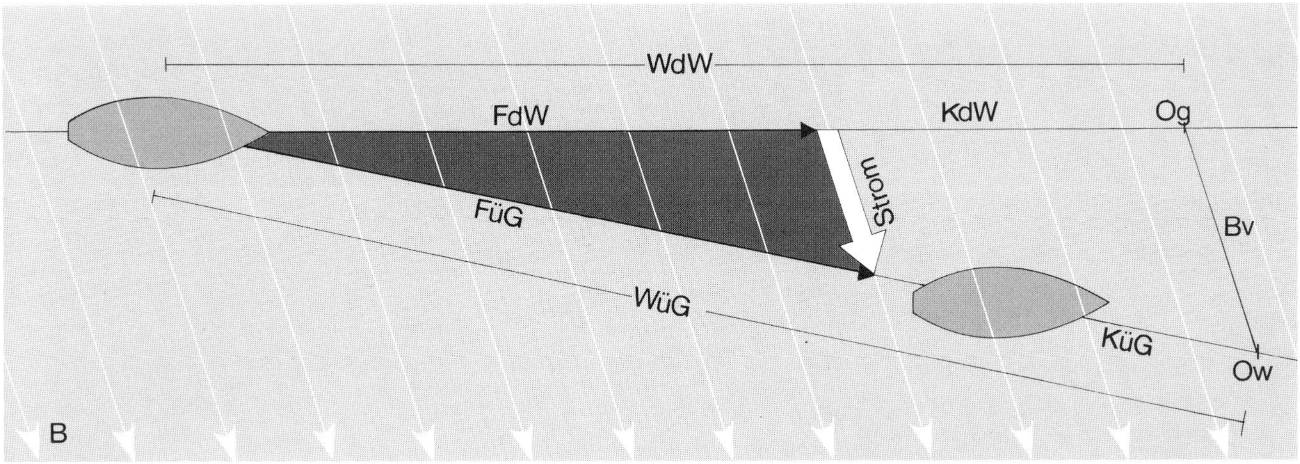

3. Aufgabe:
Mit welchem Kurs kommen wir zum Ziel?

Wir kennen die herrschenden Stromverhältnisse und wollen ein bestimmtes Ziel erreichen. Welchen Kurs müssen wir steuern? Wir wollen also den zu steuernden KpK wissen, um trotz der Stromverhältnisse unser gewünschtes Ziel zu erreichen, und kennen unsere Fahrt durch Wasser und den Strom nach Richtung und Stärke. Zunächst verbinden wir den Ausgangspunkt mit dem Zielpunkt und erhalten sofort den KüG. Im Ausgangspunkt tragen wir außerdem den Strom in Richtung und Stärke als Vektorpfeil an. Dann nehmen wir die uns bekannte oder geschätzte FdW in den Zirkel und ziehen einen Kreis um die Pfeilspitze als Mittelpunkt. Dieser Kreisbogen schneidet die KüG-Linie. Wir verbinden den eben erhaltenen Schnittpunkt mit der Pfeilspitze des Stromvektors und erhalten die gesuchte KdW-Linie (Skizze C). Wir dürfen anschließend natürlich nicht vergessen, den erhaltenen KdW mit der Gesamtberichtigung zum KpK zu beschicken.

Will man nun noch wissen, wann man das Ziel erreichen wird, muß man durch Parallelverschiebung das eben erhaltene Stundendreieck in ein Stromdreieck verwandeln, dessen eine Ecke der Zielpunkt bildet. Hieraus kann sofort der Weg durch Wasser entnommen werden und in Verbindung mit der Fahrt durch Wasser leicht die gesuchte Zeitspanne t errechnet werden aus

$$t = \frac{WdW}{FdW}$$

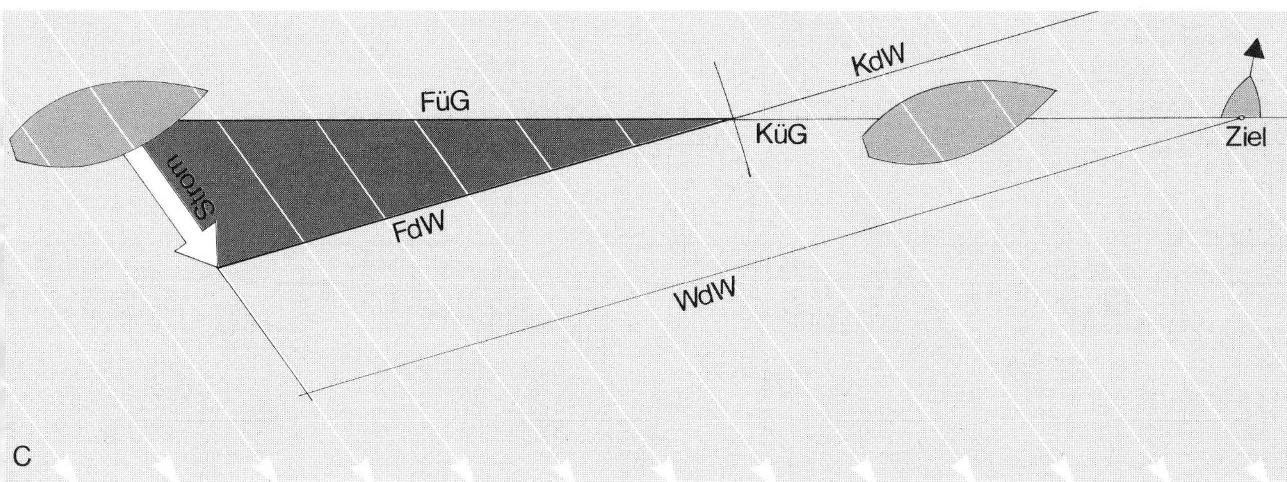

Grundaufgaben (IV)

Aufgabe 7: Was muß hier die Logge zeigen?

Aufgabe 8: Man nimmt an, daß man durch Strom versetzt wurde. Richtung und Stärke des Stromes?

Aufgabe 9: Was war der KüG, wie groß die FüG?

Aufgabe 10: Man entschließt sich, von hier aus Kurs zur Tonne 1 des Fahrwassers *Neue Weser* abzusetzen, wobei man von gleichen Stromverhältnissen ausgeht. Was muß am Kompaß gesteuert werden?

In den folgenden Aufgaben ist mit einer Mißweisung von -3° zu rechnen.

Aufgabe 1: Eine Yacht steuert am Kompaß 73°. Bei NE-Wind 4—5 Bft. rechnet man mit einem Windversatz von 4°. Wie lautet der rwK, wie der KdW?

Aufgabe 2: Mit welchem Kurs muß in der Karte gearbeitet werden?

Aufgabe 3: Um 15.25 h erreicht die Yacht bei einem Loggestand von 22,9 die *Schlüsseltonne*. Von hier setzt man neuen Kurs ab zur Fahrwassertonne A/1 des Fahrwassers *Alte Weser*. Mit Windabdrift wird nicht mehr gerechnet. Warum nicht?

Aufgabe 4: Welcher Kurs ist zu steuern?

Aufgabe 5: Wann muß die Tonne bei einer FdW von 6 kn erreicht werden?

Aufgabe 6: Um 15.58 h passiert man jedoch die Tonne A/A des gleichen Fahrwassers. Wie lautet die Besteckversetzung?

Lösungen:

1.

KpK	73°	
δ	+10°	
mwK	83°	
Mw	— 3°	
rwK	80°	
BfW	+ 4°	(rechtsdrehend)
KdW	84°	

2. Der Kartenkurs (wahrer Kurs) ist gleich dem KdW = 84°.

3. Die Yacht segelt mit raumen Wind, wo Windabdrift nicht zu bemerken ist.

4.

	rwK	115°
entg.	Mw	+ 3°
	mwK	118°
entg.	δ	— 8°
	KpK	110°

5. Es gilt: $t\,(\text{min}) = \dfrac{D\,(\text{sm}) \cdot 60}{F\,(\text{kn})}$

$$t = \frac{3{,}3 \cdot 60}{6} = 33\ (\text{min})$$

Schlüsseltonne	15.25 h
Zeitspanne	00.33 h
Tonne A/1	15.58 h

6. Bv: 238° — 1,1 sm

7. Loggestand alt	22,9
Weg durch Wasser	3,3
Loggestand neu	26,2

8. Stromrichtung entspricht der Richtung der Bv: 238°.
Stromstärke kann man entweder durch die Konstruktion eines Stundendreiecks erhalten oder durch folgende Rechnung: In 33 min wurde die Yacht 1,1 sm versetzt. Wie weit würde sie in 60 min versetzt? Also:

$$\text{Stärke} = \frac{1{,}1 \cdot 60}{33} = 2\ \text{sm/h}$$

9. KüG = 133,5°

$$\text{Es gilt: FüG} = \frac{\text{WüG} \cdot 60}{t}$$

$$\text{FüG} = \frac{2{,}9 \cdot 60}{33} = 5{,}3\ \text{kn}$$

10. Durch die Konstruktion eines Stromdreiecks (hier eines 33 min-Dreiecks) erhält man als KdW = 150°

KdW =	rwK	150°
entg.	Mw	+ 3°
	mwK	153°
entg.	δ	— 5°
	KpK	148°

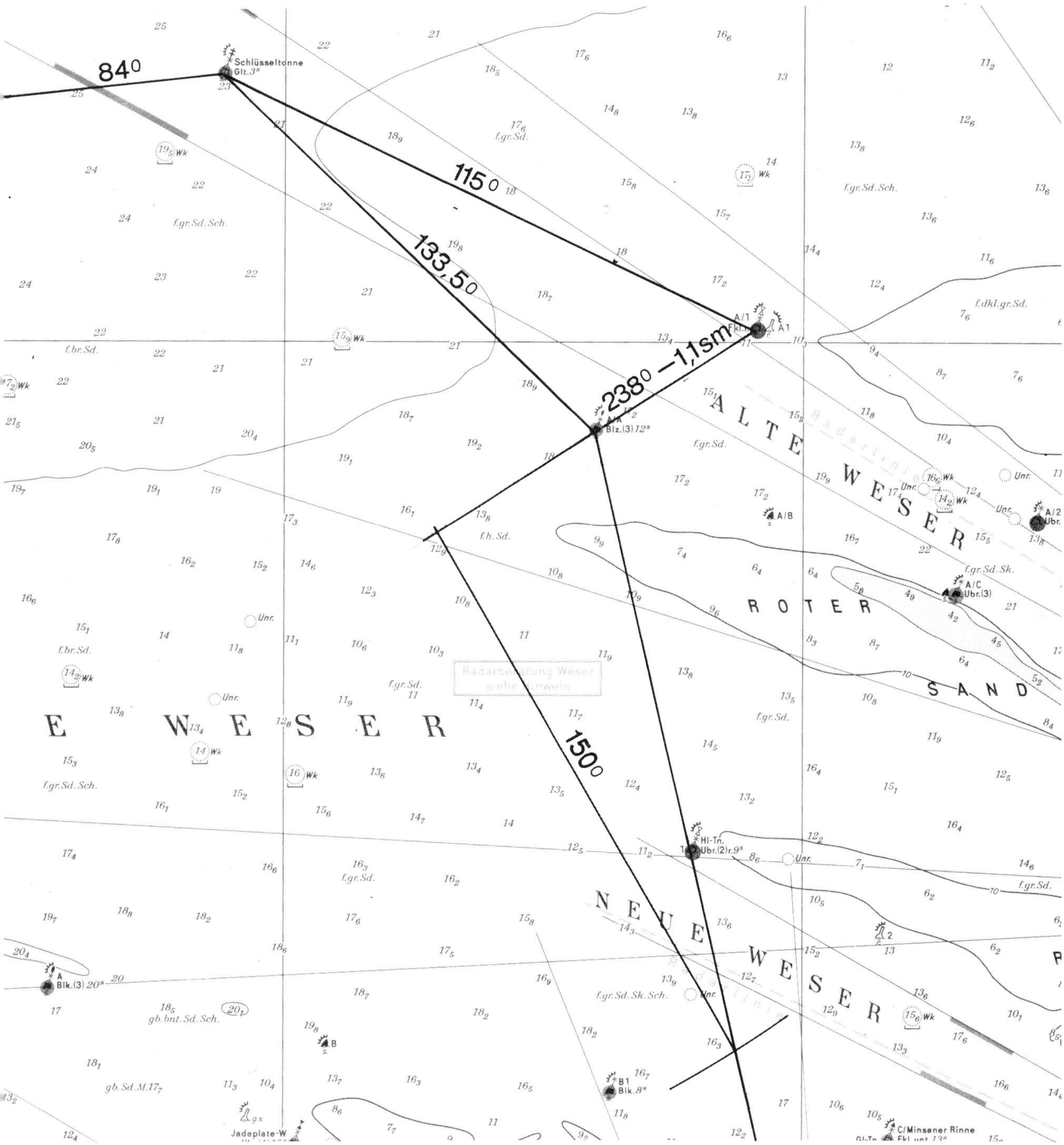
84°
Schlüsseltonne
Glt.3s
115°
133,5°
238° –1,1sm
A/1
Fkl.
A/A
Blz.(3)12s
150°
ALTE WESER
ROTER SAND
WESER
NEUE WESER
HI-Tn.
Ubr.(2)r.9s
A/B
A/C
Ubr.(3)
A/2
Ubr.
A
Blk.(3)20s
B
B1
Blk.8s
Jadeplate-W
C/Minsener Rinne
Radarberatung Weser
siehe Hinweis

Peilungen bei Windabdrift oder Stromeinfluß

Wind und Strom haben keinen Einfluß auf das Ergebnis einzelner Kompaß- oder Seitenpeilungen.
Anders liegt es bei *Doppelpeilungen.* Herrscht nur Windeinfluß, so ergeben sich keine Probleme. Beide Peilungen werden zu rechtweisenden Peilungen beschickt; die zur Konstruktion notwendige Versegelung entnehmen wir der Logge unmittelbar, die ja immer den WdW angibt.

Im speziellen Fall der *Verdoppelungspeilungen* müssen wir aber beachten, daß die Peilwinkel auf den KdW und nicht auf die Kiellinie zu beziehen sind. Denn nur dann bleibt ihre Besonderheit (Versegelung = Distanz zum Peilobjekt) erhalten.
Beispiel A: *Eine Yacht läuft einen KdW von 112°. BfW bei NE-Wind 4°. Man peilt eine Landmarke unter 45° und später unter 90° an Stb. Liegt eine Vierstrichpeilung vor?*
Nein, denn die auf den KdW bezogenen Winkel sind um die BfW kleiner; sie betragen also 41° und 86°.
Beispiel B: *Eine Yacht läuft einen KdW von 220°. BfW bei W-Wind 3°. Wie müßten die an Stb vorgenommenen Seitenpeilungen für eine Vierstrichpeilung lauten?*
Hier gilt folgende Merkregel:

- Wird vom Peilobjekt weg vorgehalten, muß der Vorhaltewinkel zum Peilwinkel addiert werden.
- Wird auf das Peilobjekt zu vorgehalten, muß der Vorhaltewinkel vom Peilwinkel abgezogen werden.

Da wir auf das Peilobjekt zu vorhalten, ergeben sich als gesuchte Winkel: 42° bzw. 87°.

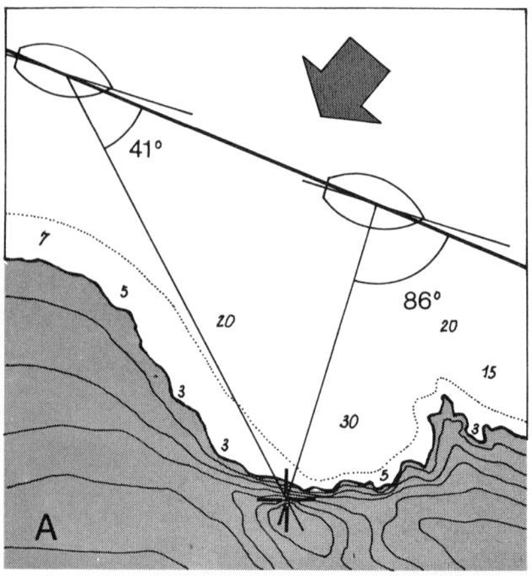

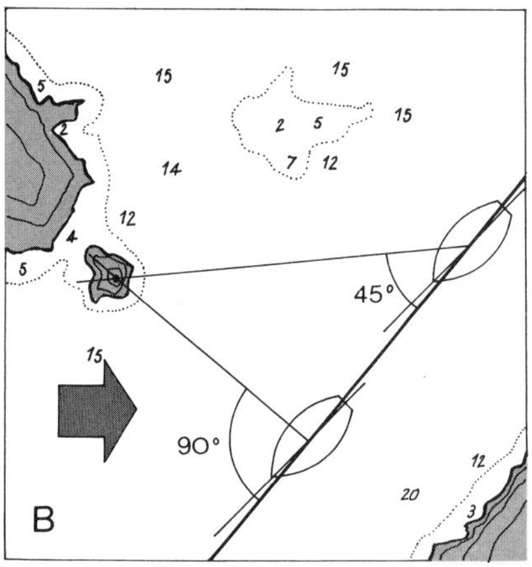

2
Gezeiten

Die Tidenkurve

Hochwasser und Niedrigwasser

Das Phänomen der Gezeiten ist uns allen bekannt. Wir können in unseren Revieren während eines Tages etwa zwei Hoch- und zwei Niedrigwasser beobachten. Das heißt, die Wasserhöhe steigt etwa 6 Stunden lang an und nimmt anschließend ebenso lange ab, um von neuem wieder zuzunehmen. Neben den unterschiedlichen Wasserhöhen, müssen wir auch die mit den Gezeiten verbundenen Strömungen berücksichtigen, die man sogar in gezeitenfreien Revieren (Ostsee und Mittelmeer) an manchen Engstellen, wie der Straße von Messina, beobachten kann.

Sobald der höchste Wasserstand eintritt, spricht man von *Hochwasser (HW)*, und beim niedrigsten Wasserstand von *Niedrigwasser (NW)*. Um genauer zu sein, muß man zwischen *Hochwasserhöhe (HWH)* bzw. *Niedrigwasserhöhe (NWH)* und *Hochwasserzeit (HWZ)* bzw. *Niedrigwasserzeit (NWZ)* unterscheiden. Das erste gibt die Höhe des Wassers in Metern an, das zweite den Zeitpunkt des Eintretens.

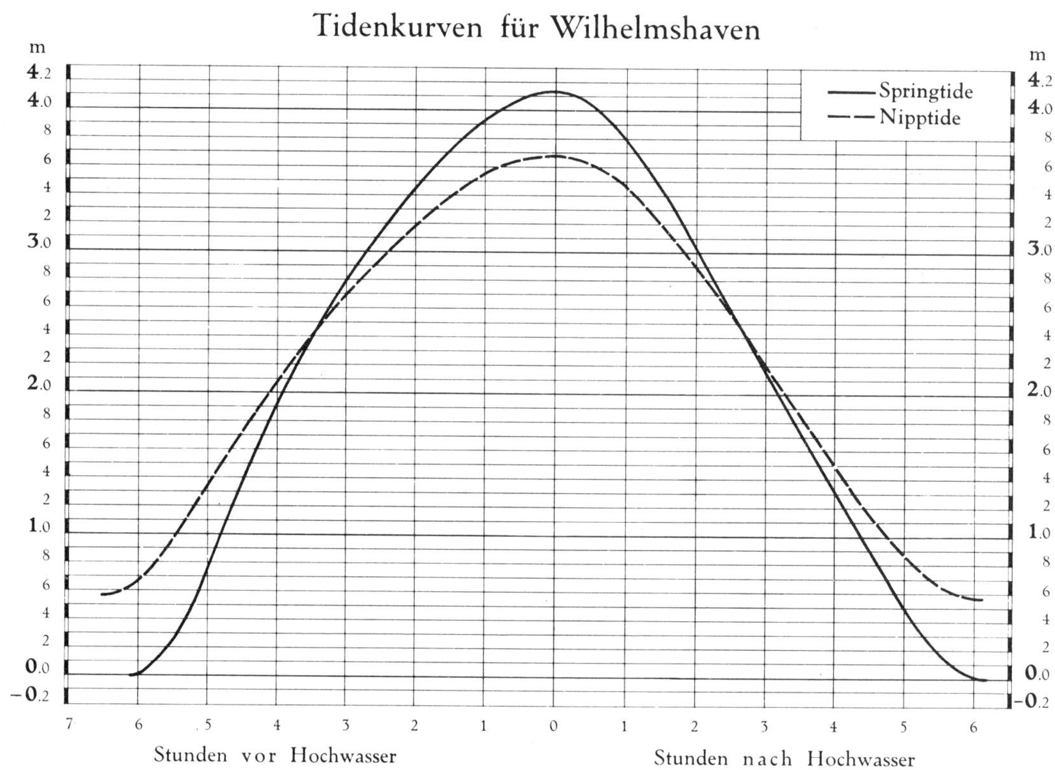

Flut + Ebbe = Tide

Den Zeitraum von einem NW zum darauffolgenden nennt man *Tide* oder *Gezeit.* Sie setzt sich zusammen aus einer *Flut* und der nachfolgenden *Ebbe,* wobei unter Flut das Steigen des Wassers von einem NW zum folgenden HW, unter Ebbe das Fallen des Wassers von einem HW zum folgenden NW verstanden wird. Die Dauer der Flut heißt *Steigdauer (SD),* die Dauer der Ebbe entsprechend *Falldauer (FD).* Die Steigdauer ist oft etwas kürzer als die Falldauer.

Tidenstieg und Tidenfall

Den Höhenunterschied zwischen einer HWH und der vorhergehenden NWH bezeichnet man mit *Tidenstieg (TS)* und den Höhenunterschied zwischen einer HWH und der folgenden NWH mit *Tidenfall (TF).* Da in aller Regel zwei aufeinander folgende NW nicht die gleiche Wasserhöhe erreichen, hat man ein Mittel aus Tidenstieg und Tidenfall, den sogenannten *Tidenhub (TH),* gebildet, also:
$TH = 1/2 \cdot (TS + TF)$.
Die Tidenkurve stellt sich uns als Sinuskurve dar, deren ungefähren Verlauf wir auch rechnerisch durch die sogenannte *Zwölftelregel* erhalten. Gibt man den TH in Abhängigkeit von der Steig- bzw. Falldauer jeweils in Zwölfteln des gesamten TH an,
so gilt:

1. Stunde: $1/12$ des Tidenhubs
2. Stunde: $2/12$ des Tidenhubs
3. Stunde: $3/12$ des Tidenhubs
4. Stunde: $3/12$ des Tidenhubs
5. Stunde: $2/12$ des Tidenhubs
6. Stunde: $1/12$ des Tidenhubs

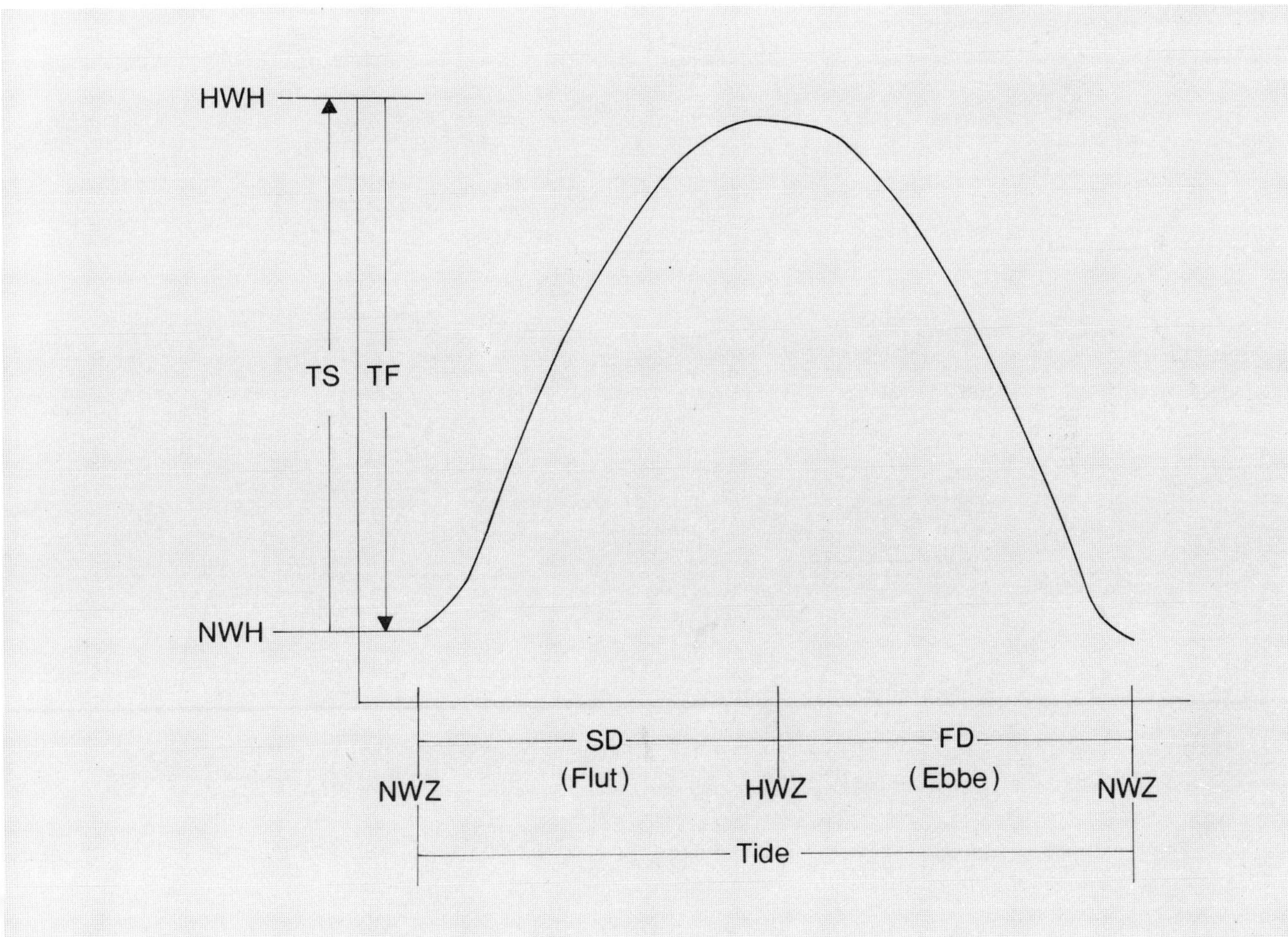

Die Gezeitenkurve

Springzeit und Nippzeit

Während die Tidenkurve den Verlauf einer Gezeit darstellt, also einen Zeitraum von etwa 12 Stunden überdeckt, gibt uns die Gezeitenkurve den Verlauf mehrerer aufeinander folgender Gezeitenwellen an. Wie wir in Skizze A erkennen, sind die Höhen von jeweils aufeinander folgenden Hochwassern bzw. Niedrigwassern nicht gleich, sondern sie nehmen im Verlauf von etwa 14 Tagen kontinuierlich ab bzw. zu. Hat man ein überdurchschnittlich hohes Hochwasser, so findet man zugleich auch eine unter dem Durchschnitt liegende Niedrigwasserhöhe vor. Man spricht dann von *Springzeitverhältnissen.* Umgekehrt ist es bei der *Nippzeit:* Hier hat man hohe Niedrigwasser- und niedrige Hochwasserhöhen. Der zwischen Springzeit und Nippzeit liegende Zeitraum mit ausgeglicheneren Wasserhöhen heißt *Mittzeit.*

Das in der Spring- bzw. Nippzeit auftretende Hochwasser nennt man dann *Springhochwasser (SpHW)* bzw. *Nipphochwasser (NpHW).*

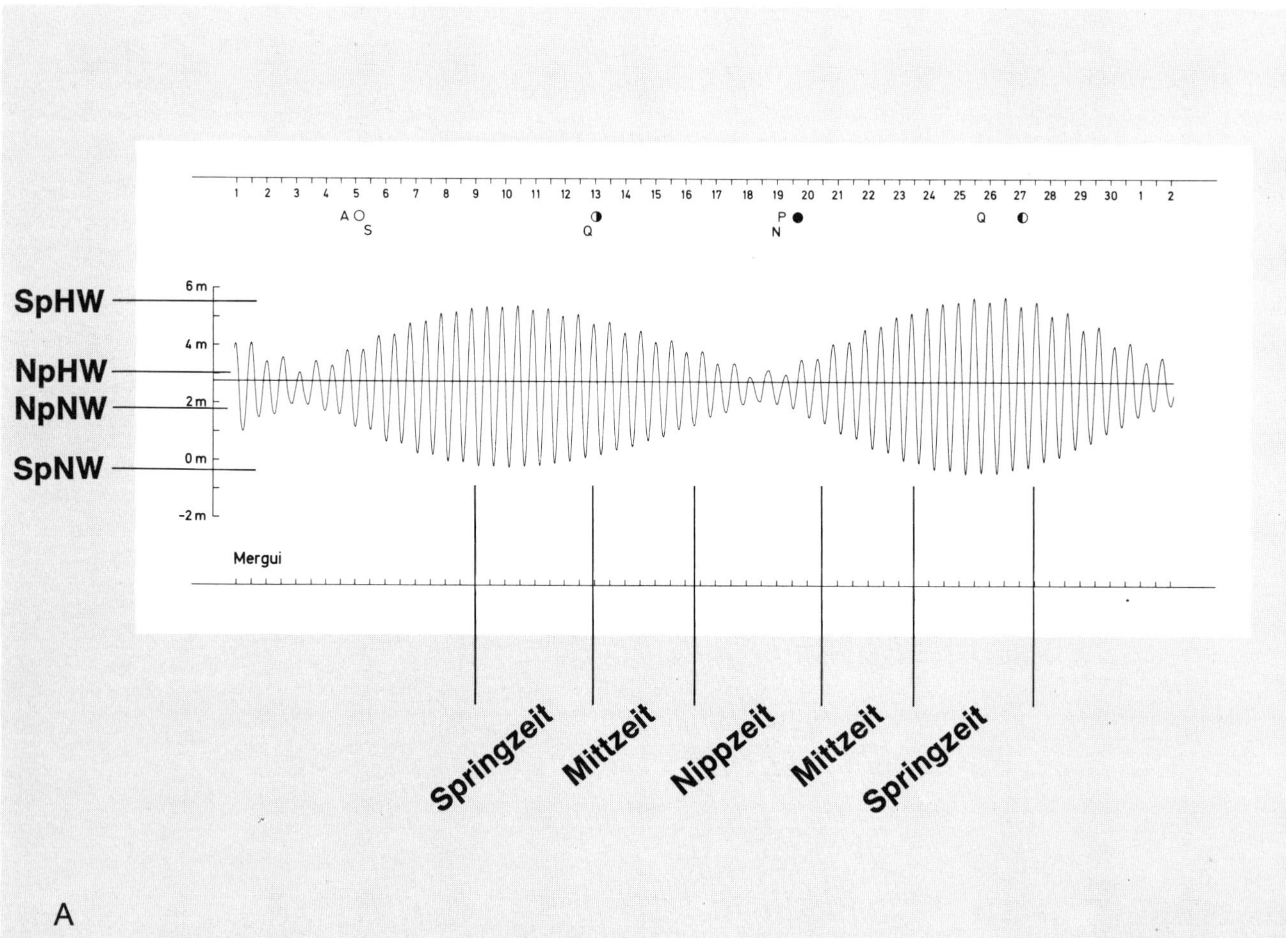

A

Springhochwasser ist also ein besonders hohes Hochwasser, Nipphochwasser ein besonders niedriges Hochwasser. Ebenso gibt es ein *Springniedrigwasser (SpNW)*, also ein besonders niedriges Niedrigwasser, und ein *Nippniedrigwasser (NpNW)*, ein besonders hohes Niedrigwasser.
Allgemein können wir sagen: Zur Springzeit treten große Extremwerte auf, wir haben also eine große Amplitude; zur Nippzeit dagegen treten vergleichsweise geringe Extremwerte auf, wir haben also eine kleine Amplitude (B).

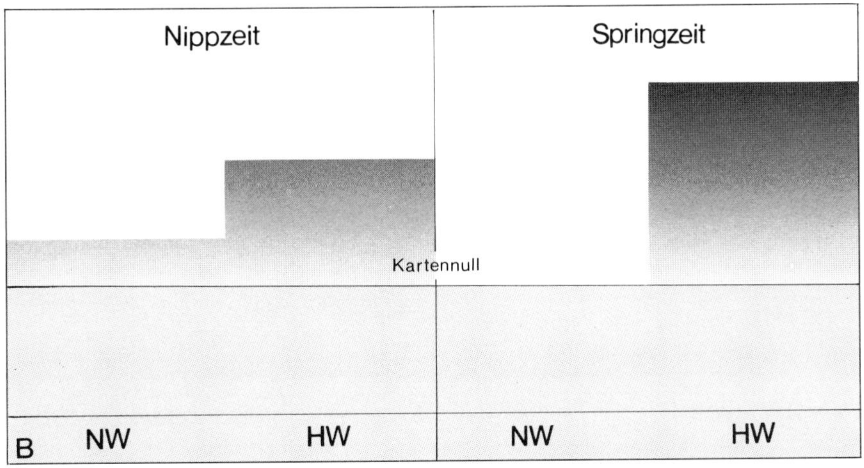

Nochmals: Das Kartennull

Da sich die Wasserhöhe nicht nur täglich ändert, sondern auch im Verlauf eines Monats nicht unerheblichen Schwankungen unterliegt, müssen wir uns erinnern, auf welches Niveau die Tiefenangaben in der Seekarte im Gezeitenrevier bezogen sind. Auf S. 24 haben wir gesagt, daß man vom *mittleren Springniedrigwasser* ausgeht. Das Kartennull deutscher Seekarten ist also auf die durchschnittliche Niedrigwasserhöhe zur Springzeit bezogen, auf eine Wasserhöhe also, die im Verlauf der Gezeitenkurve meistens überschritten wird. Wir können also davon ausgehen, daß wir nur selten so wenig Wasser vorfinden, wie die Karte es uns angibt. Diese Bezugshöhe gilt aber, wie bereits erwähnt, nicht in allen Ländern, manchmal gibt es sogar revierbezogene Abweichungen innerhalb eines Landes. So finden wir in der Nordbretagne, etwa in St. Malo, daß das Kartennull etwa 1,50 m unter dem mittleren Springniedrigwasser liegt.

Wassertiefe — Kartentiefe

Die *Kartentiefe* entnehmen wir der Seekarte. Die meist über dem Kartennull liegende Wasserhöhe nennt man *Höhe der Gezeit*. Beides addiert ergibt die von uns momentan, etwa mit dem Lot, feststellbare *Wassertiefe (WT)*. Also:

WT = Kartentiefe + Höhe der Gezeit

Alle den Gezeitentafeln entnommenen Wasserhöhen sind auf Kartennull bezogen, so daß jeweils die Kartentiefe addiert werden muß, um die Wassertiefe zu erhalten (C).

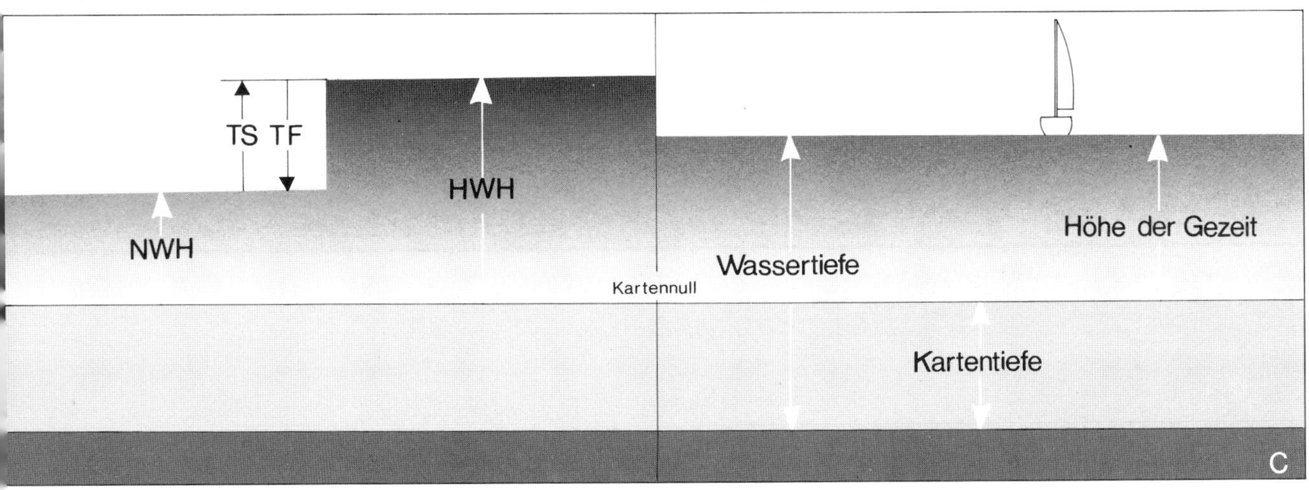

Tafel 3a
Mondphasen 1975. M.G.Z.

		d	h	m		d	h	m		d	h	m		d	h	m
Letztes Viertel	Januar	4	19	04	April	3	12	25	Juli	1	16	37	September	28	11	46
Neumond		12	10	20		11	16	39		9	04	10	Oktober	5	03	23
Erstes Viertel		20	15	14		19	04	41		15	19	47		12	01	15
Vollmond		27	15	09		25	19	55		23	05	28		20	05	06
Letztes Viertel	Februar	3	06	23	Mai	3	05	44		31	08	48		27	22	07
Neumond		11	05	17		11	07	05	August	7	11	57	November	3	13	05
Erstes Viertel		19	07	39		18	10	29		14	02	24		10	18	21
Vollmond		26	01	15		25	05	51		21	19	48		18	22	28
Letztes Viertel	März	4	20	20	Juni	1	23	23		29	23	20		26	06	52
Neumond		12	23	47		9	18	49	September	5	19	19	Dezember	3	00	50
Erstes Viertel		20	20	05		16	14	58		12	11	59		10	14	39
Vollmond		27	10	36		23	16	54		20	11	50		18	14	40
Letztes Viertel	April	3	12	25	Juli	1	16	37		28	11	46		25	14	52

Trockengefallen wartet diese Yacht auf steigendes Wasser.

Springverspätung

Wann wir mit Springverhältnissen, wann mit Nippverhältnissen zu rechnen haben, hängt von der jeweiligen Mondphase ab (vgl. S. 110). Allgemein gilt, daß Springverhältnisse zur Vollmond- und Neumondzeit, Nippverhältnisse zur Halbmondzeit auftreten. Um die herrschenden Wasserverhältnisse zu bestimmen, setzt man die Dauer von Spring- und Nippzeit mit jeweils 4 Tagen an, die Dauer der Mittzeit mit 3 Tagen. Hierbei beginnt die Springzeit jeweils zwei Tage vor der vollendeten Phase des Vollmondes bzw. des Neumondes und endet entsprechend zwei Tage danach.

Für einen halben Mondumlauf ergibt sich also folgender Rhythmus:

Springverhältnisse	4 Tage
Mittverhältnisse	3 Tage
Nippverhältnisse	4 Tage
Mittverhältnisse	3 Tage
Insgesamt	14 Tage

In europäischen Gewässern fällt jedoch die Springzeit, das heißt die Tide mit maximaler Amplitude, nicht genau mit dem Vollmond bzw. Neumond zusammen. Sie verspätet sich vielmehr gegenüber der Mondphase. Diese zeitliche Verschiebung zwischen dem Eintreten des Vollmondes oder Neumondes und der Springzeit nennt man *Springverspätung*. Natürlich verschiebt sich nicht nur der Eintritt der Springverhältnisse, sondern um die gleiche Zeit auch der der Mitt- und Nippverhältnisse (A).

In der Deutschen Bucht beträgt die Springverspätung fast durchwegs 3 Tage. Die genauen Werte können der Tafel 1a des Teiles III der Gezeitentafeln entnommen werden. Zu den Mondphasen, die wir aus der Tafel 3a erhalten, müssen wir also 3 Tage Springverspätung addieren, um die richtigen Wasserverhältnisse für die Deutsche Bucht zu erhalten.

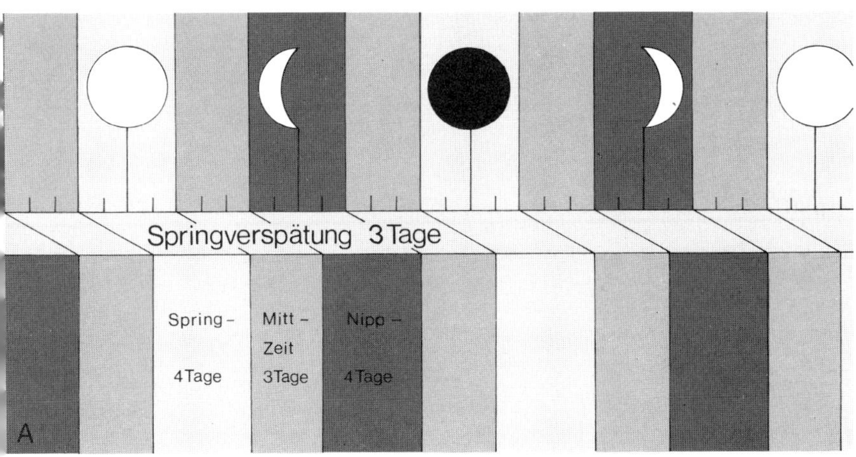

Beispiel

Welche Gezeitenverhältnisse herrschen am 11.5.75 in *Wilhelmshaven*?

Aus Tafel 3a ergibt sich:
Neumond 11. Mai 07.05 h

In Tafel 1a finden wir als Springverspätung für *Wilhelmshaven* genau 3 Tage. Das heißt:
Springzeit (Wilhelmshaven) 14. Mai
Man rechnet praktisch mit Springzeit vom 12. Mai bis 16. Mai (jeweils 07.05 h).
Am 11. Mai herrscht also Mittzeit.

Auszug aus Tafel 1a

Gezeitengrundwerte der europäischen Bezugsorte

Bezugsort	Springverspätung	Mittlere Steig-	Fall-dauer	M. Sp. H. W.
	d h	h m	h m	m
Ekaterininskaja	1 19	06 04	06 21	3.65
Narvik	2 02	06 10	06 15	3.23
Bergen	2 02	06 19	06 06	1.40
Helgoland	2 22	05 40	06 45	2.65
Husum	3 00	05 59	06 26	3.66
Büsum	3 01	06 24	06 01	3.57
Cuxhaven	3 00	05 36	06 49	3.19
Brunsbüttel	3 01	05 24	07 01	2.95
Hamburg	3 04	04 59	07 26	2.69
Bremerhaven	3 00	05 56	06 29	3.78
Bremen	3 03	05 06	07 19	3.62
Wilhelmshaven	3 00	06 16	06 09	4.13
Norderney	2 22	05 58	06 27	2.71
Borkum	2 21	06 01	06 24	2.52
Emden	2 23	06 01	06 24	3.30
Terschelling	2 14	06 23	06 02	2.22
Hoek van Holland	2 07	04 34	07 51	2.07
Vlissingen	2 05	05 57	06 28	4.79
Le Havre	1 23	05 37	06 48	7.67
St. Malo	2 02	05 30	06 55	11.98
Brest	1 15	06 03	06 22	7.33
Devonport	1 18	06 12	06 13	5.55
Southampton	1 21	06 47	05 38	4.54
Portsmouth	2 02	07 08	05 17	4.69
Dover	2 03	05 08	07 17	6.67
London Bridge	2 17	05 47	06 38	7.13
Immingham	2 00	06 10	06 15	6.67
Leith	1 15	06 28	05 57	5.39
Aberdeen	1 13	06 19	06 06	3.75
Ullapool	1 09	06 06	06 19	4.69
Oban	1 11	06 12	06 13	3.44
Greenock	2 16	06 42	05 43	3.29
Liverpool	1 20	05 38	06 47	8.84
Avonmouth	2 10	05 35	06 50	12.86
Cobh	1 20	05 56	06 29	3.66
Pointe de Grave	1 10	06 28	05 57	5.26
Lissabon Marinewerft	1 03	06 40	05 45	3.81
Gibraltar	1 05	06 34	05 51	0.97

Die Gezeitentafeln

Bezugsort und Anschlußort

Im Band I *(Europäische Gewässer)* der jährlich vom DHI herausgegebenen **Gezeitentafeln (GT)** finden wir im ersten Teil ausführliche Vorausberechnungen für die sogenannten *Bezugsorte*. Es handelt sich um etwa 40 Orte, für die eine Tidenkurve sowie die täglichen Zeiten und Höhen der Hoch- und Niedrigwasser wiedergegeben sind.

Da der Gezeitenablauf in der Nähe der Bezugsorte oft ähnlich und meist nur um einen Zeit- oder Höhenunterschied verschoben ist, werden im Teil II für über 2000 sogenannte *Anschlußorte* diese Gezeitenunterschiede (GU) zu den Bezugsorten angegeben. Durch eine kleine Addition oder Subtraktion ergeben sich dann auch für die Anschlußorte genaue Zeiten und Höhen der täglichen Hoch- und Niedrigwasser.

Beachte: Alle in den Gezeitentafeln angegebenen Zeiten sind auf Mitteleuropäische Zeit (MEZ) bezogen!

Beispiele

In der Gezeitennavigation haben wir folgende Aufgaben zu lösen:

- Wann haben wir HW, wann NW?
- Wie hoch wird die HWH, wie hoch die NWH sein?
- Wann haben wir auflaufendes, wann ablaufendes Wasser, um evtl. mit dem Strom laufen zu können?
- Werden wir bei NW genug Wasser unter dem Kiel haben, wenn wir hier festmachen oder ankern?

1. Beispiel: Wann hat man am 20. Juni 1975 in *Wilhelmshaven* Hochwasser, wann Niedrigwasser? Mit welchen Höhen? Wann sollte eine Yacht mit dem Strom auslaufen?

1. Hochwasser	09.46 h	3,8 m
2. Hochwasser	22.13 h	3,9 m
1. Niedrigwasser	03.19 h	0,1 m
2. Niedrigwasser	15.51 h	0,2 m

Die Yacht läuft am günstigsten bei beginnendem ablaufenden Wasser nach Hochwasser aus, also nach 09.46 h.

2. Beispiel: Wann hat man am 17. 8. 1975 an der *Buhne C/Minsener Oog* das 1. HW und das 2. NW? Mit welchen Höhen?

1. HW W'haven	08.44 h	3,6 m
GU	—00.55 h	—0,6 m
1. HW Buhne C	07.49 h	3,0 m

2. NW W'haven	15.00 h	0,5 m
GU	—00.22 h	—0,0 m
2. NW Buhne C	14.38 h	0,5 m

Beachte:

1. Für HW und NW sind unterschiedliche Zeitunterschiede zu berücksichtigen!
2. Bei der Ermittlung des Höhenunterschiedes muß darauf geachtet werden, ob Spring-, Mitt- oder Nippverhältnisse herrschen. In unserem Beispiel hat man am 17. 8. 75 Nippzeit (Halbmond am 14. 8. 75 + 3 Tage Springverspätung). Zur Mittzeit müßte zwischen den Werten für die Spring- und Nippzeit interpoliert werden.

3. Beispiel: Am 16. 5. 1975 ankert man gegen 15.20 h im Priel *Mittelbalje* südlich von *Ostwangerooge* an einer Stelle, für die die Karte 1,7 m angibt. Die Yacht hat einen Tiefgang von 1,5 m. Muß man damit rechnen, daß man trockenfällt?

Es gilt:
WT = KT + Höhe der Gezeit.
Wir müssen also die Höhe der Gezeit für das folgende Niedrigwasser errechnen:

2. NW Wilhelmshaven	—0,2 m
Höhenunterschied	0,0 m
2. NW Mittelbalje	—0,2 m

Also:
WT = 1,7 m—0,2 m = 1,5 m
Man sollte sich einen günstigeren Ankerplatz suchen.

4. Beispiel: Bei der Suche nach einem günstigeren Ankerplatz lotet man anschließend 6,7 m. Kann man hier unbesorgt ankern?

Gesucht wird also die Kartentiefe, für den Lotungsort, aus der man leicht die NWH erhält. Es gilt:
KT = WT—Höhe der Gezeit.
Wie hoch ist die Höhe der Gezeit beim Loten (15.20 h)? Man erhält:

2. HW Wilhelmshaven	16.20 h
Zeitunterschied	—01.00 h
2. HW Mittelbalje	15.20 h

Wir hatten also beim Loten Hochwasser. Wir hoch ist das 2. HW an der *Mittelbalje*?

2. HW Wilhelmshaven	4,0 m
Höhenunterschied	—0,9 m
2. HW Mittelbalje	3,1 m

Wir erhalten also als Kartentiefe:
KT = 6,7 m—3,1 m = 3,6 m
Da wir aus dem 3. Beispiel wissen, daß die NWH um —0,2 m unter der Kartentiefe liegt, ist auch die NWH am Lotungsort bekannt:
NWH = 3,6 m—0,2 m = 3,4 m
Man wird also nicht trockenfallen.

Wilhelmshaven (4. Einfahrt) 1975

Breite: 53° 32′ N, Länge: 8° 10′ O.

Mai

	Zeit h m	Höhe m		Zeit h m	Höhe m
1	0432	3.7	16	0409	3.7
	1027	0.1		1003	0.0
Do	1641	3.9	Fr	1620	4.0
	2249	0.0		2232	-0.2
2	0512	3.6	17	0453	3.6
	1059	0.2		1044	0.0
Fr	1721	3.8	Sa	1706	3.9
	2329	0.1		2317	-0.1
3	0558	3.5	18	0544	3.6
	1139	0.4		1132	0.2
Sa	1811	3.8	So	1801	3.9
4	0019	0.3	19	0011	0.0
	0653	3.4		0645	3.5
So	1235	0.5	Mo	1234	0.2
	1915	3.7		1907	3.8
5	0126	0.4	20	0120	0.1
	0803	3.3		0757	3.5
Mo	1349	0.6	Di	1350	0.2
	2031	3.7		2023	3.9
6	0244	0.3	21	0237	0.0
	0918	3.4		0912	3.6
Di	1508	0.5	Mi	1509	0.2
	2144	3.7		2136	3.9

Juni

	Zeit h m	Höhe m		Zeit h m	Höhe m
1	0532	3.5	16	0542	3.7
	1116	0.3		1133	0.1
So	1742	3.9	Mo	1757	4.0
	2354	0.2			
2	0616	3.5	17	0012	0.0
	1159	0.4		0637	3.7
Mo	1831	3.8	Di	1229	0.2
				1855	4.0
3	0042	0.3	18	0109	0.0
	0708	3.4		0736	3.7
Di	1254	0.5	Mi	1331	0.2
	1930	3.7		1958	3.9
4	0140	0.3	19	0212	0.1
	0810	3.4		0840	3.7
Mi	1400	0.5	Do	1440	0.2
	2037	3.7		2106	3.9
5	0245	0.3	20	0319	0.1
	0916	3.5		0946	3.8
Do	1510	0.4	Fr	1551	0.2
	2142	3.7		2213	3.9
6	0347	0.2	21	0425	0.1
	1015	3.6		1048	3.9
Fr	1614	0.3	Sa	1657	0.2
	2238	3.8		2316	4.0

Juli

	Zeit h m	Höhe m		Zeit h m	Höhe m
1	0537	3.6	16	0000	0.0
	1125	0.3		0616	3.8
Di	1749	3.9	Mi	1214	0.2
				1834	4.1
2	0000	0.3	17	0050	0.1
	0615	3.6		0706	3.7
Mi	1205	0.4	Do	1307	0.2
	1832	3.8		1929	3.9
3	0040	0.4	18	0143	0.2
	0702	3.5		0805	3.7
Do	1258	0.5	Fr	1410	0.3
	1928	3.7		2035	3.8
4	0136	0.4	19	0249	0.3
	0804	3.5		0915	3.7
Fr	1405	0.6	Sa	1526	0.4
	2037	3.7		2151	3.8
5	0244	0.4	20	0403	0.3
	0913	3.6		1027	3.8
Sa	1520	0.5	So	1642	0.3
	2146	3.7		2303	3.8
6	0353	0.4	21	0513	0.3
	1019	3.7		1130	3.9
So	1630	0.4	Mo	1749	0.2
	2250	3.8			

August

	Zeit h m	Höhe m		Zeit h m	Höhe m
1	0605	3.6	16	0109	0.4
	1207	0.6		0729	3.7
Fr	1829	3.7	Sa	1338	0.4
				2006	3.7
2	0036	0.6	17	0216	0.6
	0658	3.6		0844	3.6
Sa	1307	0.7	So	1500	0.5
	1936	3.6		2130	3.6
3	0144	0.6	18	0340	0.6
	0812	3.6		1007	3.7
So	1427	0.7	Mo	1628	0.5
	2057	3.6		2252	3.7
4	0306	0.6	19	0501	0.5
	0933	3.7		1119	3.9
Mo	1551	0.6	Di	1741	0.3
	2215	3.7		2356	3.8
5	0425	0.5	20	0603	0.3
	1047	3.8		1212	4.0
Di	1707	0.4	Mi	1833	0.2
	2324	3.8			
6	0536	0.3	21	0043	3.8
	1150	4.0		0648	0.2
Mi	1811	0.2	Do	1254	4.1
				1912	0.1

Nr.	Anschlußort	Geograph. Lage		Zeitunterschied des		Höhenunterschied des H. W.		Höhenunterschied des N. W.	
		Breite	Länge	H. W.	N. W.	Sp.Zt.	Np.Zt.	Sp.Zt.	Np.Zt.
		° N	° O	h m	h m	m	m	m	m
					M. G. Z. + 01^h00^m				
	Jadegebiet				Bezugsort: Wilhelmshaven. S. 41–43.				
755	Jadeplate	53 50	7 59	– 01 05	– 00 47	– 0.9	– 0.9	0.0	– 0.2
756	Wangerooge Ost	53 46	7 58	– 00 58	– 00 35	– 0.8	– 0.8	0.0	– 0.1
757	Mittelbalje	53 45	7 56	– 01 00	– 00 36	– 0.9	– 0.8	0.0	– 0.1
759	Minsener Oog, Buhne C	53 45	8 02	– 00 55	– 00 22	– 0.7	– 0.6	0.0	0.0
	Mellumplate								
760	Leuchtturm	53 46	8 06	– 00 47	– 00 21	– 0.8	– 0.7	0.0	– 0.1
761	Schillighörn	53 42	8 03	– 00 33	– 00 13	– 0.6	– 0.6	0.0	– 0.1
762	Alte Mellum	53 43	8 08	– 00 30	– 00 12	– 0.7	– 0.7	0.0	– 0.2
763	Wangersiel	53 41	8 02	– 00 36	– 00 24	–	–	–	–
765	Hooksiel	53 39	8 05	– 00 22	– 00 14	– 0.5	– 0.5	–	–
768	Sengwarder Balje	53 36	8 11	– 00 10	– 00 02	– 0.3	– 0.4	0.0	– 0.1
	Wilhelmshaven								
770	Seeschleuse	53 31	8 09	+ 00 08	+ 00 06	+ 0.1	+ 0.1	0.0	0.0
771	Eckwarderhörn	53 31	8 14	+ 00 10	+ 00 15	0.0	– 0.1	0.0	0.0
772	Mariensiel	53 30	8 04	+ 00 12	+ 00 16	–	–	–	–
773	Arngast-Leuchtturm	53 29	8 11	+ 00 09	–	–	–	–	–
774	Schweiburger Tief	53 27	8 16	+ 00 15	+ 00 14	+ 0.1	+ 0.1	0.0	0.0
775	Dangast	53 27	8 07	+ 00 09	–	–	–	–	–
776	Vareler Binnentief	53 25	8 12	+ 00 16	+ 00 20	–	–	–	–

Theorie und Praxis der Gezeiten

Entstehung der Gezeiten: Der Mond

Die Niveauschwankungen der Meeresoberfläche beruhen im wesentlichen auf der von Mond und Erde aufeinander ausgeübten Massenanziehung. Diese Anziehung wirkt an verschiedenen Punkten der Erde unterschiedlich stark, da jeder Punkt der Erde eine andere Richtung zum Mond einnimmt. Hinzu kommt die tägliche Erddrehung, die die Wasserteilchen auf der Oberfläche ständig in eine neue Stellung zu dem von Mond und Erde gebildeten Kraftfeld bringt. Hieraus ergibt sich als horizontale Bewegungskomponente eine Art Schwingung der Wasserteilchen. Die einzelnen Teilchen beschreiben etwa im Rhythmus der Erdumdrehung langgezogene Bahnen um ihre mittlere Lage. Man erhält sogenannte Gezeitenströme, die wir in Abhängigkeit vom Gezeitenrhythmus auch auf dem Meer vorfinden. Die von uns beobachteten Gezeiten sind also nichts anderes als das Zusammenwirken dieser Ströme, durch die Wassermassen zusammengedrängt oder abgezogen werden.

Etwas vereinfachend kann man sagen, daß auf der Mondseite einer völlig mit Wasser bedeckt gedachten Erdkugel eine Art Hochwasserwelle steht, die immer dem Mond zugewandt bleibt. Der Mond zieht gleichsam diese Flutwelle um den Erdball. Eine weitere Hochwasserwelle ist auf der dem Mond entgegengesetzten Seite der Erdkugel zu beobachten (A).

Sobald also der Mond den Ortsmeridian eines Beobachters passiert, hat man Hochwasser. Dies trifft jedoch auf unserer Erde nicht genau zu, da große Landmassen, die Erdteile, den freien Lauf der Flutwelle hemmen und Verzögerungen verursachen. So ergibt sich zwischen dem Durchgang des Mondes durch den Ortsmeridian und dem darauf folgenden Hochwasser ein Zeitunterschied, das *Hochwasserintervall.*

Der Einfluß des Mondes wird noch in einem anderen Zusammenhang deutlich. Der Mond benötigt für einen vollen Umlauf um die Erde etwas länger als einen Tag, nämlich 24 h 50 min. Deshalb ist eine Tide bei uns auch länger als 12 Stunden, so daß Hoch- und Niedrigwasser nicht immer auf die gleiche Tageszeit

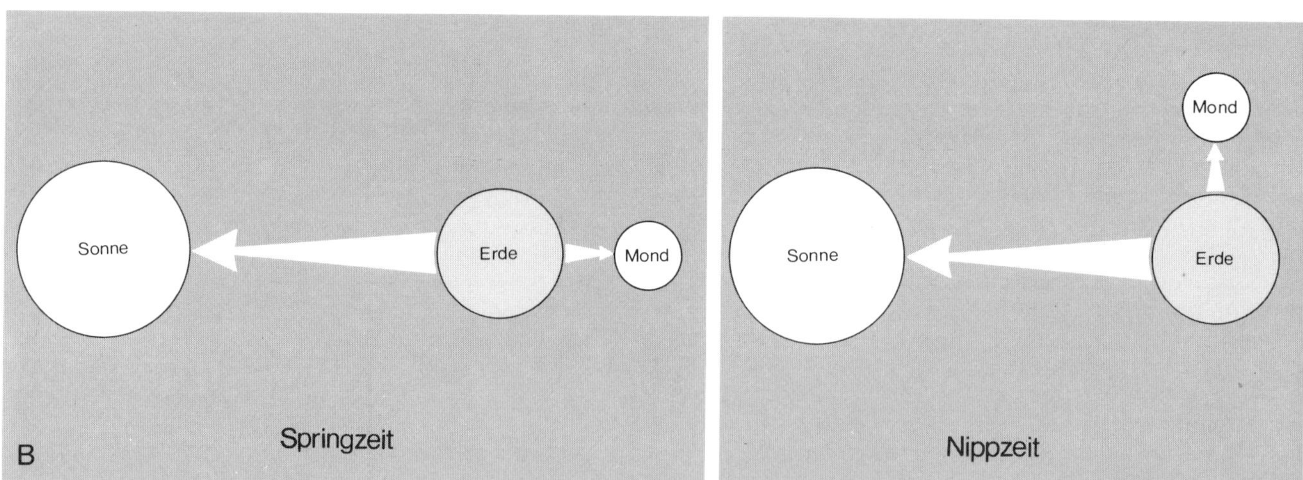

B

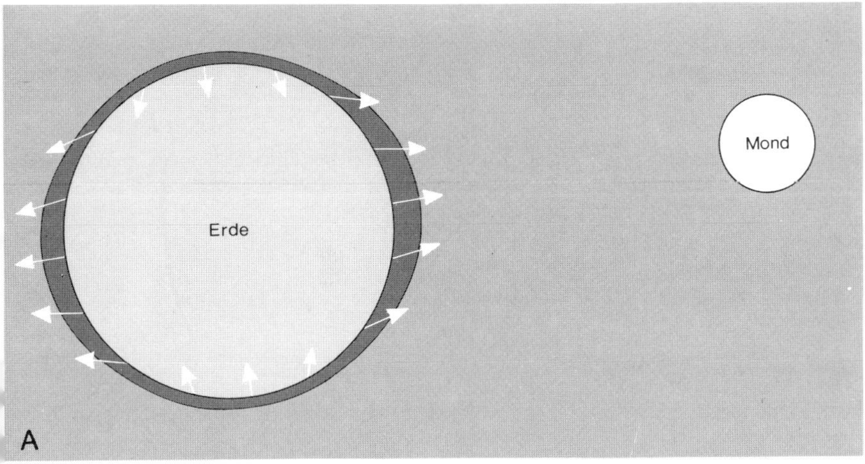

fallen, sondern sich langsam verschieben.

Die Sonne

Auch die Sonne beeinflußt den Gezeitenablauf, allerdings nur etwa halb so stark wie der Mond. Sie nimmt im Verlauf eines Monats zu der von Mond und Erde gebildeten Achse unterschiedliche Stellungen ein (B). Steht sie auf der Verlängerung dieser Linie, so haben wir Neu- oder Vollmond. Hierbei verstärkt sie den Mondeinfluß und wir haben Springverhältnisse. Umgekehrt ist es, wenn wir Halbmond haben. Jetzt steht die Sonne etwa senkrecht zu der Mond-Erdachse und schwächt den Mondeinfluß ab. Wir haben deshalb Nippverhältnisse. Auch der Eintritt von Spring- und Nippverhältnissen verzögert sich durch die den freien Ablauf hindernden Kontinente. Neben der bei uns auftretenden halbtägigen Gezeit mit täglich zwei Hoch- und Niedrigwassern findet man auch andere Gezeitenformen: Die eintägige Gezeit im Chinesischen Meer und die gemischte Gezeit im Pazifik, bei der die Höhen der beiden täglich auftretenden HW bzw. NW stark voneinander abweichen.

Windeinfluß

Alle in den Gezeitentafeln zusammengestellten Vorausberechnungen sind natürlich abstrakt, also wetterunabhängig, durchgeführt. Starkwinde können je nach ihrer Richtung die angegebenen Wasserhöhen erheblich verändern, und zwar in Seichtwassergebieten stärker als im Tiefwasser. Daneben können sich auch die vorausberechneten Zeitpunkte verschieben. Treffen auflandige Stürme mit Springverhältnissen zusammen, so treten die stärksten Erhöhungen auf. Man spricht dann von *Sturmflut.* Ablandige Winde können die Höhen verringern.

Gezeitenströme

In Inselrevieren oder in Flußmündungsgebieten läuft eine Tide unregelmäßiger ab als im offenen Seerevier. Dies gilt vor allem für die auftretenden Gezeitenströme. Hat man steigendes Wasser, so entsteht sogenannter *Flutstrom,* hat man fallendes Wasser, spricht man von *Ebbstrom.* Dazwischen tritt für einige Zeit *Stillwasser* ein, ehe der Strom kentert.

In aller Regel kentert der Strom nicht genau zur HWZ oder NWZ, sondern erst einige Zeit nach dem örtlichen Hochwasser oder Niedrigwasser. Im oberen Flußbereich wird dieser Zeitunterschied allerdings immer geringer.

Je weiter flußaufwärts ein Ort liegt, desto mehr verspätet sich der Tidenablauf gegenüber dem Mündungsgebiet, denn die „Flutwelle" läuft gleichsam flußaufwärts. Segelt man deshalb mit auflaufendem Wasser flußaufwärts, wird man lange Strekken mit dem Strom laufen können. Bei seewärtigem Kurs dagegen wird der Strom nur kurze Zeit mitlaufen, da die Yacht der folgenden „Flutwelle" entgegenläuft.

Ein anfangs mit dem Wind, dann aber gegenan laufender Strom kann die Seegangsverhältnisse in kürzester Zeit grundlegend verändern. Hat der Strom zunächst die Höhe der See sogar etwas gedämpft, so schiebt er nun das Wasser dem Wind entgegen. Die See wird kurz, steil und sehr hart.

Daneben kann ein weiterer Effekt auftreten: Der mit dem Wind laufende Strom versetzt die Yacht etwas vom Winde weg. Folglich wird der an Bord spürbare Wind etwas abgeschwächt. Sobald der Strom kentert, schiebt er die Yacht möglicherweise mit der gleichen Stärke gegen den Wind. Der an Bord spürbare und für die Segelführung allein entscheidende Wind wird also in kurzer Zeit verstärkt. Deshalb muß rechtzeitig vor dem Kentern des Stromes gerefft werden.

Der Tidenkalender

Statt der Gezeitentafeln ist der weitaus handlichere Tidenkalender sehr gebräuchlich. Er wird ebenfalls vom DHI für jedes Kalenderjahr herausgegeben, umfaßt jedoch nur ein kleineres Gebiet, beispielsweise die *Deutsche Bucht und deren Flußgebiete.* Er führt für alle Bezugs- und Anschlußorte die Hoch- und Niedrigwasserzeiten, nicht aber die jeweiligen Höhen der Gezeit auf. Auch die Tidenkurven sind nicht wiedergegeben. Statt dessen gibt er nur eine kurze Zusammenstellung der *mittleren Tidenhübe.* Sie ergeben sich als langjähriges Mittel unter Berücksichtigung von Spring- und Nippzeiten. Natürlich kann man hieraus nicht den Tidenhub und die genauen Wasserhöhen zur Spring- oder Nippzeit entnehmen. Der Tidenhub wird zur Springzeit größer sein als angegeben und kleiner zur Nippzeit. Beim Umgang mit dem Tiden- oder Gezeitenkalender ist es deshalb wichtig zu wissen, welche Gezeitenverhältnisse gerade herrschen. Diese können unter Berücksichtigung der Springverspätung einer beigefügten Mondphasentafel entnommen werden. Im übrigen arbeitet man genauso wie mit den Gezeitentafeln.

Die Aufgaben von S. 108 können zum Teil auch mit den hier wiedergegebenen Ausschnitten aus dem Tidenkalender gelöst werden.

Wilhelmshaven (4. Einfahrt) 1975

Tag	Mai				Tag	Juni			
	H.W.		N.W.			H.W.		N.W.	
	h m	h m	h m	h m		h m	h m	h m	h m
1 D	04 32	16 41	10 27	22 49	S	05 32	17 42	11 16	23 54
2 F	05 12	17 21	10 59	23 29	M 3	06 16	18 31	11 59	- -
3 S 3	05 58	18 11	11 39	- -	D	07 08	19 30	00 42	12 54
4 S	06 53	19 15	00 19	12 35	M	08 10	20 37	01 40	14 00
5 M	08 03	20 31	01 26	13 49	D	09 16	21 42	02 45	15 10
6 D	09 18	21 44	02 44	15 08	F	10 15	22 38	03 47	16 14
7 M	10 24	22 42	03 55	16 15	S	11 07	23 28	04 42	17 12
8 D	11 12	23 26	04 48	17 06	S	11 54	- -	05 34	18 04
9 F	11 52	- -	05 31	17 53	M 0	00 17	12 39	06 22	18 51
10 S	00 07	12 32	06 13	18 38	D	01 03	13 22	07 07	19 35
11 S 0	00 49	13 10	06 54	19 19	M	01 48	14 06	07 51	20 19
12 M	01 29	13 46	07 32	19 55	D	02 34	14 50	08 36	21 05
13 D	02 07	14 24	08 10	20 32	F	03 20	15 32	09 18	21 49
14 M	02 47	15 02	08 49	21 12	S	04 03	16 15	09 58	22 32
15 D	03 28	15 40	09 26	21 52	S	04 50	17 03	10 42	23 19
16 F	04 09	16 20	10 03	22 32	M 1	05 42	17 57	11 33	- -
17 S	04 53	17 06	10 44	23 17	D	06 37	18 55	00 12	12 29
18 S 1	05 44	18 01	11 32	- -	M	07 36	19 58	01 09	13 31
19 M	06 45	19 07	00 11	12 34	D	08 40	21 06	02 12	14 40
20 D	07 57	20 23	01 20	13 50	F	09 46	22 13	03 19	15 51
21 M	09 12	21 36	02 37	15 09	S	10 48	23 16	04 25	16 57
22 D	10 18	22 40	03 49	16 18	S	11 46	- -	05 28	18 00
23 F	11 15	23 37	04 52	17 20	M 2	00 16	12 40	06 27	18 56
24 S	- -	12 09	05 51	18 19	D	01 10	13 27	07 18	19 44
25 S 2	00 34	13 01	06 47	19 14	M	01 55	14 08	07 59	20 24
26 M	01 26	13 46	07 36	19 59	D	02 36	14 46	08 35	21 03
27 D	02 11	14 25	08 16	20 39	F	03 15	15 24	09 12	21 41
28 M	02 53	15 05	08 53	21 18	S	03 52	16 00	09 46	22 15
29 D	03 34	15 43	09 30	21 56	S	04 27	16 35	10 18	22 50
30 F	04 13	16 21	10 06	22 34	M	05 01	17 11	10 50	23 25
31 S	04 52	17 00	10 40	23 13					

0: Neumond 2: Vollmond
1: Erstes Viertel 3: Letztes Viertel

Gezeitenunterschiede gegen Wilhelmshaven

Ort	H.W.	N.W.
	h m	h m
Jadeplate	- 01 05	- 00 47
Wangerooge Ost	- 00 58	- 00 35
Mittelbalje	- 01 00	- 00 36
Minsener Oog, Buhne C	- 00 55	- 00 22
Mellumplate-Leuchtturm	- 00 47	- 00 21
Schillighörn	- 00 33	- 00 13
Alte Mellum	- 00 30	- 00 12
Wangersiel	- 00 36	- 00 24
Hooksiel	- 00 22	- 00 14

Mittlerer Tidenhub (in Metern)

Elbe (Fortsetzung)	
Hamburg	
Nienstedten	2,7
Altenwerder, Köhlbrand	2,9
St. Pauli-Landungsbrücken .	2,8
Harburg, Schleuse	2,9
Ernst-August-Schleuse	2,9
Schöpfstelle	2,8
Bunthaus	2,6
Over	2,4
Zollenspieker	2,0
Elbstorf	1,5
Weser	
Alte-Weser-Leuchtturm	2,8
Fedderwardersiel	3,4
Bremerhaven	3,5
Brake	3,6
Elsfleth	3,5
Weser (Fortsetzung)	
Lesum	
Wasserhorst	2,2
Ritterhude	2,0
Niederblockland	1,2
Ochtum, Ochtum	2,1
Bremen	
Oslebshausen	3,6
Weserwehr	3,4
Jade	
Minsener Oog, Buhne C	2,9
Mellumplate, Leuchtturm	2,9
Rüstersiel	3,4
Wilhelmshaven, 4. Einfahrt ..	3,6
Wilhelmshaven, Seeschleuse ..	3,7

3

Seemannschaft

Der Anker

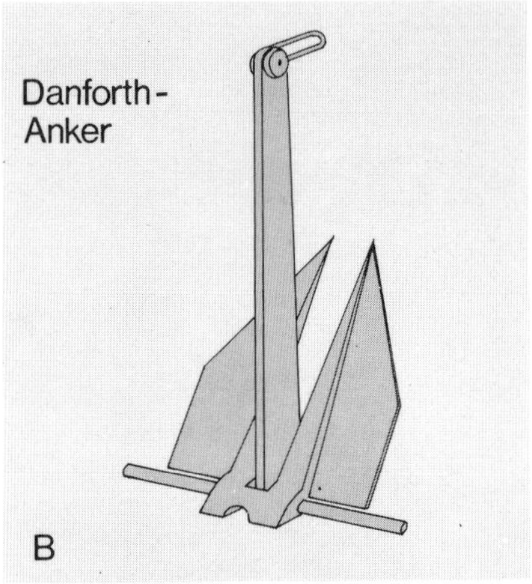

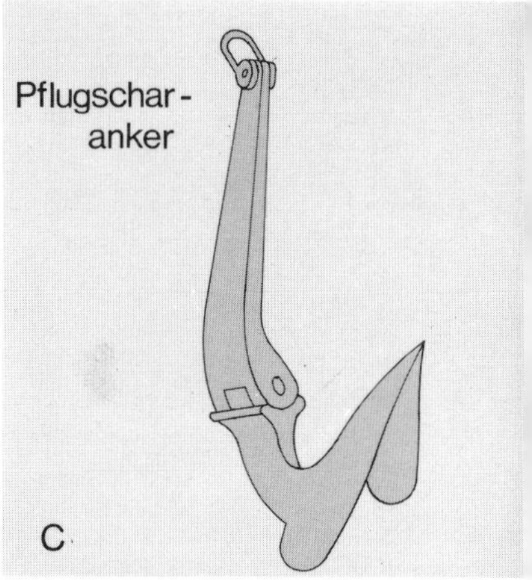

Stockanker

Der beinahe schon klassische Stockanker besteht aus den die beiden *Hände* tragenden *Flunken,* dem *Schaft* und dem dazu quer liegenden *Stock (A).* Wenn der Anker nicht schon von sich aus so fällt, daß der Stock parallel zum Boden liegt, wird er durch den geringsten Zug in diese Stellung gedreht, da der Stock länger ist als die von den Flunken gebildete Sehne. Verstärkt sich jetzt der Zug, so gräbt sich eine der Flunken immer tiefer und fester in den Grund ein (Fotoreihe B S. 115).

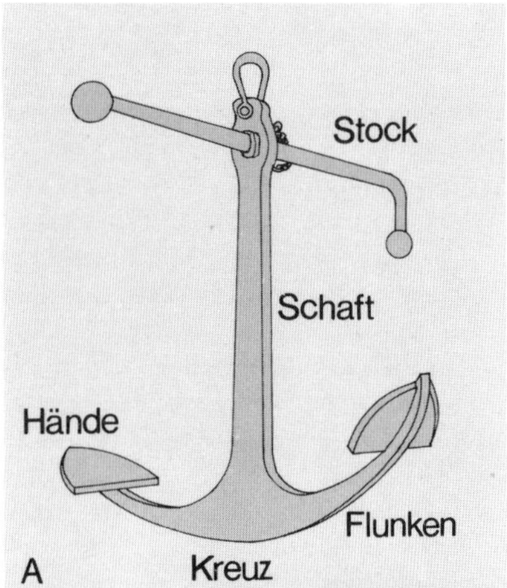

In dieser Stellung wird der Anker durch eine nahezu zum Boden parallel laufende Zugkraft kaum auszubrechen sein. Um sicher zu liegen, darf deshalb der am Anker angreifende Zug nicht zu steil wirken. Ist beispielsweise der Anker kurzstag geholt, steht also die Yacht unmittelbar über dem Anker,. wird sie kaum gehalten werden können. Deshalb muß genügend Kette gesteckt werden. Der bekannte Standardwert verlangt, daß die Kettenlänge der drei- bis fünffachen Wassertiefe entspricht; dies genügt in den meisten Fällen, doch sollte im Zweifel eher mehr als zuwenig gesteckt werden.
Schließlich sollte beim Ankern nicht ausschließlich eine Trosse oder Leine, sondern möglichst eine Kette verwendet werden.
Zumindest ein längerer Vorlauf von ca. 5 m Länge ist notwendig, damit die Kette auf Grund ihres Eigengewichtes durchhängt und somit den Zug am Anker etwa horizontal angreifen läßt. Eine durchhängende Kette wirkt außerdem bei starker Belastung wie eine Feder, die das Rucken der Yacht immer wieder ausgleicht, ohne dadurch den Anker zu belasten.

Wie schwer?

Die Größe des Stockankers bestimmt sich aus dem Gewicht einer Yacht und dem vom Überwasserschiff einschl. Rigg gebildeten Windwiderstand. Die vom *Germanischen Lloyd* zusammengestellten Tabellen gehen deshalb von der Verdrängung und einer etwa dem Rauminhalt entsprechenden Ausrüstungsleitzahl A aus. Sie verlangen im einzelnen:

A (m^3)	Verdrängung	1. Anker
0 — 10	2 t	14 kg
10 — 20	4 t	17 kg
20 — 30	6 t	19 kg
30 — 40	8,5 t	22 kg

Diese Werte sind sicher recht vorsichtig kalkuliert. Eine etwa 9 bis 10 m lange Yacht dürfte mit einem Stockanker von 15 kg und einer Kette von 30 bis 50 m Länge auskommen. Der stärkste Anker nützt jedoch wenig, wenn Kette und Schäkel nicht entsprechend dimensioniert sind.
Neben diesem Stockanker sollte auf jeden Fall noch ein Zweitanker, meist ein Patentanker, mitgeführt werden, der jedoch bei gleichem Zugwiderstand etwas leichter sein kann.

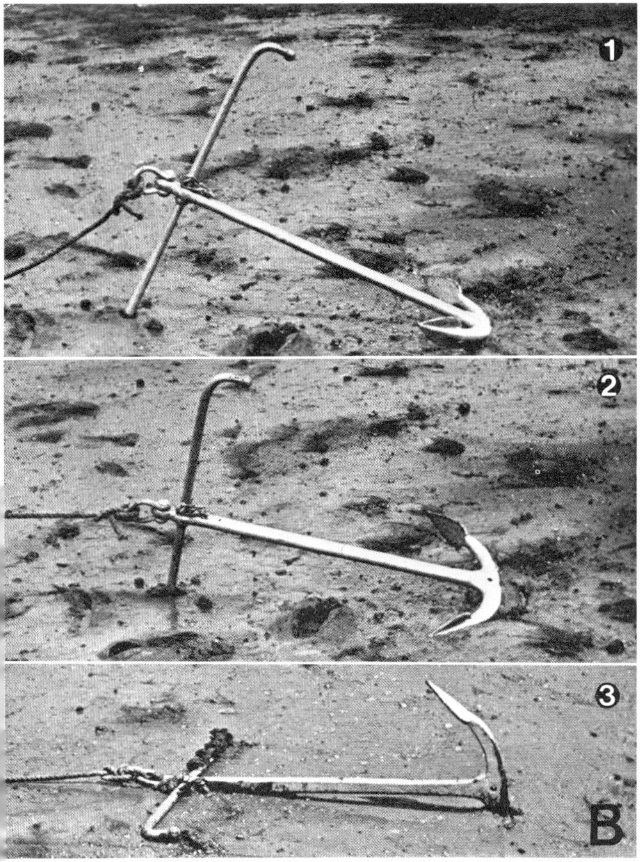

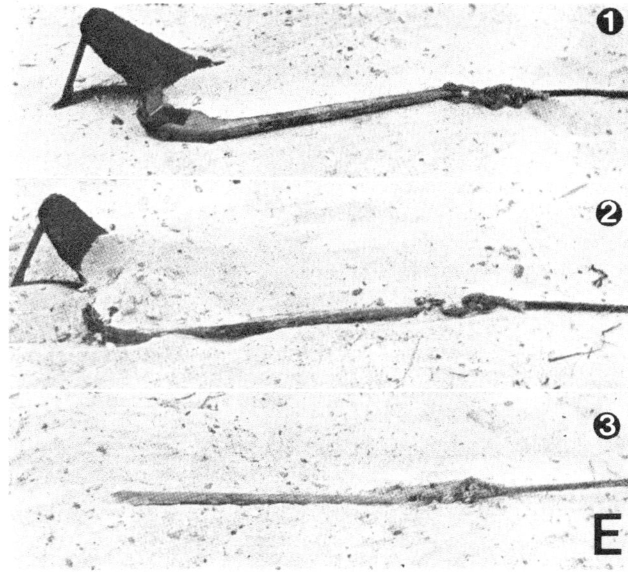

Patentanker

Von den vielen Patentankern sind der amerikanische *Danforth-Anker* (B) und der britische *Pflugschar-Anker* (C), auch *C.Q.R.-Anker („secure")* genannt, die wichtigsten. Sie haben keine freie Flunke wie der Stockanker, um die sich beim Fallenlassen oder beim Schwojen die Kette vertörnen kann (D); hierdurch würde der Anker natürlich sofort ausgerissen.

In Stromrevieren kommt deshalb häufig der Pflugschar-Anker zur Anwendung. Seine Flunken sind als doppelseitige Pflugschar ausgebildet, deren eine beim Fallen immer auf dem Boden zu liegen kommt und durch Zug völlig eingegraben wird (E). Allerdings slipt er meist noch ein bis zwei Meter über den Boden, bis er richtig greift.

Der Danforth-Anker kann auf Grund seiner Konstruktion recht einfach gestaut werden, doch ist sein Haltewiderstand meist nicht ganz so günstig wie der des C.Q.R.-Ankers. Bei allen Patentankern besteht die Gefahr, daß sie sich wegen ihres etwas geringeren Gewichtes auf bewachsenen Böden nur im Kraut verfangen, nicht aber in den Grund eingraben.

Ankermanöver

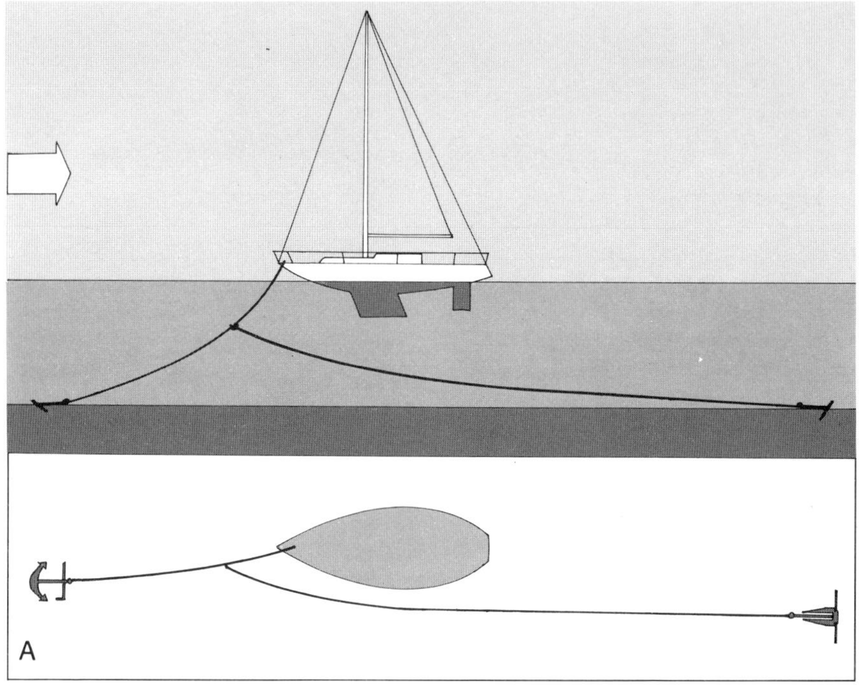

Der Ankerplatz

Vor dem Ankern müssen wir einen Blick in die Karte werfen und einen geschützten Platz suchen. Nur selten werden wir eine Bucht finden, die nach allen Richtungen vor Wind und See geschützt ist. Ein mehr oder weniger großer Bereich steht meist offen. Hierbei müssen wir die herrschende Wind- und Wetterlage und ihre vermutliche Entwicklung berücksichtigen. Denn wir dürfen beim Ankern nicht auf **Legerwall** geraten, also bei auflandigen Winden nicht Wind und See frei ausgesetzt sein. Auf jeden Fall muß auch bei Winddrehungen genügend Raum zum Schwojen vorhanden sein.
In der Karte finden wir außerdem die Grundbeschaffenheit vermerkt (S. 25). Günstig ist ein nicht zu lokkerer Sandgrund oder ein Ton- und Lehmboden. Auf grobem Kies halten der Danforth- und Pflugschar-Anker nur sehr schlecht; auch auf weichem Schlick sollten wir den Pflugschar-Anker nicht verwenden. Auf verkrauteten Böden ist der Stockanker am sichersten, da er schwer genug ist, durch den Bewuchs hindurch im Grund zu greifen.

Vermuren

Rechnen wir im Gezeitenrevier damit, daß über Nacht der Strom kentert, müssen wir uns sichern, daß der plötzlich entgegengesetzt belastete Anker nicht ausbricht. Man bringt deshalb einen zweiten Anker gegen den zu erwartenden Strom aus (A).
Beide Ketten werden etwa 2 m vor dem Steven zusammengeschäkelt, um ein *Schamfielen* (Scheuern) der unbelasteten Kette am Vorschiff zu verhindern. Für beide Anker muß natürlich genügend Kette gesteckt werden, denn wir hängen jeweils nur an einem Anker, der im Notfall halten muß.

Beachte: Beim Ankermanöver im Stromrevier muß gegen den Strom, nicht gegen den Wind aufgeschossen werden, da der Strom die Schwojrichtung der Yacht bestimmen wird.

Übermäßiges Schwojen auch außerhalb des Stromreviers kann durch das Ausbringen eines zweiten Ankers verhindert werden. Auf größeren Yachten liegt man gerne vor zwei Ankern (B). Kleinere Yachten jedoch werden immer wieder etwas Fahrt aufnehmen und auch vor zwei Ankern schwojen, da ihr größter Windwiderstand meist vorne liegt.
Das Ausbringen des zweiten Ankers können wir erleichtern, indem wir die Fock back halten, so daß die Yacht einen möglichst großen Schwojwinkel erreicht. Hier läßt man den zweiten Anker fallen und steckt dann gleichmäßig viel Kette. Der zweite Anker wird allerdings nicht genauso weit wie der Hauptanker ausgebracht. Denn sollten beide Anker zu slippen anfangen, würden sie sich in der verlängerten Schiffsachse treffen und am neuerlichen Eingraben gegenseitig behindern.

Verkatten

Sind wir trotz aller Vorsichtsmaßnahmen auf Legerwall geraten, hängt alles vom Anker ab. Je stärker der Wind auffrischt, desto mehr wird die Kette gestrafft und umso eher wird unser Anker ausgerissen. Wir müssen also erreichen, daß der Zug am Anker trotz allem horizontal angreift. Hierfür kann man ein Reitgewicht auf einem Gleitschäkel an der Ankerkette herablassen (C). Die Federwirkung der Kette wird auf diese Weise verstärkt.

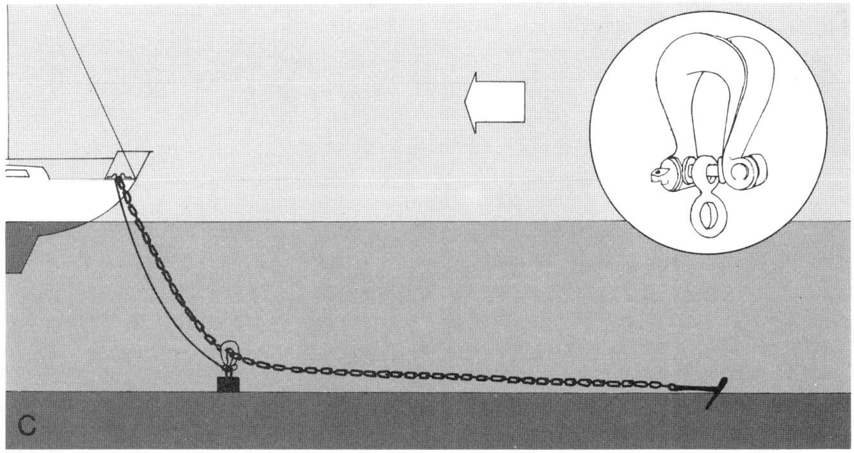
C

Als Gewicht kann man natürlich auch den zweiten Anker verwenden. Noch besser ist es allerdings, wenn man ihn an der Kette des Hauptankers ausbringt, so daß auch er sich eingräbt. Beide Anker liegen also hintereinander an der gleichen Kette. Man spricht dann vom *Verkatten*. Da die Belastung hauptsächlich auf dem zuletzt ausgebrachten Anker liegt, nimmt man hierfür am besten den schwereren Anker (verkatteten Anker), an dessen Kreuz man den kleineren Anker (Kattanker) befestigt. Diesen läßt man als ersten fallen, dann den schwereren Hauptanker. Der Kettenabstand zwischen beiden Ankern sollte größer als die Wassertiefe sein, damit man beim Aufholen des ersten Ankers noch sicher vom Kattanker gehalten wird. Den verkatteten Anker kann man zusätzlich noch durch ein Reitgewicht sichern. Liegen wir bei starkem Wind vor Anker, müssen wir Ankerwachen einteilen, die darauf achten, daß der Anker nicht zu slippen beginnt. Am besten suchen wir hierfür querab vom Schiff zwei Objekte an Land, die zueinander in Deckung liegen, also eine Deckpeilung. Sobald jetzt der Anker zu slippen beginnt, wandert die Peilung aus.

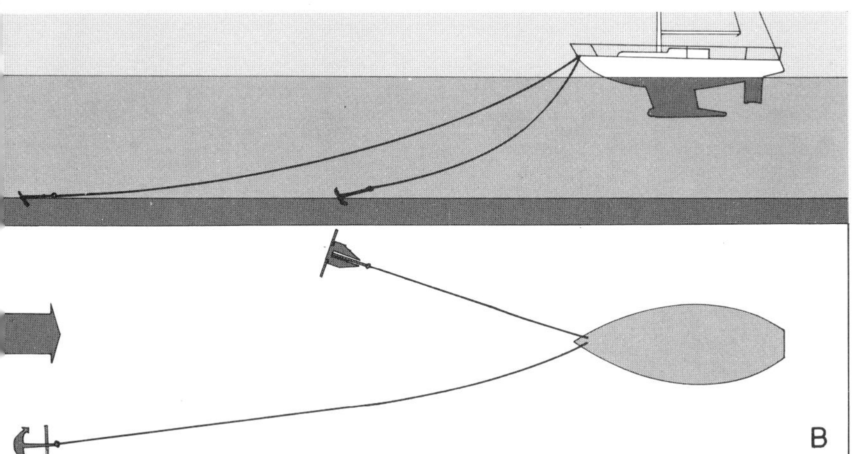
B

Ankerklarieren

In kleineren Häfen kommt der Anker leicht in fremden Ketten unklar. Können wir dann die fremde Kette bis zur Wasseroberfläche aufholen, stekken wir einen Tampen unter diese Kette durch und fieren unseren Anker, bis er freikommt. Ist die Fremdkette zum Aufholen zu schwer, müssen wir sie mit unserem Zweitanker, am besten mit einem Draggen, der selbst leichter freizumachen ist, etwas aufholen, bis der Hauptanker freikommt (D). Reiße hierbei fremde Yachten nicht von ihrem Anker los!

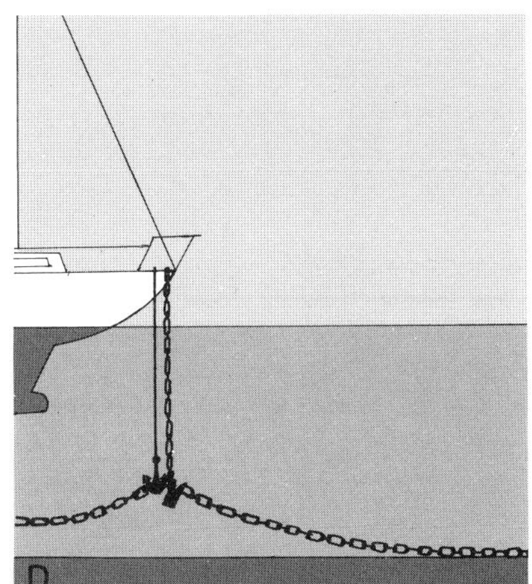
D

Das Reffen

Vorsegel und Großsegel

Bei starkem Wind verkleinern wir die Segelfläche der Yacht, um das Rigg zu entlasten und die Krängung aus dem Schiff zu nehmen. Doch auch bei mittleren Windstärken sollten wir nicht aus falschem Ehrgeiz zögern, einen Ring einzureffen oder eine kleinere Fock anzuschlagen. Man wird nämlich schnell erkennen, daß eine nicht so stark überliegende Yacht oft schneller läuft und besser im Ruder liegt. Ein Ring mehr im Groß nimmt schnell überstarke Luvgierigkeit weg. Bei alten Yachtkonstruktionen spielte die Fock beim Kürzen der Segel nur eine untergeordnete Rolle. Es war eher ein Beisegel, meistens auch nicht toppgetakelt; entscheidend war die Fläche des Großsegels. Die durch die Rennformeln forcierte Entwicklung moderner Konstruktionen führte zu einer Umkehrung: Die Fock ist oft sogar größer als das Groß und neben einer Sturmfock und der Genua sind mindestens zwei weitere Vorsegel notwendig, um die Yacht optimal auszunutzen. Trotzdem hat das Reffmanöver nicht seine Bedeutung verloren. Es muß schnell und richtig durchgeführt werden können.

Das Manöver

Beim Reffvorgang muß das Großsegel entlastet sein, d. h. der Winddruck muß möglichst gering und die Schot gefiert sein. Andererseits müssen wir gerade bei schwerem Wetter manövrierfähig bleiben und etwas

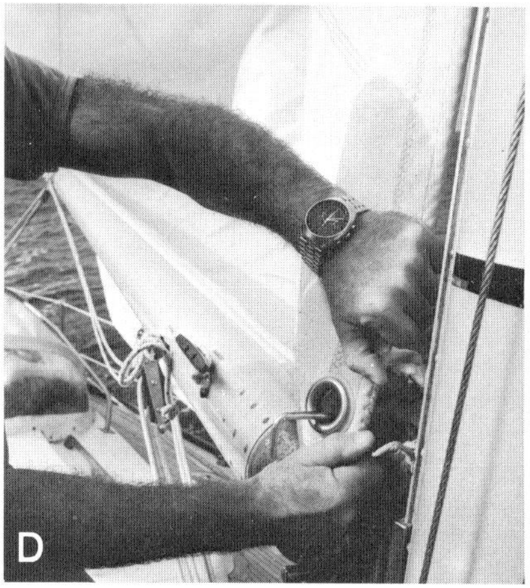
D

Fahrt machen, wollen wir nicht ein Spielball des Seegangs werden. Zudem dürfen die Segel nicht zu lange killen, sie könnten sonst sehr schnell einreißen. Wir luven also so hart wie möglich an, vermeiden es aber, in den Wind zu schießen.
Können wir wegen groben Seegangs unsere Yacht nicht lange genug stabil halten, müssen wir etappenweise vorgehen, also nochmals Fahrt aufnehmen und dann von neuem beginnen. Bei manchen Yachten kann bei zu grobem Wetter auch vom Beiliegen ausgegangen werden, d. h. die Fock wird back geholt.

A

B

C

Rollreff (Abb. A—C)

Beim *Roll-*, *Dreh-* oder *Patentreff* wird der Großbaum meist durch ein Schneckengetriebe und Zahnkranz mit einer Kurbel gedreht, wobei das Segel von unten aufgerollt wird (A). Beim Reffvorgang benötigen wir zwei Mann am Mast, einen zum Fieren des Großfalles, den zweiten, um die Reffkurbel zu bedienen. Das Fall muß kontinuierlich gefiert werden, damit sich im Segel beim Einrollen keine Falten bilden. Deshalb sollte die Dirk nicht allzu dicht durchgesetzt sein. Es genügt, wenn sie das Gewicht des Baumes trägt. Am Vorliek muß darauf geachtet werden, daß sich beim Aufrollen keine Wulst bildet (B). Am Mast müssen außerdem die Rutscher des Vorlieks aus der Führungsschiene herausgenommen werden.
Meist ist ein dritter Mann erforderlich, um das Achterliek zur Nock hin straff zu ziehen (C) und evtl. die Segellatten aus der Tasche zu nehmen — beides keine angenehmen Arbeiten, zumal man sich nicht richtig halten kann.
Sichere die Reffkurbel immer an einem Bändsel, damit sie nicht über Bord gehen kann!

Bändselreff (Abb. D—G)

Beim Binde- oder Bändselreff findet man im Segel bereits mehrere Reihen von Kauschen vor, durch die Bändsel durchgeführt und befestigt sind. Die einzelnen Reihen laufen meist nicht parallel zum Großbaum, sondern passen sich dem Bauch des Segels an. Die beiden stärksten Kauschen finden wir am Vorliek und am Achterliek.
Sobald wir möglichst hart am Wind laufen, wird das Großfall so weit gefiert, bis die Mastliekkausch zum Baum heruntergezogen werden kann. Dort wird sie in einen speziellen Beschlag oder Haken eingehängt (D). Die Dirk ist etwas stärker als beim Rollreffmanöver durchgesetzt. Als nächstes wird die Achterliekkausch über einen Block mit einem festen Bändsel **(Schmeerreep)** und oft über eine am Großbaum montierte Winsch dichtgeholt und belegt (Fotos E und F). Bei entsprechenden Wind- und Seegangverhältnissen ist dies eine recht schwierige Arbeit.
Nachdem die Kauschen von Mast- und Achterliek befestigt sind, binden wir das freigewordene Segeltuch mit den Reffbändseln, am besten von vorn nach achtern, um den Baum (G). Nun kann das Großfall wieder durchgesetzt werden.
Bei schwerem Wetter kann auf das 1. Reff ohne weiteres ein 2. Reff gebunden werden (vgl. Foto Seite 9). Beim Ausreffen ist auf die gleiche Reihenfolge zu achten: Erst die Mittelkauschen, dann das Achterliek und schließlich die Mastkausch. Bei etwas Wind im Segel besteht sonst die Gefahr, daß die Kauschen ausgerissen werden.

Vorteile und Nachteile

Mehr und mehr wird heute das Bändselreff bevorzugt, da das Segel auch in gerefftem Zustand noch Bauch hat und nicht seine guten Segeleigenschaften verliert, wie nach dem Reffen mit dem Rollreff. Zwar arbeitet das Drehreff einfach und schnell, doch ist es auch störanfällig — sieht man ab von anderen Begleiterscheinungen, wie dem leidigen Lattenproblem und der Tatsache, daß die Großbaumnock umso tiefer kommt, je mehr gerefft ist.

Vor dem Wind bei etwa 8 Bft. Die Wache trägt Sicherheitsgurte.

Die Ausrüstung

Die Kreuzerabteilung des DSV hat *Richtlinien für die Mindestsicherheits-Ausrüstung und -Einrichtung seegehender Segelyachten auf der Grundlage der Special Regulations des Offshore Rating Council* herausgegeben. Im folgenden wird von den Bau- und Einrichtungsvorschriften abgesehen und vor allem auf die Ausrüstung eingegangen. In einigen Punkten werden die Richtlinien ergänzt. Es wird auch nur auf die für die *Seegebiete 3 und 4* vorgeschlagenen Ausrüstungsgegenstände eingegangen. Diese Gebiete umfassen „Fahrten über offenes Wasser, das aber relativ geschützt oder nahe der Küstenlinie verläuft". Sie entsprechen wohl am ehesten dem BR-Schein-Bereich.

Seemännische Ausrüstung

— *Bilgepumpe,* am besten eine Membranpumpe, die wenig störanfällig ist und schnell repariert werden kann.
— *Handpumpe,* die tragbar und von der ersten Pumpe unabhängig ist.
— *2 Anker,* einer davon mit Kette, der zweite mit mindestens 5 m Kettenvorlauf und Trosse. Der schwerere Anker sollte ein herkömmlicher Stockanker sein.
— *Signallampe,* zum Morsen geeignet und spritzwassergeschützt.
— Wasserdichte *Stablampe,* zum Anleuchten der Segel geeignet, um nachts auf sich aufmerksam machen zu können.
— *Erste-Hilfe-Ausrüstung*
— *Nebelhorn*
— *Feuerlöscher,* der leicht erreichbar ist. Er soll für die Brandklassen A, B, C geeignet sein, d. h. für brennbare feste und flüssige Stoffe und für unter Druck austretende Gase.
— *Proviant und Wasser.* Wasser in Behältern, besser aber im festeingebauten Wassertank. Eine Person benötigt pro Seetag mindestens 1,5 l Frischwasser.
— *Radarreflektor,* der starr in Yachtstellung montiert ist, d. h. die Vorderkante verläuft senkrecht zur Wasseroberfläche (A). Diese Stellung erleichtert das Wahrnehmen einer Segelyacht auf dem Radarschirm auch unmittelbar von vorne oder achtern.
— *Bootsmannsstuhl*
— *Werkzeuge:* Je ein Satz Ring- und Maulschlüssel, Hammer, Kombizange, Seitenschneider, Rohrzange, versch. Schraubenzieher, Metall- und Holzsäge, Meißel, versch. Feilen, Beil, Segelmacherzeug (Nadeln, Garn, Wachs, Marlspieker).
— *Ersatzteile:* Leinen und Bändsel,

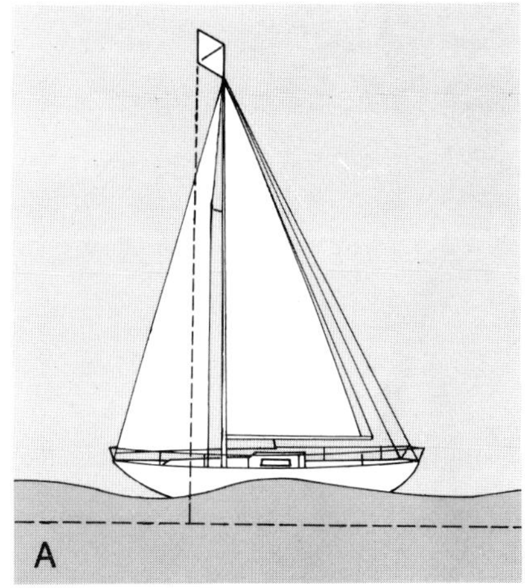

Blöcke und Schäkel, Holz- und Metallschrauben aller Art, Unterlegscheiben, Reservebirnen und Batterien, Splinte, Drahtstropp, Dichtungsmasse (Prestolit oder Tehalit).
— *Bolzenschneider* zum Kappen der Wanten.
— Festes oder aufblasbares *Beiboot.*

Navigationsausrüstung

— *Steuerkompaß,* fest eingebaut, kompensiert und mit gültiger Deviationstabelle.
— *Reservekompaß,* am günstigsten als Peilkompaß.
— Komplette *nautische Literatur* auf dem neuesten Stand
— *Handlot* oder *Echolot*
— *Log* oder *Speedometer*
— *Uhr* und *Stoppuhr*
— *Fernglas*
— *Positionslaternen* nach den Vorschriften der SeeStrO bzw. der SeeSchStrO, und zwar so montiert, daß sie nicht von den Segeln oder beim Krängen verdeckt werden.
— *Radioempfänger* zum Aufnehmen von Wetterberichten
— *Barometer* oder *Barograph.*

Sicherheitsausrüstung

A

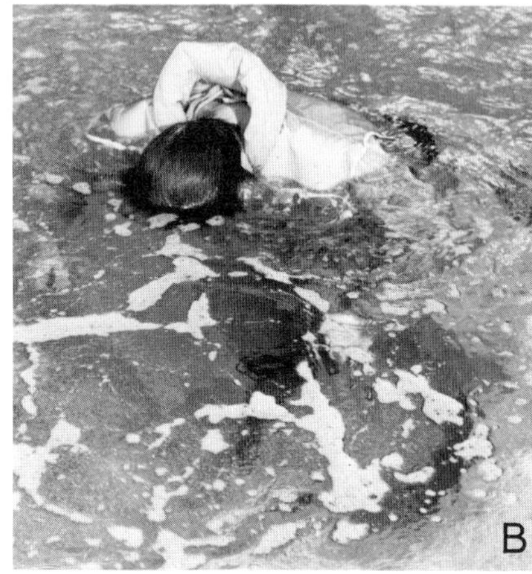

B

Eine Sicherheitsausrüstung erhöht nur so lange die Sicherheit der Mannschaft, wie sie funktionsfähig ist. Alle Rettungsgeräte müssen deshalb in regelmäßigen Abständen auf ihre Einsatzbereitschaft überprüft werden. Wir dürfen uns auf keinen Fall verleiten lassen, wie es leider recht oft vorkommt, das regelmäßige Durchchecken der Ausrüstung deshalb zu unterlassen, weil wir auf ihren Einsatz bisher nicht angewiesen waren. Im übrigen sollte sich jeder Skipper und Yachteigner vor Augen halten, daß falsches Sparen an der Sicherheitsausrüstung u. U. mit dem Leben eines Crewmitgliedes bezahlt werden muß.

Folgende Ausrüstungsgegenstände sind für die Sicherheit einer Mannschaft unbedingt erforderlich:

— **Rettungswesten** für jedes Besatzungsmitglied. Sie sollten, wie die *Richtlinien* der Kreuzerabteilung hervorheben, so beschaffen sein, daß bei Bewußtlosigkeit des Trägers Mund und Nase über Wasser bleiben. Diese Bedingung wird leider nur von wenigen Westen erfüllt. Gerade in nordeuropäischen Gewässern ist eine ohnmachtssichere Rettungsweste wichtig, da wegen der geringen Wassertemperaturen vergleichsweise schnell Bewußtlosigkeit eintritt.

Damit der Kopf unter allen Bedingungen über Wasser bleibt, muß der Auftriebsschwerpunkt auf der Brust sein und zusätzlich ein aufblasbarer Halskragen vorhanden sein. Die Verteilung von Halsauftrieb zu Brustauftrieb sollte etwa 30 % zu 70 % betragen. Die Rettungsweste wird in unaufgeblasenem Zustand getragen und im Ernstfall entweder automatisch oder durch Handauslösung mit CO_2-Preßgas-Patronen aufgeblasen. An jeder Weste sollte eine Doppel-

C

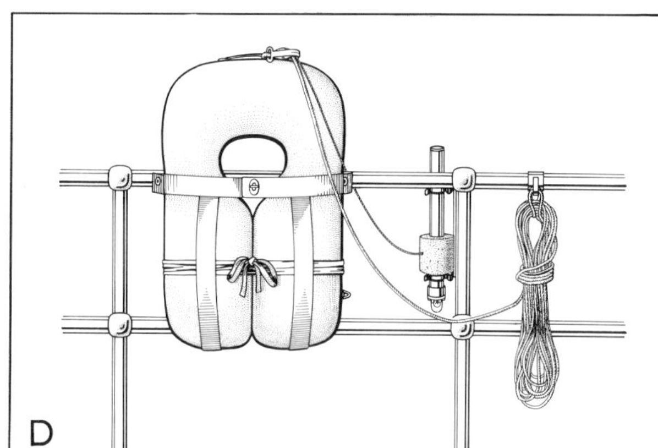

D

tonpfeife befestigt sein. In Abb. A erkennt man eine ohnmachtssichere Weste, in Abb. B die Wirkung eines zu geringen Brustauftriebes.

— **Sicherheitsgurt** für jedes Crewmitglied (C). Er muß bei schwerem Wetter neben der Rettungsweste unbedingt angelegt werden, um möglichst die Verbindung zum Schiff im Fall des Überbordgehens zu erhalten. Um wirkungsvoll zu sein, sollte die Sicherheitsleine als Schultergurt und möglichst hoch getragen werden, damit der Träger nicht unter Wasser gedrückt wird.

Zum Einhängen der Lifelines sind auf manchen Yachten vom Vorschiff zum Cockpit durchgehende Drahtstropps montiert. Hänge Dich möglichst kurz und nie in den Durchzügen der Seereling ein!

— **Rettungsboje** als Nachfolger für den längst antiquierten Rettungsring (D). Sie sollte mit einer schwimmbaren automatischen Rettungsleuchte verbunden sein, die im Einsatz regelmäßig zu blinken beginnt. Eine an der Boje befestigte schwimmbare Perlonleine erleichtert das Aufnehmen beim Rettungsmanöver, da sie in ihrer ganzen Länge nach Lee abtreibt. Weder die Rettungsboje noch das Licht oder die Leine dürfen fest mit der Yacht verbunden sein, damit sie schnell vom Rudergänger über Bord gegeben werden können.

— **Rettungsinsel** für die gesamte Mannschaft, falls längere freie Distanzen durchsegelt werden. Sie bläst sich beim Überbordwerfen selbsttätig auf (E). Die Außenmaße der Container sind in den letzten Jahren immer geringer geworden, so daß sie auch auf kleineren Yachten mitgeführt werden kann. Sie sollte mindestens zwei getrennte Luftkammern haben und so an Deck gefahren werden, daß sie notfalls sofort eingesetzt werden kann. In jeder Insel sind meist notdürftiges Reparaturzeug, Notproviant und Süßwasser enthalten. Beachte den Überprüfungstermin!

— **Notsignale:** Rotfeuer, Sternsignale, Fallschirmraketen, Signalraketen und Handfackeln (F). Achte auf das aufgedruckte Verfalldatum! Außerdem ein Signalstift.

Im Ernstfall müssen die Raketen mit Bedacht abgefeuert werden, denn sie sind bei klarer Sicht kaum weiter als etwa 20 sm auszumachen. Sie sollten immer in Zweiergruppen mit einer dazwischen liegenden kurzen Pause abgefeuert werden, damit ein Beobachter sich nicht getäuscht glaubt.

E

F

Lenzen vor Topp und Takel

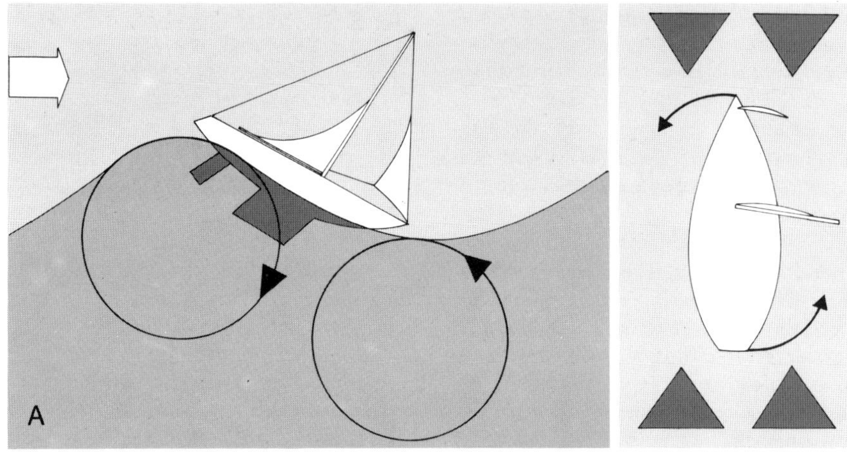

Schwerwetter

Wir sollten immer versuchen, einem schweren Wetter auszuweichen oder rechtzeitig einen sicheren Hafen anzulaufen. Aus diesem Grund muß regelmäßig der Seewetterbericht abgehört werden. Eine in der Flaute oder bei wenig Wind aufkommende Dünung zeigt oft schon lange vor den ersten Schlechtwetterwolken einen nahenden Sturm an. Falls kein Hafen mehr erreicht werden kann, sollte bereits zu diesem Zeitpunkt das Schiff aufgeklart und alle Vorkehrungen getroffen werden, insbesondere die Sicherheitsausrüstung bereitgelegt und nochmals der Schiffsort bestimmt werden.

Beachte: Ein schweres Wetter wird sicherer auf offener See als im Küstenbereich durchgestanden. Meide vor allem die Leeküste, um nicht auf Legerwall zu kommen!

Ablaufen vor dem Wind

Hat man viel freien Seeraum nach Lee, so kann man vor Topp und Takel lenzen; man läuft also ohne Besegelung vor Wind und Wellen ab. Doch dürfen wir nicht zu viel Fahrt machen, da sonst die Gefahr des Unterschneidens und Querschlagens besteht. Denn die Wasserteilchen auf den Wellenkämmen beschreiben kreisartige Bewegungen *(Orbitalbewegungen)*, die den Bewegungen der Wasserteilchen in den Wellentälern genau entgegenlaufen. So schiebt der Wellenkamm das Heck einer Yacht voran, während der Bug zugleich im Wellental abgebremst wird, so daß ein starkes Drehmoment am Schiffskörper angreift (A). Auf der anderen Seite

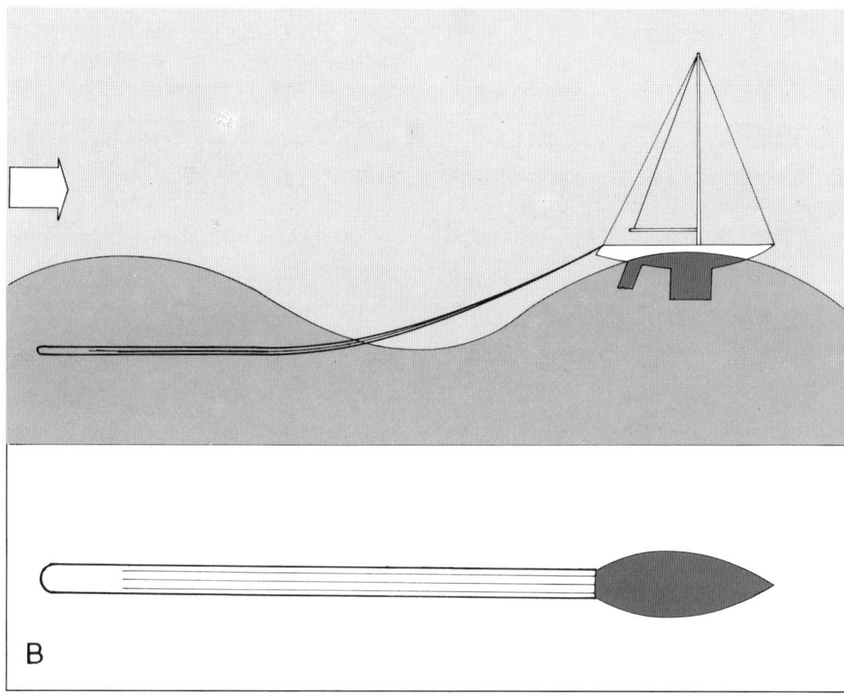

darf die Fahrt nicht so gering sein, daß beim Anlaufen der folgenden See keine Ruderwirkung vorhanden ist. *A. Coles* spricht in seinem Buch über das *Schwerwettersegeln* (vgl. Literaturhinweis auf S. 193) von einer wünschenswerten Geschwindigkeit von 5 kn.

Das Querschlagen muß unter allen Umständen vermieden werden, da die Yacht flach aufs Wasser gedrückt wird. Rigg und Schiffskörper werden schwer beschädigt, der Steuermann kann, sofern er nicht am Sicherheitsgurt hängt, über Bord gespült werden und die Yacht in kürzester Zeit vollaufen. Durch die Wucht des Querschlagens kann leicht die Leeseite der Yacht aufgerissen werden. Der Niedergang muß bei schwerem Wetter abgeschottet sein. Dies ist vor allem deshalb notwendig, daß nicht eine von achtern einsteigende See die Yacht vollschlägt. Diese Gefahr ist bei Spitzgattern wegen des geringeren Auftriebes am Heck größer.

Vor Topp und Takel abzulaufen stellt höchste Anforderungen an die Aufmerksamkeit des Steuermanns. Um die Fahrt zu vermindern, bringt man achtern mehrere längere Trossen schlaufenförmig aus (B), unter Umständen kann auch ein nicht allzu großer Treibanker nützlich sein. Doch sollte seine Wirkung nicht überschätzt werden, die nachgeschleppten Trossen allein haben schon eine große bremsende Wirkung.

Ein Nachteil des Ablaufens vor Topp und Takel liegt in der Gefährdung der Ruderanlage, die den von achtern anlaufenden Seen schutzlos preisgegeben ist.

Das Beiliegen

Die bekannteste Methode, einen Sturm abzuwettern, ist wohl das Beiliegen. Man hat die Fock back geholt, das anstelle des Großsegels gesetzte Sturmsegel *(Trysegel)* dichtgeholt und das Ruder in Luvstellung belegt. In diesem Zustand macht die Yacht keine Fahrt mehr voraus, sondern bleibt in einem Winkel von etwa 60° zum Wind liegen und treibt mit einer Geschwindigkeit von etwa 2—3 Knoten nach Lee ab (C). Für das Beiliegen benötigen wir also wesentlich weniger Seeraum nach Lee als beim Ablaufen vor Topp und Takel, wo man Geschwindigkeiten von etwa 5 Knoten macht.

Durch das Abtreiben nach Lee bildet die Yacht in Luv eine Wirbelzone, die die Wucht der auflaufenden See abschwächt, so daß sie vergleichsweise leicht unter dem Schiffskörper durchläuft. Bei dem gesamten Manöver werden Rigg und Segel stark strapaziert, so daß man bei zunehmendem Sturm wohl doch auf das Ablaufen übergehen wird.

Das Beiliegemanöver wird nicht bei jeder Schiffskonstruktion gelingen. Schlank geschnittene Yachten oder Schiffe mit kurzem und nicht durchgezogenem Lateralplan, wie wir sie bei den heute üblichen Flossenkielern finden, werden immer wieder aus der Beiliegestellung auszubrechen und Fahrt aufzunehmen versuchen, so daß der Effekt der Wirbelbildung nicht mehr gegeben ist.

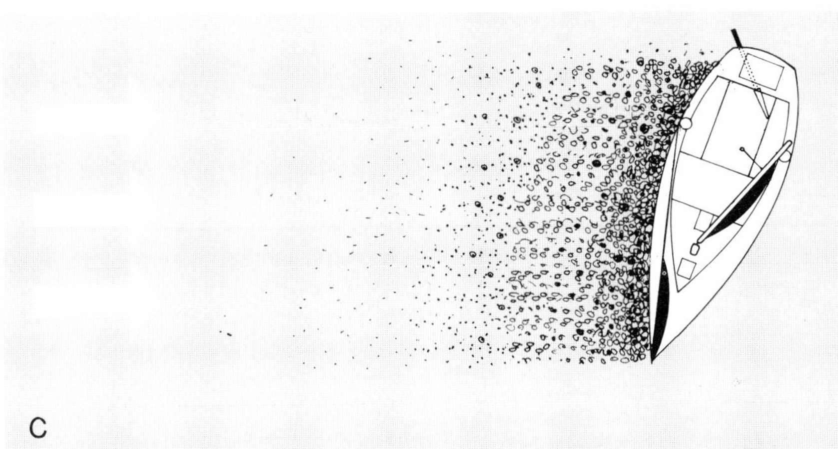

C

Liegen vor Treibanker

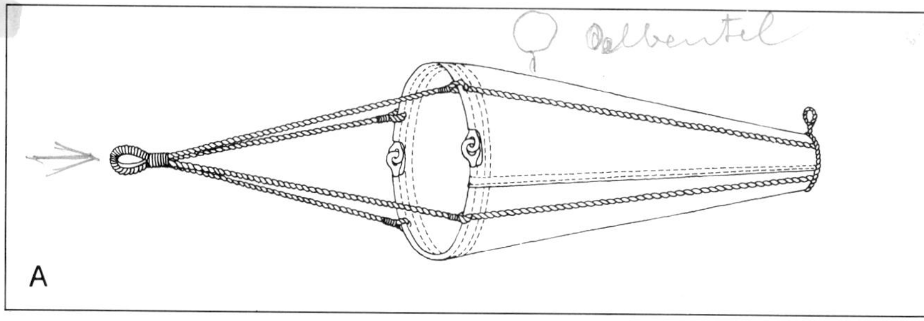

Das klassische Manöver für Starkwind oder Sturm ist das Liegen vor Treibanker. Der Treibanker (A) wird vom Vorschiff gegen den Wind ausgebracht und soll die Yacht im Wind halten, ohne allzu weit abgetrieben zu werden. Der Abstand zwischen Anker und Schiff muß genau einem Vielfachen der Wellenlänge entsprechen. Das heißt, dem Treibanker muß soviel Trosse gegeben werden, daß er und das Schiff sich gleichzeitig in der gleichen Wellenphase befinden. Ist das nicht der Fall, arbeiten Anker und Yacht jeweils gegeneinander, wodurch Trosse und Beschläge übermäßig belastet werden.

Die Idealvorstellung eines vor Bug ausgebrachten Treibankers sieht die Yacht genau im Wind liegen. Es hat sich jedoch herausgestellt, daß dies nur bei mittleren Windstärken eintritt. Frischt der Wind stärker auf, nimmt das Boot eine Querlage zum Anker ein.

Aus dieser Lage heraus nimmt die Yacht durch den am Rigg angreifenden Windwiderstand Fahrt voraus auf, bis der Treibanker sie mit einem kräftigen Ruck abbremst. Der plötzliche Zug reißt möglicherweise die Belegklampe am Vorschiff aus. Anschließend treibt die quer zur See liegende Yacht bis zur neuerlichen Anspannung der Trosse nach achtern. Hierbei wird das Ruder übermäßig belastet. Ein so ausgebrachter Treibanker leitet auf diese Weise ein gefährliches Gieren der Yacht ein. Die meiste Zeit wird sie also nicht im Wind stehen, sondern quer zur See (C). Um dies zu vermeiden, muß achtern ein kleines Segel, am besten das Trysegel, gesetzt werden, das die Lage der Yacht zum Anker etwas stabilisiert (B).

Hinzu kommt ein weiterer Gefahrenpunkt: Die Zugbelastung des Treibankers unterstützt eine Yacht nicht, über eine von vorn kommende See hinwegzukommen. Sie hält den Bug vielmehr fest und die See läuft nicht unter der Yacht durch, sondern bricht sich über ihr.

Daß ein Treibanker günstiger nach achtern ausgebracht wird, haben wir bereits erwähnt. Doch ist die Wirkung von Trossen ebenso stark. *A. Coles* schreibt (vgl. Literaturhinweis auf S. 193), daß er in dieser Lage einmal sogar den Verlust des Treibankers am Verhalten des Schiffes nicht bemerken konnte.

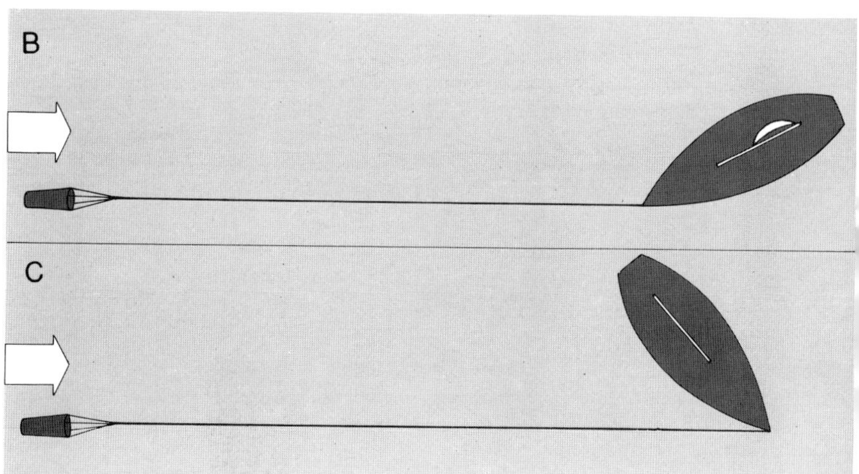

Mann über Bord

Ist ein Mann über Bord gegangen, müssen wir schnell und genau handeln.

1. Rettungsboje nachwerfen

Die in der Nähe des Rudergängers aufgehängte Rettungsboje mit Nachtlicht und Leine wird dem Mann unmittelbar nach seinem Überbordgehen nachgeworfen. Er darf allerdings nicht von ihr getroffen werden.

2. Mann beobachten

Zugleich werden alle Mann an Deck gerufen und einer von ihnen beauftragt, nichts anderes zu tun, als den Mann ständig zu beobachten. Bei höherer See verliert man ihn sonst sehr schnell aus den Augen.

3. Manöver fahren

Das bekannte Mann-über-Bord-Manöver wird eingeleitet. Kommt der Wind von querab oder vorlicher als querab, erreicht man den Mann am schnellsten durch das Halsenmanöver (D). Hat man aber Wind, der achterlicher als querab kommt, ist das Manöver mit Wende am günstigsten (E). Beim Halsen überlege zuvor, ob das Manöver ohne erhebliches Risiko für das Rigg durchgeführt werden kann oder ob eine *Kuhwende* vorzuziehen ist! Ein Bruch in der Takelage macht die Lage des Überbordgegangenen hoffnungslos.

Das Manöver wird mit einem *Nahezu-Aufschießer* abgeschlossen, d. h. die Yacht läuft nicht genau gegen den Wind aus, sondern in einem minimalen Winkel zum Wind. Auf diese Weise erreicht man den Mann durch geschickte Schotführung recht genau.

Reagiert der Rudergänger im ersten Augenblick sehr schnell, kann er eine hart am Wind laufende Yacht durch ein sofort eingeleitetes Wendemanöver, wobei die Fock back stehen bleibt, zum Beiliegen bringen. Die Yacht wird dann langsam auf den Mann im Wasser zutreiben, der auf die Leeseite der Yacht kommt.

4. Mann übernehmen

Den Mann aufzunehmen ist oft ebenso schwierig wie ihn zu finden. Grundsätzlich soll die Yacht den Mann auf ihrer Leeseite aufnehmen; an welchem Punkt der Yacht, muß aber von Fall zu Fall entschieden werden. Beachte, daß der Überbordgegangene nicht unter den stampfenden Bug oder das überhängende Heck gerät! Er könnte erschlagen werden. Außerdem darf jetzt die Maschine nicht mehr laufen, um Verletzungsgefahr auszuschließen. Hat man den Mann erreicht, wird er sofort mit einer um die Brust und unter den Armen durchlaufenden Leine gesichert (Palstek).

Wenn der Überbordgefallene selbst noch genügend Kraft hat, erleichtern eine unten beschwerte Badeleiter oder Trittschlingen das Anbordkommen. Ist der Mann aber schon zu sehr geschwächt, muß er — notfalls durch einen Helfer, der kurzzeitig ins Wasser geht — über eine spezielle Talje oder über den in der Art eines Ladebaumes ausgefahrenen Großbaum an Bord gehievt werden. Manchmal hilft auch ein mit Horn und Hals am Boot befestigtes Vorsegel, dessen Kopf man unter dem Mann hindurchführt und mit Hilfe eines Falls dichtholt.

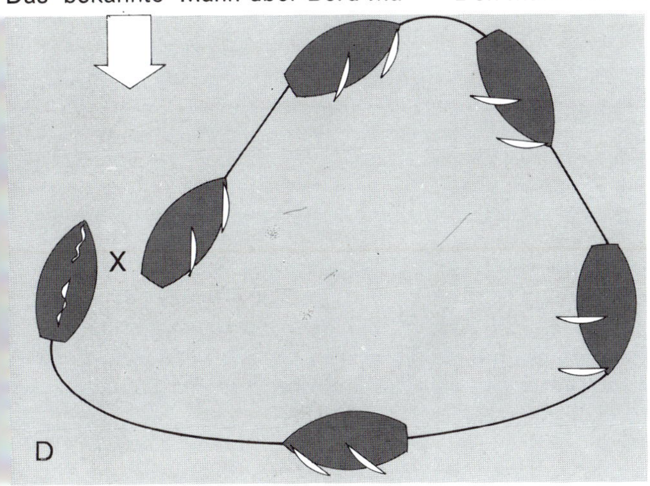

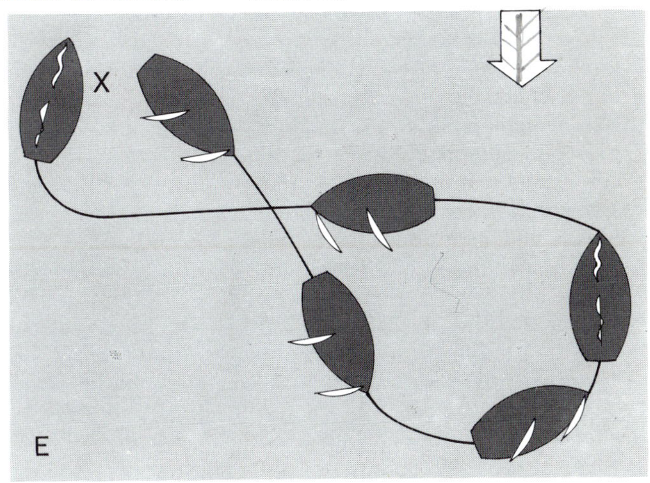

Havarien

Wassereinbruch

Lecks sollten grundsätzlich von innen abgedichtet werden. Ein von außen über den Schiffskörper gezurrtes Lecksegel kann nur vorübergehenden Schutz bieten — ganz abgesehen von seiner schwierigen und langwierigen Befestigung. Bei einem größeren Wassereinbruch sollte sofort gehandelt werden. Zur vorläufigen Abdichtung eignen sich verformbare Gegenstände, wie Kojenpolster oder Schaumstoffkissen, die sich der Leckform anpassen. Statt dessen kann auch eine mit Preßgaspatronen aufblasbare Schwimmweste helfen. Sie werden mit einem Brett (Bodenbrett, Tür) über das Leck gepreßt, evtl. setzt sich ein Mann mit dem Rücken gegen Brett und Leck. Auch ohne Brett und Polster kann im ersten Augenblick der menschliche Körper das Leck vorläufig abdichten. Jetzt hat man erst einmal Zeit, weitere Maßnahmen gründlich vorzubereiten.

Sobald das Leck einmal provisorisch abgedichtet ist, sollte es nicht wieder freigegeben werden, sondern die haltenden Bretter gegen den von außen wirkenden Wasserdruck im Schiffskörper durch Stützen und Bolzen verspannt werden. Ist der Hauptwassereinbruch soweit eingedämmt, können die Ränder des Lecks noch besser abgedichtet werden. Völlig dicht wird das Schiff sicher nicht werden, doch genügt es, wenn wir die Yacht mit der Pumpe halten können und manövrierfähig sind.

Wasser kann nicht nur durch eine Kollision oder Grundberührung ins Schiff kommen, sondern auch durch undichte Ventile der Durchführungen durch den Schiffskörper, wie: WC, Abflüsse, Motorwelle, Kühlwasseransaugrohr oder Ruderdurchführung. Die Motorwelle muß nach jedem längeren Gebrauch abgeschmiert werden, die Ventile regelmäßig gecheckt und auf See geschlossen werden.

Feuer an Bord

Nimmt man Flüssiggas zum Kochen, so sollten nur solche Anlagen verwendet werden, deren Gasflasche und Brenner über ein Kugelventil unmittelbar miteinander verbunden sind. Benutzt man eine andere Konstruktion, so dürfen keine Gummischläuche als Gasleitungen verwendet werden, die leicht porös oder auch unbeabsichtigt abgeklemmt oder abgerissen werden. Dann sollte aber auf jeden Fall die Gasflasche außerhalb der Kajüte aufgestellt werden. Ausströmendes Flüssiggas riecht sehr intensiv. Da es schwerer als Luft ist, sammelt es sich in der Bilge und kann zum größten Teil mit Hilfe einer Pumpe und durch Nachspülen mit Wasser von dort entfernt werden. Brennspiritus kann zwar nicht zur Explosion führen, jedoch zu gefährlichen Stichflammen. Benzinmotoren stellen bei unvorsichtiger Handhabung eine ebenso große Gefahr dar. Einige Sicherheitsvorkehrungen vermindern jedoch die Feuer- und Explosionsgefahr: Der Maschinenraum muß — evtl. durch Sauglüfter — gut entlüftet werden. Motor und Vergaser sollten voneinander gut isoliert sein, und die Brennstoffleitungen müssen starr verlegt sein.

Mastbruch

Ein Mast bricht heute weitaus seltener als früher, da auf modernen Yachten fast nur noch Leichtmetalle für Baum und Mast verwendet werden. Wenn er jedoch von oben kommt, bricht er meist im oberen Drittel. Auf jeden Fall müssen Wanten und Stagen des gebrochenen Mastes sofort mit dem Bolzenschneider gekappt werden, damit der Rumpf nicht dadurch beschädigt wird, daß ihn die See ständig gegen die Außenhaut wirft.

Am ehesten führt ein falscher Trimm zum Verlust des Mastes. Eine übermäßig belastete Want bricht beispielsweise, so daß der Mast nur noch einseitig verstagt ist. In dieser Situation muß der Mast umgehend durch ein Manöver entlastet werden. Beim Bruch einer Want sollte gewendet, beim Bruch des Vorstages vor den Wind, beim Bruch des Achterstages an den Wind gegangen werden. Alle Schäden der Takelage nüssen durch ein gutes Bordwerkzeug soweit behoben werden können, daß der Mast genügend sicher abgestagt bleibt, um den nächsten Hafen zu erreichen.

Grundberührung ...

n Revieren mit felsigem Boden (Mittelmeer) muß jede Grundberührung unbedingt vermieden werden. Sie führt schnell zur Leckage. Hat man einen flachen und sandigen Untergrund (Ostsee und südl. Nordsee), st ein Festkommen nicht immer zu umgehen, da die Sandbänke ihre Lage gerne ändern. Sobald wir festgekommen sind, ändert sich der an Bord spürbare Wind, er fällt achterlicher ein. Denn solange wir Fahrt hatten, kam zum wahren Wind noch der Fahrtwind hinzu, und wir nahmen den scheinbaren Wind wahr. Dementsprechend müssen wir beim Auflaufen zwei Situationen unterscheiden: Das Festkommen am Wind und das Festkommen auf raumen Kursen.

Am Wind: In diesem Fall besteht noch die Möglichkeit, daß uns der wahre Wind von der Untiefe herunterdrückt. Deshalb müssen wir die Schoten dichtlassen und evtl. durch Backhalten der Fock das Schiff zu krängen versuchen.

Raumschots: Auf allen anderen Kursen verschlechtert sich die Situation durch das plötzliche Stoppen, da der wahre Wind (wW) stärker ist als der scheinbare Wind (sW) und achterlicher einfällt (A). Sofort müssen deshalb die Schoten gefiert und die Segel geborgen werden, will man vermeiden, daß die Yacht gekrängt und noch weiter auf die Sandbank gesetzt wird. Anschließend wird mit dem Beiboot der Anker ausgefahren, an dem die Yacht in den Wind gedreht wird.

... und Freikommen

Um mit Bordmitteln freizukommen, muß die Yacht gekrängt werden, solange es sich nicht um einen Kimmkieler handelt, dessen Tiefgang bei Krängung zunimmt. Bei kleinen Yachten erreichen wir oft schon genügend Krängung durch das Ausreiten der Mannschaft in den Wanten. Bei größeren Booten muß der querschiffs geholte und festgemachte Großbaum mit ein oder zwei Mann oder dem ausgesetzten Dinghi belastet werden. Der Baum wird über eine Fallwinsch dichtgeholt (B).

Sobald die Yacht durch Krängung freikommt, verholt man sich am Anker ins tiefere Wasser. Eine Kombination aus Großfall und am Schiff angebrachter Talje verhindert, daß beim Verholen die Krängung aus dem Schiff geht (C).

Merken wir, daß ein Abbergen mit Bordmitteln nicht gelingt, rufen wir ein fremdes Schiff zu Hilfe. Auch jetzt sollte die Schleppleine über das Großfall laufen, damit die Yacht krängt. Das Schleppmanöver unterstützen wir, indem wir den zuvor ausgebrachten Anker dichtholen (D).

Sind wir bei stärkerem Seegang oder drohender Wetterverschlechterung aufgelaufen, muß schnell gehandelt werden, um nicht das Schiff zu verlieren. Sobald wir einmal auf Legerwall geraten, d. h. bei auflandigem Wind stranden, kommen wir sicher mit Bordmitteln nicht mehr frei. In dieser Lage sollten wir nicht zögern, Notsignale zu schießen.

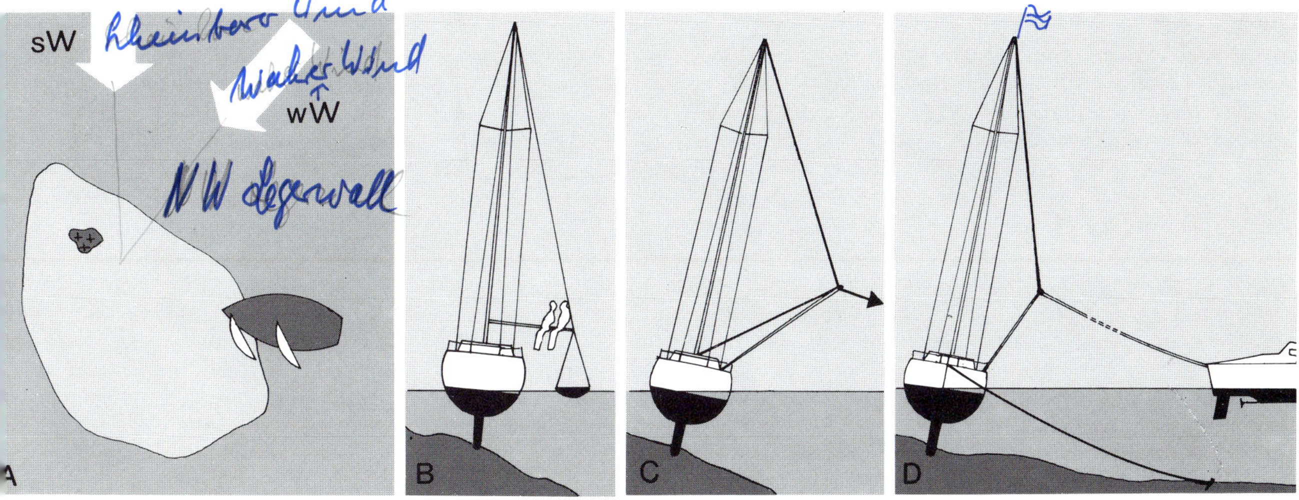

Verantwortlichkeit Hilfeleistungspflicht Kollision Schlepphilfe Logbuch

Verantwortlichkeit des Skippers

Die Verantwortung für die Sicherheit einer Yacht und ihrer Besatzung sowie der auf dem Schiff getroffenen Maßnahmen und Entscheidungen liegt ausschließlich und bedingungslos in der Hand des Schiffsführers. Er muß alles tun, um sicherzustellen, daß die Yacht absolut dicht ist, seetüchtig und mit einer Besatzung bemannt ist, die erfahren und körperlich in der Lage ist, schweres Wetter durchzustehen. Er ist weiterhin dafür verantwortlich, daß die Sicherheitseinrichtungen funktionsfähig sind und daß die Besatzung weiß, wo sie verstaut und wie sie zu bedienen sind.
Aus diesem Grunde sollte am Anfang eines Törns mit der Mannschaft ein *Mann-über-Bord-Manöver* geübt werden und neben dem Skipper ein anderes Mannschaftsmitglied dieses Manöver durchführen können.

Hilfeleistungspflicht

Jeder Schiffsführer, also auch der Skipper einer Sportyacht, ist verpflichtet, allen Personen, die er in Seenot antrifft, Hilfe zu leisten, soweit er dazu in der Lage ist, ohne seine Crew und sein Schiff einer erheblichen Gefahr auszusetzen. Ist er jedoch nicht imstande, Hilfe selber zu leisten, hat er unverzüglich Hilfe herbeizurufen, also andere Schiffe oder eine Küstenstation über den beobachteten Seenotfall zu informieren. Auf jeden Fall soll dem Schiffbrüchigen etwa durch weiße Raketensignale zu erkennen gegeben werden, daß seine Lage erkannt und eine Aktion zu seiner Rettung eingeleitet wurde.

Kollision

Die Pflicht zur gegenseitigen Hilfeleistung erstreckt sich auch auf den Fall eines Zusammenstoßes auf See, gleichgültig, wie die Schuldfrage des Zusammenstoßes zu beurteilen ist. Erst wenn sich die Schiffsführer überzeugt haben, daß weitere Hilfe nicht notwendig ist, können sie ihre Fahrt fortsetzen. Zuvor müssen jedoch die Namen der beteiligten Schiffe, ihr Heimathafen, sowie ihr Abgangs- und Bestimmungshafen ausgetauscht werden. Sollte ein Fahrwasser durch ein gesunkenes Fahrzeug behindert werden, muß die Stelle mit Bojen markiert werden. Unter Umständen ist über den gesamten Hergang eine *Verklarung* durchzuführen, d. h. ein Bericht über die Kollision vor einem Amtsgericht, im Ausland vor einem deutschen Konsul, zu beeiden. Auf jeden Fall aber sollte der Unfall und die im Zusammenhang mit ihm getroffenen Maßnahmen ins Logbuch eingetragen werden.

Schlepphilfe

Sind wir gezwungen, Schlepphilfe in Anspruch zu nehmen, sollten wir zuvor die Höhe des Schlepplohnes vereinbaren. Man ist sonst schnell einem Anspruch auf Bergung ausgesetzt, dessen Höhe sich nach dem Schiffswert richtet. Ein Indiz dafür, ob Abschleppen oder Bergung vorlag, kann die eigene Aktivität sein: Verwende immer die eigene Schlepptrosse, stecke zumindest Deine Schleppleine an eine übergebene an! Lasse keinen Mann des Schleppers auf Dein Schiff! Wenn man sich nicht tatsächlich in Seenot befindet, sollte Schlepphilfe keinesfalls mit Notsignalen angefordert werden, sondern mit dem Flaggensignal oder dem akustischen Morsesignal V (. . . —).

Das Logbuch

Wir sind zwar auf kleinen Yachten nicht verpflichtet, ein Logbuch zu führen, doch sollten wir auf keinen Fall darauf verzichten. Nicht nur, daß das Logbuch im Streitfall zum Beweismittel für eine sachgerechte Schiffsführung werden kann und auch vor dem Seeamt gegebenenfalls als Beweis dient, sondern auch aus seemannschaftlichen Erwägungen heraus sollte es regelmäßig geführt werden. Denn die rückblickende Betrachtung des Ablaufes etwa eines schweren Wetters an Hand der im Logbuch vermerkten Notizen kann Aufschluß geben über richtig oder falsch getroffene Entscheidungen. Dann muß das Logbuch regelmäßige Eintragungen über Wind und Wetter, Kurs und Fahrt, Abdrift und Strom, Segelführung und Navigation enthalten. Zu Beginn ist die Crew aufzuführen. Daneben sollten alle wichtigen Beobachtungen eingetragen werden, die für ein gegißtes Besteck von Bedeutung sein können. Der Skipper zeichnet jeden Tag die Aufzeichnungen ab. Am günstigsten verwendet man eines der von der Kreuzerabteilung des DSV herausgegebenen Logbücher.

4 Wetter

Tiefdruck und Hochdruck

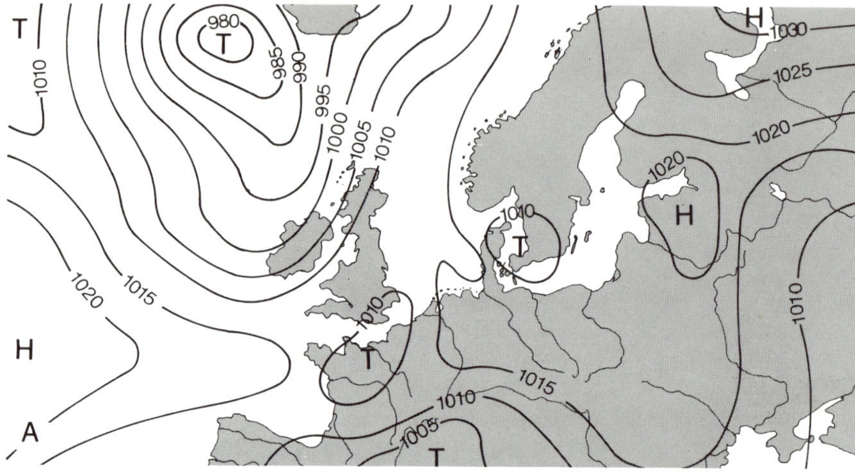

Der Luftdruck

Am Wetter interessiert den Segler vor allem der Wind. Er ist auf unterschiedliche Luftdruckverhältnisse an verschiedenen Orten der Erde zurückzuführen. Beobachten wir in einem Gebiet einen niedrigeren Luftdruck als in der Umgebung, so hat die Luft die Tendenz, diesen Druckunterschied auszugleichen. Sie strömt vom Gebiet höheren Drucks in das Gebiet niedrigeren Luftdrukkes ein, was wir als Wind verspüren. Der Wind wird immer in der Richtung angegeben, aus der er weht.

Die Stärke des Luftdrucks mißt man in der Meteorologie in *Millibar (mb)*. Daneben wurde früher die Millimeterskala der Quecksilbersäule (*mm Hg*) verwendet. Zwischen beiden Maßsystemen besteht folgender Zusammenhang:

1 mb = ³/₄ mm Hg
1 mm Hg = ⁴/₃ mb

Der mittlere Luftdruck auf Meereshöhe beträgt etwa 1013 mb bzw. 760 mm Hg.

Auf unserem Boot können wir den herrschenden Luftdruck und seine Schwankungen mit einem Barometer oder Barographen messen.

Die Isobaren

Stellt man eine Art Momentaufnahme der Luftdruckverteilung auf der Erdoberfläche her, so kann das Bild verdeutlicht werden, indem man Orte gleichen Luftdrucks miteinander verbindet. Man erhält Linien gleichen Luftdruckes, die sogenannten *Isobaren*. Sie können sich, ähnlich den Tiefen- und Höhenlinien einer Karte, weder berühren noch kreuzen.

In Wetterkarten werden die Isobaren gewöhnlich in einem Abstand von jeweils 5 mb eingetragen. Aus einer derartigen Isobarenkarte (A) ist die Lage von Hoch- und Tiefdruckgebieten sofort zu erkennen; sie werden mit einem *H* oder *T* deutlich gemacht. Man führt noch detailliertere Bezeichnungen ein und spricht beispielsweise von einem *Teiltief*, *Tiefausläufer* oder einer *Tiefdruckrinne* bzw. einem *Teilhoch*, *Hochdruckkeil* oder *Hochrücken*. In Skizze A finden wir eine Tiefdruckrinne nordwestlich von Irland und südlich davon einen Hochdruckkeil eines vom Atlantik übergreifenden Hochdruckgebietes.

Für die Windstärke ist nicht die absolute Höhe des Luftdrucks entschei-

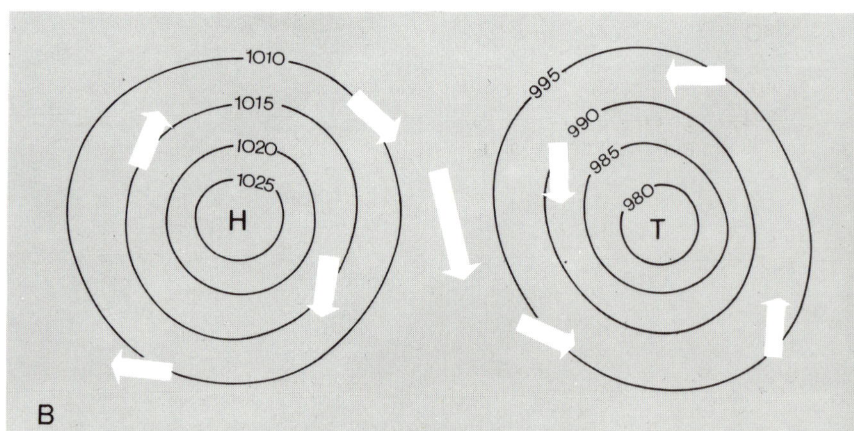

dend, sondern das Druckgefälle: Je größer der Druckunterschied zwischen zwei Orten ist, desto stärkeren Wind wird man beobachten.
In der Wetterkarte wird dies an vergleichsweise eng verlaufenden Isobaren erkennbar. Ein Druckgefälle von 5 mb auf einer Distanz von

100 sm entspricht etwa	7—8 Bft.
200 sm	5 Bft.
300 sm	3 Bft.

Diese Zahlen gelten allerdings nur auf einer geographischen Breite von etwa 50°.

Zyklone und Antizyklone

Es ist keineswegs so, daß die Luftteilchen auf kürzestem Weg vom Hochdruckgebiet ins Tiefdruckgebiet einfließen, sondern sie werden auf ihrem Weg durch die Erddrehung abgelenkt. Auf der Nordhalbkugel gilt, daß der Wind in ein Tief linksherum hineindreht und aus einem Hoch rechtsherum herausdreht (B). Ein Tief wird deshalb auch *Zyklone,* ein Hoch *Antizyklone* genannt. Hierbei nimmt die Windrichtung jeweils einen Winkel von etwa 20° zu den Isobaren ein, und zwar beim Tief 20° zum Kern des Tiefs hin, beim Hoch 20° vom Kern des Hochs weg. Zwischen einem östlich gelegenen Tief und einem westlich gelegenen Hoch weht also der Wind auf der Nordhalbkugel von Nord nach Süd.
Mit Hilfe dieser Gesetzmäßigkeit können wir aus der Windrichtung auf die Lage von hohem und tiefem Druck schließen: Laufen wir mit einer Yacht vor dem Wind, so liegt der tiefe Druck immer etwas vorlicher als Bb querab, der hohe Druck immer etwas achterlicher als Stb querab (C).

Diese Überlegungen gelten, wie gesagt, nur auf der nördlichen Halbkugel der Erde, auf der Südhalbkugel verläuft der Drehsinn genau entgegengesetzt.

Rechtsdrehend und linksdrehend

Etwas völlig anderes als der Drehsinn des Windes um ein Tief- oder Hochdruckgebiet herum ist die Richtungsänderung des Windes an einem bestimmten Beobachtungsort. Haben wir beispielsweise morgens N-Wind, mittags NE-Wind und abends E-Wind, so hat der Wind im Laufe des Tages am Beobachtungsort seine Richtung geändert. Er hat nach *rechts gedreht* (D). Betrachten wir nämlich eine Windrose, in der die beobachteten Winde der Reihe nach eingetragen werden, so erkennen wir, daß er sich im Uhrzeigersinn, also rechtsherum gedreht hat. Entsprechend spricht man auch von *linksdrehendem Wind,* also etwa, wenn er zuerst aus N, dann aus NW und schließlich aus W weht (Skizze E).
Statt von rechtsdrehendem spricht man auch von *recht*drehendem Wind; erfolgt diese Drehung sehr schnell, sagt man, der Wind *schießt aus.* Dreht der Wind nach links, so spricht man vom *Krimpen* oder *Rückdrehen.* Befinden wir uns an der Südseite eines von West nach Ost ziehenden Tiefs, so herrscht zunächst Wind aus SE, dann aus S, SW, W und schließlich aus NW vor. An der Nordseite des Tiefs dagegen, die man auch auf die Zugrichtung bezogen linke Seite nennt, dreht der Wind von SE über E, NE und N auf NW, also linksherum. Beim Durchzug eines Hochs beobachtet man ebenfalls an der rechten Seite rechtsdrehenden, an der linken Seite linksdrehenden Wind, wenn es von West nach Ost zieht.

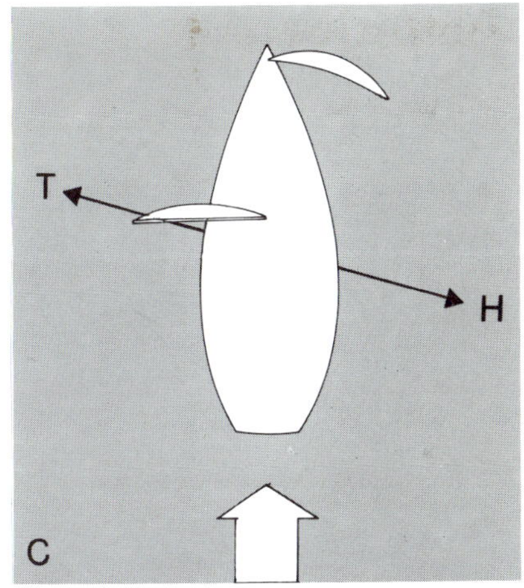

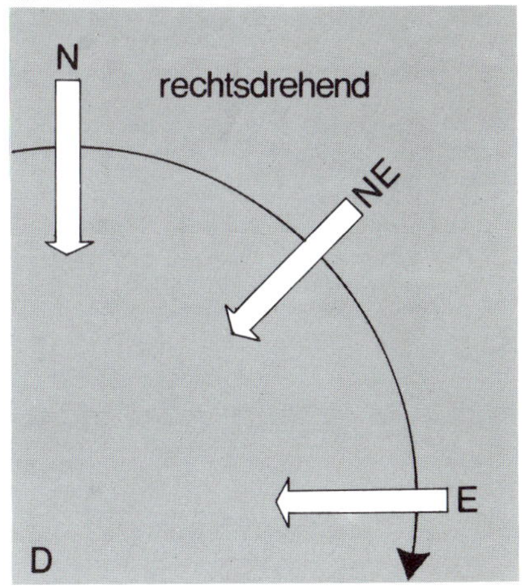

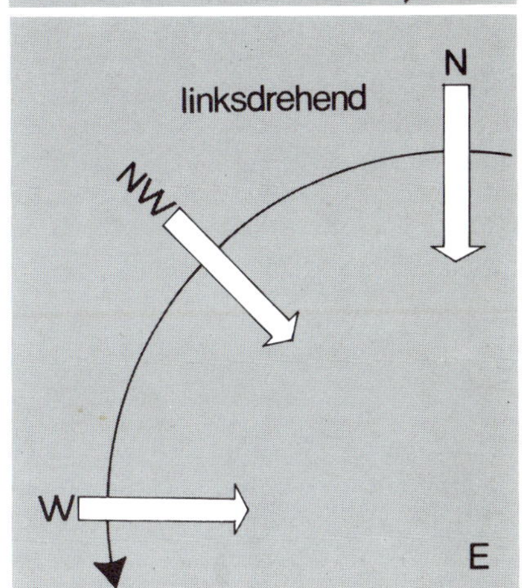

Die Fronten

Meteorologisch gesehen leben wir im Einflußbereich polarer Kaltluft, die tendenziell nach Westen strömt, und südlicher Warmluft, die nach Osten strömt. An der Grenze beider Luftmassen bilden sich Turbulenzen, in deren Verlauf es zu Aufgleitvorgängen warmer Luft auf kalte Luft und zu Kaltlufteinbrüchen in Warmluftbereiche kommt. Hierbei entstehen die Warmfront und die Kaltfront, die immer in Verbindung mit einem Tief auftreten. Sie grenzen meist eine Art Warmluftkeil ab, der von Süden zum Kern des Tiefs reicht (A). Die östliche Seite dieses Keils nennt man *Warmfront,* hinter der wärmere maritim-tropische Luft vordringt; die westliche Begrenzung nennt man *Kaltfront*, da sie maritim-polare Kaltluft mitbringt.

Gehen wir davon aus, wie es im Sommer im nördlichen Mitteleuropa meist der Fall ist, daß ein Tief nördlich von uns nach Nordost vorbeizieht. Was geschieht dann beim Durchzug der Fronten? Wir legen also einen Querschnitt (in Skizze A: x-y) südlich des Tiefkerns. In Skizze B sind zugleich die durchschnittlichen Zeiten und Entfernungen angegeben.

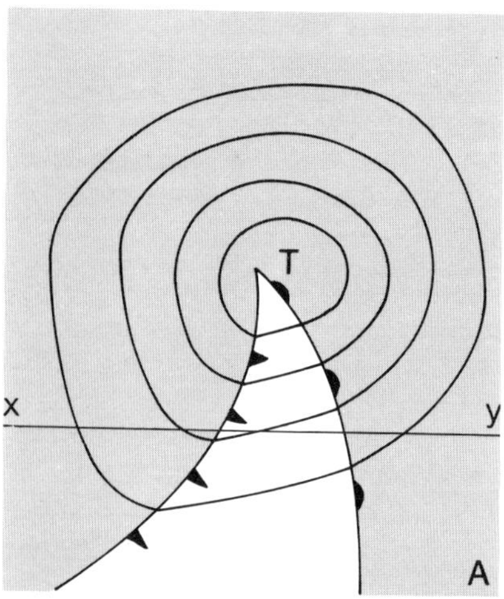

Die Warmfront

Das Herannahen der Warmfront ist an der Wolkenbildung bereits lange vorher erkennbar (vgl. Wolken S. 142). Zunächst verschleiert sich der Himmel mit hohen Federwolken *(Cirrus),* die sich langsam verdichten *(Cirrostratus)* und durch mittelhohe Schichtwolken *(Altostratus)* ergänzt werden. Wir beobachten also eine doppelschichtige Bewölkung. Die Wolkendecke sinkt schließlich immer tiefer *(Nimbostratus),* bis es zu Niederschlägen kommt, zunächst als Nieselregen, dann als Regen. Während der Luftdruck fällt und sich die Sicht evtl. bis zum Nebel verschlechtert, hat der Wind langsam nach rechts gedreht, und zwar von SE über S auf SW.

Nach dem Durchzug der Warmfront reißt die Bewölkung etwas auf und die Niederschläge lassen nach. Doch herrschen noch immer tiefe Haufen- und Schichtwolken vor *(Stratocumulus).* Die Sicht bleibt mäßig und die Temperatur steigt an, da sich die tropisch-maritime Warmluft bemerkbar macht. Häufig ist es etwas schwül, verbunden mit vereinzeltem Niesel- oder Stauregen. Bei gleich-

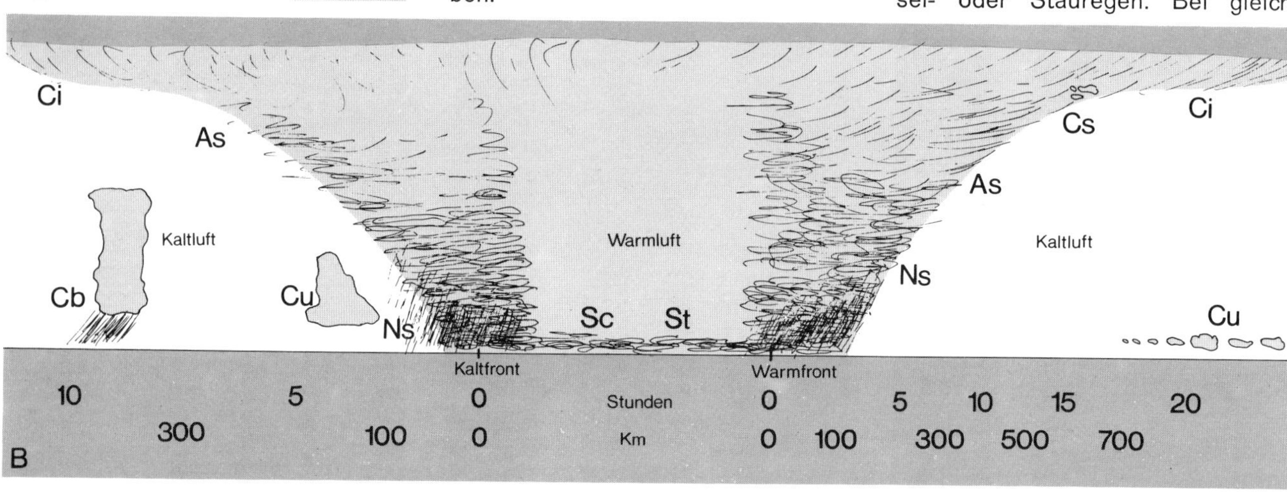

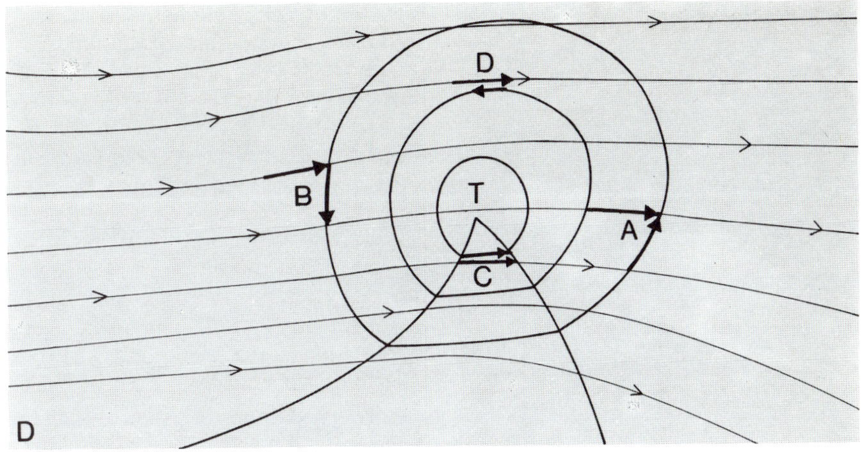

D

mäßig wehenden Winden bleibt der Luftdruck konstant. Dieses Wetter kann länger anhalten, erst der Durchzug der Kaltfront führt zur Änderung.

Die Kaltfront

Eine Kaltfront zieht in etwa zwei Stunden durch, also wesentlich schneller als eine Warmfront. Sie wird begleitet von heftigen, schauerartigen Regenfällen, die oft mit Gewittern und starken Böen verbunden sind. Die Temperatur sinkt ab, der Luftdruck steigt kräftig an und die Sicht verbessert sich. Später reißt die Bewölkung stärker auf. Der Wind ändert in kurzer Zeit seine Richtung auf NW und nimmt oft um zwei bis drei Windstärken zu, er schießt also aus. Deshalb müssen wir das Herannahen der Kaltfront rechtzeitig erkennen, um vorher zu reffen.

Die Okklusionsfront

Kalte Fronten bewegen sich schneller vorwärts als warme, so daß die Warmfront von der Kaltfront eingeholt werden kann. Der Warmluftkeil wird dabei von der nachfolgenden Kaltluft unterlaufen und vom Boden abgehoben. Es zieht dann keine Warmfront mehr durch, sondern eine sogenannte *Okklusionsfront.* Sie tritt hauptsächlich in gealterten Tiefs auf, wie sie sehr häufig zu uns kommen. Die Okklusionsfront weist im wesentlichen die Merkmale der Kaltfront auf. Beim Herannahen nehmen Bewölkung und Wind zu, zugleich fällt der Druck. Während des Durchzuges verschlechtert sich die Sicht und es beginnt zu regnen. Anschließend beobachtet man rechtdrehende Winde, Druckanstieg und Sichtverbesserung.

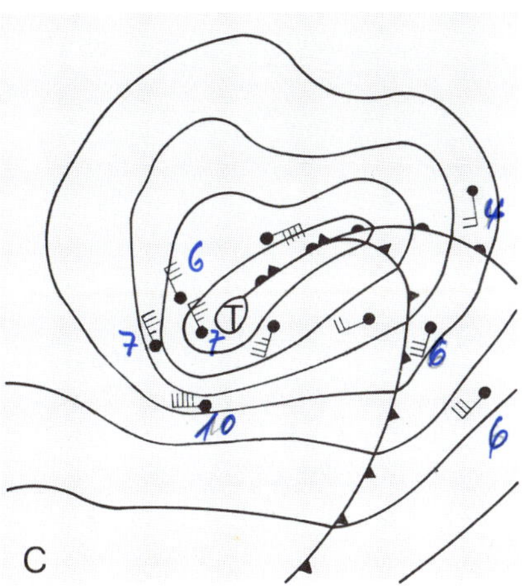

C

Die Troglage

Dreht der Wind beim Durchzug der Kaltfront nicht nach rechts, sondern eher nach links und flaut zugleich etwas ab, so müssen wir mit bald auftretenden, sturmstarken Winden rechnen. Wir haben eine Troglage vor uns, bei der die Fronten dem Tief etwas vorausgeeilt sind (C). Der übliche Ausschießer erfolgt deshalb erst etwas später, dann aber umso heftiger.

Die Querwindregeln

Die Zugrichtung der Tiefs — bei uns im Sommer meist von SW nach NE — wird vom meist westlichen *Höhenwind* bestimmt. Er unterscheidet sich in der Richtung vom zyklonalen *Bodenwind,* der ja dem Drehsinn des Tiefs folgt. Den Höhenwind erkennen wir an der Zugrichtung hoher Wolken, den Bodenwind spüren wir unmittelbar. Aus der unterschiedlichen Richtung beider Winde leitet man die *Querwindregeln* ab. In Skizze D erkennt man:

1. Wenden wir den Rücken gegen den Bodenwind, so wird sich das Wetter verschlechtern, wenn der Höhenwind von links kommt (Punkt A).
2. Wenden wir den Rücken gegen den Bodenwind, so wird sich das Wetter verbessern, wenn der Höhenwind von rechts kommt (Punkt B).
3. Wehen Boden- und Höhenwind parallel, befinden wir uns im Warmluftsektor. Das Wetter wird sich in nächster Zeit wenig ändern (C).
4. Wehen Boden- und Höhenwind genau entgegen, so stehen wir nördlich des Tiefs. Das Wetter wird sich in nächster Zeit nicht verschlechtern (D).

Lokale Winde

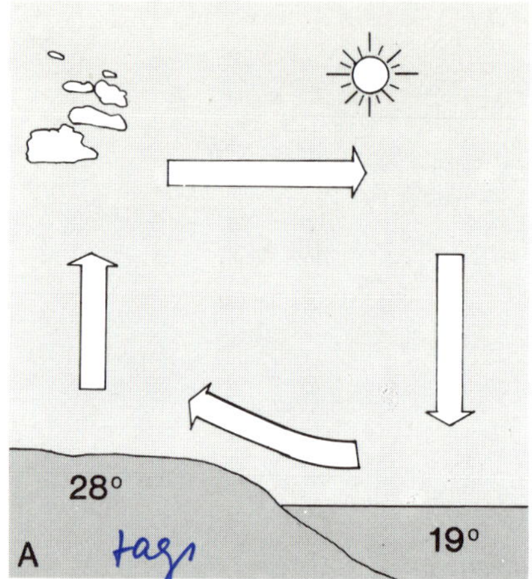

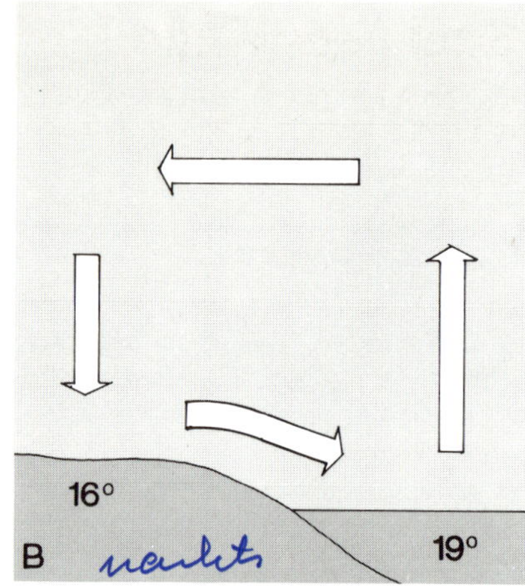

Land- und Seewind

Im näheren Küstenbereich kann man bei ruhiger Großwetterlage deutlich den Wechsel von Land- und Seewind beobachten. Er entsteht dadurch, daß Land und Wasser Wärme in unterschiedlichem Maße speichern.

Unter starkem Sonneneinfluß erwärmt sich das Land schneller und stärker als das angrenzende Meer. Ebenso erwärmt sich die über dem Land liegende Luft, sie dehnt sich aus und steigt nach oben auf, da sie spezifisch leichter wird. Man erkennt dies deutlich an der Bildung sommerlicher Haufenwolken über dem Land. Hierbei fällt der Luftdruck. Es bildet sich über dem Land ein *thermisches Tief*, das die über dem Meer stehende kühlere Luft ansaugt, den *Seewind* (A).

Nachts ist der umgekehrte Vorgang zu beobachten: Die Luft über dem Wasser ist etwas wärmer als über dem Land. Das thermische Tief liegt diesmal also über dem Meer. Von dem über dem Land stehenden *thermischen Hoch* strömt Luft zum Meer hin, der *Landwind* (B).

Merke: Bei einer sommerlichen Schönwetterlage herrschen am Tage Seewinde, nachts Landwinde vor.

Kapeffekt und Düseneffekt

Der Wind hat allgemein die Tendenz, seine Richtung dem Verlauf einer hohen Küste etwas anzugleichen. Ein schräg auf eine Küste einfallender Wind wird deshalb immer versuchen, der Uferformation zu folgen. Er nimmt also im Küstenbereich oft eine andere Richtung an als weiter draußen. Ebenso verhält sich der Wind an einem nicht allzu flachen Kap. Er paßt sich dessen Formen nicht nur vor und hinter der Huk an, sondern verstärkt sich zugleich, was mit *Kapeffekt* bezeichnet wird (Skizze C).

Einen anderen Effekt kann man an Einschnitten in die Bodenformation beobachten. Wird der Wind gezwungen, beispielsweise durch zwei hohe und dicht nebeneinander liegende Inseln zu wehen, so nimmt er an Stärke zu (D). Den gleichen *Düseneffekt* kann man unter einer steilen Küste segelnd erleben, die von einigen querlaufenden Tälern stark eingeschnitten ist. Vor den Talausläufen frischt ein ablandig wehender Wind meist etwas auf.

Die Wirkung von Kapeffekt und Düseneffekt bei härterem Wetter sollte nicht unterschätzt werden.

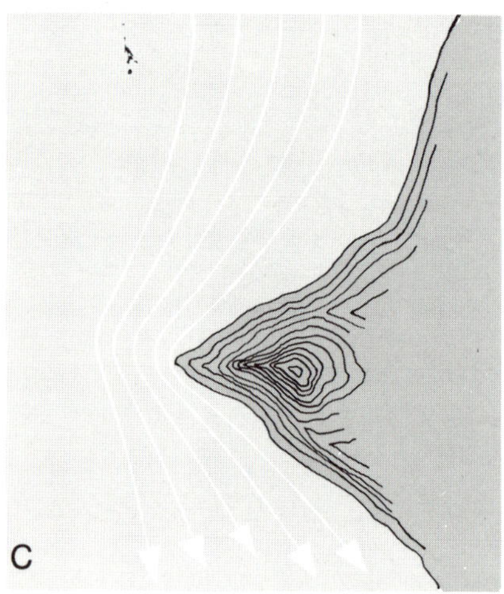

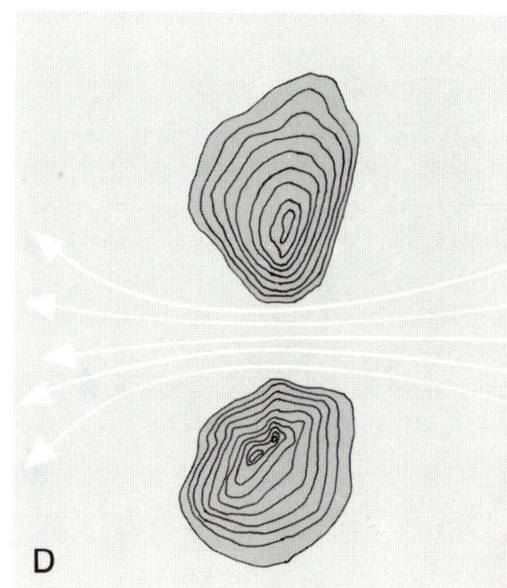

Mittelmeerwinde

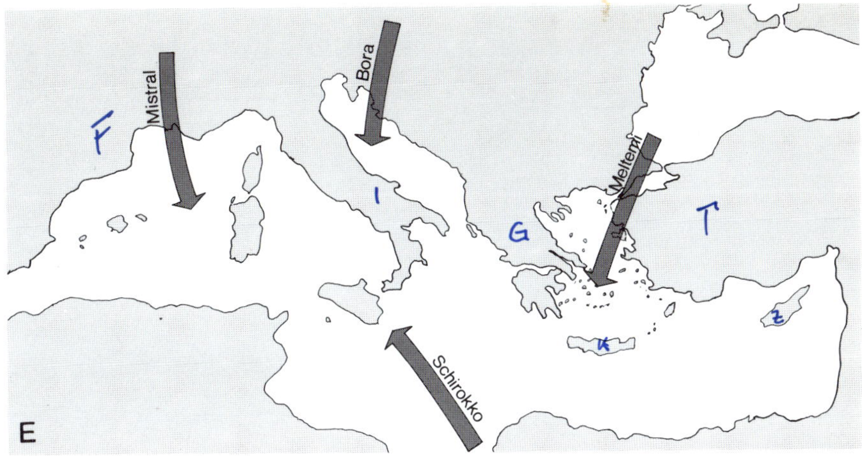

Das Mittelmeerbecken

Im Mittelmeerbecken dominiert in den Wintermonaten ähnlich wie im nördlichen Europa die Westwindlage, doch im Sommer unterscheidet sich das Wetter erheblich von Nord- oder Ostsee. Während das Wettergeschehen bei uns auch im Sommer vom Westwindeinfluß diktiert wird, so ist das Mittelmeer durch die Bodenformation vor dem Zufluß polarer Kaltluft geschützt. Das gesamte Mittelmeerbecken ist gegen Norden von hohen Gebirgen umgeben, die von der schweren Kaltluft nicht überstiegen werden können.

Doch gibt es drei große Öffnungen, durch die Kaltluft vordringen kann: Das Rhônetal nach Norden, die dalmatinische Küste gegen das südosteuropäische Hinterland sowie die Dardanellen und der Bosporus gegen das Schwarze Meer. Durch diese Einschnitte dringt der *Mistral* ins westliche Mittelmeer, die *Bora* in die Adria und der *Meltemi* nach Griechenland. Hinzu kommt der von Nordafrika wehende *Schirokko* und — im westlichen Mittelmeer — der aus SW wehende *Libeccio*.

Fallwinde

Bei den von N ins Mittelmeerbecken eindringenden Winden handelt es sich meist um Fallwinde. Ihre Stärke ergibt sich deshalb nicht nur aus vorhandenen Luftdruckunterschieden, sondern auch daraus, daß die Polarluft von großer Höhe eindringt. Sie wird nämlich zusätzlich beschleunigt, da die in der Höhe trockenere Luft schwerer ist als feuchte Meeresluft. So fällt beispielsweise die Bora von der bis nahezu 2000 m hoch aufsteigenden Küste Dalmatiens herab.

Der gleiche Fallwindeffekt tritt mit sturmstarken Böen auf der ablandigen Seite hoher Inseln auf, wie wir sie oft im Mittelmeer finden. Eine Luvküste bietet deshalb oft nicht die sonst gewohnte Abdeckung. Auch hieran muß bei der Wahl eines Ankerplatzes gedacht werden.

Mistral, Bora und Schirokko

— *Mistral*gefahr besteht immer dann, wenn sich über dem westlichen Mittelmeer, etwa Korsika, ein Tief bildet und zugleich über Spanien oder Portugal ein starkes Hoch steht. Kann dann noch Kaltluft durch das *Rhône*-Tal einströmen, entwickelt sich der Mistral in kürzester Zeit und baut eine kurze, steile See auf. Am stärksten weht der Mistral im *Golfe du Lion,* doch kann er auch bis zur tunesischen Küste vordringen. Östlich des Rhônedeltas begleitet die *Tramontana* den Mistral.

— Die *Bora* tritt in antizyklonaler und zyklonaler Form auf. Im ersten Fall befindet sich ein Hoch über dem europäischen Festland, während in der Adria Normaldruck herrscht. Im zweiten Fall, der hauptsächlich im Sommer auftritt, steht ein Tief südlich der Adria, der Druck über Mitteleuropa ist normal. Die Sommerbora hält meist nicht sehr lange an. Sie weht im gesamten Adriabereich und ist meist mit Regenfällen und schlechter Sicht verbunden.

— Der *Schirokko* ist ein im gesamten Mittelmeer zu beobachtender feuchter und warmer Süd- bis Südostwind. Er entsteht meist an der Vorderseite eines über dem Mittelmeer ostwärts ziehenden Tiefs. Auf Grund seines langen Anlaufes baut er eine lange grobe See auf.

Die Wetterkarte

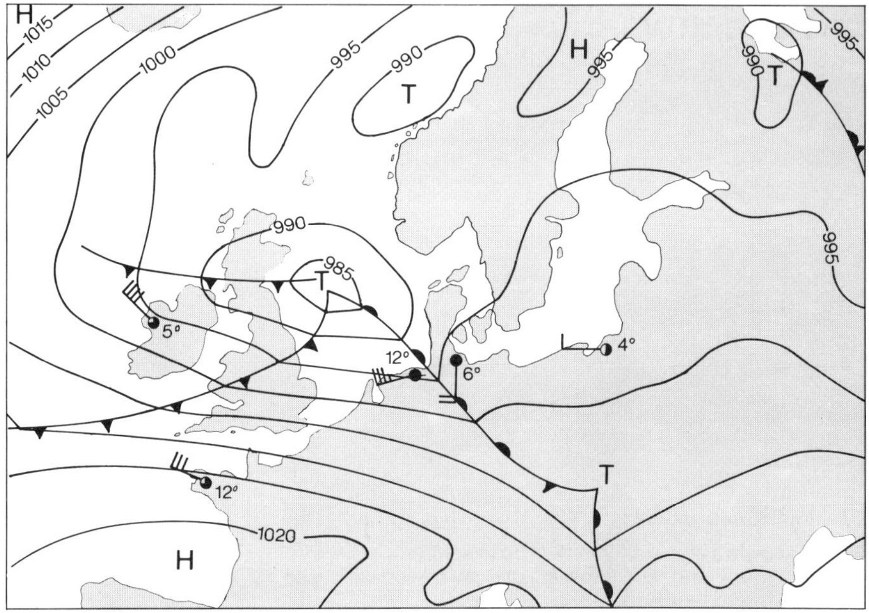

Der *Deutsche Wetterdienst* gibt täglich Wetterkarten heraus. Aus ihnen geht deutlich der Verlauf der Fronten hervor, die nicht mit den Isobaren verwechselt werden dürfen. Eine Warmfront wird durch runde, der Frontlinie entlanglaufende Kuppen verdeutlicht, eine Kaltfront durch kleine spitze Dreiecke. Wechseln beide Zeichen an einer Front einander ab, so liegt eine Okklusionsfront vor. Die vom *Seewetteramt* in Hamburg herausgegebenen *Seewetterkarten* enthalten außerdem eine Reihe von Stationsmeldungen. Das für eine Stationsmeldung verwendete Symbol enthält drei wichtige Informationen:

— Den **Grad der Bewölkung** erkennen wir daran, wieviel Viertel des Stationskreises geschwärzt sind.
— Die **Windrichtung** geht aus der Richtung des angefügten Windfähnchen hervor.
— Die **Windstärke** erkennen wir aus der Anzahl der angehefteten Federn: Eine Feder entspricht 2 Windstärken, eine halbe Feder einer Windstärke. Herrscht Flaute, so wird ein weiterer Kreis um den Stationskreis gezogen. Hinzu tritt oft noch die Lufttemperatur.

Die übrigen Symbole betreffen die Sichtigkeit und die Art der Niederschläge.

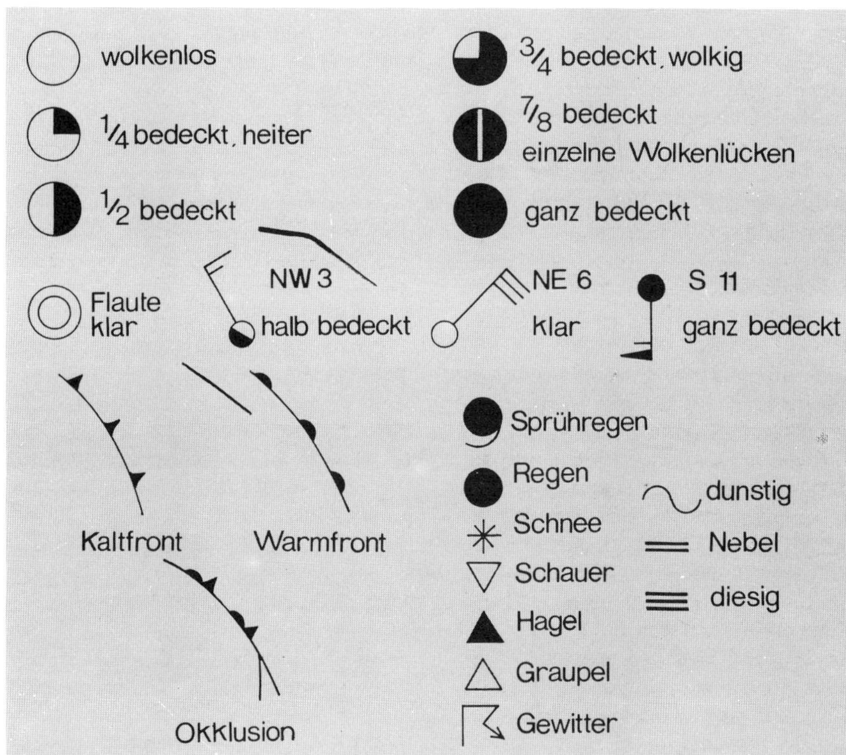

Die Beaufort-Skala

Der Wind

Windstärken werden in der international gebräuchlichen *Beaufort-Skala* angegeben. Sie genügt in den meisten Fällen, doch kann die Stärke des Windes durch seine Geschwindigkeit in m/sec, in km/h oder in Knoten besser präzisiert werden. Beachte, daß die Beaufort-Skala nicht linear aufgebaut ist! In den unteren Bereichen der Skala genügt eine geringere Zunahme der Windgeschwindigkeit als in den oberen, um eine Stärke Bft. mehr zu registrieren.
Der Wind beeinflußt den Seegang, so daß aus bestimmten charakteristischen Merkmalen der See auf die Stärke des Windes geschlossen werden kann. Diese ebenfalls der Beaufort-Skala angehörenden Merkmale sind mit einigen Beispielen auf den folgenden Seiten wiedergegeben. Die absolute Höhe der See spielt hierbei nur eine untergeordnete Rolle, die Charakteristika sind auch bei einer flachen aber steilen See zu beobachten. Man lasse sich nicht durch die beeindruckende Perspektive von einer Yacht aus verleiten, falsche, das heißt meist übertriebene, Schätzungen vorzunehmen.

Die See

Man unterscheidet zwischen **Dünung** und **Windsee.** Dünung entspricht nicht den herrschenden Windverhältnissen. Sie kann einen nahenden Sturm anzeigen oder einem bereits abgeflauten Starkwind noch nachlaufen.
Die Höhe des Seegangs allein ist nicht für seine Schwere und Gefährlichkeit entscheidend. Ebenso wichtig ist seine Wellenlänge. Eine kurze, steile See, deren Höhe nicht 6 m übersteigt, trifft man oft in abgeschlossenen Revieren an. Sie kann weitaus gefährlicher sein als eine hohe, aber lang auslaufende See, wie sie etwa im Atlantik auftritt.
Ist die Luft kälter als das Wasser, baut sich meist eine höhere See auf als bei wärmerer Luft. Ebenso ist die Wassertiefe für die Stärke des Seegangs von Bedeutung. Läuft die See von tieferem Wasser über flache Stellen, bildet sich eine gefährliche und steile *Grundsee,* die sich brandungsartig entwickeln kann. Schließlich gibt es noch eine Reihe von Faktoren, die den Seegang beeinflussen, wie die Böigkeit, Anlaufstrecke und Dauer des Windes.

Wellenlänge ist entscheidend
je kürzer desto gefährlicher

Windstärken- und Seegangskala

weniger Fahrt wie See

Windstärke Beaufort	m/s	km/h	kn	Seegang Petersen	Bezeichnung des Seegangs
0 = still	0 — 0,2	< 1	< 1	0	glatte See
1 = sehr leicht	0,3 — 1,5	1 — 5	1 — 3	1	sehr ruhige See
2 = leicht	1,6 — 3,3	6 — 11	4 — 7	2	ruhige See
3 = schwach	3,4 — 5,4	12 — 19	8 — 11		
4 = mäßig	5,5 — 7,9	20 — 28	12 — 15	3	leicht bewegte See
5 = frisch	8 — 10,7	29 — 38	16 — 21	4	mäßig bewegte See
6 = stark	10,8 — 13,8	39 — 49	22 — 27	5	ziemlich grobe See
7 = steif	13,9 — 17,1	50 — 61	28 — 33	6	grobe See
8 = stürmisch	17,2 — 20,7	62 — 74	34 — 40	7	hohe See
9 = Sturm	20,8 — 24,4	75 — 88	41 — 47		
10 = schwerer Sturm	24,5 — 28,4	89 — 102	48 — 55	8	sehr hohe See
11 = orkanartiger Sturm	28,5 — 32,6	103 — 117	56 — 63	9	äußerst schwere See
12 = Orkan	> 32,6	> 117	> 63		

Wind und Seegang

Windstärke 0
Spiegelglatte See.

Windstärke 1
Schuppenförmige Riffelung, aber ohne Schaumkämme. Auf dem Bild noch Reste niedriger Dünung. →

Windstärke 2
Kleine Wellen, noch kurz, aber ausgeprägter. Die Kämme sehen glasig aus und brechen nicht.

Windstärke 3
Die Kämme beginnen zu brechen. Schaum überwiegend glasig. Ganz vereinzelt können weiße Schaumköpfe auftreten. →

Windstärke 4
Die kleinen Wellen werden länger. Weiße Schaumköpfe treten ziemlich verbreitet auf.

Windstärke 5
Mäßige Wellen, die eine ausgeprägte längere Form annehmen. Überall treten weiße Schaumkämme auf. →

Windstärke 6
Lange Wellen beginnen sich zu bilden. Die Kämme brechen und hinterlassen größere weiße Schaumflächen. Etwas Gischt.
←

Windstärke 7
Seegang türmt sich auf. Der beim Brechen entstehende weiße Schaum beginnt sich streifenförmig in Windrichtung zu legen.
←

Windstärke 8
Mäßig hohe Wellenberge mit Kämmen von beträchtlicher Länge. Von den Kanten der Kämme beginnt Gischt abzuwehen. Der Schaum legt sich in gut ausgeprägten Streifen in
← Windrichtung.

Windstärke 9
Hohe Wellenberge; dichte Schaumstreifen in Windrichtung. Die See beginnt zu *rollen.* Gischt kann die Sicht behindern.

Windstärke 10
Sehr hohe Wellenberge mit langen überbrechenden Kämmen. See weiß durch Schaum. See rollt schwer und stoßartig. Sicht durch Gischt behindert.

Die Wolken

Cumulus (Cu)
Flache Haufenwolken in der abgebildeten Größe sind typische Schönwetterwolken, die sich allerdings im Laufe eines Tages zu großen und böigen Wolkenbergen entwickeln können.

Cirrus (Ci) und Cirrostratus (Cs)
Über einer Reihe von Haufenwolken haben sich hohe schleierförmige Schichtwolken gebildet. Anfangs treten nur federförmige Cirren auf, die sich jedoch allmählich zu einer geschlossenen Eisnadelbewölkung verdichten können. Hierbei bilden sich vielfach Sonnenringe: Erste Anzeichen für ein herannahendes Tief. Doch können Cirren allein auch in Schönwetterlagen auftreten.

Altostratus (As)
Die Wolkendecke ist bereits völlig geschlossen, doch noch so dünn, daß die Sonne durchscheint. Darunter sind einzelne zerrissene Haufenwolken erkennbar. Altostratuswolken kündigen Regen an.

Nimbostratus (Ns)
Diese Regenschichtwolken treten bei länger anhaltenden Niederschlägen auf und sind kurz vor einer durchziehenden Warmfront oder hinter einer Kaltfront zu beobachten.

Stratus (St) und Stratocumulus (Sc)
Nach dem Durchzug einer Warmfront befindet man sich im tropisch-maritimen Einflußbereich des Warmluftsektors. Es treten Stratuswolken und die ausgeprägteren Stratocumuluswolken auf. Sie zeigen eine wenig veränderliche Wetterlage an, die Winde wehen gleichmäßig. Auf See tritt die Stratocumuluswolke auch in Hochdruckgebieten auf.

Cumulonimbus (Cb)
Eine Haufenwolke hat sich zur Gewitterwolke entwickelt. Man erkennt deutlich den weißen abgeflachten Schirm, den *Amboß*. Der weiße Teil besteht aus Eisteilchen. Der untere dunkelgraue Teil entwickelt sich zur Böenwalze, die ein eigenes Windsystem aufbaut. Die Cumulonimbuswolke ist oft nach einem durchgezogenen Tief zu beobachten.

Der Wetterfunk

Seewetterbericht

Segeln wir im Küstenbereich, so sollten wir täglich mindestens zweimal den Wetterbericht abhören, da Tiefdruckgebiete mit einer Geschwindigkeit bis zu 50 kn heranziehen und in kurzer Zeit das Wettergeschehen verändern können. Ein Radioapparat, und sei es nur ein kleiner Transistorempfänger, gehört deshalb unbedingt zur Ausrüstung einer seegehenden Yacht.
Die üblichen von Rundfunkstationen ausgestrahlten Wetterberichte können zwar über die allgemeine Wetterlage Auskunft geben, doch gibt ein Seewetterbericht für unsere Zwecke geeignetere Informationen, wie z. B. Stationsmeldungen und Windstärkenangaben. Außerdem wird er so langsam durchgegeben, daß wir ihn mitschreiben und anschließend in einem Wetterkartenvordruck zeichnerisch auswerten können. In manchen deutschen Hafenstädten kann ein Küstenwetterbericht auch telefonisch abgehört werden.

Küstenfunkstellen

Der Seewetterbericht wird üblicherweise über die eigens für die Schiffahrt eingerichteten *Küstenfunkstellen* ausgestrahlt, doch kann man ihn in Deutschland auch über einige Rundfunkstationen auf Mittelwelle empfangen. Die Küstenfunkstellen senden nicht im Mittelwellenbereich, sondern auf der sogenannten **Grenzwelle,** die im Frequenzbereich von etwa 1600 kHz bis 4000 kHz liegt. Hier wird ein Teil des Sprechfunkes für die Küstenschiffahrt abgewickelt. Wir können deshalb die Sendungen des Küstenfunks mit einem gewöhnlichen Empfänger oft nicht hören, sondern benötigen einen über den Mittelwellenbereich hinausreichenden Empfänger.

N. F. Band III: Wetterfunk

Angaben über die Sendezeiten und Frequenzen der von allen Küstenfunkstellen und auch von den Rundfunkanstalten ausgestrahlten Seewetterberichte finden wir im Band III des **Nautischen Funkdienstes** (N.F.) oder seinen regionalen Auszügen, dem **Sprechfunk für die Küstenschiffahrt** und dem **Jachtfunkdienst** (vgl. S. 39). Auch der Aufbau der von den einzelnen Stationen gesendeten Wetterberichte ist dort enthalten: An eine etwaige Sturmwarnung schließt sich meist eine Übersicht über die Wetterlage und ihre Entwicklung an. Dann folgt die Vorhersage für die nächsten 12 Stunden und die weiteren Aussichten für den folgenden Tag. Die Vorhersage ist meist auf kleine Gebiete *(Vorhersagegebiete)* aufgeteilt, deren Abgrenzung man einer kleineren Kartenskizze im Nautischen Funkdienst (Band III) entnehmen kann.
Wer im Bereich der östlichen Nordsee und der mittleren und westlichen Ostsee nur am Wetterdienst (und nicht auch an den weitergehenden Informationen für die Funknavigation) interessiert ist, kommt mit dem billigen Faltblatt **Wetter- und Warnfunk** des DHI aus.
Beachte: Die in der Literatur wiedergegebenen Zeiten sind oft in *Mittlerer Greenwichzeit* (MGZ) angegeben, zu der 1 Stunde addiert werden muß, um *Mitteleuropäische Zeit* (MEZ) zu erhalten.

Wetterfunk im Ausland

Auch in ausländischen Revieren, wie Skandinavien oder dem Mittelmeer, können wir den dortigen Seewetterbericht abhören, der jedoch meist nicht in deutscher Sprache gegeben wird. Wir finden deshalb im Nautischen Funkdienst eine Zusammenstellung der wichtigsten und in jedem Seewetterbericht immer wieder auftretenden Ausdrücke in mehreren Fremdsprachen übersetzt. Mit etwas Übung können mit Hilfe dieses Übersetzungsschlüssels auch italienische, französische oder holländische Wetterberichte verstanden werden. Zur Urlaubszeit senden manche Länder auch in englischer oder deutscher Sprache einen verkürzten Seewetterbericht, wie z. B. Jugoslawien oder Griechenland. Die genaueren Angaben hierüber können meistens den einschlägigen Handbüchern entnommen werden.

Bundesrepublik Deutschland (Fortsetzung)

Norddeich (Fortsetzung)

B. Sturmwarndienst
in englischer und deutscher Sprache

Gebiet: 1—7 (in englischer Sprache nur Gebiet 1)
Frequenz: 2614 kHz (Ankdg auf 2182 kHz)
Sendezeit: a) nach Eingang
b) im Anschluß an die beiden nächsten Funkstillen
außerdem durch Hinweis zu Beginn des WX um 0810 2010

Kiel

A. Wetterbericht

Teil I a) Hinweis auf **Starkwind- oder Sturmgefahr**
b) **Stationsmeldung**
II **Wetterlage und deren Entwicklung für die Ostsee**
III a) **Vorhersage für 12 Stunden**
b) **Aussicht für weitere 12 Stunden**

Gebiet: 1—6
Frequenz, Sendezeit, Inhalt:

2775 kHz	0840	2040	Teil I, II, III

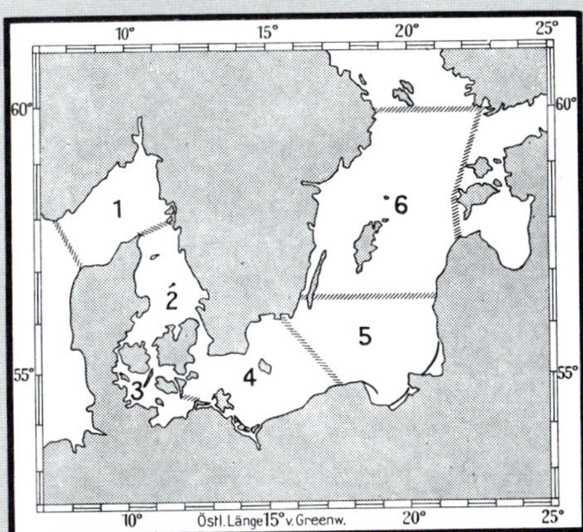

Gebiete

1	Skagerrak	4	Mittlere Ostsee
2	Kattegat	5	Östliche Ostsee
3	Westliche Ostsee	6	Nördliche Ostsee

B. Sturmwarndienst
in englischer und deutscher Sprache

Gebiet: 1—6 (in englischer Sprache nur Gebiet 3)
Frequenz: 2775 kHz (Ankdg auf 2182 kHz)
Sendezeit: a) nach Eingang
b) im Anschluß an die beiden nächsten Funkstillen
außerdem durch Hinweis zu Beginn des WX um 0840 2040

73

Windwarnung
bis 7

Sturmwarnung
ab 7

Nr. 2155

Deutsches Hydrographisches Institut
Hamburg

Jachtfunkdienst

Sonderausgabe
für Sportfahrzeuge und andere nichtausrüstungspflichtige Schiffe

Neunte Auflage
Stand: 1. III. 1973

Herstellung:
Deutsches Hydrographisches Institut, 2 Hamburg 4, Bernhard-Nocht-Straße 78

Sturmwarndienst

Der Küstenfunk gibt auch die von den meteorologischen Stationen ausgegebenen Starkwind- und Sturmwarnungen durch. Von **Starkwind** spricht man in Deutschland bei 6 bis 7 Bft., von **Sturm** bei 8 Bft. und mehr.

Jede Sturmwarnung wird im Zusammenhang mit dem regelmäßigen Wetterbericht ausgestrahlt, aber auch sobald die Warnung von der Wetterwarte bei der Küstenfunkstelle eingeht *(nach Eingang)* und nach den *Funkstillen*. Auf der internationalen **Seenotfrequenz** (2182 kHz) herrscht gemäß einer internationalen Vereinbarung drei Minuten nach jeder vollen und jeder halben Stunde Funkstille. Sie ist insbesondere für Warn- und Sicherheitsdurchsagen und auch für Notrufe gedacht. Außerdem wird die Sturmwarnung meistens über die Seenotfrequenz angekündigt.

Neben der Übermittlung durch Funk werden für die Starkwind- und Sturmwarnung auch optische Signale verwendet, die jedoch mehr und mehr von den Funkwarnungen verdrängt werden. Diese international festgelegten Signale werden an den *Sturmwarnstellen* gezeigt, deren Lage wir der Seekarte, dem Seehandbuch und dem Anhang der Leuchtfeuerverzeichnisse *(Signalstellen)* entnehmen können.

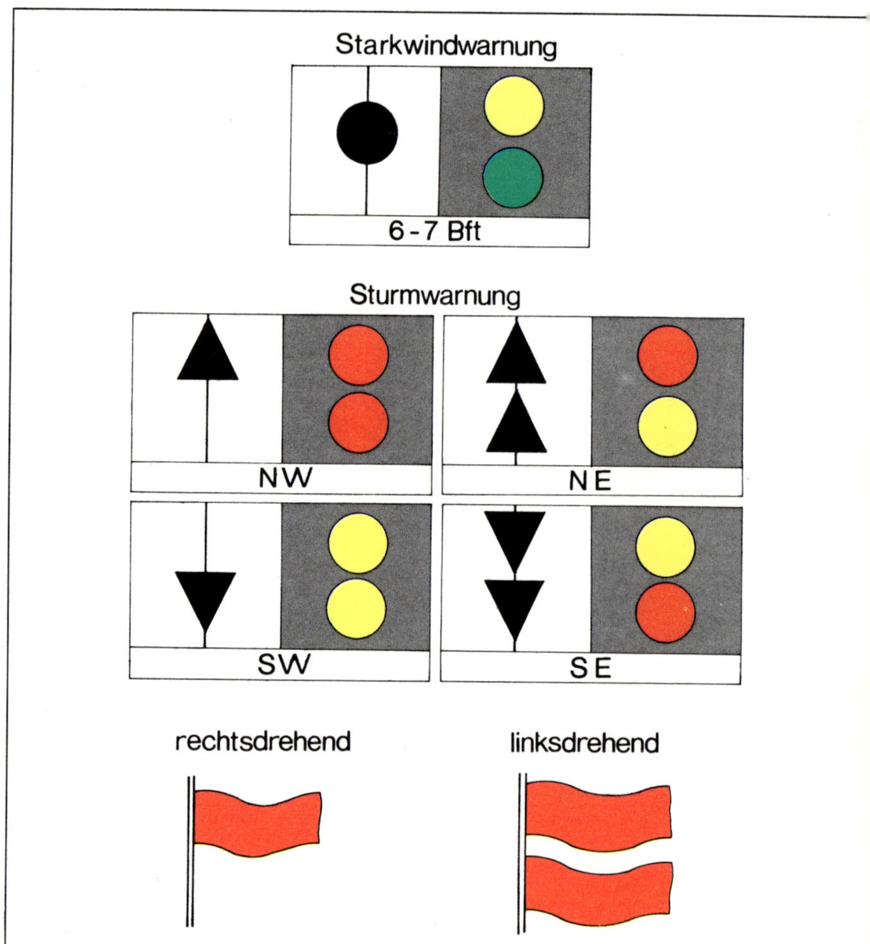

5 Gesetze

(international)

Internationale Regeln von 1972 zur Verhütung von Zusammenstößen auf See – Seestraßenordnung 1972

Teil A: Allgemeines

SeeStrO und SeeSchStrO

Im deutschen Küstenbereich kommen zwei Verkehrsordnungen nebeneinander zur Anwendung:

- Die **Seestraßenordnung** (SeeStrO) hat internationalen Charakter. Sie gilt auf hoher See und den mit dieser zusammenhängenden, von Seeschiffen befahrbaren Gewässern.
- Die **Seeschiffahrtstraßenordnung** (SeeSchStrO) ist eine nationale Vorschrift. Sie gilt nur auf den Seeschiffahrtstraßen der BRD, also innerhalb der 3-Meilen-Zone.

Darüber hinaus müssen in manchen Häfen noch **örtliche Hafenvorschriften** berücksichtigt werden.
Die SeeSchStrO ist eine ergänzende Vorschrift zur SeeStrO; ebenso ergänzen die örtlichen Hafenvorschriften die SeeSchStrO, indem sie die besonderen Gegebenheiten der Häfen berücksichtigen. Deshalb gelten grundsätzlich alle diese Verordnungen nebeneinander. Erst wenn Vorschriften einander widersprechen, ist allein die speziellere Regelung anzuwenden: Also Hafenvorschriften vor der SeeSchStrO; und die SeeSchStrO vor der SeeStrO.

Regel 1 Anwendung

a) **Diese Regeln gelten für alle Fahrzeuge auf Hoher See und auf den mit dieser zusammenhängenden, von Seeschiffen befahrbaren Gewässern.**

b) **Diese Regeln berühren nicht die von einer zuständigen Behörde erlassenen Sondervorschriften für Reeden, Häfen, Flüsse, Seen oder Binnengewässer, die mit der Hohen See zusammenhängen und von Seeschiffen befahrbar sind.** Solche Sondervorschriften müssen mit diesen Regeln soweit wie möglich übereinstimmen.

Regel 2 Verantwortlichkeit

a) **Diese Regeln befreien ein Fahrzeug, dessen Eigentümer, Kapitän oder Besatzung nicht von den Folgen, die durch unzureichende Einhaltung dieser Regeln oder unzureichende sonstige Vorsichtsmaßnahmen entstehen, welche allgemeine seemännische Praxis oder besondere Umstände des Falles erfordern.**

Die weißen Flächen geben die Seeschiffahrtstraßen wieder, wo die SeeStrO und die SeeSchStrO gelten. Außerhalb davon gilt allein die SeeStrO.

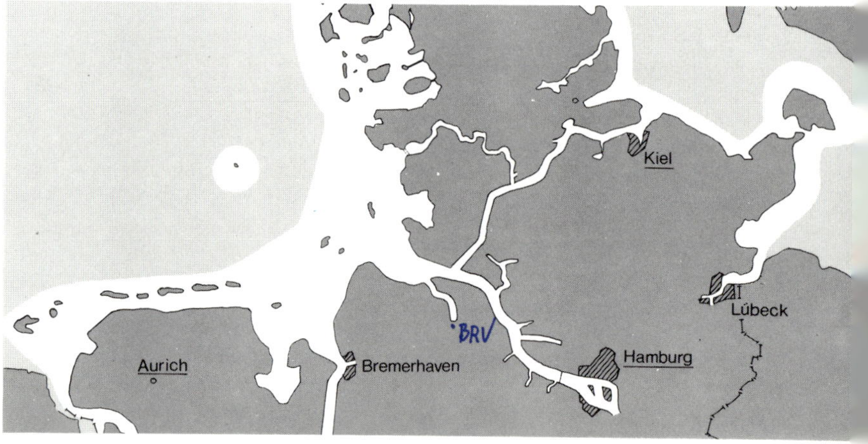

b) **Bei der Auslegung und Befolgung dieser Regeln sind stets alle Gefahren der Schiffahrt und des Zusammenstoßes sowie alle besonderen Umstände einschließlich Behinderungen der betroffenen Fahrzeuge gebührend zu berücksichtigen, die zum Abwenden unmittelbarer Gefahr ein Abweichen von diesen Regeln erfordern.**

Regel 3 Allgemeine Begriffsbestimmungen

Soweit sich aus dem Zusammenhang nicht etwas anderes ergibt, gilt für diese Regeln folgendes:

a) Der Ausdruck **„Fahrzeug"** umfaßt alle Wasserfahrzeuge einschließlich nicht wasserverdrängender Fahrzeuge und Wasserflugzeuge, die als Beförderungsmittel auf dem Wasser verwendet werden oder verwendet werden können.

b) Der Ausdruck **„Maschinenfahrzeug"** bezeichnet ein Fahrzeug mit Maschinenantrieb.

c) **Der Ausdruck „Segelfahrzeug" bezeichnet ein Fahrzeug unter Segel, dessen Maschinenantrieb, falls vorhanden, nicht benutzt wird[1].**

d) Der Ausdruck **„fischendes Fahrzeug"** bezeichnet ein Fahrzeug, das mit Netzen, Leinen, Schleppnetzen oder anderen Fanggeräten fischt, welche die Manövrierfähigkeit einschränken, jedoch nicht ein Fahrzeug, das mit Schleppangeln oder anderen Fanggeräten fischt, welche die Manövrierfähigkeit nicht einschränken.

e) Der Ausdruck **„Wasserflugzeug"** bezeichnet ein zum Manövrieren auf dem Wasser eingerichtetes Luftfahrzeug.

f) Der Ausdruck **„manövrierunfähiges Fahrzeug"** bezeichnet ein Fahrzeug, das wegen außergewöhnlicher Umstände nicht so manövrieren kann, wie es diese Regeln vorschreiben, und daher einem anderen Fahrzeug nicht ausweichen[2] kann.

g) Der Ausdruck **„manövrierbehindertes Fahrzeug"** bezeichnet ein Fahrzeug, das durch die Art seines Einsatzes behindert ist, so zu manövrieren, wie es diese Regeln vorschreiben, und daher einem anderen Fahrzeug nicht ausweichen[2] kann.
Folgende Fahrzeuge[3] sind als manövrierbehinderte Fahrzeuge anzusehen:
   (i) Ein Fahrzeug, das ein Seezeichen, Unterwasserkabel oder eine Rohrleitung auslegt, versorgt oder aufnimmt;
   (ii) ein Fahrzeug, das baggert, Forschungs- oder Vermessungsarbeiten oder Unterwasserarbeiten ausführt;
   (iii) ein Fahrzeug in Fahrt, das Versorgungsmanöver ausführt oder mit der Übergabe von Personen, Ausrüstung oder Ladung beschäftigt ist;
   (iv) ein Fahrzeug, auf dem Luftfahrzeuge starten oder landen;
   (v) ein Fahrzeug beim Minensuchen;
   (vi) ein Fahrzeug während eines Schleppvorgangs, bei dem das schleppende Fahrzeug und sein Anhang erheblich behindert sind, vom Kurs abzuweichen.

h) Der Ausdruck **„tiefgangbehindertes Fahrzeug"** bezeichnet ein Maschinenfahrzeug, das durch seinen Tiefgang im Verhältnis zu der vorhandenen Wassertiefe erheblich behindert ist, von seinem zu verfolgenden Kurs abzuweichen.

i) Der Ausdruck **„in Fahrt"** bedeutet, daß ein Fahrzeug weder vor Anker liegt noch an Land festgemacht ist noch auf Grund sitzt[4].

j) Die Ausdrücke **„Länge"** und **„Breite"** eines Fahrzeugs bedeuten die Länge über alles und die größte Breite.

k) Fahrzeuge gelten nur dann als einander **in Sicht[5]** befindlich, wenn jedes vom anderen optisch wahrgenommen werden kann.

l) Der Ausdruck **„verminderte Sicht"** bezeichnet jeden Zustand, bei dem die Sicht durch Nebel, dickes Wetter, Schneefall, heftige Regengüsse, Sandstürme oder ähnliche Ursachen eingeschränkt ist.

Schiff steht im Wasser, wenn Schraubenwasse mittschiffs

Anmerkungen:

[1] Ein Fahrzeug unter Segel, das gleichzeitig Maschinenkraft benutzt, hat sich rechtlich also wie ein Maschinenfahrzeug zu verhalten. Dies gilt insbesondere für die Ausweichpflicht (Regeln 14, 15 und 18 a) sowie für die Lichterführung (Regeln 23, 25 e).

[2] Diesem Fahrzeug ist also grundsätzlich auszuweichen (Regel 18).

[3] Vielfach werden diese 6 Fahrzeugarten kurz als „Sechsergruppe" bezeichnet.

[4] „In Fahrt" ist nicht identisch mit „Fahrt durchs Wasser" oder mit „Fahrt über Grund". Ein Fahrzeug macht „Fahrt durchs Wasser", sobald es „in Fahrt" ist und sich auf Grund seines Antriebes durch Maschine, Segel oder Ruder relativ zum Wasser bewegt. So macht beispielsweise ein in der Flaute liegendes Segelfahrzeug keine „Fahrt durchs Wasser", befindet sich aber sehr wohl „in Fahrt" im Sinn der SeeStrO.

*[5] Nicht als „in Sicht" befindlich gelten Fahrzeuge, die einander nur akustisch (etwa durch Nebelsignale) oder mit Radarhilfe wahrnehmen können.
Dies ist von Bedeutung für die Anwendung der Ausweich- und Fahrregeln: Fahrzeuge in Sicht zueinander müssen den Vorschriften der Regeln 11 bis 18 folgen; Fahrzeuge, die einander nicht in Sicht haben, müssen die Regel 19 befolgen.*

Zu den Ausweich- und Fahrregeln

Die SeeStrO unterscheidet zwischen *Ausweichpflicht* und *Kurshaltepflicht*. Ob ein Fahrzeug ausweichpflichtig oder kurshaltepflichtig ist, entscheidet sich beim ersten Sichtkontakt. Jede spätere Positionsänderung der Fahrzeuge zueinander ist insoweit unerheblich.
Das ausweichpflichtige Fahrzeug hat möglichst frühzeitige und wesentliche Ausweichmaßnahmen zu treffen (R. 16), das kurshaltepflichtige Fahrzeug muß grundsätzlich Kurs und Geschwindigkeit beibehalten, um den Ausweichpflichtigen nicht zu irritieren (R. 17 a (i)).
Im einzelnen unterscheiden die Regeln nach der Antriebsart der Fahrzeuge. So weichen Maschinenfahrzeuge untereinander nach anderen Regeln aus als Segelfahrzeuge (R. 12, 14 und 15). Die Überholregel (R. 13) gilt für alle Fahrzeuge gleichermaßen.
Begegnet ein Maschinenfahrzeug einem Segelfahrzeug, so muß das Maschinenfahrzeug ausweichen — es sei denn, es wird vom Segler überholt (R. 18). Darüber hinaus besteht eine Rangordnung zwischen einzelnen Fahrzeugarten, die vor allem schwer manövrierfähige und manövrierunfähige Fahrzeuge begünstigt (R. 18).

Teil B: Ausweich- und Fahrregeln

Abschnitt I — Verhalten von Fahrzeugen bei allen Sichtverhältnissen

Regel 4 Anwendung

Die Regeln dieses Abschnitts gelten bei allen Sichtverhältnissen.

Regel 5 Ausguck

Jedes Fahrzeug muß jederzeit durch Sehen und Hören sowie durch jedes andere verfügbare Mittel, das den gegebenen Umständen und Bedingungen entspricht, **gehörigen Ausguck halten,** der einen vollständigen Überblick über die Lage und die Möglichkeit der Gefahr eines Zusammenstoßes gibt.

Regel 6 Sichere Geschwindigkeit

Jedes Fahrzeug muß jederzeit mit einer sicheren Geschwindigkeit fahren, so daß es geeignete und wirksame Maßnahmen treffen kann, um einen Zusammenstoß zu vermeiden, und innerhalb einer Entfernung zum Stehen gebracht werden kann, die den gegebenen Umständen und Bedingungen entspricht.
Zur Bestimmung der sicheren Geschwindigkeit müssen unter anderem folgende Umstände berücksichtigt werden:

a) Von allen Fahrzeugen:
   (i) die Sichtverhältnisse;
   (ii) die Verkehrsdichte einschließlich Ansammlungen von Fischerei- oder sonstigen Fahrzeugen;
   (iii) die Manövrierfähigkeit des Fahrzeugs unter besonderer Berücksichtigung der Stoppstrecke und der Dreheigenschaften unter den gegebenen Bedingungen;
   (iv) bei Nacht eine Hintergrundhelligkeit, z. B. durch Lichter an Land oder eine Rückstrahlung der eigenen Lichter;
   (v) die Wind-, Seegangs- und Strömungsverhältnisse sowie die Nähe von Schifffahrtsgefahren;
   (vi) der Tiefgang im Verhältnis zur vorhandenen Wassertiefe.

Regel 7 Möglichkeit der Gefahr eines Zusammenstoßes

a) **Jedes Fahrzeug muß mit allen verfügbaren Mitteln entsprechend den gegebenen Umständen und Bedingungen feststellen, ob die Möglichkeit der Gefahr eines Zusammenstoßes besteht. Im Zweifelsfall ist diese Möglichkeit anzunehmen.**

b) Bei der Feststellung, ob die Möglichkeit der Gefahr eines Zusammenstoßes besteht, muß unter anderem folgendes berücksichtigt werden:

(i) **Eine solche Möglichkeit ist anzunehmen, wenn die Kompaßpeilung eines sich nähernden Fahrzeugs sich nicht merklich ändert[1];**

(ii) eine solche Möglichkeit kann manchmal auch bestehen, wenn die Peilung sich merklich ändert, insbesondere bei der Annäherung an ein sehr großes Fahrzeug, an einen Schleppzug oder an ein Fahrzeug nahebei.

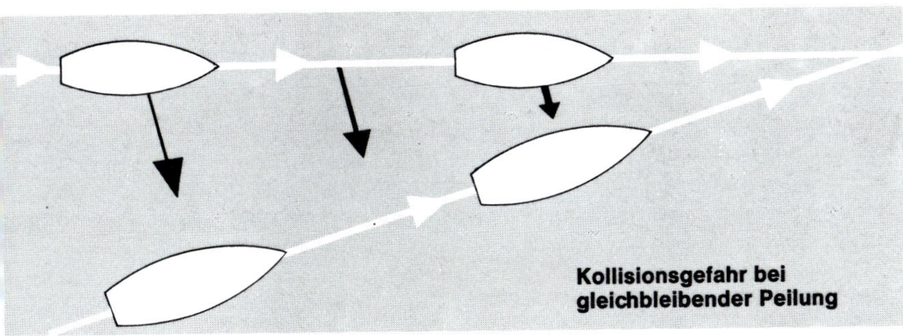

Anmerkung:

[1] *Kollisionskurs bzw. die Gefahr eines Zusammenstoßes besteht immer bei gleichbleibender Peilung („stehender Peilung") und ständiger Annäherung eines anderen Fahrzeuges.*
Dies gilt natürlich nicht nur für eine Kompaßpeilung, sondern ebenso für eine Seitenpeilung.

Regel 8 Manöver zur Vermeidung von Zusammenstößen

a) **Jedes Manöver zur Vermeidung eines Zusammenstoßes muß, wenn es die Umstände zulassen, entschlossen, rechtzeitig und so ausgeführt werden, wie gute Seemannschaft es erfordert.**

b) **Jede Änderung des Kurses und/oder der Geschwindigkeit zur Vermeidung eines Zusammenstoßes muß, wenn es die Umstände zulassen, so groß sein, daß ein anderes Fahrzeug optisch oder durch Radar sie schnell erkennen kann; aufeinanderfolgende kleine Änderungen des Kurses und/oder der Geschwindigkeit sollen vermieden werden.**

c) **Ist genügend Seeraum vorhanden, so kann eine Kursänderung allein die wirksamste Maßnahme zum Meiden des Nahbereichs sein, vorausgesetzt, daß sie rechtzeitig vorgenommen wird, durchgreifend ist und nicht in einen anderen Nahbereich führt.**

d) **Ein Manöver zur Vermeidung eines Zusammenstoßes mit einem anderen Fahrzeug muß zu einem sicheren Passierabstand führen. Die Wirksamkeit des Manövers muß sorgfältig überprüft werden, bis das andere Fahrzeug endgültig vorbei und klar ist.**

e) **Um einen Zusammenstoß zu vermeiden oder mehr Zeit zur Beurteilung der Lage zu gewinnen, muß ein Fahrzeug erforderlichenfalls seine Fahrt mindern oder durch Stoppen oder Rückwärtsgehen jegliche Fahrt wegnehmen.**

Regel 9 Enge Fahrwasser[1]

Überholen im engen Fahrwasser

▬ ▬ ●

„Ich will Sie an Stb überholen!"

▬ ▬ ● ●

„Ich will Sie an Bb überholen!"

▬ ● ▬ ●

„Ich bin einverstanden!"

Kurshaltersignal:

● ● ● ● ●

„Ich mache auf Ihre Ausweichpflicht aufmerksam!"

Vor Fahrwasserkrümmungen:

▬

Achtung

a) Ein Fahrzeug, das der Richtung eines engen Fahrwassers oder einer Fahrrinne folgt, muß sich so nahe am äußeren Rand des Fahrwassers oder der Fahrrinne an seiner Steuerbordseite halten, wie dies ohne Gefahr möglich ist.

b) **Ein Fahrzeug von weniger als 20 Meter Länge oder ein Segelfahrzeug[2] darf nicht die Durchfahrt eines Fahrzeugs behindern, das nur innerhalb eines engen Fahrwassers oder einer Fahrrinne sicher fahren kann.**

c) Ein fischendes Fahrzeug darf nicht die Durchfahrt eines anderen Fahrzeugs behindern, das innerhalb eines engen Fahrwassers oder einer Fahrrinne fährt.

d) Ein Fahrzeug darf ein enges Fahrwasser oder eine Fahrrinne nicht queren, wenn dadurch die Durchfahrt eines Fahrzeugs behindert wird, das nur innerhalb eines solchen Fahrwassers oder einer solchen Fahrrinne sicher fahren kann. Das letztere Fahrzeug darf das in Regel 34 Buchstabe d vorgeschriebene Schallsignal geben, wenn es **über die Absichten des querenden Fahrzeugs im Zweifel** ist.

e) (i) Kann in einem engen Fahrwasser oder in einer Fahrrinne nur dann sicher **überholt** werden, wenn das zu überholende Fahrzeug mitwirkt, so muß das überholende Fahrzeug seine Absicht durch das entsprechende Signal nach Regel 34 Buchstabe c Ziffer i anzeigen. Ist das zu überholende Fahrzeug einverstanden, so muß es das entsprechende Signal nach Regel 34 Buchstabe c Ziffer ii geben und Maßnahmen für ein sicheres Passieren treffen. Im Zweifelsfall darf es die in Regel 34 Buchstabe d vorgeschriebenen Signale geben.

(ii) Diese Regel befreit das überholende Fahrzeug nicht von seiner Verpflichtung nach Regel 13.

f) Ein Fahrzeug, das sich einer **Krümmung** oder einem Abschnitt eines engen Fahrwassers oder einer Fahrrinne nähert, wo andere Fahrzeuge durch ein dazwischen liegendes Sichthindernis verdeckt sein können, muß mit besonderer Aufmerksamkeit und Vorsicht fahren und das entsprechende Signal nach Regel 34 Buchstabe e geben.

g) Jedes Fahrzeug muß, wenn es die Umstände zulassen, das **Ankern** in einem engen Fahrwasser vermeiden.

Anmerkungen:

[1] *Alle Fahrwasser der deutschen Seeschiffahrtstraßen gelten als „enge Fahrwasser" im Sinn der SeeStrO, auf denen also die Vorschriften der Regel 9 zu beachten sind.*

[2] *gleichgültig, wie lang es ist.*

Regel 10 Verkehrstrennungsgebiete

a) Diese Regel gilt in Verkehrstrennungsgebieten, die von der Organisation festgelegt worden sind.

b) **Ein Fahrzeug, das ein Verkehrstrennungsgebiet benutzt, muß**

(i) **auf dem entsprechenden Einbahnweg in der allgemeinen Verkehrsrichtung dieses Weges fahren;**

(ii) **sich so weit wie möglich von der Trennlinie oder der Trennzone klar halten;**

(iii) **in der Regel an den Enden des Einbahnweges ein- oder auslaufen; wenn es jedoch von der Seite ein- oder ausläuft, muß dies in einem möglichst kleinen Winkel zur allgemeinen Verkehrsrichtung erfolgen.**

c) Ein Fahrzeug muß soweit wie möglich das Queren von Einbahnwegen vermeiden; ist es jedoch zum Queren gezwungen, so muß dies möglichst im rechten Winkel zur allgemeinen Verkehrsrichtung erfolgen.

d) Küstenverkehrszonen dürfen vom Durchgangsverkehr, der den entsprechenden Einbahnweg des angrenzenden Verkehrstrennungsgebietes sicher befahren kann, in der Regel nicht benutzt werden.

e) Außer beim Queren darf ein Fahrzeug in der Regel nicht in eine Trennzone einlaufen oder eine Trennlinie überfahren, ausgenommen

(i) in Notfällen zur Abwendung einer unmittelbaren Gefahr;

(ii) zum Fischen innerhalb einer Trennzone.

f) Im Bereich des Zu- und Abgangs der Verkehrstrennungsgebiete muß ein Fahrzeug mit besonderer Vorsicht fahren.

g) **Ein Fahrzeug muß das Ankern innerhalb eines Verkehrstrennungsgebiets oder im Bereich des Zu- und Abgangs soweit wie möglich vermeiden.**

h) Ein Fahrzeug, das ein Verkehrstrennungsgebiet nicht benutzt, muß von diesem einen möglichst großen Abstand halten.

i) Ein fischendes Fahrzeug darf die Durchfahrt eines Fahrzeugs auf dem Einbahnweg nicht behindern.

j) **Ein Fahrzeug von weniger als 20 Meter Länge oder ein Segelfahrzeug darf die sichere Durchfahrt eines Maschinenfahrzeugs auf dem Einbahnweg nicht behindern.**

Darstellung von Verkehrstrennungsgebieten in der Seekarte

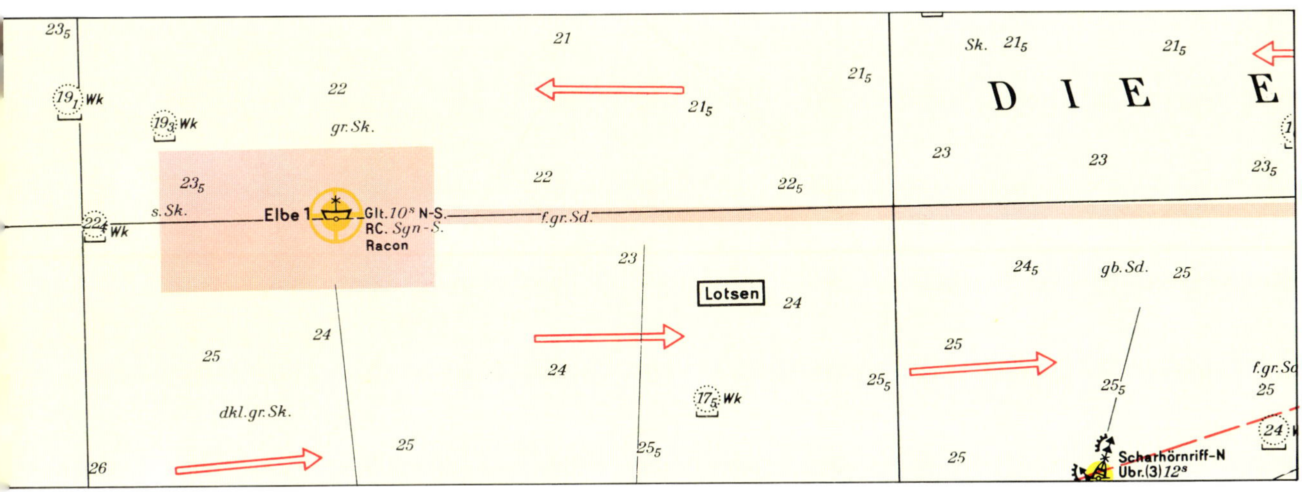

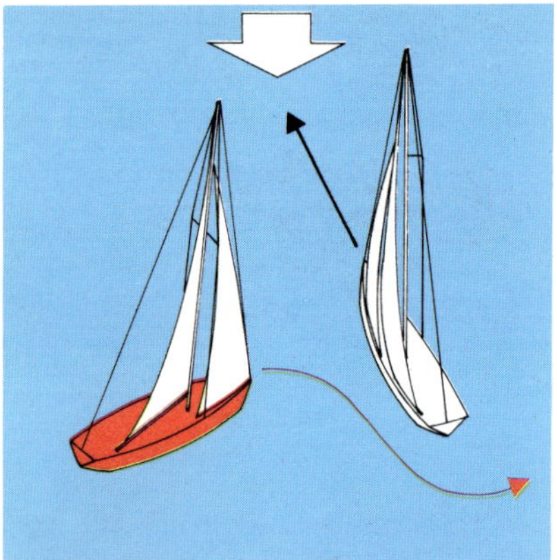

Bb-Bug vor Stb-Bug

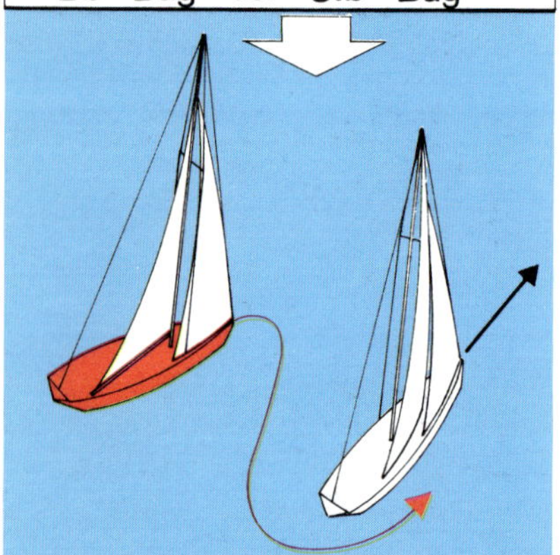

Luv weicht Lee

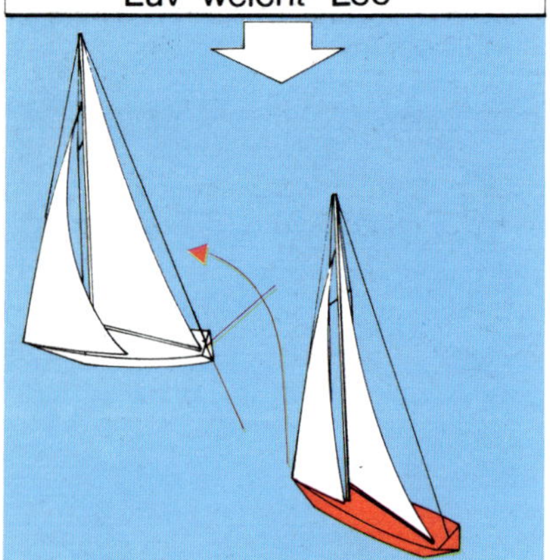

Überholer weicht aus

Abschnitt II — Verhalten von Fahrzeugen, die einander in Sicht haben

Regel 11 Anwendung

Die Regeln dieses Abschnitts gelten für Fahrzeuge, die einander in Sicht haben.

Regel 12 Segelfahrzeuge

a) **Wenn zwei Segelfahrzeuge sich einander so nähern, daß die Möglichkeit der Gefahr eines Zusammenstoßes besteht, muß das eine dem anderen wie folgt ausweichen:**

   (i) **Wenn sie den Wind nicht von derselben Seite haben, muß das Fahrzeug, das den Wind von Backbord hat, dem anderen ausweichen;**

   (ii) **wenn sie den Wind von derselben Seite haben, muß das luvwärtige Fahrzeug dem leewärtigen ausweichen;**

   (iii) **wenn ein Fahrzeug mit Wind von Backbord ein Fahrzeug in Luv sichtet und nicht mit Sicherheit feststellen kann, ob das andere Fahrzeug den Wind von Backbord oder von Steuerbord hat, muß es dem anderen ausweichen[1].**

b) **Im Sinne dieser Regel ist die Luvseite diejenige Seite, die dem gesetzten Großsegel gegenüberliegt, auf Rahseglern diejenige Seite, die dem größten gesetzten Schratsegel gegenüberliegt.**

Regel 13 Überholen

a) **Ungeachtet der Regeln dieses Abschnitts muß jedes Fahrzeug beim Überholen dem anderen ausweichen.**

b) **Ein Fahrzeug gilt als überholendes Fahrzeug, wenn es sich einem anderen aus einer Richtung von mehr als 22,5 Grad achterlicher als querab nähert und daher gegenüber dem zu überholenden Fahrzeug so steht, daß es bei Nacht nur dessen Hecklicht, aber keines der Seitenlichter sehen könnte.**

c) **Kann ein Fahrzeug nicht sicher erkennen, ob es ein anderes überholt, so muß es dies annehmen und entsprechend handeln.**

Anmerkung:

[1] *Die untere Abb. zeigt die Situation der Regel 12 a (iii): Auf der Segelyacht A mit Wind von Bb ist nicht eindeutig auszumachen, ob der von Luv kommende Segler auf Bb-Bug läuft oder auf Stb-Bug. Dann ist A auf jeden Fall ausweichpflichtig.*

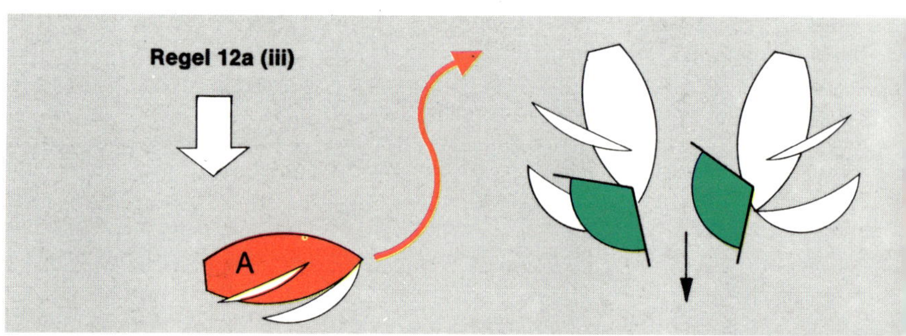

d) **Durch eine spätere Änderung der Peilung wird das überholende Fahrzeug weder zu einem kreuzenden im Sinne dieser Regeln noch wird es von der Verpflichtung entbunden, dem anderen Fahrzeug auszuweichen, bis es dieses klar passiert hat.**

Regel 14 Entgegengesetzte Kurse

a) **Wenn zwei Maschinenfahrzeuge auf entgegengesetzten oder fast entgegengesetzten Kursen sich einander so nähern, daß die Möglichkeit der Gefahr eines Zusammenstoßes besteht, muß jedes seinen Kurs nach Steuerbord so ändern, daß sie einander an Backbordseite passieren.**

b) **Eine solche Lage muß angenommen werden, wenn ein Fahrzeug das andere recht voraus oder fast recht voraus sieht, bei Nacht die Topplichter des anderen in Linie oder fast in Linie und/oder beide Seitenlichter sieht und am Tage das andere Fahrzeug dementsprechend ausmacht.**

c) **Kann ein Fahrzeug nicht sicher erkennen, ob eine solche Lage besteht, so muß es von dieser ausgehen und entsprechend handeln.**

Regel 15 Kreuzende Kurse

Wenn die Kurse zweier Maschinenfahrzeuge einander so kreuzen, daß die Möglichkeit der Gefahr eines Zusammenstoßes besteht, muß dasjenige ausweichen, welches das andere an seiner Steuerbordseite hat; wenn die Umstände es zulassen, muß es vermeiden, den Bug des anderen Fahrzeugs zu kreuzen.

Regel 16 Maßnahmen des Ausweichpflichtigen

Jedes ausweichpflichtige Fahrzeug muß möglichst frühzeitig und durchgreifend handeln, um sich gut klar zu halten.

Regel 17 Maßnahmen des Kurshalters

a) (i) **Muß von zwei Fahrzeugen eines ausweichen, so muß das andere Kurs und Geschwindigkeit beibehalten (Kurshalter).**

(ii) **Der Kurshalter darf jedoch zur Abwendung eines Zusammenstoßes selbst manövrieren, sobald klar wird, daß der Ausweichpflichtige nicht angemessen nach diesen Regeln handelt.**

b) **Ist der Kurshalter dem Ausweichpflichtigen aus irgendeinem Grund so nahe gekommen, daß ein Zusammenstoß durch Manöver des letzteren allein nicht vermieden werden kann, so muß der Kurshalter so manövrieren, wie es zur Vermeidung eines Zusammenstoßes am dienlichsten ist.**

c) **Ein Maschinenfahrzeug, das bei kreuzenden Kursen nach Buchstabe a Ziffer ii manövriert, um einen Zusammenstoß mit einem anderen Maschinenfahrzeug zu vermeiden, darf seinen Kurs, sofern die Umstände es zulassen, gegenüber einem Fahrzeug an seiner Backbordseite nicht nach Backbord ändern[1].**

d) Diese Regel befreit das ausweichpflichtige Fahrzeug nicht von seiner Ausweichpflicht.

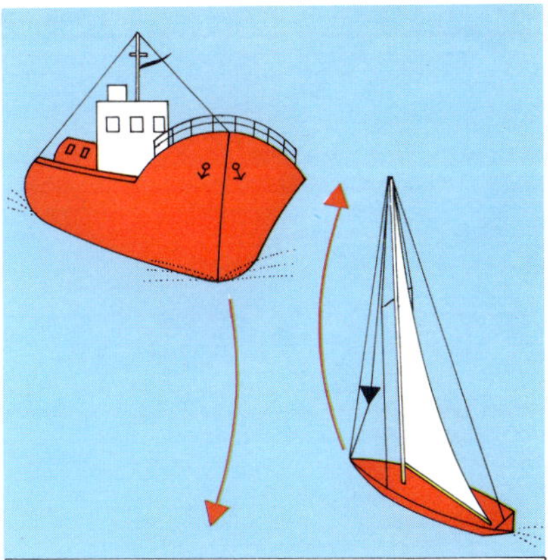

Zwangsruder

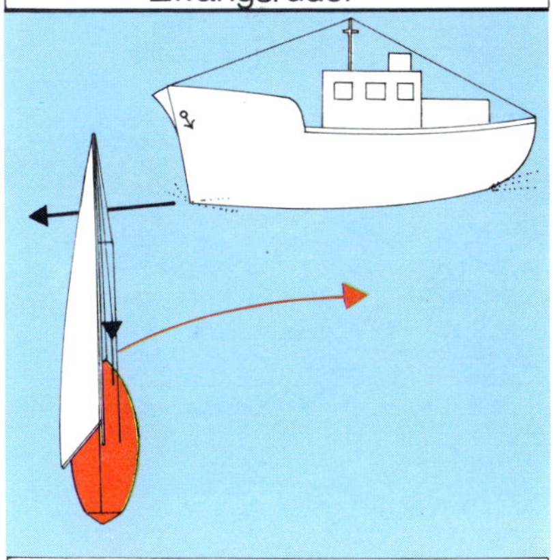

Kreuzende Kurse

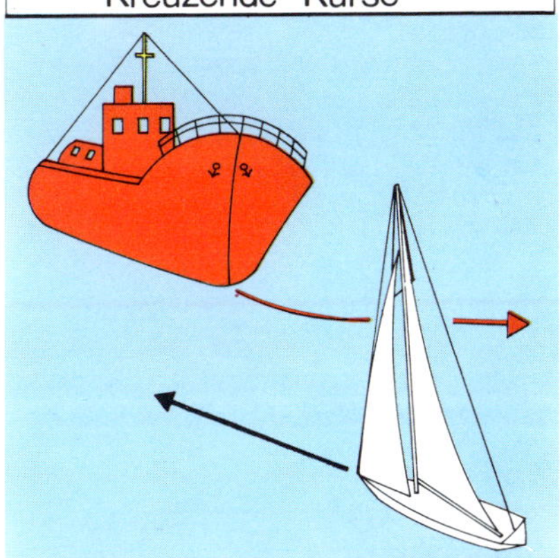

Segler und Maschinenfahrzeug

Anmerkung:

[1] *Vergleiche Text und Skizzen auf Seite 156 links!*

Manöver des letzten Augenblicks

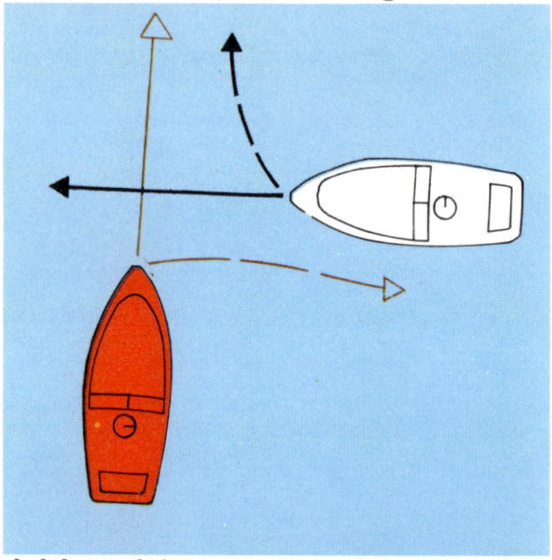

A. Motorfahrzeuge untereinander

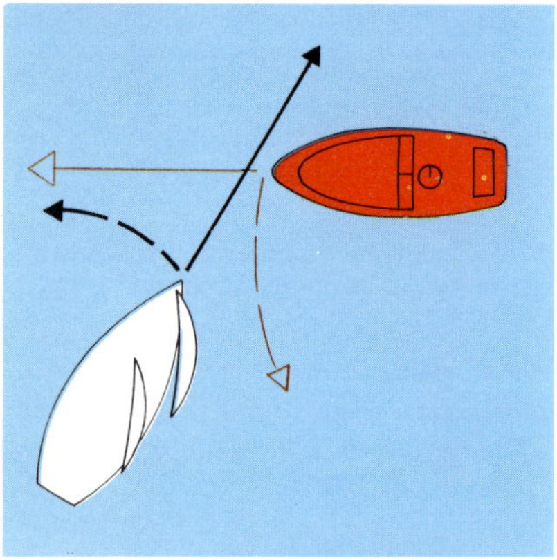

B. Segler und Motorfahrzeug

Anmerkung zu Regel 17 c:

Das Manöver des letzten Augenblicks soll so ausgeführt werden, daß es selbst dann nicht zur Kollision kommen kann, wenn der Ausweichpflichtige im letzten Moment doch noch ausweichen sollte.
Dies geschieht bei Maschinenfahrzeugen untereinander durch Stb-Ruder (Abb. A). Auf Segelfahrzeuge ist diese Regel jedoch nicht ohne weiteres übertragbar, da für sie andere Ausweichregeln gelten. So kann es für eine Segelyacht durchaus sinnvoll sein, ihren Kurs nach Bb zu ändern (Abb. B).

Grundregel: Drehe immer in Fahrtrichtung des Kollisionsgegners ab!

Regel 18 Verantwortlichkeit der Fahrzeuge untereinander

Sofern in den Regeln 9, 10 und 13 nicht etwas anderes bestimmt ist, gilt folgendes:

a) **Ein Maschinenfahrzeug in Fahrt muß ausweichen**
   (i) **einem manövrierunfähigen Fahrzeug;**
   (ii) **einem manövrierbehinderten Fahrzeug;**
   (iii) **einem fischenden Fahrzeug;**
   (iv) **einem Segelfahrzeug.**

b) **Ein Segelfahrzeug in Fahrt muß ausweichen**
   (i) **einem manövrierunfähigen Fahrzeug;**
   (ii) **einem manövrierbehinderten Fahrzeug;**
   (iii) **einem fischenden Fahrzeug.**

c) Ein fischendes Fahrzeug muß, soweit möglich, ausweichen
   (i) einem manövrierunfähigen Fahrzeug;
   (ii) einem manövrierbehinderten Fahrzeug;

d) (i) **Jedes Fahrzeug** mit Ausnahme eines manövrierunfähigen oder manövrierbehinderten muß, sofern die Umstände es zulassen, **vermeiden, die sichere Durchfahrt eines tiefgangbehinderten Fahrzeugs** zu behindern, das Signale nach Regel 28 zeigt.
   (ii) Ein tiefgangbehindertes Fahrzeug muß unter Berücksichtigung seines besonderen Zustands mit besonderer Vorsicht navigieren.

Abschnitt III — Verhalten von Fahrzeugen bei verminderter Sicht

Regel 19 Verhalten von Fahrzeugen bei verminderter Sicht

a) Diese Regel gilt für Fahrzeuge, die einander nicht in Sicht haben, wenn sie in oder in der Nähe eines Gebiets mit verminderter Sicht fahren.

b) **Jedes Fahrzeug muß mit sicherer Geschwindigkeit fahren, die den gegebenen Umständen und Bedingungen der verminderten Sicht angepaßt ist. Ein Maschinenfahrzeug muß seine Maschinen für ein sofortiges Manöver bereithalten.**

c) Jedes Fahrzeug muß bei der Befolgung der Regeln des Abschnitts I die gegebenen Umstände und Bedingungen der verminderten Sicht gehörig berücksichtigen.

d) Ein Fahrzeug, das ein anderes Fahrzeug lediglich mit Radar ortet, muß ermitteln, ob sich eine Nahbereichslage entwickelt und/oder die Möglichkeit der Gefahr eines Zusammenstoßes besteht. Ist dies der Fall, so muß es frühzeitig Gegenmaßnahmen treffen; ändert es deshalb seinen Kurs, so muß es nach Möglichkeit folgendes vermeiden:
   (i) eine Kursänderung nach Backbord gegenüber einem Fahrzeug vorlicher als querab, außer beim Überholen;
   (ii) eine Kursänderung auf ein Fahrzeug zu, das querab oder achterlicher als querab ist.

e) Außer nach einer Feststellung, daß keine Möglichkeit der Gefahr eines Zusammenstoßes besteht, muß jedes Fahrzeug, das anscheinend vorlicher als querab das Nebelsignal eines anderen Fahrzeugs hört oder das eine Nahbereichslage mit einem anderen Fahrzeug vorlicher als querab nicht vermeiden kann, seine Fahrt auf das für die Erhaltung der Steuerfähigkeit geringstmögliche Maß verringern. Erforderlichenfalls muß es jegliche Fahrt wegnehmen und in jedem Fall mit äußerster Vorsicht manövrieren, bis die Gefahr eines Zusammenstoßes vorüber ist.

Regel 20 Anwendung

a) Die Regeln dieses Teiles müssen bei jedem Wetter befolgt werden.

b) **Die Regeln über Lichter müssen zwischen Sonnenuntergang und Sonnenaufgang befolgt werden; während dieser Zeit dürfen keine Lichter geführt oder gezeigt werden, die mit den in diesen Regeln genannten Lichtern verwechselt werden können, deren Sichtbarkeit oder Unterscheidungsmöglichkeit beeinträchtigen oder den gehörigen Ausguck behindern.**

c) **Die in diesen Regeln vorgeschriebenen Lichter müssen, wenn sie mitgeführt werden, bei verminderter Sicht auch zwischen Sonnenaufgang und Sonnenuntergang geführt oder gezeigt werden; in allen anderen Fällen dürfen sie geführt oder gezeigt werden, wenn es für erforderlich gehalten wird.**

d) Die Regeln über Signalkörper müssen am Tage befolgt werden.

Regel 21 Begriffsbestimmungen

a) **„Topplicht“** bedeutet ein weißes Licht über der Längsachse des Fahrzeugs, das unbehindert über einen Horizontbogen von 225 Grad scheint, und zwar von recht voraus bis 22,5 Grad achterlicher als querab nach jeder Seite.

b) **„Seitenlichter“** bedeutet ein grünes Licht an der Steuerbordseite und ein rotes Licht an der Backbordseite, die jeweils unbehindert über einen Horizontbogen von 112,5 Grad scheinen, und zwar nach der betreffenden Seite von recht voraus bis 22,5 Grad achterlicher als querab. **Auf einem Fahrzeug von weniger als 20 Meter Länge dürfen die Seitenlichter in einer Zweifarbenlaterne über der Längsachse geführt werden.**

c) **„Hecklicht“** bedeutet ein weißes Licht, das so nahe wie möglich am Heck angebracht ist und das unbehindert über einen Horizontbogen von 135 Grad scheint, und zwar von recht achteraus 67,5 Grad nach jeder Seite.

d) **„Schlepplicht“** bedeutet ein **gelbes** Licht mit den Eigenschaften des unter Buchstabe c beschriebenen Hecklichts.

e) **„Rundumlicht“** bedeutet ein Licht, das unbehindert über einen Horizontbogen von 360 Grad scheint.

f) **„Funkellicht“** bedeutet ein Licht mit 120 oder mehr regelmäßigen Lichterscheinungen in der Minute.

Zu den Lichtern und Signalkörpern

1. Das **Topplicht** ist immer höher als alle anderen Lichter und Hindernisse zu führen. Bei Maschinenfahrzeugen zwischen 12 m und 20 m Länge muß es mindestens 2,50 m über dem Schandeck angebracht sein; bei kleineren Maschinenfahrzeugen darf es zwar tiefer, muß jedoch mindestens 1 m über den Seitenlichtern angebracht sein.

2. Sind Lichter zu **„führen“**, so müssen sie fest angebracht sein; sind sie jedoch nur zu **„zeigen“**, so brauchen sie nur gebrauchsfertig zur Hand gehalten werden.

3. Tagsüber müssen in bestimmten Situationen **Tagzeichen** geführt werden; sie sind schwarz. Man unterscheidet: Ball, Kegel, Zylinder und Rhombus. Fahrzeuge unter 20 m Länge dürfen kleinere, ihrer Größe entsprechende Signalkörper verwenden als unten angegeben ist.

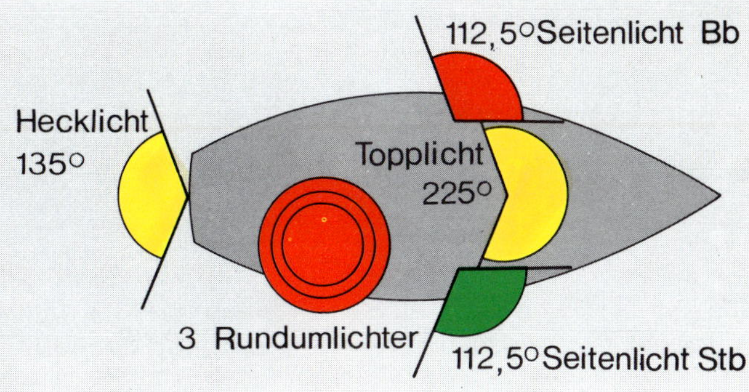

Maschinenfahrzeug < 50 m

Maschinenfahrzeug ≥ 50 m

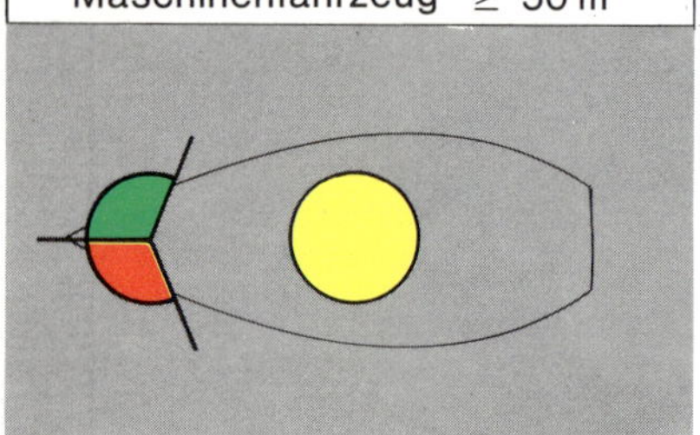

Maschinenfahrzeug < 7 m

Regel 22 Tragweite der Lichter

Die in diesen Regeln vorgeschriebenen Lichter müssen die in Abschnitt 8 der Anlage I angegebenen Lichtstärken haben, so daß folgende Mindesttragweiten erreicht werden:

a) Auf Fahrzeugen von 50 und mehr Meter Länge

— Topplicht, 6 Seemeilen;
— Seitenlicht, 3 Seemeilen;
— Hecklicht, 3 Seemeilen;
— Schlepplicht, 3 Seemeilen;
— weißes, rotes, grünes oder gelbes Rundumlicht, 3 Seemeilen.

b) **Auf Fahrzeugen von 12 und mehr, jedoch weniger als 50 Meter Länge**

— Topplicht, 5 Seemeilen; auf Fahrzeugen von weniger als 50 Meter Länge, 3 Seemeilen;
— Seitenlicht, 2 Seemeilen;
— Hecklicht, 2 Seemeilen;
— Schlepplicht, 2 Seemeilen;
— weißes, rotes, grünes oder gelbes Rundumlicht, 2 Seemeilen.

c) **Auf Fahrzeugen von weniger als 12 Meter Länge**

— Topplicht, 2 Seemeilen;
— Seitenlicht, 1 Seemeile;
— Hecklicht, 2 Seemeilen;
— Schlepplicht, 2 Seemeilen;
— weißes, rotes, grünes oder gelbes Rundumlicht, 2 Seemeilen.

Regel 23 Maschinenfahrzeuge in Fahrt

a) **Ein Maschinenfahrzeug in Fahrt muß führen**

(i) **ein Topplicht vorn;**

(ii) **ein zweites Topplicht achterlicher und höher als das vordere; ein Fahrzeug von weniger als 50 Meter Länge kann ein solches Licht führen, ist jedoch nicht dazu verpflichtet;**

(iii) **Seitenlichter[1];**

(iv) **ein Hecklicht**

b) Ein **Luftkissenfahrzeug,** das im nichtwasserverdrängenden Zustand navigiert, muß außer den unter Buchstabe a vorgeschriebenen Lichtern ein **gelbes** Rundumlicht als Funkellicht führen.

c) **Ein Maschinenfahrzeug von weniger als 7 Meter Länge, dessen Höchstgeschwindigkeit 7 Knoten nicht übersteigt, darf an Stelle der unter Buchstabe a vorgeschriebenen Lichter ein weißes Rundumlicht führen. Ein solches Fahrzeug muß, wenn möglich, außerdem Seitenlichter führen.**

Anmerkung:

[1] *Bei einem Maschinenfahrzeug unter 20 m Länge können beide Seitenlichter in einer Zweifarbenlaterne vereinigt sein (vgl. Regel 21 b).*

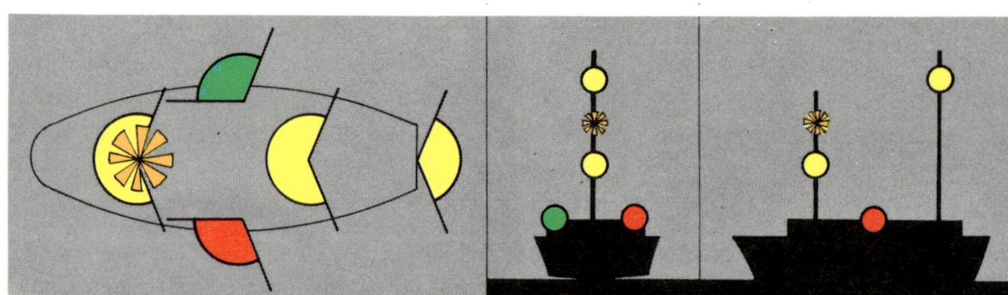

Luftkissenfahrzeug

a) **Ein schleppendes Maschinenfahrzeug[1] muß führen**

(i) an Stelle des in Regel 23 Buchstabe a Ziffer i vorgeschriebenen Lichtes vorn zwei Topplichter senkrecht übereinander. Wenn der Schleppzug vom Heck des schleppenden Fahrzeugs bis zum Ende des Anhangs länger als 200 Meter ist, drei solche Lichter senkrecht übereinander;

(ii) Seitenlichter;

(iii) ein Hecklicht;

(iv) ein Schlepplicht senkrecht über dem Hecklicht;

(v) wenn der Schleppzug länger als 200 Meter[2] ist, einen rhombusförmigen Signalkörper dort, wo er am besten gesehen werden kann[3].

b) Sind ein schiebendes und ein geschobenes Fahrzeug zu einer zusammengesetzten Einheit starr miteinander verbunden, so gelten sie als ein Maschinenfahrzeug und müssen die in Regel 23 vorgeschriebenen Lichter führen.

c) Ein schiebendes oder längsseits schleppendes Maschinenfahrzeug muß, ausgenommen im Fall einer zusammengesetzten Einheit[4] führen

(i) anstelle des in Regel 23 Buchstabe a Ziffer i vorgeschriebenen Lichtes vorn zwei Topplichter senkrecht übereinander;

(ii) Seitenlichter;

(iii) ein Hecklicht.

d) Ein Maschinenfahrzeug, für das die Buchstaben a und c dieser Regel gelten, muß auch Regel 23 Buchstabe a Ziffer ii befolgen.

e) **Ein geschlepptes Fahrzeug** oder ein geschleppter Gegenstand muß führen

(i) Seitenlichter;

(ii) ein Hecklicht[5];

(iii) wenn der Schleppzug länger als 200 Meter ist, einen rhombusförmigen Signalkörper dort, wo er am besten gesehen werden kann.

f) In beliebiger Anzahl längsseits geschleppte oder in einer Gruppe geschobene Fahrzeuge müssen die Lichter wie ein einzelnes Fahrzeug führen, wobei

(i) ein geschobenes Fahrzeug, das nicht Teil einer zusammengesetzten Einheit[4] ist, vorn Seitenlichter führen muß;

(ii) ein längsseits geschlepptes Fahrzeug ein Hecklicht und vorn Seitenlichter führen muß.

g) Kann ein geschlepptes Fahrzeug oder ein geschleppter Gegenstand die unter Buchstabe e vorgeschriebenen Lichter aus einem vertretbaren Grund nicht führen, so muß es alle möglichen Maßnahmen treffen, um das geschleppte Fahrzeug oder den geschleppten Gegenstand zu beleuchten oder die Anwesenheit des unbeleuchteten Fahrzeugs oder Gegenstands zumindest erkennbar zu machen.

Schleppanhang ≤ 200 m

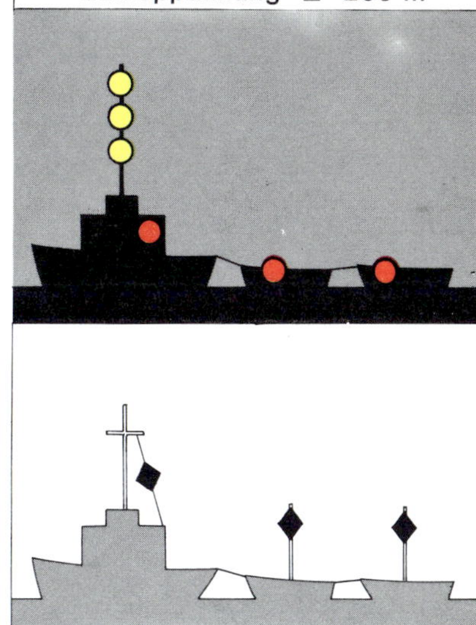

Schleppanhang ≥ 200 m

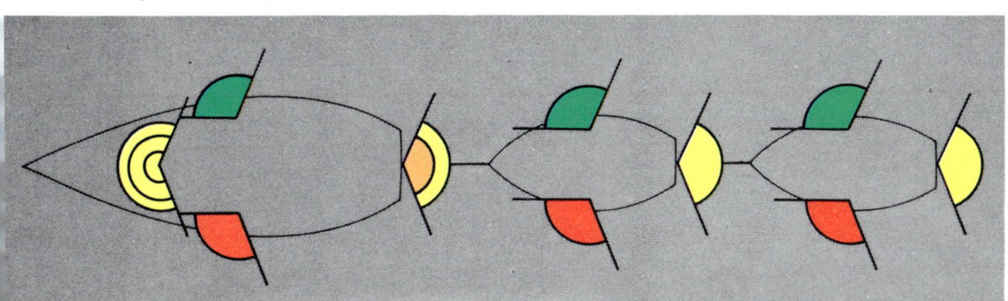

Schleppanhang > 200 m

Anmerkungen:

[1] *Ist ein Schleppverband nicht in der Lage, von seinem Kurs abzuweichen, führt er zusätzlich Fahrtstörungszeichen (vgl. Regel 27 c).*

[2] *Die Länge eines Schleppverbandes wird vom Heck des schleppenden Fahrzeuges bis zum äußersten Ende des Schleppverbandes gemessen, vgl. oben Buchstabe a (i).*

[3] *Es sind also tagsüber keine Signalkörper erforderlich, falls der Schleppverband kürzer als 200 m ist.*

[4] *das heißt eine im Sinn von Buchstabe b starr miteinander verbundene Einheit.*

[5] *Schleppanhänge führen also keine Topplichter — selbst dann nicht, wenn ihre Maschinen in Betrieb sind.*

Regel 25 Segelfahrzeuge in Fahrt und Fahrzeuge unter Ruder[1]

oder

Segelfahrzeug

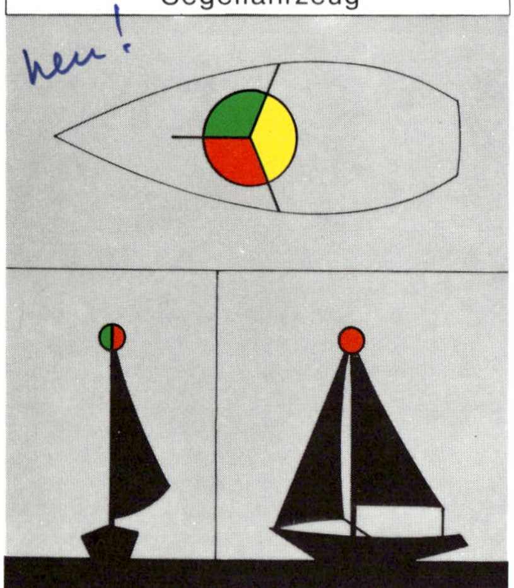

Segelfahrzeug < 12 m

a) **Ein Segelfahrzeug in Fahrt muß führen**
   (i) **Seitenlichter[2];**
   (ii) **ein Hecklicht.**

b) **Auf einem Segelfahrzeug von weniger als 12 Meter Länge** dürfen die unter Buchstabe a vorgeschriebenen **Lichter in einer Dreifarbenlaterne** vereinigt werden, die **an oder nahe der Mastspitze** dort angebracht ist, wo sie am besten gesehen werden kann[3].

c) **Ein Segelfahrzeug in Fahrt darf zusätzlich** zu den unter Buchstabe a vorgeschriebenen Lichtern an oder nahe der Mastspitze **zwei Rundumlichter senkrecht übereinander** dort führen, wo sie am besten gesehen werden können, und zwar **das obere rot und das untere grün;** diese Lichter dürfen jedoch nicht zusammen mit der Dreifarbenlaterne nach Buchstabe b geführt werden.

d) (i) **Ein Segelfahrzeug von weniger als 7 Meter Länge muß, wenn möglich, die unter Buchstabe a oder b vorgeschriebenen Lichter führen; andernfalls muß eine elektrische Lampe oder eine angezündete Laterne mit einem weißen Licht gebrauchsfertig zur Hand gehalten und rechtzeitig gezeigt werden, um einen Zusammenstoß zu verhüten.**
   (ii) **Ein Fahrzeug unter Ruder** darf die in dieser Regel für Segelfahrzeuge vorgeschriebenen Lichter führen; andernfalls muß eine elektrische Lampe oder eine angezündete Laterne mit einem weißen Licht gebrauchsfertig zur Hand gehalten und rechtzeitig gezeigt werden, um einen Zusammenstoß zu verhüten.

e) **Ein Fahrzeug unter Segel, das gleichzeitig mit Maschinenkraft fährt, muß im Vorschiff einen Kegel — Spitze unten — dort führen, wo er am besten gesehen werden kann[4].**

Anmerkungen:

[1] *Beachte die erheblichen Abweichungen der SeeSchStrO für Fahrzeuge unter 12 m Länge auf S. 172/173.*

[2] *Auf Fahrzeugen von weniger als 20 m Länge können die Seitenlichter in einer doppelfarbigen Laterne geführt werden (vgl. Regel 21 b).*

[3] *Diese energiesparende 3-Farben-Laterne ist nur sinnvoll für Segelfahrzeuge ohne Hilfsmotor. Denn sobald man unter Motor läuft, ist ein Topplicht vorgeschrieben (Regel 23), das höher als die Seitenlichter angebracht sein muß.*

[4] *Es gilt dann als Maschinenfahrzeug und hat deshalb nachts Lichter gemäß Regel 23 zu führen, insbesondere das Topplicht. Außerdem hat es die Ausweichregeln für Maschinenfahrzeuge zu befolgen (Regeln 13 ff.).*

Ruderboot oder Segelfahrzeug<7m

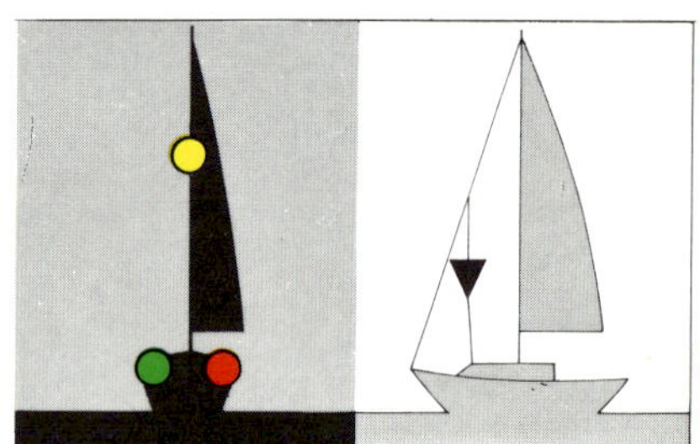

Segelfahrzeug unter Motor

a) Ein fischendes Fahrzeug in Fahrt oder vor Anker darf nur die in dieser Regel vorgeschriebenen Lichter und Signalkörper führen.

b) **Ein fischender Trawler,** das heißt ein Fahrzeug, das ein Schleppnetz oder ein anderes Fanggerät durchs Wasser schleppt[1], muß führen

(i) zwei Rundumlichter senkrecht übereinander, das obere grün und das untere weiß, oder ein Stundenglas; ein Fahrzeug von weniger als 20 Meter Länge darf an Stelle dieses Signalkörpers einen Korb führen;

(ii) ein Topplicht achterlicher und höher als das grüne Rundumlicht; ein Fahrzeug von weniger als 50 Meter Länge kann ein solches Licht führen, ist jedoch nicht dazu verpflichtet;

(iii) **bei Fahrt durchs Wasser** zusätzlich zu den unter diesem Buchstaben vorgeschriebenen Lichtern Seitenlichter und ein Hecklicht.

Anmerkung:

[1] *Man unterscheidet Seitenfänger und die modernen Heckfänger. Der Trawler macht mit dem Fanggerät etwa 3 bis 4 kn Fahrt. Als ausweichpflichtiges Fahrzeug sollte man den Trawler in einem Abstand von mindestens 300 m passieren.*
Man vermeide es, zwischen zwei Gespannfischern (= Tuckzeesenfischern) hindurchzulaufen. Diese laufen zu zweit parallel nebeneinander her und schleppen ein einzelnes Netz. Der Abstand zwischen beiden Fahrzeugen beträgt bis zu 200 m. Nachts führt — in Fahrtrichtung gesehen — das linke Fahrzeug auf dem Ruderhaus ein rotes Licht, das rechte ein grünes.

c) **Ein fischendes Fahrzeug, das nicht trawlt[2],** muß führen

(i) zwei Rundumlichter senkrecht übereinander, das obere rot und das untere weiß, oder ein Stundenglas; ein Fahrzeug von weniger als 20 Meter Länge darf an Stelle dieses Signalkörpers einen Korb führen;

(ii) **bei ausgebrachtem Fanggerät,** das waagerecht mehr als 150 Meter ins Wasser reicht, ein weißes Rundumlicht oder einen Kegel — Spitze oben — in Richtung des Fanggeräts;

(iii) **bei Fahrt durchs Wasser** zusätzlich zu den unter diesem Buchstaben vorgeschriebenen Lichtern Seitenlichter und ein Hecklicht.

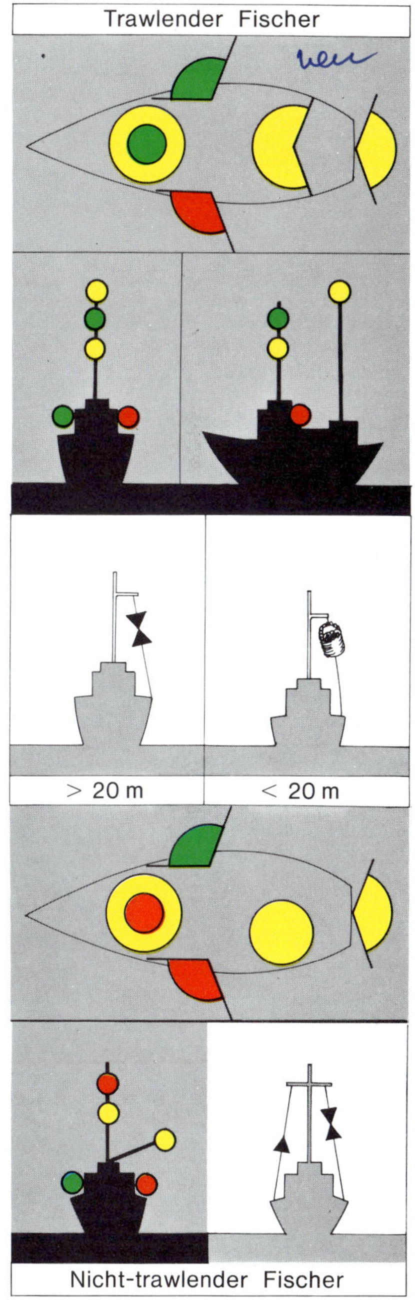

Anmerkung:

[2] *Nichttrawler fischen mit Treibnetzen oder Ringwaden.*
Ein Treibnetz ist etwa 30 m lang; bis zu 150 derartiger Netze aneinander gereiht ergeben eine Fleet, vor der der Logger mit dem Steven in den Wind gedreht liegt.
Kleine Fahrzeuge können mit gestoppter Maschine zwischen den Bojen über die Fleet hinwegfahren — am besten in der Mitte zwischen zwei Bojen.

Regel 27 Manövrierunfähige oder manövrierbehinderte Fahrzeuge

Manövrierunfähiges Fahrzeug

Manövrierbehindertes Fahrzeug

a) **Ein manövrierunfähiges Fahrzeug**[1] muß führen

(i) zwei rote Rundumlichter senkrecht übereinander[2] dort, wo sie am besten gesehen werden können;

(ii) zwei Bälle oder ähnliche Signalkörper senkrecht übereinander dort, wo sie am besten gesehen werden können;

(iii) **bei Fahrt durchs Wasser**[3] **zusätzlich** zu den unter diesem Buchstaben vorgeschriebenen Lichtern Seitenlichter und ein Hecklicht.

b) **Ein manövrierbehindertes Fahrzeug**[4], ausgenommen ein Fahrzeug beim Minensuchen, muß führen

(i) drei Rundumlichter senkrecht übereinander dort, wo sie am besten gesehen werden können. Das obere und das untere Licht müssen rot, das mittlere muß weiß sein;

(ii) drei Signalkörper senkrecht übereinander dort, wo sie am besten gesehen werden können. Der obere und der untere Signalkörper müssen Bälle, der mittlere muß ein Rhombus sein;

(iii) **bei Fahrt durchs Wasser**[3] **zusätzlich** zu den unter Ziffer i vorgeschriebenen Lichtern Topplichter, Seitenlichter und ein Hecklicht;

(iv) vor Anker zusätzlich zu den unter den Ziffern i und ii vorgeschriebenen Lichtern oder Signalkörpern das Licht, die Lichter oder den Signalkörper nach Regel 30.

c) **Ein schleppendes Fahrzeug** muß während eines Schleppvorgangs, bei dem es **nicht von seinem Kurs abweichen kann,** zusätzlich zu den unter Buchstabe b Ziffern i und ii vorgeschriebenen Lichtern oder Signalkörpern die Lichter oder den Signalkörper nach Regel 24 Buchstabe a führen.

Anmerkungen:

[1] *vgl. Regel 3 f und die Ausweichvorschriften in Regel 18.*
[2] *sogenannte Fahrtstörungslichter bzw. Fahrtstörungszeichen.*
[3] *verwechsle „Fahrt durchs Wasser“ nicht mit „in Fahrt“, vgl. Anmerkung 4 zu Regel 3.*
[4] *vgl. Regel 3 g und die Ausweichvorschriften in Regel 18.*

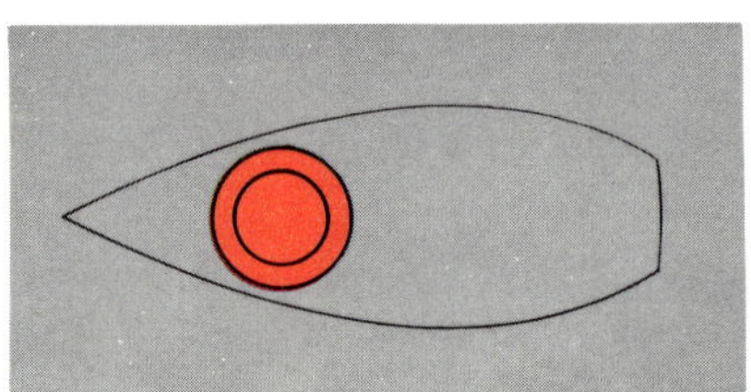

ohne FdW

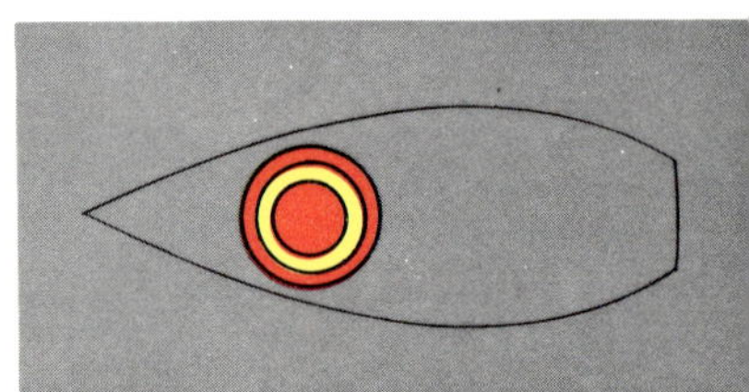

ohne FdW

d) **Ein manövrierbehindertes Fahrzeug, das baggert oder Unterwasserarbeiten ausführt,** muß die unter Buchstabe b vorgeschriebenen Lichter oder Signalkörper führen, **bei Behinderung außerdem**

(i) zwei rote Rundumlichter oder zwei Bälle senkrecht übereinander, um die Seite anzuzeigen, an der die Behinderung besteht;
(ii) zwei grüne Rundumlichter oder zwei Rhomben senkrecht übereinander, um die Passierseite für ein anderes Fahrzeug anzuzeigen;
(iii) **bei Fahrt durchs Wasser[3] zusätzlich** zu den unter diesem Buchstaben vorgeschriebenen Lichtern Topplichter, Seitenlichter und ein Hecklicht;
(iv) ein Fahrzeug vor Anker, für das dieser Buchstabe gilt, muß an Stelle der Lichter oder Signalkörper nach Regel 30 die unter den Ziffern i und ii dieses Buchstabens vorgeschriebenen Lichter oder Signalkörper führen.

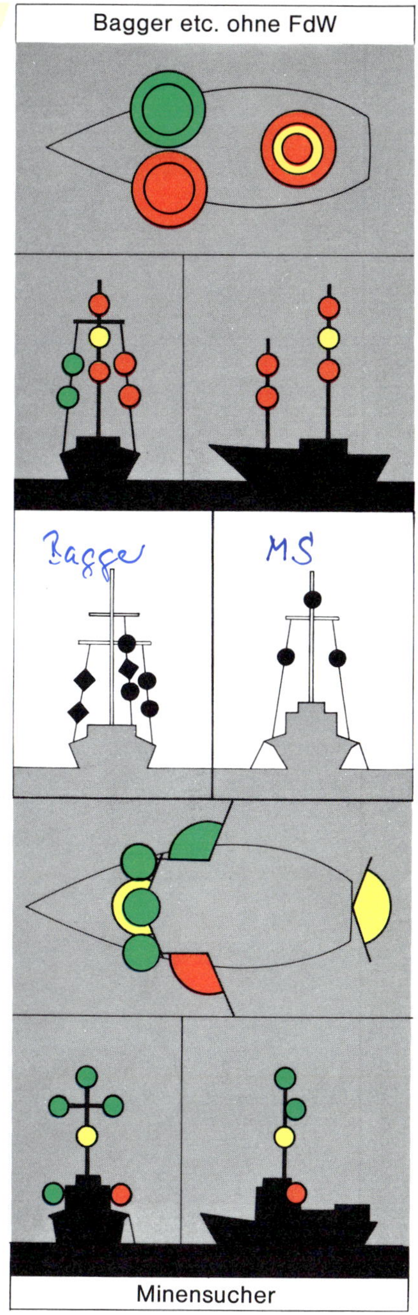

e) Macht die Größe eines **Fahrzeugs bei Taucherarbeiten** es unmöglich, die unter Buchstabe d vorgeschriebenen Signalkörper zu führen, so muß das Fahrzeug die Flagge „A“ des Internationalen Signalbuchs als Tafel von mindestens 1 Meter Höhe führen. Ihre Rundumsichtbarkeit muß sichergestellt sein.

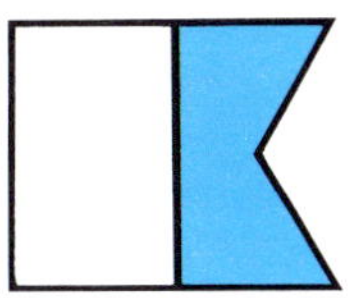

Flagge A:
„Ich habe Taucher unten;
halten Sie bei langsamer
Fahrt gut frei von mir!“

f) Ein **Fahrzeug beim Minensuchen** muß zusätzlich zu den in Regel 23 vorgeschriebenen Lichtern für Maschinenfahrzeuge drei grüne Rundumlichter oder drei Bälle führen. Eines dieser Lichter oder einer der Signalkörper muß an oder nahe dem Vormasttopp und eines an jedem Ende der vorderen Rah geführt werden. Diese Lichter oder Signalkörper zeigen an, daß es für andere Fahrzeuge gefährlich ist, sich dem Minensucher auf weniger als 1000 Meter von achtern oder auf weniger als 500 Meter von den Seiten zu nähern.

g) **Fahrzeuge von weniger als 7 Meter Länge brauchen die in dieser Regel vorgeschriebenen Lichter nicht zu führen.**

h) **Die in dieser Regel vorgeschriebenen Signale sind keine Notsignale, durch die Hilfeleistung verlangt wird.**

Regel 28 Tiefgangbehinderte Fahrzeuge

Ein tiefgangbehindertes Fahrzeug[1] darf **zusätzlich** zu den in Regel 23 für Maschinenfahrzeuge vorgeschriebenen Lichtern **drei rote Rundumlichter senkrecht übereinander oder einen Zylinder** dort führen, wo sie am besten gesehen werden können.

Durch Tiefgang behindert

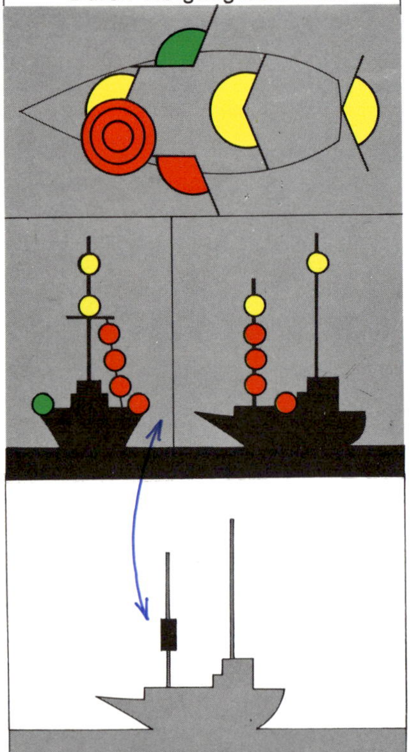

Anmerkung:

[1] *vgl. Regel 3 h und die Ausweichvorschrift in Regel 18 d.*

Regel 29 Lotsenfahrzeuge

a) Ein Fahrzeug im Lotsdienst muß führen

- (i) an oder nahe dem Masttopp zwei Rundumlichter senkrecht übereinander das obere weiß und das untere rot;
- (ii) in Fahrt zusätzlich Seitenlichter und ein Hecklicht;
- (iii) vor Anker zusätzlich zu den unter Ziffer i vorgeschriebenen Lichtern das ode die Ankerlichter oder den Ankerball.

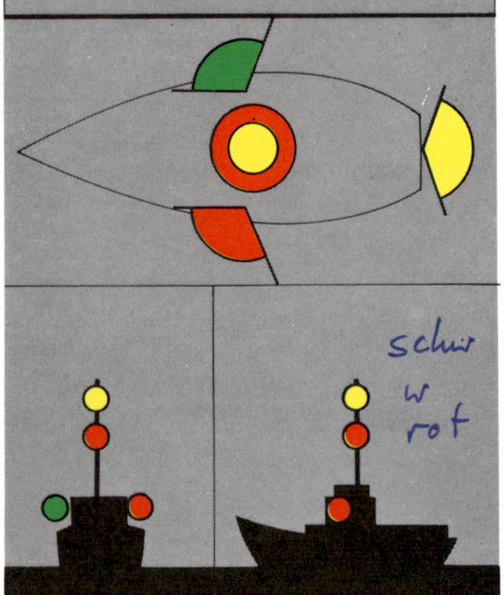

Lotsenfahrzeug

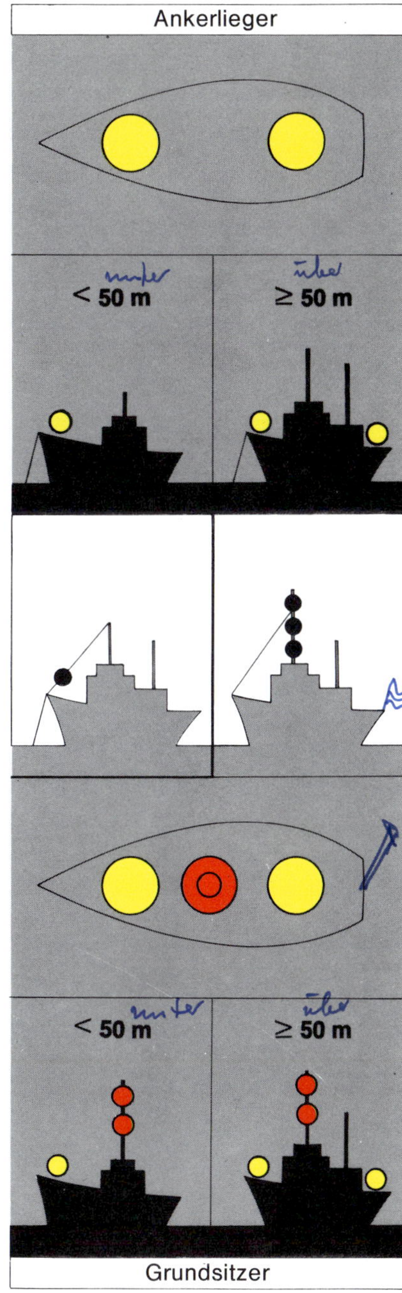

a) **Ein Fahrzeug vor Anker** muß dort, wo sie am besten gesehen werden können, führen
   (i) im vorderen Teil ein weißes Rundumlicht oder einen Ball;
   (ii) an oder nahe dem Heck ein weißes Rundumlicht niedriger als das Licht nach Ziffer i.

b) Ein Fahrzeug vor Anker **von weniger als 50 Meter Länge** darf an Stelle der unter Buchstabe a vorgeschriebenen Lichter ein weißes Rundumlicht dort führen, wo es am besten gesehen werden kann.

c) Ein Fahrzeug vor Anker darf auch die vorhandenen Deckslichter oder gleichwertige Lichter zur Beleuchtung der Decks einschalten; ist das **Fahrzeug 100 und mehr Meter lang,** so ist es dazu verpflichtet.

Fahrzeuge über 100 m
Decksbeleuchtung einschalten

d) **Ein Fahrzeug auf Grund** muß die unter Buchstabe a oder b vorgeschriebenen Lichter führen und zusätzlich dort, wo sie am besten gesehen werden können,
   (i) zwei rote Rundumlichter senkrecht übereinander;
   (ii) drei Bälle senkrecht übereinander.

e) **Ein Fahrzeug von weniger als 7 Meter Länge vor Anker oder auf Grund, das sich nicht in einem engen Fahrwasser, einer Fahrrinne oder auf einer Reede oder in der Nähe davon oder dort befindet, wo andere Fahrzeuge in der Regel fahren, braucht nicht die unter Buchstabe a, b oder d vorgeschriebenen Lichter oder Signalkörper zu führen.**

Regel 31 Wasserflugzeuge

Kann ein Wasserflugzeug keine Lichter und Signalkörper führen, deren Eigenschaften oder Anordnung den Regeln dieses Teiles entsprechen, so muß es Lichter und Signalkörper führen, deren Eigenschaften und Anordnung möglichst ähnlich sind.

Teil D: Schall- und Lichtsignale

Regel 32 Begriffsbestimmungen

a) Der Ausdruck **„Pfeife“** bezeichnet eine Schallsignalanlage, mit der die vorgeschriebenen Töne gegeben werden können und die den Anforderungen der Anlage III entspricht.

b) Der Ausdruck **„kurzer Ton“** bezeichnet einen Ton von etwa einer Sekunde Dauer

c) Der Ausdruck **„langer Ton“** bezeichnet einen Ton von vier bis sechs Sekunden Dauer.

Regel 33 Ausrüstung für Schallsignale

a) **Ein Fahrzeug von 12 und mehr Meter Länge muß mit einer Pfeife und einer Glocke** und ein Fahrzeug von 100 und mehr Meter Länge muß zusätzlich mit einem Gong **versehen sein,** der nach Ton und Klang nicht mit der Glocke verwechselt werden kann. Die Pfeife, die Glocke und der Gong müssen den Anforderungen der Anlage III entsprechen. Die Glocke und/oder der Gong dürfen durch eine andere Einrichtung mit entsprechenden Schalleigenschaften ersetzt werden, sofern die Abgabe der vorgeschriebenen Signale auch von Hand jederzeit möglich ist.

b) **Ein Fahrzeug von weniger als 12 Meter Länge braucht keine Schallsignalanlage nach Buchstabe a mitzuführen, muß dann aber mit einem anderen Gerät zur Abgabe eines kräftigen Schallsignals versehen sein.**

Regel 34 Manöver- und Warnsignale

●
Kursänderung nach Stb

● ●
Kursänderung nach Bb

● ● ●
Maschine geht rückwärts

a) Haben Fahrzeuge einander in Sicht, so muß ein **Maschinenfahrzeug in Fahrt** beim Manövrieren nach diesen Regeln[1] das Manöver durch folgende Pfeifensignale anzeigen:

— **ein kurzer Ton** mit der Bedeutung **„Ich ändere meinen Kurs nach Steuerbord“;**

— **zwei kurze Töne** mit der Bedeutung **„Ich ändere meinen Kurs nach Backbord“;**

— **drei kurze Töne** mit der Bedeutung **„Ich arbeite rückwärts“.**

Anmerkung:

[1] *Diese Signale sind also nur dann zu geben, wenn manövriert wird, um die Ausweichregeln zu befolgen, nicht aber, wenn ein Manöver aus navigatorischen Gründen eingeleitet wird.*

b) Ein Fahrzeug darf die unter Buchstabe a vorgeschriebenen **Pfeifensignale durch Lichtsignale ergänzen,** die während der Dauer des Manövers, soweit erforderlich, wiederholt werden.

(i) Diese Lichtsignale haben folgende Bedeutung:
— ein Blitz: „Ich ändere meinen Kurs nach Steuerbord";
— zwei Blitze: „Ich ändere meinen Kurs nach Backbord";
— drei Blitze: „Ich arbeite rückwärts";

(ii) die Dauer eines Blitzes muß etwa eine Sekunde betragen, die Pause zwischen den Blitzen etwa eine Sekunde und die Pause zwischen aufeinanderfolgenden Signalen mindestens zehn Sekunden;

(iii) das für dieses Signal verwendete Licht muß, wenn es geführt wird, ein weißes Rundumlicht sein, das mindestens 5 Seemeilen sichtbar ist und den Bestimmungen der Anlage I entspricht.

c) Haben **Fahrzeuge in einem engen Fahrwasser oder einer Fahrrinne** einander in Sicht, so gilt folgendes:

(i) Ein überholendes Fahrzeug muß nach Regel 9 Buchstabe e Ziffer i seine Absicht durch folgende Pfeifensignale anzeigen:

— **zwei lange Töne und ein kurzer Ton** mit der Bedeutung **„Ich beabsichtige, Sie an Ihrer Steuerbordseite zu überholen";**

— **zwei lange und zwei kurze Töne** mit der Bedeutung **„Ich beabsichtige, Sie an Ihrer Backbordseite zu überholen".**

(ii) Das zu überholende Fahrzeug muß, wenn es nach Regel 9 Buchstabe e Ziffer i handelt, seine **Zustimmung** durch folgendes Pfeifensignal anzeigen:

— **ein langer, ein kurzer, ein langer, ein kurzer Ton.**

d) Wenn Fahrzeuge in Sicht sich einander nähern und eines aus irgendeinem Grund die Absicht oder die Maßnahmen des anderen **nicht versteht oder zweifelt,** ob das andere zur Vermeidung eines Zusammenstoßes ausreichend manövriert, muß es dies sofort durch **mindestens fünf kurze, rasch aufeinanderfolgende Pfeifentöne**[2] anzeigen. Dieses Signal darf durch ein Lichtsignal von mindestens fünf kurzen, rasch aufeinanderfolgenden Blitzen ergänzt werden.

e) Ein Fahrzeug, das sich einer **Krümmung** oder einem Abschnitt eines Fahrwassers oder einer Fahrrinne nähert, wo andere Fahrzeuge durch ein Sichthindernis verdeckt sein können, muß **einen langen Ton** geben. Jedes sich nähernde Fahrzeug, das dieses Signal jenseits der Krümmung oder des Sichthindernisses hört, muß es mit einem langen Ton beantworten.

Überholen im engen Fahrwasser

▬ ▬ ●

„Ich will Sie an Stb überholen!"

▬ ▬ ● ●

„Ich will Sie an Bb überholen!"

▬ ● ▬ ●

„Ich bin einverstanden!"

Kurshaltersignal:

● ● ● ● ●

„Ich mache auf Ihre Ausweichpflicht aufmerksam!"

Vor Fahrwasserkrümmungen:

▬

„Achtung!"

---

[2] *Anmerkung:*

Dieses Signal wird auch „Weckruf" genannt. Es ist zeitlich zwischen die Situation der Regel 17 a (i) und 17 a (ii) einzuordnen.

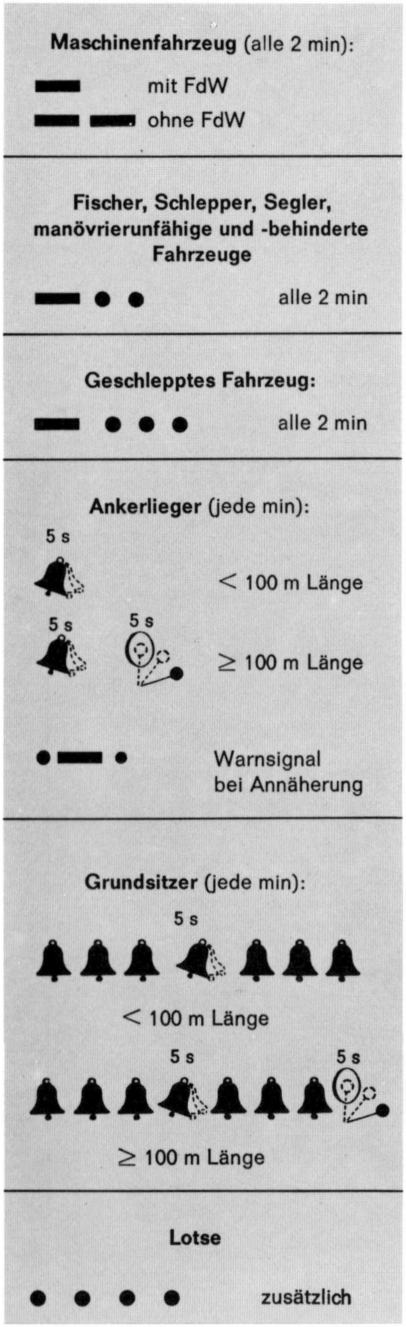

Regel 35 Schallsignale bei verminderter Sicht[1]

Innerhalb oder in der Nähe eines Gebiets mit verminderter Sicht müssen am Tage oder bei Nacht folgende Signale gegeben werden:

a) **Ein Maschinenfahrzeug, das Fahrt durchs Wasser macht,** muß mindestens alle 2 Minuten einen langen Ton geben.

b) **Ein Maschinenfahrzeug in Fahrt, das seine Maschine gestoppt hat und keine Fahrt durchs Wasser macht,** muß mindestens alle 2 Minuten zwei aufeinanderfolgende lange Töne mit einem Zwischenraum von etwa 2 Sekunden geben.

c) **Ein manövrierunfähiges Fahrzeug, ein manövrierbehindertes Fahrzeug, ein tiefgangbehindertes Fahrzeug, ein Segelfahrzeug, ein fischendes Fahrzeug und ein Fahrzeug, das ein anderes Fahrzeug schleppt oder schiebt,** muß an Stelle der unter Buchstabe a oder b vorgeschriebenen Signale mindestens alle 2 Minuten drei aufeinanderfolgende Töne — lang, kurz, kurz — geben.

d) **Ein geschlepptes Fahrzeug** oder das letzte Fahrzeug eines Schleppzugs muß, wenn bemannt, mindestens alle 2 Minuten vier aufeinanderfolgende Töne — lang, kurz, kurz, kurz — geben. Dieses Signal muß möglichst unmittelbar nach dem Signal des schleppenden Fahrzeugs gegeben werden.

e) Sind ein schiebendes und ein geschobenes Fahrzeug miteinander zu einer zusammengesetzten Einheit starr verbunden, so gelten sie als ein Maschinenfahrzeug und müssen die unter Buchstabe a oder b vorgeschriebenen Signale geben.

f) **Ein Fahrzeug vor Anker** muß mindestens jede Minute etwa 5 Sekunden lang die Glocke rasch läuten. Ein Fahrzeug von 100 und mehr Meter Länge muß die Glocke auf dem Vorschiff läuten und unmittelbar danach auf dem Achterschiff etwa 5 Sekunden lang den Gong rasch schlagen. Ein Fahrzeug vor Anker darf außerdem drei aufeinanderfolgende Töne — kurz, lang, kurz — geben, um einem sich nähernden Fahrzeug seinen Standort anzuzeigen und es vor einem möglichen Zusammenstoß zu warnen.

g) **Ein Fahrzeug auf Grund** muß das Glockensignal und, soweit vorgeschrieben, das Gongsignal nach Buchstabe f geben, sowie zusätzlich unmittelbar vor und nach dem raschen Glockenläuten drei scharf voneinander getrennte Glockenschläge. Ein Fahrzeug auf Grund darf zusätzlich ein geeignetes Pfeifensignal geben.

h) **Ein Fahrzeug von weniger als 12 Meter Länge braucht die obenerwähnten Signale nicht zu geben, muß dann aber mindestens alle 2 Minuten ein anderes kräftiges Schallsignal geben.**

i) **Ein Lotsenfahrzeug** im Lotsdienst darf zusätzlich zu den unter Buchstabe a, b oder f vorgeschriebenen Signalen ein Erkennungssignal von vier kurzen Tönen geben.

Anmerkung:

[1] *Aus der Richtung eines Nebelsignales kann keinesfalls sicher auf den Standort des anderen Fahrzeuges geschlossen werden. Die wahrgenommene Richtung des Signales kann beiderseits bis zu etwa 35° von der Richtung des dazugehörigen Schiffes abweichen, so daß sich ein Unsicherheitsbereich bis zu 70° ergeben kann.*

Regel 36 Aufmerksamkeitssignale

Ist es erforderlich, die Aufmerksamkeit eines anderen Fahrzeugs zu erregen, so darf ein Fahrzeug Licht- oder Schallsignale geben, die nicht mit anderen Signalen nach diesen Regeln verwechselt werden können; es darf auch seinen Scheinwerfer auf die Gefahr richten, wenn es dadurch andere Fahrzeuge nicht verwirrt.

Anlage IV: Notzeichen

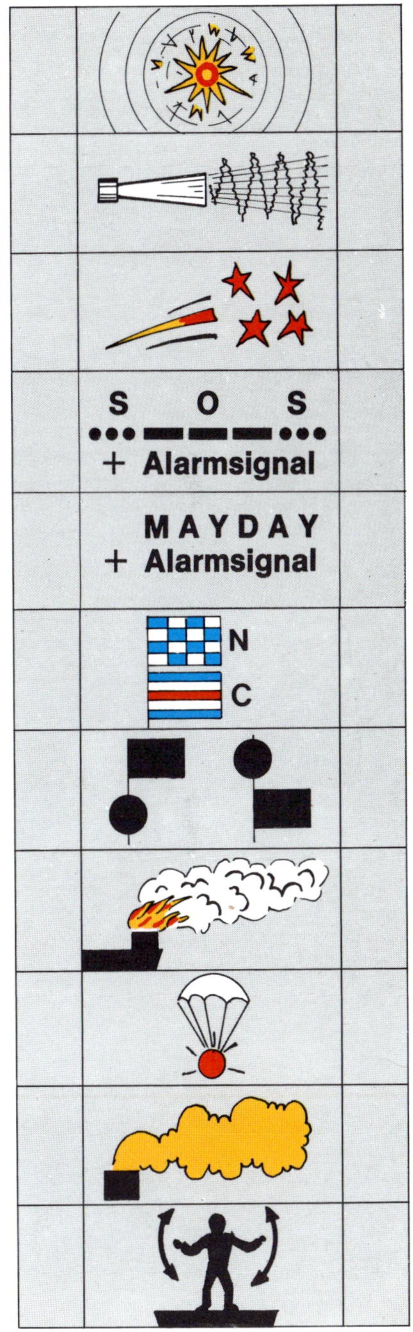

1. **Die folgenden Signale, die zusammen oder einzeln verwendet oder gezeigt werden, bedeuten Not und die Notwendigkeit zur Hilfe:**

   a) Kanonenschüsse oder andere Knallsignale in Zwischenräumen von ungefähr 1 Minute;

   b) anhaltendes Ertönen eines Nebelsignalgeräts;

   c) Raketen oder Leuchtkugeln mit roten Sternen einzeln in kurzen Zwischenräumen;

   d) das durch Telegraphiefunk oder eine andere Signalart gegebene Morsesignal . . . — — — . . . (SOS);

   e) das Sprechfunksignal aus dem gesprochenen Wort „Mayday";

   f) das Notzeichen NC des Internationalen Signalbuches;

   g) ein Signal aus einer viereckigen Flagge, darüber oder darunter ein Ball oder etwas, das einem Ball ähnlich sieht;

   h) Flammensignale auf dem Fahrzeug, z. B. brennende Teertonnen, Öltonnen oder dergl.;

   i) eine rote Fallschirm-Leuchtrakete oder eine rote Handfackel;

   j) ein Rauchsignal mit orangefarbenem Rauch;

   k) langsames und wiederholtes Heben und Senken der nach beiden Seiten ausgestreckten Arme;

   l) das Telegraphiefunk-Alarmsignal[2];

   m) das Sprechfunk-Alarmsignal[3]

   n) von einer Seenotfunkboje ausgestrahlte Funksignale.

2. **Die obengenannten Signale dürfen nur verwendet oder gezeigt werden, wenn Not und die Notwendigkeit der Hilfe vorliegen; die Verwendung von Signalen, die mit diesen Signalen verwechselt werden können, ist verboten.**

3. Auf die betreffenden Abschnitte des Internationalen Signalbuchs, des Handbuchs für Suche und Rettung und auf folgende Signale wird hingewiesen:

   a) ein Stück orangefarbenes Segeltuch mit einem schwarzen Quadrat oder Kreis oder mit einem anderen entsprechenden Zeichen (zur Erkennung aus der Luft);

   b) ein Seewasserfärber.

Anmerkungen:

1 „Mayday" ist eine phonetische Umschreibung von franz. „Venez m'aider!" = „Kommt mir helfen!"

2 Das Telegraphiefunk-Alarmsignal besteht aus einer Folge von 12 Morsestrichen von je 4 Sekunden Dauer innerhalb einer Minute, wobei der Zwischenraum zwischen zwei aufeinanderfolgenden Strichen 1 Sekunde beträgt. Durch dieses Alarmzeichen werden die selbsttätigen Funkalarmgeräte auf den damit ausgerüsteten Fahrzeugen ausgelöst.

3 Das Sprechfunk-Alarmsignal besteht aus 2 Tönen, die für die Dauer von 30 Sekunden bis zu einer Minute abwechselnd gesendet werden („lilülilü . . .").

G
186

Seeschiffahrtstraßen-ordnung (SeeSchStrO) (national)

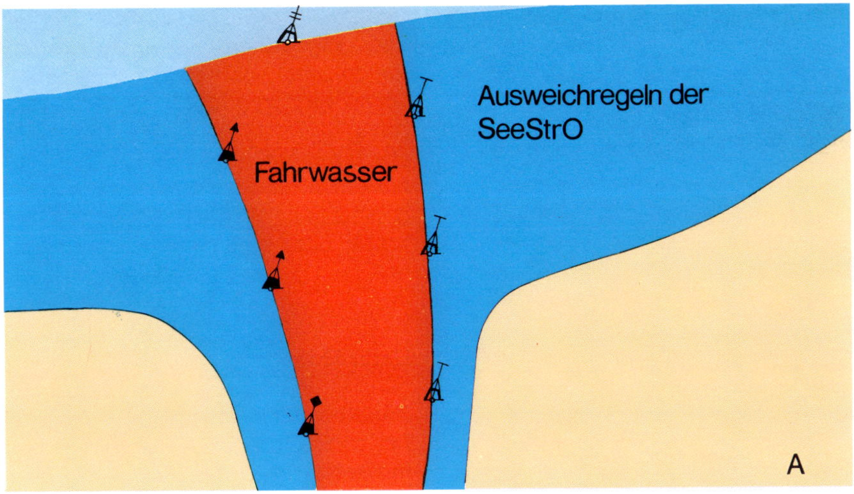

Geltungsbereich

Die SeeSchStrO ergänzt auf den deutschen Seeschiffahrtstraßen die Vorschriften der SeeStrO. Dort kommen also beide Verkehrsordnungen nebeneinander zur Anwendung. Sollten die Verordnungen sich in einem Punkte widersprechen, so ist die speziellere Regelung der SeeSch StrO anzuwenden.

Zu den **Seeschiffahrtstraßen** gehören die Wasserflächen

- zwischen der Küstenlinie bei mittlerem Hochwasser oder der seewärtigen Begrenzung der Binnenwasserstraßen
- und der seewärtigen Begrenzung des Küstenmeeres.

Außerdem gehören dazu noch einige Teile der angrenzenden Binnenwasserstraßen, die in der SeeSch StrO genau beschrieben sind.

Oft finden wir in der SeeSchStrO nur Regelungen für das Fahrwasser, insbesondere bei den meisten Fahrregeln (vgl. S. 178 f). Dann gelten innerhalb der Fahrwasser die Vorschriften der SeeStrO und der SeeSchStrO nebeneinander; und außerhalb der Fahrwasser allein die Regeln der SeeStrO (Abb. A).

Wir müssen also die Grenzen der Fahrwasser genau kennen.

Fahrwasser sind die Teile der Wasserflächen einer Seeschiffahrtstraße, die

- durch Seezeichen gekennzeichnet sind oder
- für die durchgehende Schiffahrt bestimmt sind oder
- durch Ufer unmittelbar begrenzt werden (Kanäle).

3 Grundregeln für das Verhalten im Verkehr

- Jeder Verkehrsteilnehmer hat sich so zu verhalten, daß die Sicherheit und Leichtigkeit des Verkehrs gewährleistet ist und daß kein anderer geschädigt, gefährdet oder mehr, als nach den Umständen unvermeidbar, behindert oder belästigt wird.

Er hat insbesondere die Vorsichtsmaßregeln zu beachten, die Seemannsbrauch oder die besonderen Umstände des Falles erfordern.

- Zur Abwehr einer unmittelbar drohenden Gefahr müssen unter Berücksichtigung der besonderen Umstände auch dann alle erforderlichen Maßnahmen ergriffen werden, wenn diese ein Abweichen von den Vorschriften der SeeSchStrO notwendig machen.
- Wer infolge körperlicher oder geistiger Mängel oder des Genusses alkoholischer Getränke oder anderer berauschender Mittel in der sicheren Führung des Fahrzeuges behindert ist, darf ein Fahrzeug nicht führen.

Verantwortlichkeit des Fahrzeugführers

Der Fahrzeugführer ist dafür verantwortlich, daß die Verkehrsvorschriften befolgt werden und sein Fahrzeug mit den vorgeschriebenen Sichtzeichen ausgerüstet ist.

Anders als beim Kraftfahrzeug muß der Schiffsführer nicht selbst das Ruder bedienen, doch ist er dafür verantwortlich, daß der Rudergänger das Fahrzeug verkehrsgerecht führt.

Sind mehrere Personen zur Führung des Bootes berechtigt, so haben sie vor Antritt der Reise zu bestimmen, wer verantwortlicher Fahrzeugführer ist.

Kleinfahrzeuge und Positionslaternen

Kleine Fahrzeuge

Im deutschen Küstenbereich schreibt die SeeSchStrO für Fahrzeuge unter 12 m Länge folgende Abweichungen vor:

- Die **Tragweite** aller Lichter, also *auch der Seitenlichter* für Fahrzeuge unter 12 m Länge (vgl. R. 22 c See StrO), muß *mindestens 2 sm* betragen.
- **Segelfahrzeuge unter 12 m Länge** dürfen im Topp **ein weißes Rundumlicht** führen, wenn sie die in R. 25 a und 25 b SeeStrO vorgeschriebenen Lichter (Seitenlichter und Hecklicht bzw. Dreifarbenlaterne) auf Grund ihrer Bauart nicht führen können.
- **Kann das Segelfahrzeug auch dieses Licht nicht führen, so darf es nachts und bei verminderter Sicht nicht fahren** — es sei denn, es liegt ein Notstand vor. Für diesen Fall ist eine elektrische Leuchte oder eine Laterne mit weißem Licht ständig mitzuführen; sie ist bei einem Notstand gebrauchsfertig zur Hand zu halten und rechtzeitig zu zeigen, um einen Zusammenstoß zu verhüten.

Das gleiche gilt für Maschinenfahrzeuge unter 7 m Länge und mit einer Höchstgeschwindigkeit unter 7 kn, wenn sie das in R. 23 c SeeStrO vorgeschriebene weiße Rundumlicht nicht führen können.

- **Fahrzeuge unter 12 m Länge** brauchen die in R. 27 und R. 30 d SeeStrO vorgeschriebenen Lichter und Tagzeichen für *manövrierunfähige und -behinderte* Fahrzeuge sowie für *Grundsitzer* nicht zu führen.

Ebensowenig brauchen sie auf den als Anker- und Liegestellen bekanntgemachten Wasserflächen *Ankerlichter* oder *einen Ankerball* zu führen.

Unter Motor

Segelboote unter 12 m Länge dürfen zwar die energiesparende Dreifarbenlaterne (bzw. weiße Rundumlaterne) führen — doch nur unter Segel und nicht beim Motoren. Denn das Topplicht für Maschinenfahrzeuge muß höher als die Seitenlichter angebracht sein.

Auf einer Segelyacht mit Hilfsmotor unter 12 m Länge müssen also neben der Dreifarbenlaterne noch Seitenlichter, Topplicht und Hecklicht montiert sein, die beim Motoren an Stelle der Dreifarbenlaterne brennen (A).

Einfacher haben es nur Segelfahrzeuge unter 7 m Länge: Für sie genügt ein weißes Rundumlicht beim Segeln und auch beim Motoren.

Positionslaternen

Unter Positionslaternen versteht man alle Laternen, für die eine bestimmte **Mindesttragweite** vorgeschrieben ist. Alle vorgeschriebenen Lichter sind ständig mitzuführen und während der Zeit, in der sie zu führen sind, fest anzubringen. Es ist auf keinen Fall zulässig, die Positionslaternen bei Nacht oder unsichtigem Wetter nur zur Hand zu halten und zu zeigen. Als einzige Ausnahme sieht die SeeSchStrO den Fall eines Notstandes vor. Tagsüber und bei

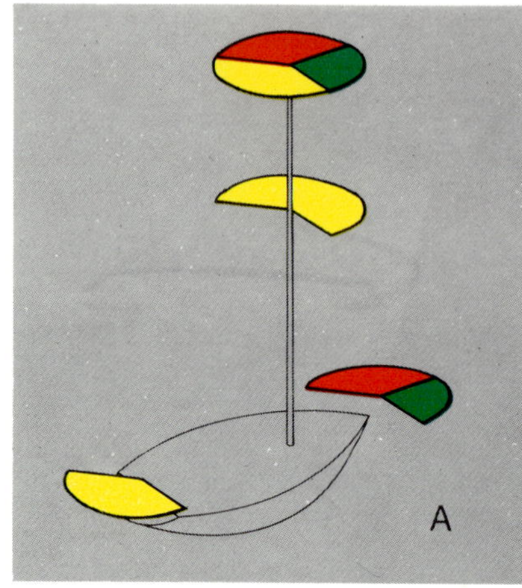

normalen Sichtverhältnissen dürfen die Laternen aus ihrer mechanischen Halterung entfernt werden.

Auf deutschen Sportbooten dürfen nur solche Positionslaternen verwendet werden, deren Baumuster vom Deutschen Hydrographischen Institut (DHI) zugelassen sind. **Baumustergeprüfte Laternen** entsprechen den verlangten Mindesttragweiten, Farbwerten und Abstrahlwinkeln.

Schiffsführer und Eigentümer sind dafür verantwortlich, daß die Wirksamkeit und Betriebssicherheit der Positionslaternen jederzeit gewährleistet sind. Ist die Wirksamkeit oder Betriebssicherheit erkennbar beeinträchtigt, so haben sie unverzüglich für die sachgemäße Instandsetzung zu sorgen. Eine Reparatur darf nur in einem vom DHI anerkannten Reparaturbetrieb erfolgen, wo sie auch bescheinigt werden muß.

Wer sein Schiff nicht mit baumustergeprüften Positionslaternen ausrüstet, sie falsch angebracht oder falsch abgeschirmt führt oder nicht für eine sofortige Instandsetzung in einem anerkannten Reparaturbetrieb sorgt, begeht eine Ordnungswidrigkeit, die mit Geldbuße geahndet werden kann.

Sichtzeichen für Kleinfahrzeuge nach der SeeStrO und SeeSchStrO

<table>
<tr><th></th><th>< 20 m</th><th>< 12 m</th><th>< 7 m</th></tr>
<tr><td rowspan="2">unter Segel</td><td rowspan="2">Seitenlichter in 2-Farben-Laterne
Hecklicht
evtl. rotes über grünem Rundumlicht
(alle 2 sm)</td><td>Seitenlichter in 2-Farben-Laterne (1 sm) (2 sm)
Hecklicht (2 sm)
oder: Dreifarbenlaterne</td><td>Falls Laternen nicht fest montierbar: Weiße Leuchte zur Hand halten.</td></tr>
<tr><td colspan="2">Falls Laternen nicht fest montierbar: weißes Rundumlicht (2 sm).
Falls auch diese Laterne nicht fest montierbar: Fahrverbot bei Nacht und schlechter Sicht. Dann weiße Leuchte ständig an Bord mitführen.</td></tr>
<tr><td>unter Motor</td><td>Topplicht (3 sm), min. 2,50 m über dem Schandeck
Seitenlichter (2 sm)
Hecklicht (2 sm)
Motorkegel</td><td>Topplicht (2 sm), min. 1 m über den Seitenlichtern
Seitenlichter (1 sm) (2 sm)
Hecklicht (2 sm)
Motorkegel</td><td>Rundumlicht (2 sm)
evtl. Seitenlichter (1 sm) (2 sm)
Motorkegel
Falls Lichter nicht fest montierbar: Fahrverbot bei Nacht und schlechter Sicht. Dann weiße Leuchte ständig an Bord mitführen.</td></tr>
<tr><td rowspan="2">manövrierunfähig oder -behindert</td><td rowspan="2">Fahrtstörungslichter (2 sm)
Fahrtstörungstagzeichen</td><td>Fahrtstörungslichter (2 sm)
Fahrtstörungstagzeichen</td><td>Keine Fahrtstörungslichter, aber -tagzeichen nötig.</td></tr>
<tr><td colspan="2">Keine Fahrtstörungslichter und -tagzeichen nötig.</td></tr>
<tr><td rowspan="2">vor Anker</td><td rowspan="2">Ankerlicht (2 sm)
Ankerball</td><td>Ankerlicht (2 sm)
Ankerball</td><td>Ankerball und -licht nur in engem Fahrwasser etc. nötig</td></tr>
<tr><td colspan="2">Kein Ankerball und -licht auf bekanntgemachten Anker- und Liegestellen nötig.</td></tr>
<tr><td rowspan="2">auf Grund</td><td rowspan="2">Grundsitzerlichter (2 sm)
Grundsitzerbälle</td><td>Grundsitzerlichter (2 sm)
Grundsitzerbälle</td><td>Grundsitzerbälle und -lichter nur in engem Fahrwasser etc. nötig.</td></tr>
<tr><td colspan="2">Grundsitzerbälle und -lichter nur in engem Fahrwasser etc. nötig.</td></tr>
</table>

Der rot gesetzte Text gibt die Abweichungen der SeeSchStrO gegenüber der SeeStrO wieder, die Zahlen in Klammern die Mindesttragweiten der Laternen.

Polizei und Zoll

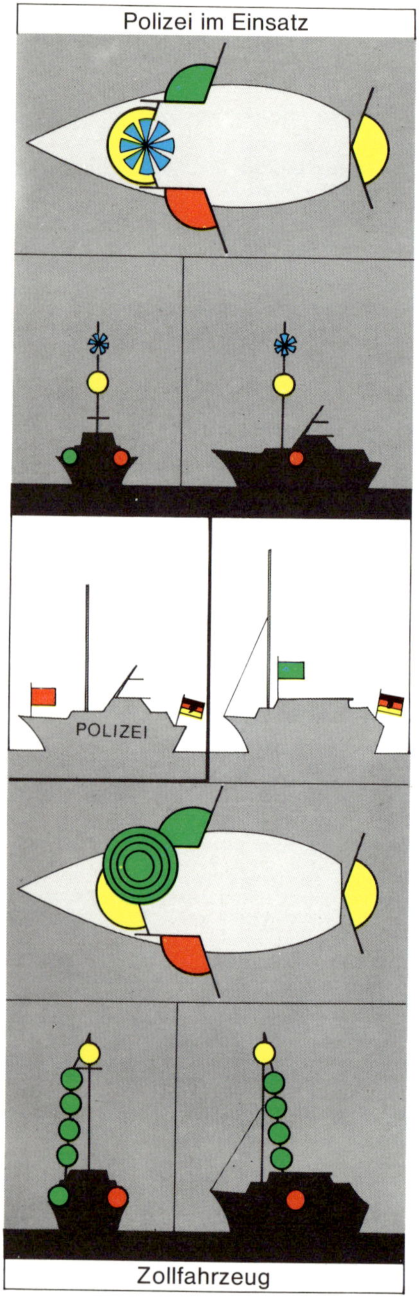

Ein **Polizeifahrzeug im Einsatz** führt nachts
- ein Topplicht (weiß/225°),
- darüber ein *blaues Funkellicht* (360°),
- Seitenlichter (rot, grün/112,5°),
- ein Hecklicht (weiß/135°).

Tagsüber führt es
- die *Dienstflagge*. Außerdem ist das Fahrzeug meistens mit „Polizei" beschriftet.

Ein **Zollfahrzeug** führt nachts
- ein Topplicht (weiß/225°), bei mehr als 50 m Länge zwei Topplichter,
- *vier grüne Rundumlichter übereinander,*
- Seitenlichter (rot, grün/112,5°),
- ein Hecklicht (weiß/135°).

Tagsüber führt es
- eine *grüne Flagge* an beliebiger Stelle.

Aufforderung zum Anhalten

Polizei- und Zollfahrzeuge können ein Fahrzeug anhalten oder zum Anlegen auffordern. In diesem Fall dürfen die Beamten in der Ausübung ihrer hoheitlichen Tätigkeit nicht behindert werden; u. U. ist ihnen sogar das Betreten des Fahrzeuges zu ermöglichen. Fahrzeuge des öffentlichen Dienstes fordern durch das **Licht- oder Schallsignal L** des Morsealphabetes (· — · ·) zum Anhalten auf. Tagsüber zeigen sie die **Flagge L** des Internationalen Signalbuches.

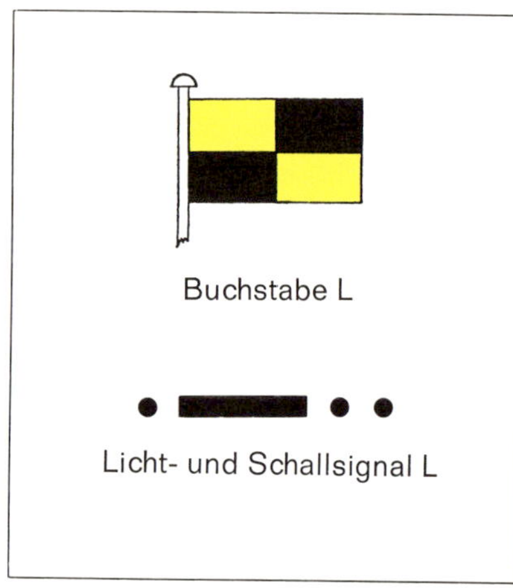

Besondere Fahrzeuge

Ein **Fahrzeug, das bestimmte gefährliche Güter** *transportiert*, oder ein nicht entgastes Tankfahrzeug führt nachts

- ein Topplicht (weiß/225°), bei mehr als 50 m Länge zwei Topplichter,
- *ein rotes Rundumlicht,*
- Seitenlichter (rot, grün/112,5°),
- ein Hecklicht (weiß/135°).

Tagsüber führt es

- einen *roten Doppelstander* (= die Flagge B des Internationalen Signalbuches).

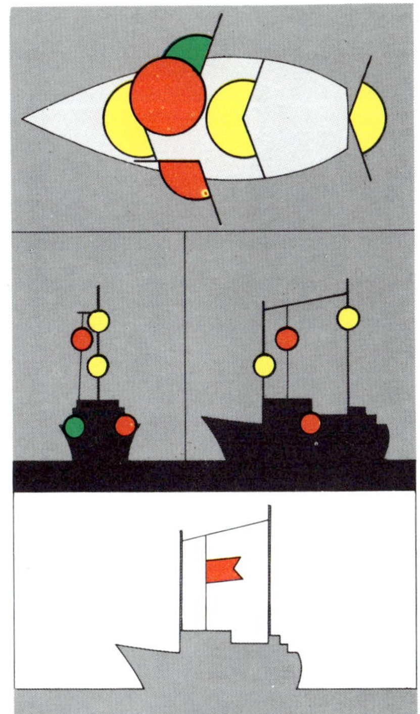

Gefährliche Güter

Ein *Fahrzeug, das* **schräg oder quer im Fahrwasser** *liegt*, führt nachts

- ein Topplicht (weiß/225°), bei mehr als 50 m Länge zwei Topplichter,
- *ein weißes Licht, das am Heck auf und nieder bewegt wird,*
- Seitenlichter (rot, grün/112,5°),
- ein Hecklicht (weiß/135°).

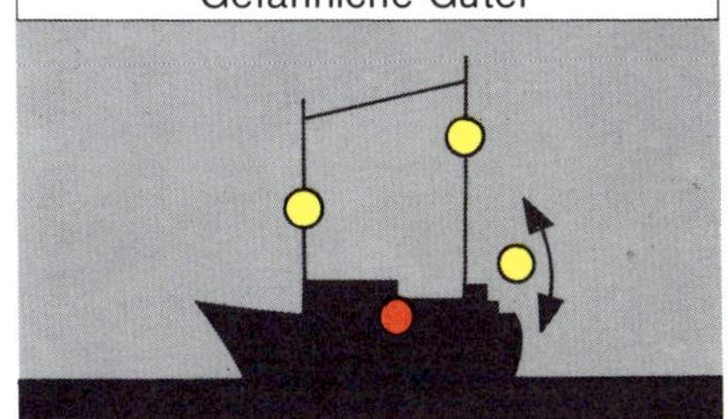

Schräg oder quer im Fahrwasser oder Dreht zur Regulierung naut. Instr.

Ein *Fahrzeug, das* **zur Regulierung nautischer Instrumente dreht,** führt nachts

- ein Topplicht (weiß/225°), bei mehr als 50 m Länge zwei Topplichter,
- *ein weißes Licht, das am Heck auf und nieder bewegt wird,*
- Seitenlichter (rot, grün/112,5°),
- ein Hecklicht (weiß/135°).

Tagsüber führt es

- die *Flaggen O über Q* des Internationalen Signalbuches.

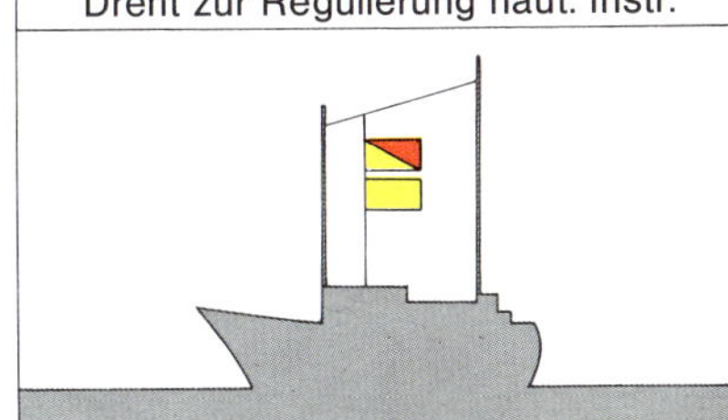

Dreht zur Regulierung naut. Instr.

Fähren und Schwimmkörper

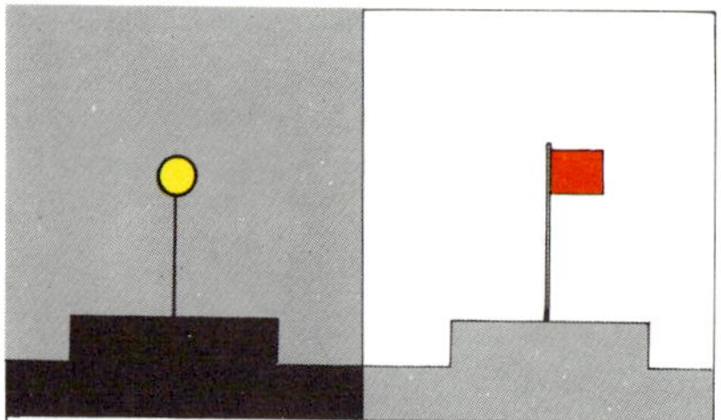

Schwimmendes Zubehör

Schwimmendes Zubehör, das von Fahrzeugen, die baggern oder Unterwasserarbeiten ausführen, bei ihrem Einsatz verwendet wird, führt

- nachts: ein *weißes Rundumlicht,*
- tags: eine *rote Tafel.*

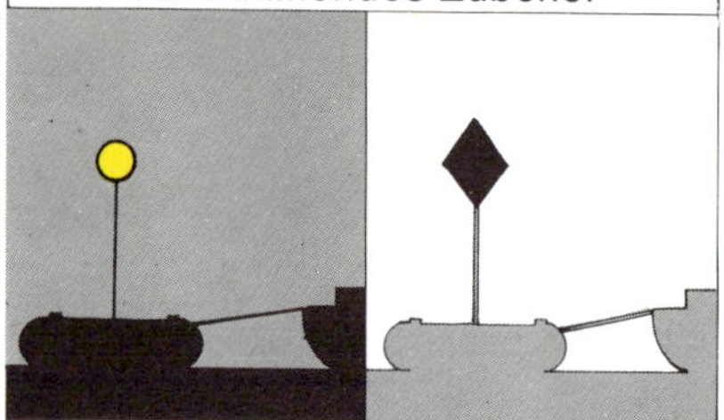

Geschleppte Schwimmkörper

Geschleppte außergewöhnliche Schwimmkörper in Fahrt führen nachts

- Seitenlichter (rot, grün/112,5°),
- ein Hecklicht (weiß/135°),

oder, wenn diese Lichter nicht geführt werden können,

- *irgendeine Beleuchtung,* die den Schwimmkörper erkennbar macht (vgl. R. 24 g SeeStrO auf S. 159).

Tagsüber führen sie

- einen *schwarzen Rhombus,* und zwar auch dann, wenn der Schleppanhang nur 200 m oder weniger lang ist.

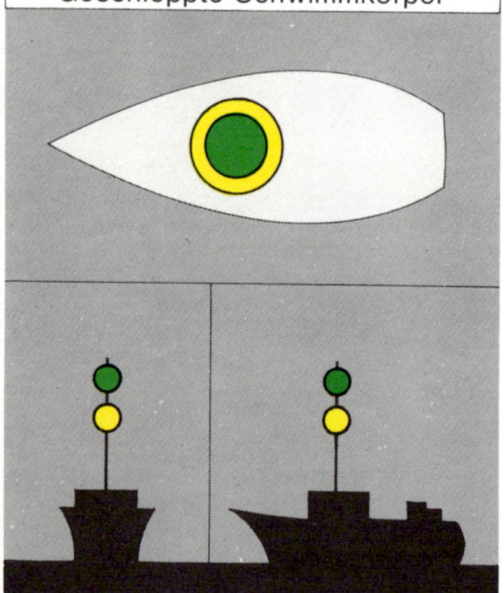

Ketten- oder Seilfähre

Eine **nicht freifahrende Fähre** (Ketten- oder Seilfähre) in Fahrt führt nachts

- ein *grünes Rundumlicht über einem weißen Rundumlicht.*

Eine **freifahrende Fähre auf dem Nord-Ostsee-Kanal** führt nachts

- ein Topplicht (weiß/225°), bei mehr als 50 m Länge zwei Topplichter,
- je ein *gelbes Gleichtaktlicht* (360°) vorn und hinten an jeder Seite sowie ein gelbes Gleichtaktlicht (360°) im Topp,
- Seitenlichter (rot, grün/112,5°),
- ein Hecklicht (weiß/135°).

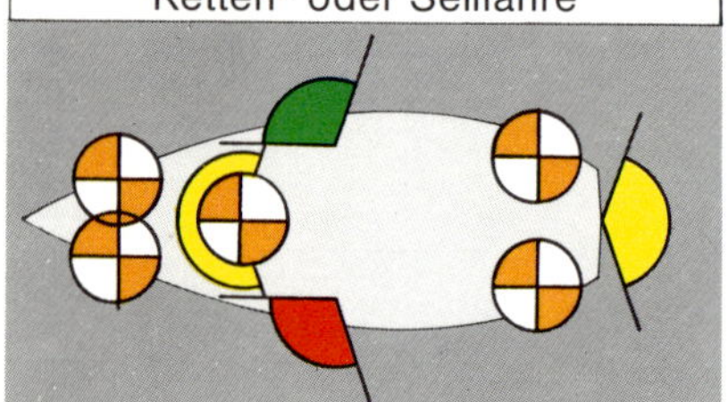

Freifahrende Fähre auf NOK

Fährstelle

nicht freifahrende Fähre

freifahrende Fähre

SeeSchStrO Schallsignale

Das **Achtungssignal** ist zu geben, wenn die Verkehrslage es erfordert, insbesondere

- beim Einlaufen in andere Fahrwasser und Häfen,
- beim Auslaufen aus ihnen und aus Schleusen,
- beim Verlassen von Anker- und Liegeplätzen.

Das **Allgemeine Gefahr- und Warnsignal** ist zu geben, wenn

- ein Fahrzeug ein anderes Fahrzeug gefährdet oder
- durch ein anderes selbst gefährdet wird.

Das **Bleib-weg-Signal** wird gegeben, wenn bei Unfällen gefährliche Güter oder radioaktive Stoffe frei zu werden drohen oder Explosionsgefahr besteht.

Achtungssignal

Allgemeines Gefahren- und Warnsignal

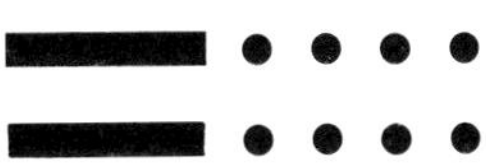

Bleib-weg-Signal

Bei verminderter Sicht

Bei verminderter Sicht (Nebel, Schneefall, heftige Regengüsse etc.) schreibt die SeeSchStrO ergänzende Schallsignale vor. **Fahrzeuge unter 12 m Länge** brauchen diese Signale nicht zu geben, müssen dann aber alle 2 Minuten ein anderes kräftiges Schallsignal geben.

Im Fahrwasser schräg oder quer vor *Anker liegende oder auf Grund sitzende Fahrzeuge* (jede Minute)

- *unter 100 m Länge:* Rasches Läuten der Glocke (5 sec) mit darauffolgenden 5 Einzelschlägen.
- *von 100 m Länge oder mehr:* Rasches Läuten der Glocke (5 sec) mit darauffolgenden 5 Einzelschlägen und *zusätzlich* am Heck einen Gongschlag.

Fahrzeuge, die an nicht zum Fest*machen bestimmten Stellen oder* **Schiffahrthindernissen liegen,** oder *schwimmende Geräte im Einsatz* (jede Minute)

- *an der Stb-Seite des Fahrwassers:* Rasches Läuten der Glocke (5 sec) mit darauffolgenden 2 Gruppen von **3** Einzelschlägen.
- *an der Bb-Seite des Fahrwassers:* Rasches Läuten der Glocke (5 sec) mit darauffolgenden 2 Gruppen von **2** Einzelschlägen.
- *in der Fahrwassermitte:* Rasches Läuten der Glocke (5 sec) mit darauffolgenden 2 Gruppen von **4** Einzelschlägen.

Fähren während der Überfahrt

- *nicht freifahrend:* dauernde Einzelschläge der Glocke.
- *freifahrend:* kurz-lang-lang.

Bugsierte Maschinenfahrzeuge in Fahrt alle 2 Minuten: lang-kurz-lang-lang.

Nebelsignale

Quer im Fahrwasser liegend
(jede min)

< 100 m Länge

≧ 100 m Länge

Bei Schiffahrthindernissen liegend
(jede min)

An der Stb-Seite des Fahrwassers

An der Bb-Seite des Fahrwassers

In der Fahrwassermitte liegend

Nicht freifahrende Fähre

Freifahrende Fähre

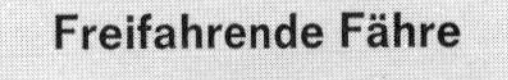

Bugsiertes Maschinenfahrzeug
(alle 2 min)

SeeSchStrO Fahrregeln

Verhalten im Fahrwasser

Die Fahrregeln der SeeSchStrO unterscheiden die Fahrzeuge nicht nach ihrer Antriebsart, so daß Segelfahrzeuge und Maschinenfahrzeuge grundsätzlich gleichgestellt sind. Doch dürfen **Fahrzeuge unter 20 m Länge und Segelfahrzeuge** die Durchfahrt der auf die Fahrrinne angewiesenen Fahrzeuge nicht behindern (R. 9 b SeeStrO), vgl. S. 152.

Einhalten einer Fahrtrichtung

Einhalten eines Fahrabstandes vom Ufer (Beispiel: 40 m)

Überholverbote

Alle Fahrzeuge

Schlepp-verbände

Das Verhalten im Fahrwasser wird im wesentlichen durch folgende Fahrregeln bestimmt:

● **Rechts fahren**

Im Fahrwasser muß so weit wie möglich rechts gefahren werden. Nur beim Überholen darf links gefahren werden.

Außerhalb des Fahrwassers ist so zu fahren, daß klar erkennbar ist, daß das Fahrwasser nicht benutzt wird; eine bestimmte Seite oder Fahrtrichtung braucht nicht eingehalten zu werden.

Ein Segelfahrzeug darf vom Rechtsfahrgebot abweichen, wenn es durch die Windrichtung gezwungen ist, möglichst hoch am Wind gegenan zu kreuzen und deshalb einen längeren Schlag auf der linken Fahrwasserseite machen muß. Doch darf die Yacht hierbei die durchgehende Schiffahrt nicht behindern.

● **Links überholen**

Grundsätzlich muß links überholt werden. Soweit die Umstände des Falles es erfordern, darf rechts überholt werden.

Die Umstände auf dicht befahrenen Wasserstraßen erfordern es vielfach, daß Sportfahrzeuge aus Sicherheitsgründen rechts überholen.

Durch das Überholmanöver darf der Gegenverkehr nicht gefährdet werden. Ist das Überholen nur durch die Mitwirkung des vorausfahrenden Fahrzeuges möglich, so sind die Schallsignale nach R. 34 c SeeStrO (vgl. S. 167) zu geben.

Das Überholen ist verboten

— wenn das vorausfahrende Fahrzeug, das beim Überholen mitwirken muß, nicht das Schallsignal *„Ich bin mit dem Überholen einverstanden!"* (— · — ·) gegeben hat,

— in der Nähe von in Fahrt befindlichen, nicht freifahrenden Fähren,

— an engen Stellen und in unübersichtlichen Krümmungen,

— vor und innerhalb von Schleusen sowie innerhalb der Schleusenvorhäfen und Zufahrten des Nord-Ostsee-Kanals mit Ausnahme von schwimmenden Geräten im Einsatz,

— an den durch die Tafel *„Überholverbot"* gekennzeichneten Strecken.

● **Nach Stb ausweichen**

Beim Begegnen im Fahrwasser auf entgegengesetzten oder fast entgegengesetzten Kursen ist nach Stb auszuweichen.

Einem *Wegerechtschiff* (= tiefgangbehindertes Fahrzeug i. S. der See StrO, das den tiefsten Teil des Fahrwassers in Anspruch nehmen muß) haben alle Fahrzeuge mit Ausnahme von manövrierunfähigen Fahrzeugen auszuweichen.

Schiffsunfälle im Fahrwasser

Wird unser Fahrzeug im Fahrwasser manövrierunfähig, so sind wir verpflichtet, mit allen Mitteln das Fahrwasser zu räumen, damit die Schiffahrt nicht beeinträchtigt wird.

Ebenso müssen wir versuchen, das Fahrwasser möglichst schnell zu räumen, wenn für unser Fahrzeug die Gefahr des Sinkens besteht. Nach einer Kollision muß hierbei auch der Führer eines beteiligten schwimmfähig gebliebenen Fahrzeuges helfen.

Der Platz eines gesunkenen Bootes muß sofort behelfsmäßig gekennzeichnet werden.

SeeSchStrO Vorfahrt- und Ausweichregeln

Die SeeSchStrO enthält keine Ausweich- oder Vorfahrtregeln, die **außerhalb des Fahrwassers** gelten. Dort kommen also allein die bekannten Ausweichregeln der SeeStrO (vgl. S. 154/155) zur Anwendung.

Vorfahrt im Fahrwasser

Doch ergänzt die SeeSchStrO diese Ausweichregeln und gibt den **im Fahrwasser** fahrenden Fahrzeugen **Vorfahrt** gegenüber Fahrzeugen, die

- in das Fahrwasser einlaufen,
- das Fahrwasser queren,
- im Fahrwasser drehen,
- ihre Anker- oder Liegeplätze verlassen.

Auch diese Vorfahrtregel gilt unabhängig von der Antriebsart der Fahrzeuge. Also muß beispielsweise ein das Fahrwasser querendes Segelboot die Vorfahrt einer im Fahrwasser laufenden Motoryacht beachten (Abb. A).

Die Vorfahrtregel erfaßt aber nicht alle denkbaren Kollisionsfälle innerhalb des Fahrwassers. So schweigt die SeeSchStrO, wenn zwei das Fahrwasser querende Fahrzeuge sich auf Kollisionskurs begegnen. Deshalb kommen in allen Fällen, die nicht von der obigen Vorfahrtregel der SeeSchStrO erfaßt sind, die Ausweichregeln der SeeStrO zur Anwendung. In der Abb. B muß also die Motoryacht ausweichen.

Wir können allgemein sagen:

- *Außerhalb* des Fahrwassers kommen nur die Ausweichregeln der SeeStrO zur Anwendung.
- *Innerhalb* des Fahrwassers gelten die Ausweichregeln der SeeStrO und die Vorfahrtregeln der See SchStrO nebeneinander.

Vorfahrt an Engstellen

Die SeeSchStrO enthält eine weitere Vorfahrtregel: Nähern sich zwei

Begegnungsverbot an Engstellen

Fahrzeuge einer Engstelle, die nicht mit Sicherheit genügend Raum für die gleichzeitige Durchfahrt gibt, oder einer durch die Tafel „*Begegnungsverbot an Engstellen*" gekennzeichneten Stelle des Fahrwassers, so hat Vorfahrt

- **in Tidengewässern und Gewässern mit Strömung:** Das mit dem Strom fahrende Fahrzeug; bei Stromstillstand das Fahrzeug, das vorher gegen den Strom gefahren ist.
- **in tidenfreien Gewässern ohne Strömung:** Das Fahrzeug, das grundsätzlich die Stb-Seite des Fahrwassers zu benutzen hat, also in aller Regel das einlaufende Fahrzeug.

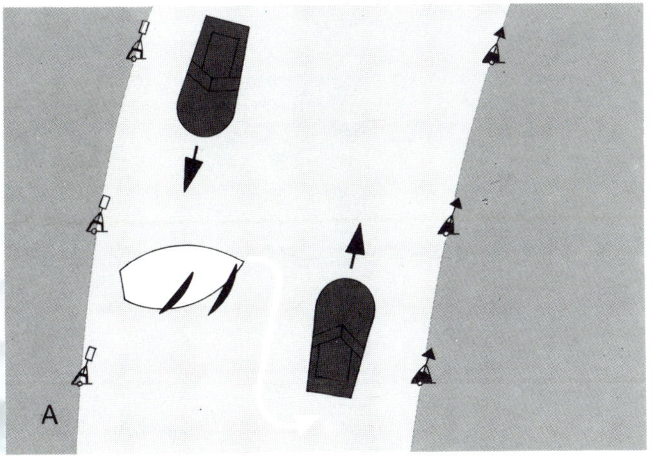

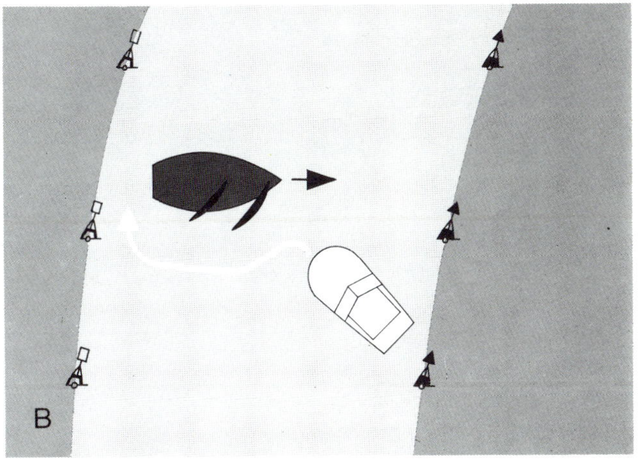

SeeSchStrO Sperrung der Seeschiffahrtstraße oder von Wasserflächen

Sperrung einer Seeschiffahrtstraße

Die **dauernde Sperrung** der *gesamten* Seeschiffahrtstraße wird gekennzeichnet

- nachts durch drei feste Lichter übereinander: rot über grün über weiß,
- tags durch drei Signalkörper übereinander, oben ein schwarzer Ball, darunter zwei schwarze Kegel mit den Spitzen zueinander.

Wird nur *eine Teilstrecke* gesperrt, z. B. eine von mehreren Brückenöffnungen, so findet man

- eine rechteckige rote Tafel mit waagerechtem weißen Streifen.

Die **vorübergehende Sperrung** einer Seeschiffahrtstraße wird gekennzeichnet

- durch das Schwenken eines roten Lichtes oder einer roten Flagge; ist die Sperrung beendet, so wird ein grünes Licht bzw. eine grüne Flagge geschwenkt.

Sperrung von Wasserflächen

Für militärische oder zivile Zwecke (z. B. Forschungsarbeiten, Vermessungen, hydrographische Untersuchungen) können Sperrgebiete festgelegt werden. Sie sind durch Sperrgebietszeichen abgegrenzt, und zwar durch blau-weiße Tonne oder Stangen mit Ballontoppzeichen für *militärische Sperrgebiete* und durch rotgelbe Tonnen oder Stangen mit Ballontoppzeichen für *zivile Sperrgebiete.* Nachts sind sie evtl. mit weißem Feuer beliebiger Kennung gekennzeichnet.

Sperrgebiete dürfen von der allgemeinen Schiffahrt überhaupt nicht befahren werden.

Darüberhinaus gibt es Schießgebiete, Warngebiete und Übungsgebiete. **Schießgebiete** sind nur während der Schießzeiten, die in den benachbarten Häfen bekanntgegeben werden, gesperrt. In **Warngebieten** ist lediglich das Ankern, Fischen und Angeln untersagt. **Übungsgebiete** sind für die allgemeine Schiffahrt frei; dort kann jedoch geschossen werden, wenn das Schußfeld frei ist und niemand gefährdet werden kann.

Schallsignal

Sperrung der Seeschiffahrtstraße

Sperrung von Badegebieten

Durch gelb-weiße Tonnen oder Stangen mit Ballontoppzeichen können **für Maschinenfahrzeuge** Wasserflächen wegen Badebetriebs gesperrt werden.

Dauernde Sperrung

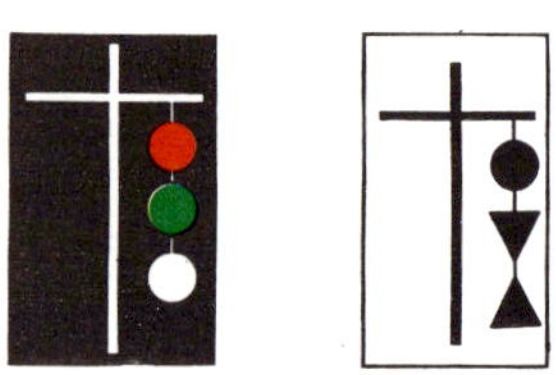

der gesamten Seeschiffahrtstraße

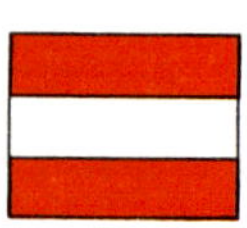

nur einer Teilstrecke

Vorübergehende Sperrung

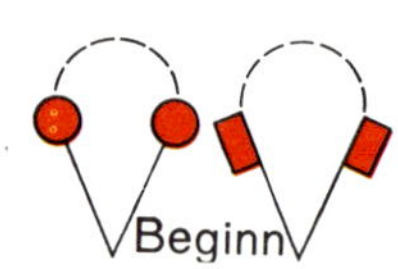

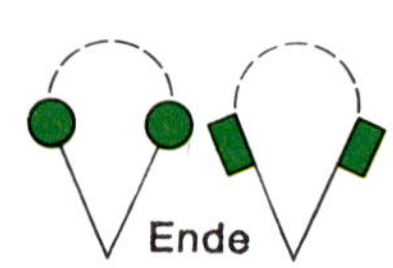

Sperrgebiete

für militärische Zwecke

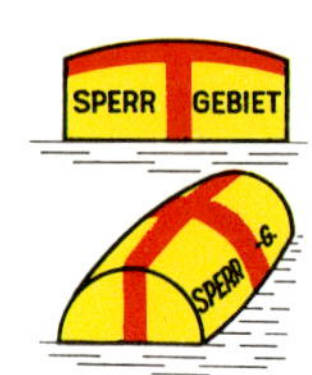

für zivile Zwecke

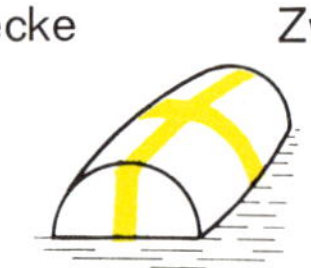

für Maschinenfahrzeuge

SeeSchStrO
Fahrgeschwindigkeit

Die Fahrgeschwindigkeit ist so einzurichten, daß das Fahrzeug jederzeit der Verkehrslage und der Beschaffenheit der Seeschiffahrtstraße genügt und nötigenfalls **rechtzeitig gestoppt** werden kann. Im Fahrwasser muß deshalb der Anker klar zum sofortigen Fallen sein.
Wird der Verkehr durch Sichtzeichen und bei verminderter Sicht zusätzlich durch Schallsignale geregelt, so ist die Geschwindigkeit so einzurichten, daß bei einer kurzfristigen Änderung der gezeigten Sichtzeichen oder des gegebenen Schallsignals das Fahrzeug **sofort gestoppt** werden kann.

Geschwindigkeitsverminderung

Die Fahrgeschwindigkeit ist rechtzeitig so weit zu vermindern, daß eine Gefährdung durch Sog oder Wellenschlag vermieden wird, insbesondere beim Vorbeifahren an

- Häfen, Schleusen, Sperrwerken,
- festliegenden Fähren,
- manövrierunfähigen und festgekommenen Fahrzeugen sowie an manövrierbehinderten Fahrzeugen im Sinn der SeeStrO,
- schwimmenden Geräten und Anlagen,
- außergewöhnlichen Schwimmkörpern, die geschleppt werden, und
- an Stellen, die durch die Sichtzeichen „*Geschwindigkeitsbeschränkung wegen Gefährdung durch Sog und Wellenschlag*“ oder die Flagge A des Internationalen Signalbuches (*„Ich habe Taucher unten; halten Sie bei langsamer Fahrt gut frei von mir!“*) gekennzeichnet sind.

Geschwindigkeitsbeschränkung

Eine bestimmte Höchstgeschwindigkeit darf nicht überschritten werden

- an den durch die Tafel „*Geschwindigkeitsbeschränkung*“ gekennzeichneten Strecken; die angegebene Zahl setzt die zulässige Höchstgeschwindigkeit in km/h fest;
- vor Stellen mit erkennbarem Badebetrieb außerhalb des Fahrwassers in einem Abstand von weniger als 300 m vom Ufer; hier darf eine Höchstgeschwindigkeit von 8 km/h nicht überschritten werden. Diese Strecken sind vielfach durch das Zeichen „*Geschwindigkeitsbeschränkung vor Strandstrecken*“ gekennzeichnet.

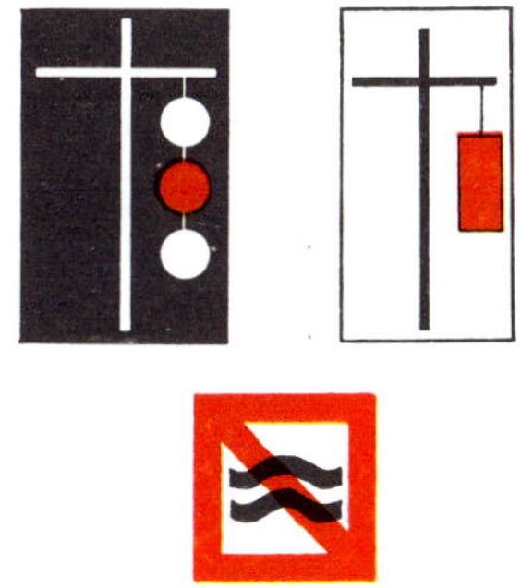

Geschwindigkeit vermindern wegen einer schutzbedürftigen Anlage

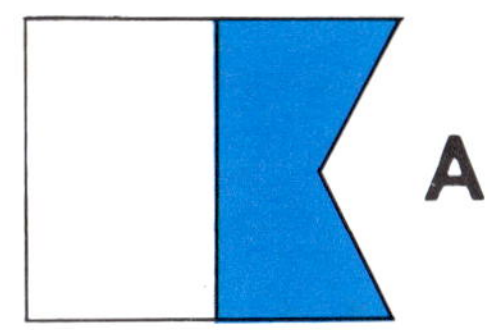

Geschwindigkeit vermindern wegen Taucharbeiten

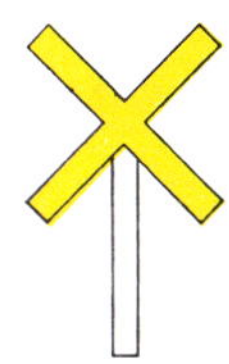

Geschwindigkeitsbeschränkung vor Strandstrecken auf 8 km/h

Geschwindigkeitsbeschränkung auf 12 km/h

SeeSchStrO
Festmachen
Ankern
Schiffahrtbehinderung

Festmacheverbot

Liegeverbote

am Ufer

in einem Abstand vom Ufer (Beispiel 30 m)

Anlegen und Festmachen

Die Schiffahrt darf durch das Anlegen und Festmachen nicht beeinträchtigt werden. Doch hat die Schiffahrt Rücksicht zu nehmen und vorsichtig zu navigieren, sobald ein Fahrzeug mit dem Anlegemanöver begonnen hat.

Das Anlegen und Festmachen ist verboten

— an Sperrwerken, Strombauwerken, Leitwerken, Pegeln, festen und schwimmenden Schiffahrtzeichen,
— an abbrüchigen Stellen am Ufer,
— an engen Stellen und in unübersichtlichen Krümmungen,
— vor Hafeneinfahrten, Anlegestellen von Fahrgastschiffen und Fähren, Schleusen und Sielen sowie in den Zufahrten zum Nord-Ostsee-Kanal,
— innerhalb von Fähr- und Brückenstrecken,
— an Stellen, die durch die Tafel *„Festmacheverbot"* oder die Tafel *„Liegeverbot"* gekennzeichnet sind. Das Liegeverbot gilt vom Ufer aus oder, mit einem Zusatz versehen, erst in einem bestimmten Abstand vom Ufer.

Ankern

Abgesehen von seemannschaftlichen Überlegungen (vgl. S. 116) müssen wir den Ankerplatz so wählen, daß die Schiffahrt im Fahrwasser nicht beeinträchtigt wird.

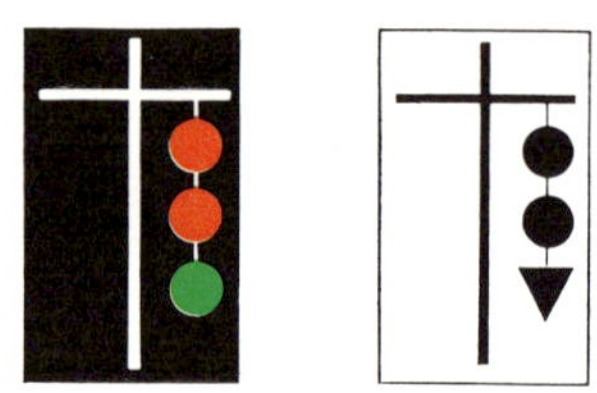

Außergewöhnliche Schiffahrtbehinderung

Das Ankern ist verboten

— im Fahrwasser, ausgenommen auf Reeden und den von der Strom- und Schiffahrtpolizeibehörde bekanntgemachten Wasserflächen,
— an engen Stellen und in unübersichtlichen Krümmungen,
— in einem Umkreis von 300 m von schwimmenden Geräten, Wracks und sonstigen Schiffahrtshindernissen und Leitungsstraßen sowie von Stellen, die durch die Sichtzeichen *„Stelle für zivile Zwecke"* oder *„Stelle für militärische Zwecke"* gekennzeichnet sind (diese Tonnen dienen zur Markierung von Forschungs- und Vermessungsarbeiten, hydrographischen Untersuchungen und ähnlichen Arbeiten bzw. zur Markierung militärischer Belange),
— bei verminderter Sicht in einem Abstand von weniger als 300 m von Hochspannungsleitungen,
— in einem Abstand von 100 m vor und hinter Sperrwerken,
— vor Hafeneinfahrten, Anlegestellen, Schleusen und Sielen sowie in den Zufahrten zum Nord-Ostsee-Kanal,
— innerhalb von Fähr- und Brückenstrecken, sowie
— in einem Abstand von weniger als 300 m beiderseits der durch die Tafeln *„Ankerverbot"* oder durch schwarze Kugeltonnen mit der Aufschrift *„Kabel"* oder *„K"* gebildeten Linie (hier liegen Unterwasserkabel).

Wasserski erlaubt

Ende einer Gebots- oder Verbotsstrecke

Ankerwache

Auf allen Fahrzeugen muß ständig Ankerwache gegangen werden, sofern sie in der Nähe des Fahrwassers oder auf einer Reede vor Anker liegen. Dies gilt nicht für Fahrzeuge unter 12 m Länge auf besonders bezeichneten Anker- und Liegeplätzen.

Schiffahrtbehinderung

Eine außergewöhnliche Behinderung der Schiffahrt kann gekennzeichnet werden

- **nachts** durch drei Lichter übereinander: rot über rot über grün,
- **tags** durch zwei schwarze Bälle übereinander und darunter einen schwarzen Kegel — Spitze unten.

Wasserski und Windsurfing

Wasserskilaufen ist innerhalb des Fahrwassers verboten — es sei denn, eine Strecke ist durch die Tafel *„Ski"* besonders gekennzeichnet. Außerhalb des Fahrwassers darf nur auf den von der Strom- und Schiffahrtpolizei bekanntgemachten Flächen Wasserski gelaufen werden. Wasserskiläufer und ihre Zugboote haben allen anderen Fahrzeugen auszuweichen.
Windsurfer dürfen innerhalb und außerhalb des Fahrwassers nur auf den bekanntgemachten Wasserflächen segeln. Sie haben die allgemeinen Vorfahrt- und Ausweichregeln (vgl. S. 179) zu beachten.

Ankerverbote

Im Uferbereich

im Bereich von Leitungstrassen

(300 m beiderseits der Verbindungslinie)

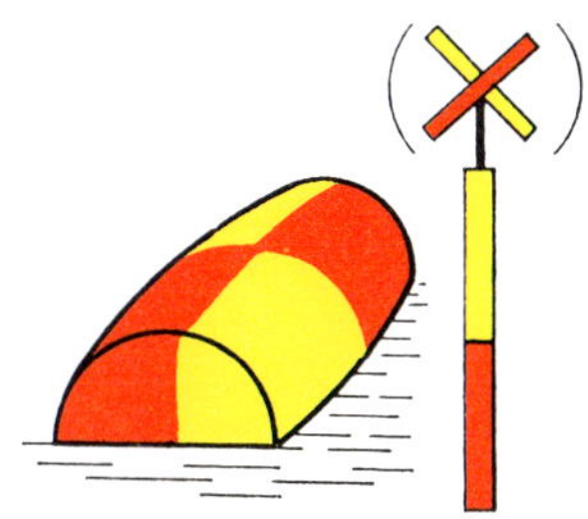
Stelle für zivile Zwecke

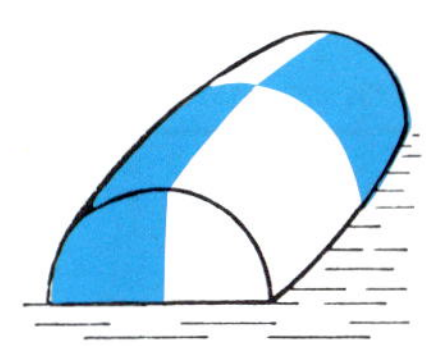
Stelle für militärische Zwecke

SeeSchStrO Brücken und Schleusen

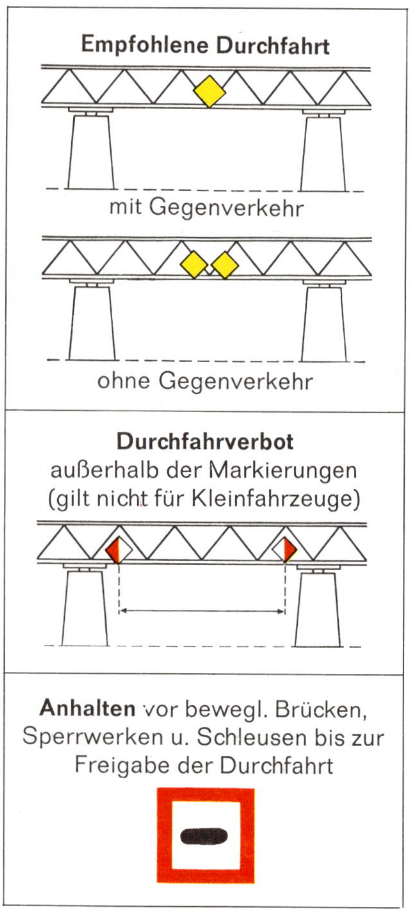

Durchfahren von Brücken

Eine quadratische, auf der Spitze stehende **gelbe Tafel** an einer Brücke zeigt uns die für die Schiffahrt **empfohlene Brückendurchfahrt** an. Sind zwei derartige Tafeln nebeneinander angebracht, so brauchen wir in dieser Durchfahrt nicht mit Gegenverkehr zu rechnen, da er gesperrt ist.
Zwei quadratische, auf der Spitze stehende **rot-weiße Tafeln** begrenzen den **erlaubten Durchfahrtraum** innerhalb einer Brückenöffnung. Außerhalb der Tafeln darf diese Durchfahrt also nicht passiert werden, doch verbieten die Tafeln nicht die Durchfahrt anderer Brückenöffnungen. *Diese rot-weißen Tafeln gelten nicht für Kleinfahrzeuge.*
Eine bestimmte Brückendurchfahrt kann durch eine rechteckige rote Tafel mit waagerechtem roten Streifen **für den gesamten Verkehr gesperrt** werden (vgl. S. 180).
Begegnen und Überholen während der Brückendurchfahrt ist nur gestattet, wenn das Fahrwasser mit Sicherheit genügend Raum für die gleichzeitige Durchfahrt beider Fahrzeuge gibt. Im übrigen müssen wir die Vorfahrtregel an Engstellen (vgl. S. 179) beachten.
Sollte die Brückenhöhe für unser Schiff nicht ausreichen, so müssen wir den Mast legen. Das **Öffnen einer beweglichen Brücke** dürfen wir nur verlangen, wenn das Legen des Mastes unverhältnismäßig schwierig wäre. Zum Öffnen einer Brücke kann durch 2 lange Töne aufgefordert werden.

Schleusen

Solange die Einfahrt einer Schleuse nicht freigegeben ist, müssen wir in ausreichender Entfernung anhalten. Manchmal finden wir eine quadratische Tafel mit rotem Rand und schwarzem Querstrich, die wir nicht überfahren dürfen. An den Leitwerken und Abweisedalben darf nicht festgemacht werden, an den Festmachedalben nur kurzfristig.
Die Fahrzeuge laufen in der Reihenfolge ihrer Ankunft in die Schleuse ein, doch sollten Kleinfahrzeuge erst als letzte einfahren. Hierbei und beim Ausfahren sind folgende **Lichtsignale** zu beachten:

SeeSchStrO
Der Nord-Ostsee-Kanal

Auf dem Nord-Ostsee-Kanal (NOK) und seinen Zufahrten gelten auch für Sportfahrzeuge besondere Vorschriften. Sportfahrzeuge in diesem Bereich sind alle Wasserfahrzeuge, die ausschließlich Sport- und Vergnügungszwecken dienen.
Sie dürfen die Zufahrten und den Kanal nur zu Durchfahrtzwecken und ohne Lotsen nur während der Tagfahrzeiten und nicht bei verminderter Sicht benutzen, es sei denn, sie haben ihre Liegeplätze im Zufahrtbereich.
Die Kanalfahrt muß so geplant sein, daß vor Ablauf der Tagfahrzeit eine zugelassene Liegestelle für Sportfahrzeuge erreicht werden kann. Nur wenn sich plötzlich die Sicht so sehr vermindert, daß die Weiterfahrt die Verkehrssicherheit gefährden würde, dürfen Sportfahrzeuge an geeigneter Stelle auf der Kanalstrecke oder in den Weichengebieten hinter den Dalben festmachen.
Das Segeln auf dem Kanal ist verboten, doch dürfen Sportfahrzeuge mit Maschinenantrieb zusätzlich Segel setzen. Die zulässige Höchstgeschwindigkeit beträgt 15 km/h.

Schleusensignale

In die **Zufahrten** der Schleusen dürfen Sportfahrzeuge einfahren, wenn der Signalmast auf der Schleuseninsel die Feuer
- Ubr. weiß über Ubr. grün (Abb. A)

zeigt. Es muß dann in die Zufahrt eingelaufen werden, an deren Seite der Signalmast steht.
In die **Schleusenvorhäfen** und die **Schleusen** selbst dürfen Sportfahrzeuge erst einfahren, wenn der Signalmast auf der Schleusenmittelmauer
- Ubr. weiß über Ubr. grün (Abb. A)

oder
- Ubr. weiß über Ubr. grün und zusätzlich Ubr. weiß neben dem grünen Licht zeigt.

Das dritte Licht bestimmt die Seite, an der festgemacht werden soll (B).

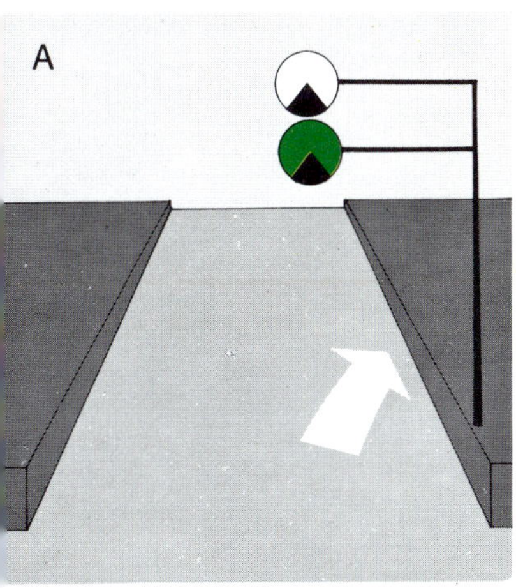

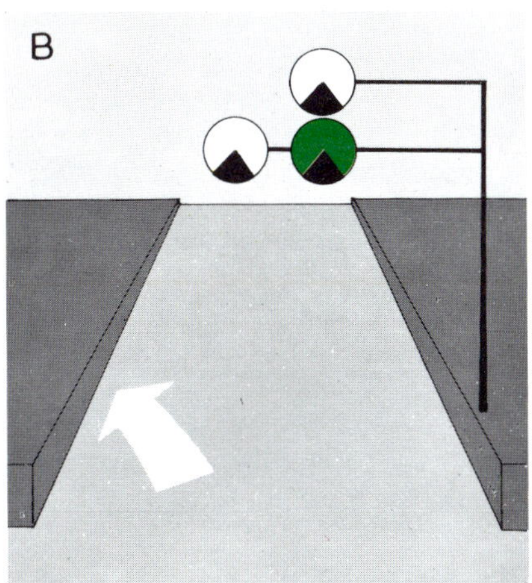

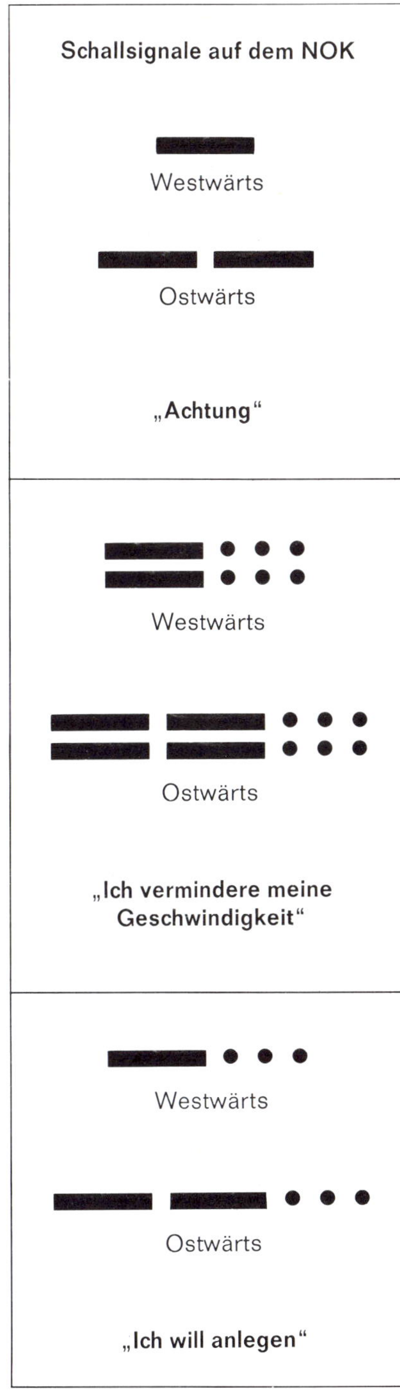

Das Internationale Signalbuch

Das **Internationale Signalbuch** besteht aus einer Zusammenstellung verschiedener Flaggen-, Funk- und Blinksignale. Zum Signalisieren mit Flaggen enthält es das unten wiedergegebene Buchstaben- und Ziffernalphabet sowie die drei Hilfsstander. Um Nachrichten von Schiff zu Schiff unabhängig von irgendeiner Sprache übermitteln zu können, bedient man sich verschiedener 2- oder 3-buchstabiger Kodegruppen, durch die alle wesentlichen Informationen ausgetauscht werden können. Die moderne Funktechnik hat natürlich die Flaggensignale weitgehend verdrängt; sie dienen heute allenfalls als zusätzliches Hilfsmittel.

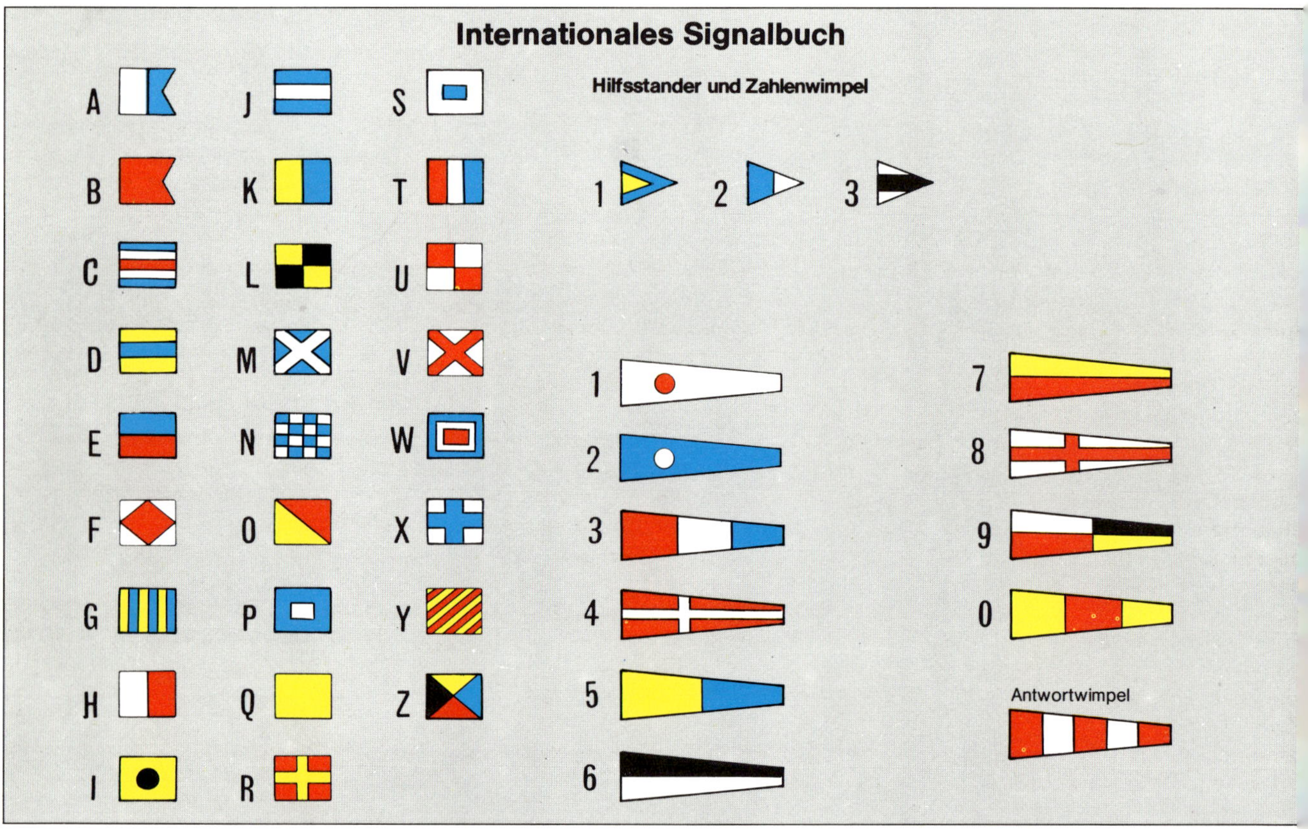

Einklarieren und Zoll

Ausländische Gewässer

Sobald wir fremde nationale Gewässer erreichen, müssen wir auf kürzestem Wege den nächsten Einklarierungshafen anlaufen. In manchen Ländern kann nicht in jedem Hafen einklariert werden, sondern nur in bestimmten größeren Häfen, die wir den Handbüchern entnehmen können.

Für Sportboote gibt es kein internationales Zeichen, das unsere Einklarierungsabsicht verdeutlicht. Im Zweifel sollte die **Flagge Q** des Internationalen Signalbuches *(„An Bord ist alles gesund; ich bitte um freie Verkehrserlaubnis!")* gesetzt werden. In England ist sie auch für Sportboote vorgeschrieben.

Wenn nach längerer Wartezeit im Hafen keine Polizei- oder Zollkontrolle an Bord gekommen ist, wendet sich der Skipper direkt an den Hafenmeister bzw. die Behörden, um Paß- und Zollkontrolle durchführen zu lassen. Oft wird hier ein spezielles Yachtpapier *(Permit of Navigation)* ausgestellt, das neben einer Crewliste die genauen Daten des Schiffes enthält.

In diesem Papier muß der Aufenthalt jedes angelaufenen Hafens vom Hafenkapitän bestätigt werden.

Deutsche Zollvorschriften

In Deutschland müssen wir insbesondere für die Ein- und Ausfuhr unverzollten Schiffsbedarfs das *Zollgesetz (ZG)* und die *Allgemeine Zollordnung (AZO)* beachten. Für deutsche Wassersportfahrzeuge gilt:

Ausfuhr

Sportfahrzeuge, die nachweislich die deutschen Küstengewässer unmittelbar verlassen, dürfen abgabenfrei (= unverzollt und unversteuert) Lebens-, Genuß- und Zündmittel ausführen. Das gleiche gilt für Yachten, die im Geltungsbereich der AZO beheimatet sind, sofern sie eine Reise von mindestens 72 Stunden Dauer antreten.

Wird im Amtsbereich des auch für den Schiffshändler zuständigen Lagerzollamtes eingekauft, so wird mit den verplombten Waren ein Zollbegleitpapier, die *Abmeldung für Zolllagergut*, mitgeliefert.

Mindestens eine Stunde vor dem beabsichtigten Auslauftermin ist das zuständige Lagerzollamt schriftlich unter Angabe des Namens und Liegeplatzes der Yacht und Beifügung der Lagerabmeldung zu verständigen. Es genügt auch, die Unterlagen beim Zollamt unmittelbar abzugeben. Ist die Stunde verstrichen oder wird auf eine zollamtliche Überprüfung verzichtet, kann die Yacht auslaufen.

Von jetzt ab unterliegt die Yacht und alle auf ihr befindlichen Personen einem zollamtlichen **Verkehrsverbot,** d. h. das Boot darf abgesehen von zwingenden Gründen deutsche Häfen nicht mehr anlaufen. Bis zum Passieren der Seezollgrenze ist das Verkehrsverbot durch das *Zollzeichen 3* (tagsüber der unter der Nationalflagge gesetzte **dritte Hilfsstander** des Internationalen Signalbuches, nachts ein unter dem Hecklicht gesetztes *grünes Licht)* deutlich zu machen. Erst wenn die Seezollgrenze passiert ist, darf die ausgeführte Ware verbraucht werden.

Einfuhr

Führt man von See her nicht verbrauchtes Zollgut ein, so zeigt man dies wiederum mit dem Zollzeichen 3 an, sobald die Seezollgrenze passiert wird. Auch jetzt gilt wieder ein Verkehrsverbot mit deutschen Häfen, bis das Zollgut mit einem *Gestellungsverzeichnis* einklariert ist. Dies geschieht entweder an der ersten an der Zollstraße gelegenen Zollstelle oder nach Meldung an einem Zollansageposten an einer späteren Zollstelle. Die Meldung erfolgt meist durch das Vorheißen bestimmter Zahlenwimpel, aus denen der angesteuerte Hafen hervorgeht.

Bei der Gestellung ist das Zollgut, abgesehen von einer als Reiseverzehr und Mitbringsel festgelegten abgabenfreien Menge, zu verzollen. Beabsichtigt man, in absehbarer Zeit wieder auszulaufen, so kann das Zollgut unter *Zollverschluß* genommen werden und die Gestellung auf Antrag verschoben werden.

Papiere

Zertifikate

Bei ausländischen Behörden und im grenzüberschreitenden Verkehr benötigen wir ein Zertifikat, das die Identität und Eigentumsverhältnisse unserer Yacht klarstellt: Das Schiffszertifikat oder das Internationale Sportboot-Zertifikat.
Das **Schiffszertifikat** wird ausgestellt für Schiffe, die im Schiffsregister eingetragen sind. Die Eintragung wird vom zuständigen Registergericht, meist dem Amtsgericht des Heimathafens, vorgenommen. Das Zertifikat ist an Bord mitzuführen.
Registerpflichtig sind Seeschiffe, deren Bruttoraumgehalt 50 m³ übersteigt, wenn ihr Eigentümer Deutscher ist und seinen Wohnsitz im Geltungsbereich des Grundgesetzes hat. Kleinere Schiffe und Schiffe von Deutschen mit Wohnsitz im Ausland sind registerberechtigt.
Vor der Eintragung muß das Schiff vom Bundesamt für Schiffsvermessung vermessen werden, was meist recht kostspielig ist.
Das Schiffszertifikat stellt die völkerrechtliche Legitimation zur Teilnahme am internationalen Seeverkehr dar. Erst nach der Eintragung kann der Eigner mit dem Schutz der diplomatischen Vertretungen rechnen. Deshalb empfiehlt sich die Eintragung ins Schiffsregister vor allem dann, wenn die Yacht vorwiegend in ausländischen Gewässern liegt.
Das **Internationale Sportboot-Zertifikat** ersetzt zum Teil das Schiffszertifikat für Sportboote. Es wurde auf Grund eines UNO-Beschlusses einheitlich in allen europäischen Staaten eingeführt und enthält die Beschreibung und genauen Vermessungsdaten der Yacht und des Motors sowie des Heimathafens und des Wohnsitzes des Eigners.
Ausgestellt wird es in Deutschland von den Dachverbänden, für Segelyachten also vom DSV. Es ist 2 Jahre lang gültig.
Auf Regatten ersetzt das Internationale Sportboot-Zertifikat den Meßbrief, und zwar auch dann, wenn es nicht verlängert wurde.
Ein Vorläufer des Internationalen Sportboot-Zertifikats ist das 7-sprachige **Yachtzertifikat** der Kreuzer-Abteilung des DSV. Es wird auch weiterhin ausgestellt und hat sich vor allem im Mittelmeerraum durchgesetzt.
Der vom DSV oder dem DMYV ausgestellte **Standerschein** berechtigt zum Führen des Vereinsstanders. Er enthält die Maße der Yacht, führt aber im Behördenverkehr keinen Eigentumsnachweis wie die oben genannten Zertifikate.

Personalpapiere

In deutschen Gewässern sollten Personalausweise, im Ausland Reisepässe der Crew mitgeführt werden.

Sonstige Papiere

- Führerscheine,
- Prüfatteste von Positionslaternen, für die noch ein Einzelattest ausgestellt wurde,
- Genehmigung für die Seefunkstelle,
- Kopie des Versicherungsscheines,
- Carnet oder Triptik.

Flaggenführung

Flaggenführung

Ein zur Seefahrt bestimmtes Schif muß auf Grund des *Flaggenrechtsgesetzes* die Bundesflagge führen wenn der Eigner Deutscher ist un seinen Wohnsitz im Geltungsberei des Grundgesetzes hat. Wohnt de deutsche Eigentümer im Ausland, s darf sein Schiff die Bundesflagge nu führen, wenn es im Schiffsregiste eingetragen ist.
Die Bundesflagge ist beim Einlaufe in einen Hafen und beim Auslaufe zu setzen. Ein Verstoß kann al Ordnungswidrigkeit geahndet werden.
Auf einer Slup wird die **National** im Heck, auf einer Ketsch oder Yaw im Topp des Besanmastes gesetzt Beim Regattasegeln wird keine Nationale geführt.
In ausländischen Gewässern und Häfen wird die **Flagge des Gastlande** unter der Steuerbord-Saling gesetzt In nordeuropäischen Ländern wir Wert gelegt auf die *Flaggenparade* Von Mai bis September werden di Flaggen um 8 Uhr vorgeheißt, in de übrigen Monaten um 9 Uhr. Abend werden die Flaggen bei Sonnenuntergang eingeholt.

Führerscheine

Sportbootführerschein Küste

uf den deutschen Seeschiffahrtstra-
en benötigt jeder, der ein Sport-
oot mit (Hilfs-)Motor führt, den amt-
chen Sportbootführerschein Küste,
alls die an der Propellerwelle abge-
ebene Leistung mehr als 5 PS
3,67 kW) beträgt. Dies gilt für Se-
el- und Motoryachten ohne Rück-
icht darauf, ob der an Bord befind-
che Motor in Betrieb ist oder nicht.
)er Führerschein ist an Bord mitzu-
ühren und auf Verlangen vorzuzei-
en.
)er Sportbootführerschein soll vor
llem — dem Aufgabenbereich des
3undesverkehrsministeriums ent-
prechend — die Sicherheit und
.eichtigkeit des Verkehrs auf den
Seeschiffahrtstraßen gewährleisten.
)eshalb erstreckt sich die Prüfung
orwiegend auf Kenntnisse schiff-
ahrtpolizeilicher Vorschriften (See
StrO und SeeSchStrO) sowie der
3etonnung und Befeuerung.
Mit der Prüfungsabnahme sind der
)SV und DMYV gemeinsam beauf-
ragt. Sie haben zu diesem Zweck
en *Koordinierungsausschuß für den
mtlichen Sportbootführerschein* ge-
ildet.

Führerscheine des DSV

Die Führerscheine des Deutschen Segler-Verbandes (DSV) dagegen verlangen ein Maximum an seglerischer Ausbildung, insbesondere sichere Schiffsführung und solide Seemannschaft. Sie sind deshalb auf allen Regatten vorgeschrieben und werden von den meisten Vercharterern und Versicherungen verlangt. Der Segelführerschein BR und der Sportbootführerschein haben also eine unterschiedliche Zielsetzung:
Für den Segelführerschein BR sind Kenntnisse des Segelns und der Schiffsführung im weitesten Sinn nötig; der Sportbootführerschein beschränkt sich vor allem auf intensive Kenntnisse der Verkehrsregeln.
Es gibt folgende DSV-Führerscheine:
Der **Führerschein A** (Binnenfahrt) umfaßt alle Binnengewässer außerhalb des Geltungsbereichs der See StrO.
Der **Führerschein BR** (Revierfahrt) umfaßt alle Gewässer bis zur völkerrechtlichen 3-sm-Grenze, soweit sie von Seeschiffen befahren werden.
Der **Führerschein BK** (Küstenfahrt) umfaßt die gesamte Ostsee, die Gewässer zwischen Nord- und Ostsee, die Nordsee bis 61° nördliche Breite *(Sognefjord/Shetland-Inseln)* einschl. der englischen Ostküste und des Kanals bis zur Linie *Lizzard-Piont/Isle d'Ouessant*, das Mittelmeer sowie außerhalb dieser Grenzen alle Küstengewässer innerhalb eines 12-sm-Bereiches.
Der **Führerschein C** (Seefahrt) umfaßt alle Gewässer.
Darüber hinaus gibt es den *BR-Schein ohne Navigation.* Er ist für Segelanfänger im Küstenbereich gedacht; sein Prüfungsstoff entspricht dem A-Schein, doch werden in Gesetzeskunde Kenntnisse der See StrO und der SeeSchStrO verlangt.

Sport(hoch)seeschifferzeugnis

Außerdem gibt es das Sportsee- und Sporthochseeschifferzeugnis, das von den staatlichen Fachhochschulen für Seefahrt ausgegeben wird. Die Prüfung umfaßt nur einen theoretischen Teil. Das Sportseeschifferzeugnis entspricht etwa der theoretischen BK-Schein-Prüfung, das Sporthochseeschifferzeugnis etwa der theoretischen C-Schein-Prüfung.

Wichtige Adressen

Deutscher Segler-Verband (DSV)
Adolfstraße 56
2000 Hamburg 76
Deutscher Motoryachtverband (DMYV)
Stormsweg 3
2000 Hamburg 76

Koordinierungsausschuß des DMYV und des DSV
Beim Schlump 2
2000 Hamburg 13
Deutsches Hydrographisches Institut (DHI)
Bernhard-Nocht-Straße 78
2000 Hamburg 4

Amtliche Vertriebs- u. Berichtigungsstellen (AVB-Stellen) des DHI:
Deutsches Seekarten-Berichtigungs-Institut, Bade & Hornig
Stubbenhuk 10
2000 Hamburg 11
Schiffahrtsbuchhandlung
Eckardt & Meßtorff
Rödingsmarkt 16
2000 Hamburg 11
Seekarte, Kpt. Dammeyer
Korffsdeich 3
2800 Bremen
Nautischer Dienst, Kpt. Stegmann
Schleuse
2300 Kiel-Holtenau

Führerscheinvorschrift des DSV

Im folgenden werden die für den BR-Schein-Kandidaten wesentlichen Bestimmungen der *Führerscheinvorschrift* des DSV vom 1. 5. 1969 in der Fassung vom 24. 10. 1976 und der dazugehörigen Durchführungsvorschriften wiedergegeben.

Prüfungsverfahren

Die Prüfung besteht aus einem theoretischen und einem praktischen Teil. Die theoretische Prüfung ist schriftlich und mündlich durchzuführen; die praktische Prüfung ist auf einer geeigneten Yacht bei mindestens drei Windstärken im entsprechenden Fahrtbereich abzuhalten.
Die Reihenfolge der Teilprüfungen ist beliebig, doch soll die gesamte Prüfung innerhalb von zwei Jahren abgeschlossen sein. Die Wiederholung der Prüfung ist sowohl für den theoretischen wie den praktischen Teil frühestens nach 1 Monat zulässig.
Sportsee- und Sporthochseeschifferzeugnisse können als theoretische Prüfung angerechnet werden, wenn sie nicht älter als 2 Jahre sind und nicht bereits einmal für eine Anrechnung benutzt wurden. Die Prüfung für den amtlichen Sportbootführerschein wird nicht anerkannt.

Voraussetzungen

Für die Erteilung des Führerscheines müssen folgende Bedingungen erfüllt sein:

a) Der Kandidat muß Inhaber des Segelführerscheins A des DSV sein.

b) *Mindestalter:* Der Kandidat soll das 16. Lebensjahr vollendet haben.

c) *Tauglichkeit:* Durch ein ärztliches Zeugnis (Vordruck des DSV) muß der Kandidat nachweisen, daß seine Sehschärfe sowie sein Hörvermögen ausreichen und daß er farbtüchtig ist. Die Sehschärfe gilt als ausreichend, wenn sie mit oder ohne Augengläser mindestens auf dem einen Auge 0,7 und auf dem anderen Auge 0,5 und die addierte Sehschärfe beider Augen ohne Augengläser 0,15 beträgt. Dabei muß auf dem schlechteren Auge ausreichendes Orientierungsvermögen gegeben sein.

d) *Erste Hilfe:* Es ist der Nachweis über Kenntnisse in Erster Hilfe zu erbringen, und zwar mindestens im Umfang der „Sofortmaßnahmen am Unfallort" unter Berücksichtigung der Verhältnisse in der Sportschifffahrt.

e) *Erfahrungsnachweis:* Es ist der Nachweis erforderlich, daß der Bewerber mindestens 300 sm außerhalb des Bereiches der Binnenfahrt unter fachkundiger Führung gesegelt ist, und zwar durch Logbuchauszüge oder andere beweiskräftige Bescheinigungen.
Ohne diesen Nachweis kann der BR-Schein nach bestandener theoretischer und praktischer Prüfung mit dem Vermerk „ohne Seemeilen" erteilt werden.

Prüfungsfächer

Über die Anforderungen für den A-Schein hinaus erstreckt sich die Prüfung auf folgende Fächer:

1. Seemannschaft:

Seemännische Arbeiten: Knoten, Spleißen, Takling.
Yacht- und Schiffsbaukunde: Bauart, Takelung und Einrichtung seegehender Yachten; Hauptarten der Handelsfahrzeuge, soweit zur Beurteilung von Ausweichfällen erforderlich.
Yachtbedienung und Yachtführung: Schiffsmanöver bei jedem Wetter, Segeln und Manövrieren im Strom, Beidrehen, Beibootbedienung, Anker und Leinen ausfahren, Steuern nach dem Kompaß, Verhalten bei Schleppfahrten, in Schleusen, bei Havarien, Bergungen und Verladung, Verhalten bei Nebel, Kenntnis der Notsignale und ihrer Handhabung, insbesondere der Bedienung von Signalpistolen, Kenntnis der Rettungsmaßnahmen bei Strandungen.

2. Navigation:

Bezeichnung der Küstengewässer (Betonnung, Befeuerung, Nebelschallsignale), Magnetkompaß, Peilscheibe, Logge, Lot, Arbeiten in der Seekarte unter Berücksichtigung von Mißweisung, Deviation, Abdrift und Strom: Zeichnerisches Koppeln, Bestimmung des Kompaßkurses, Schiffsortbestimmung aus Peilungen, Umgang mit Tidenkalender und Handbüchern sowie Leuchtfeuerverzeichnis.

3. Rechtskunde:

Seeverkehrsrecht (Seestraßenordnung, Seeschiffahrtstraßenordnung, Grundkenntnisse der heimischen Hafenordnungen). Schiffspapiere (Standerschein, Befähigungsnachweise, Personalpapiere, Schiffstagebuch). Grundkenntnisse der Sicherheitsvorschriften entsprechend den Richtlinien der Kreuzerabteilung des DSV. Verhalten bei Seeunfällen (Grundkenntnisse), Zoll, Yachtgebräuche.

4. Wetterkunde:

Kenntnis der Starkwind- und Sturmsignale, Auswertung der durch Rundfunk und Fernsehen verbreiteten Wetter- und Seewetterberichte. Lesen einer amtlichen Wetterkarte.

Sachverzeichnis

Literaturhinweis

A. Bark, Terrestrische Navigation — Übungen und Aufgaben, Delius, Klasing + Co. 1977
Bringt das, was im vorliegenden „Segelführerschein BR" zu kurz kommen mußte: Kartenübungen sowie komplette Aufgaben und Lösungen zur terrestrischen Navigation.

A. Coles, Schwerwettersegeln, Delius, Klasing + Co. 1974
Darstellung und Analyse einer Vielzahl selbst erlebter Stürme — die denkbar beste theoretische Vorbereitung für Starkwind und Sturm.

A. Gliksman, Segeln auf See, Delius, Klasing + Co. 1976
Eine fundierte Darstellung des Küstensegelns — von einem Regattasegler.

E. Hiscock, Segeln in Küstengewässern, Delius, Klasing + Co. 1974
Auf seemannschaftlichem Gebiet nach wie vor der unübertroffene Klassiker für Fahrtensegler.

Krauß-Meldau, Wetter- und Meereskunde für Seefahrer, Berlin, Heidelberg, New York 1973
Standardwerk für die Berufsschiffahrt

Seemannschaft, Ein Handbuch für den Yachtsport
Herausgegeben vom Deutschen Hochseesportverband „Hansa" Delius, Klasing + Co. 1977
Ein „Muß" für jeden Segler, schlechthin das Standardwerk für den Yachtsport — angefangen vom Binnensegeln bis zum Hochseesegeln.

A. Watts, Wolken und Wetter, Delius, Klasing + Co. 1975
24 farbige Wolkentafeln, die in Verbindung mit dem knappen Text erstaunlich präzise kurzfristige Wetterprognosen ermöglichen.

Zur Erweiterung Ihres theoretischen und praktischen Könnens dienen folgende Bücher:

Terrestrische Navigation — Übungen und Aufgaben

Eine Sammlung von Übungen und Aufgaben aus dem Gebiet der terrestrischen Navigation als Ergänzung zum theoretischen Unterricht (BR-Schein) von AXEL BARK. 100 Seiten mit 18 Seekartenausschnitten, 28 Skizzen und 6 Tabellen, kart. DM 13,80

Navigation leicht gemacht

Einführung in die Küstennavigation von WALTER STEIN. 204 Seiten mit 112 Zeichnungen und 25 Fotos, kartoniert DM 14,80

Überhol deine Navigation

Eine neue Aufgaben-Sammlung aus dem Gebiet der terrestrischen Navigation und der allgemeinen Bootsführung von GOTTFRIED LUCHMANN. 120 Seiten mit 25 z. T. farbigen Zeichnungen, kartoniert DM 12,80

Funknavigation auf kleinen Schiffen

Von der Ausrüstung bis zur Praxis von ALFRED STAHNKE. 116 Seiten mit 42 Abbildungen und 1 Funkpeilkarte, kartoniert DM 13,80

Wetterkunde

Das Wetter, seine Entwicklung und seine vielfältigen Erscheinungsformen von WALTER STEIN. 164 Seiten mit 85 Fotos und Zeichnungen, 1 Wolkentafel, kartoniert DM 12,80

Wolken und Wetter

Eine Möglichkeit, die Wetterentwicklung selbst zu beurteilen von ALAN WATTS. 64 Seiten mit 24 farbigen Wolkentafeln, gebunden DM 12,80

Seglers Windfibel

Wer dieses Buch von ALAN WATTS studiert hat, kann von sich sagen: Ich weiß, woher der Wind weht. 96 Seiten mit 185 Zeichnungen, farbiger Einband DM 12,80

Das kleine Sternenbuch

Die ganze Welt der Gestirne, aufgezeichnet und erklärt von WALTER STEIN. 196 Seiten mit 116 Zeichnungen und 28 Fotos, kartoniert DM 13,80

Knoten, Spleißen, Takeln

Der fachgerechte Umgang mit Tauwerk und Leinen mit vielen Abbildungen, dargestellt von ERICH SONDHEIM. 164 Seiten mit 100 Abbildungen, kartoniert DM 12,80

Elektronik auf Yachten

Wissen um moderne Technik an Bord: Anwendung, Aufbau und Selbstbaumöglichkeiten von ULRICH MOHR und JOACHIM MUHS. 176 Seiten mit 44 Fotos und 49 Zeichnungen, kartoniert DM 15,80

Sicherheit auf See

Alles, was das Thema Sicherheit berührt, erschöpfend zusammengestellt von ULRICH MOHR. 160 Seiten mit 9 Fotos und 32 Zeichnungen, kartoniert DM 12,80

Medizin an Bord

Ärztlicher Ratgeber für den Notfall von Dr. med. KLAUS BANDTLOW. 100 Seiten mit 40 Zeichnungen, kartoniert DM 12,80

Bootspflege selbst gemacht

Eine praktische Hilfe bei der Pflege von Booten aus Kunststoff, Holz und Stahl von JOACHIM SCHULT. 238 Seiten mit 264 Zeichnungen, kartoniert DM 13,80

Bootsreparaturen selbst gemacht

Ein hilfreiches Buch für Kunststoffboote von JOACHIM SCHULT. 100 Seiten mit 102 Zeichnungen, kartoniert DM 10,80

Verlag Delius, Klasing+Co Bielefeld

Das ist schnelles Segeln

Vielseitige Hinweise und Ratschläge für die individuelle, sinnvolle Ausrüstung und Einrichtung des Bootes zur Erlangung optimaler Geschwindigkeiten. 152 Seiten mit 218 farbigen Fotos und Zeichnungen, davon 25 ganzseitig, farbiger Einband DM 24,—

Das ist Regattasegeln

Eine durchdachte und fundierte Einführung in das Wettsegeln, dargeboten von dem international erfolgreichen Regattasegler RICHARD CREAGH-OSBORNE. 192 Seiten mit 228 farbigen Zeichnungen, 105 Farb- und 8 Schwarzweiß-Fotos, farbiger Einband DM 24,—

Das ist Küstensegeln

Bild- und Textinformationen über alles, was die Praxis des Küstensegelns von Boot und Besatzung verlangt, von J. D. SLEIGHTHOLME. 168 Seiten mit 295 farbigen Zeichnungen, farbiger Einband DM 24,—

Segeln in Küstengewässern

Die Kunst des Fahrtensegelns, beschrieben von ERIC C. HISCOCK. 592 Seiten mit 160 Zeichnungen und 255 Fotos, Ganzleinen DM 38,—

Segeln auf See

Wissen und Können für Küsten- und Seesegler von der Ausrüstung bis zur modernen astronomischen Navigation, leicht verständlich dargestellt und in vielen Bildern erläutert von ALAIN GLIKSMAN. 400 Seiten mit 296 Fotos und 277 Zeichnungen und graph. Darstellungen, Ganzleinen DM 48,—

Schwerwetter-Segeln

Der bekannte Hochseesegler K. ADLARD COLES berichtet von Stürmen und wie er sie überlebte. Ein lehrreiches Buch für jeden Segler. 360 Seiten mit 31 Fotos sowie 100 Zeichnungen und Karten, Ganzleinen DM 38,—

Beaufort 10 — was tun?

Sturmfibel für Yachten von FRANK ROBB. 120 Seiten mit 28 Zeichnungen, Fotos und Tafeln, kartoniert DM 10,80

Sicherheit an Deck

Was man für den sicheren Aufenthalt an Deck tun kann, behandelt JOACHIM SCHULT in diesem Buch. 184 Seiten mit 187 Zeichnungen, kartoniert DM 15,80

Mann über Bord — was tun?

Eine lebenswichtige Frage, die hier von JOACHIM SCHULT nach allen Seiten erörtert wird. 152 Seiten mit 90 Zeichnungen, kartoniert DM 14,80

Segeln mit dem 7. Sinn — I und II

Seemännische Praxis in Frage und Antwort von JOACHIM SCHULT, je 176 Seiten mit 170 Zeichnungen je DM 13,80

Kleines Signalbuch

Für den Sportschiffer zusammengestellt von ERNST OTTO BRAASCH. 94 Seiten mit mehreren Farbtafeln, kartoniert DM 10,80

Seemännisches Wörterbuch

Über 4000 Stichworte aus dem gesamten Bereich der Seefahrt, des Bootssports und der dazugehörigen Technik von WOLFRAM CLAVIEZ. 408 Seiten mit 153 Zeichnungen, 11 Tabellen im Anhang, Ganzleinen DM 48,—

Viele andere Bücher beschäftigen sich neben diesen noch mit dem Segeln und auch mit dem Motorbootfahren. Verlangen Sie unser ausführliches Verzeichnis über Ihre Buchhandlung oder direkt vom Verlag (4800 Bielefeld 1, Postfach 4809).